XINXI JISHU JIAOYU YANJIU JINZHAN (2017)
ZHONGGUO JIAOYU JISHU XIEHUI XINXI JISHU JIAOYU ZHUANYE WEIYUANHUI
DI SHISAN JIE XUESHU NIANHUI LUNWENJI

张剑平　汪基德　主编

信息技术教育研究进展

（2017）

——中国教育技术协会信息技术教育专业委员会
第十三届学术年会论文集

科学出版社
北京

内 容 简 介

本书作为中国教育技术协会信息技术教育专业委员会第十三届学术年会会议论文集，受到国内教育技术领域专家学者的普遍关注。

本书关注教育技术学科发展趋势，追踪国际发展热点，整合了 2017 年国内教育技术学科最新研究，围绕信息技术课程与教学改革、智慧学习环境与新型学习方式、信息技术与教师专业发展及其他相关研究等专题，通过学科领域内专家评委的专业评选，从 247 篇投稿论文中遴选出 70 余篇优秀论文，成为这一年中国教育技术信息技术发展方向优秀成果的代表。

本书涵盖本学科权威专家的主要研究领域报告及全国众多高校一线专家教师和优秀学生在这一年中的研究成果，是一本导向明确并具有学科鸟瞰性的专业学术论文集，适合教育技术学科研究者、学生及对教育技术学科发展感兴趣的普通读者阅读。

图书在版编目(CIP)数据

信息技术教育研究进展. 2017：中国教育技术协会信息技术教育专业委员会第十三届学术年会论文集 / 张剑平，汪基德主编. —北京：科学出版社，2018.6

ISBN 978-7-03-058010-8

Ⅰ. ①信… Ⅱ. ①张… ②汪… Ⅲ. ①信息技术-应用-教育工作-中国-学术会议-文集 Ⅳ. ①G52-53

中国版本图书馆 CIP 数据核字(2018)第 131501 号

责任编辑：乔宇尚 高丽丽 / 责任校对：孙婷婷
责任印制：徐晓晨 / 封面设计：铭轩堂
编辑部电话：010-64033934
E-mail：edu_psy@mail.sciencep.com

科学出版社 出版
北京东黄城根北街 16 号
邮政编码：100717
http://www.sciencep.com
北京建宏印刷有限公司 印刷
科学出版社发行 各地新华书店经销
*
2018 年 6 月第 一 版 开本：890×1240 1/16
2019 年 1 月第二次印刷 印张：18
字数：508 000
定价：99.00 元
(如有印装质量问题，我社负责调换)

前　言

中国教育技术协会信息技术教育专业委员会第十三届学术年会于2017年7月19日至21日在八朝古都河南省开封市召开，本次会议的主题是"信息技术与深度学习"。大会邀请了台湾师范大学副校长、台湾师范大学信息教育研究所优聘教授吴正己博士和国际华人教育技术学会会长、美国詹姆斯麦迪逊大学助理教授刘炬红博士做特邀报告。中国教育技术协会信息技术教育专业委员会的部分常务理事做了大会报告。来自全国各地的490余位专家学者及博士研究生、硕士研究生就学习技术研究的最新进展、高阶思维发展研究、信息技术课程发展研究、信息技术学科核心素养研究、学前教育信息化、网络时代的科学与文化传播、教育大数据应用等多个学术领域展开了富有成效的交流，就信息技术教育的热点研究问题进行了研讨，为信息技术教育的应用实践提供了有益的经验。

中国教育技术协会信息技术教育专业委员会是我国信息技术教育与应用领域同行们进行专业发展、学术交流和成果展示的平台。每年一次学术年会的举办、每年一本学术论文集的出版，均是中国教育技术协会信息技术教育专业委员会十多年以来一直坚持的重点工作。本届年会共收到会议征文247篇，会议组织专家进行严格评审，甄选出优秀论文并授予相应等级的奖项。会后把获得一、二等奖及部分三等奖的论文39篇经过修改后收入本论文集。

本届学术年会由河南大学教育科学学院承办，支持单位有《电化教育研究》杂志社、《中国电化教育》杂志社、《开放教育研究》杂志社、《现代教育技术》杂志社、《远程教育杂志》杂志社、《现代远程教育研究》杂志社、《中国远程教育》杂志社、《中国信息技术教育》杂志社、《中小学信息技术教育》杂志社、《数字教育》杂志社，以及科学出版社等。河南大学教育科学学院在中国教育技术协会信息技术教育专业委员会的指导下，精心策划，全力投入，保证了会议的顺利举办；会议学术委员会的论文评审专家、专业委员会秘书处和浙江大学信息技术中心办公室为会议论文的征集、评审和论文集的编辑付出了辛勤的劳动；科学出版社为论文集的出版提供了大力支持；河南大学教育科学学院"教育学"省级特色学科为论文集的出版提供了资助。

在这里，我们要向河南大学教育科学学院、浙江大学信息技术中心、科学出版社及相关的同仁表示诚挚的谢意，还要感谢对本次学术年会顺利召开予以支持的全体参会代表及论文作者。正是大家长期的不懈努力，推动和影响着我国信息技术教育研究与实践及教育技术学科的前行。

编　者
2017 年秋

目 录

智慧学习环境与新型学习方式

信息技术与教师专业发展

其他相关研究

特 邀 报 告

普通高中信息技术学科核心素养结构与如何教学的探索

解月光

（东北师范大学信息技术教育研究所，吉林　长春　130117）

本文从对核心素养的研究与理解出发，建立了对学科核心素养的理解和对普通高中信息技术学科核心素养主要特点的认识。在此基础上，立足于课堂教学中如何落实核心素养的问题和需求，对学科核心素养体系结构进行再探讨，提出了"中心""统领"思想下的高中信息技术学科核心素养的要素关系，并基于要素关系提出了计算思维主导和信息意识统领的学科核心素养教学的实施建议。

一、对核心素养的多角度理解

1）从研究的缘由看，世界范围内核心素养研究的兴起和发展与时代发展、社会变革密切联系，是教育变革与发展的国际趋势。

2）从构成看，核心素养是知识、能力和态度等的综合表现。

3）从内容设定看，核心素养重视自主发展、社会参与及互动、文化学习三大领域。

4）从价值取向看，核心素养既体现个体价值又体现社会价值。

5）从教学层面看，核心素养是全部教育所要达到的终极目标，要回答培养什么人的问题。

6）从课程层面看，课程是核心素养培养的载体，而核心素养是课程开发与课程实施的灵魂，所以在课程设计与开发过程中，要始终秉承"人的全面发展"的课程理念，在课程实施过程中，要建立与核心素养相适应的课程学业质量评价标准。

二、对学科核心素养的理解

（一）比较有共性的界定

学科核心素养是在特定学科或某一领域的知识学习过程中形成，体现了学科思维特征及态度，能够适应终身发展和社会发展需要的必备品格和关键能力。

（二）基于本质特征的认识

1）学科核心素养是学科的课程目标、教育理想、育人价值的集中体现。

2）学科核心素养是核心素养在特定学科的具体化、操作化的表述。

3）学科核心素养是学生在接受特定学科教育过程中逐步形成的知识与技能、过程与方法、情感态度与价值观等方面的综合表现。

（三）高中信息技术学科核心素养研究的主要成果

在最新的课程标准修订中，对信息技术学科核心素养的研究成果主要包括内涵描述、组成要素与结构、具体表现与水平分级等方面。分析这些成果，可以看出其具有如下主要特点：①以落实"立德树人"为根本任务；②遵循课程开发的价值取向论；③借鉴了国内外信息技术学科核心素养的研究成果；④承接了核心素养对学生在本学科维度上的发展要求；⑤高度聚焦对信息系统思维和问题解决能力的培养。

三、高中信息技术学科核心素养要素的关系结构

立足课堂教学中如何落实核心素养的问题和需求，对学科核心素养体系结构进行再探讨，提出了在"统领"的思想下高中信息技术学科核心素养要素的关系结构（图1）。

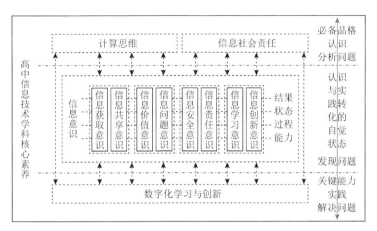

图1 "信息意识统领"的学科核心素养要素的关系结构

从要素的目的指向角度进行分析，根据各要素目的指向的联系与区别，依据林崇德关于核心素养主要指学生应具备的、能够适应终身发展和社会发展所需要的必备品格和关键能力的观点，把握"必备品格—关键能力""理性认识—实践"的逻辑向度，考察学科核心素养系统四要素之间的逻辑层次与联系，我们可以发现：在学科核心素养要素结构中，自觉的信息意识恰处于上承"品格、认识"，下启"能力、实践"的"自觉主导"的位置。

在此要素关系结构中，信息意识是自觉地统领计算思维、信息社会责任，关照数字化学习与创新的关键要素。

信息意识统领的高中信息技术学科核心素养应是一种"理性思维层—自觉意识层—实践能力层"相互联系、贯通而成的"三层统合"素养要素关系。

四、基于学科核心素养要素关系的教学实施原则与建议

（一）实施原则

根据上面提出的学科核心素养要素关系，本文提出了信息意识统领的学科核心素养教学的实施原则与具体建议。

1）数字化学习环境创设及信息丰富度阶梯设计原则。

2）以"项目—任务—活动"重构面向学科核心素养的教学模式的原则。

3）充分运用项目教学法，在接近真实的、复杂的信息系统问题解决实践中全面发展学科核心素养的原则。

（二）实施的具体建议

1）倡导学生从"项目"主题出发，自己发现、提炼、提出问题，在教师的指导下，自主设计或选择"任务"，以真实的任务驱动唤起、维持学生的学习兴趣和动机。

2）教师辅助或学生主动分解任务、认识任务，察觉任务之间的关联和创造完成任务所需要的信息条件。

3）在教师的引导下，学生主动查找资源，辨别信息资源的真伪及其对解决问题的价值。

4）教师与学生一起探讨、反思整个信息系统问题发现、解决过程中的道德伦理规范性、技术思想及方法的创新性等，形成对信息系统问题解决方法、思想及信息技术价值、角色的理性认识。

全人发展教育目标设定

李 艺

（南京师范大学教育科学学院，江苏　南京　210097）

我们看到了基于布鲁姆风格的教育目标分类思想在教育实践指导方面的局限性，因此需要讨论以"素养"表征的教育理想是否可借助布鲁姆风格教育目标分类体系落地。如果答案是否定的，那么本文以认识论作为运思起点，讨论合理的教育目标描述体系应以何种逻辑构建。

一、布鲁姆风格教育目标分类体系之拷问

审思布鲁姆的教育目标分类体系，以其"认知领域"为例（情感及动作技能领域与认知领域逻辑同），从识记到评价，聚焦特定知识的内化、迁移历程，信息加工复杂程度为层级间贯通之逻辑主线，但并未展现具体知识向抽象知识的生成或演化脉络，亦即在认知维度，未能刻画作为抽象知识的素养的生成机制。时光流转，教育理想在蹒跚中超越具体知识、走向素养已有数十年的时间，但教育目标分类体系虽几经变革，却依然固守原初的"风格"或"态度"。

二、教育目标分类思想的认识论的讨论

那么，是什么原因造成了教育目标分类体系制定者对原初风格几十年的固守？众所周知，布鲁姆属于认知派心理学家，故认知心理学，更具体地说认知主义学习理论应是原初布鲁姆的教育目标分类体系的重要学理依据。一方面，认知心理学假设，"主客二分及其相应的主体对客体的精确表征是形成正确认识的前提和基础"[1]，此假设在知识来源问题上表现出明显的经验主义认识论倾向；另一方面，从对"计算机模拟与形式模型方法"的热衷及对"现象下深层结构的精确的形式描述"之追求，可以看出对研究方法的选择及研究结果的表现形式，认知心理学又彰显出鲜明的理性主义认识论特征[2]。

考察认识论，聚焦"普遍必然性知识何以可能"这一核心问题，可以清晰地区分出四个发展阶段或流派，即唯理论（理性主义）、经验论（经验主义）、康德的先验建构论及皮亚杰的建构主义认识论。唯理论认定，一切可靠的、普遍的、必然的知识只能来自理性。经验论则与之相悖，主张没有所谓的天赋理性，经验才是知识的唯一可靠来源。康德提出知识的形式、内容说，知识的形式指称"先验范畴"，此乃康德认识论体系中的核心概念。"先验范畴在知性中预先准备着，有其最初萌芽和禀赋，并藉着经验的机会表现出来"[3]；知识的内容来源于经验，知性先验范畴为经验内容提供先天统觉形式，经验内容借此演化为知识的内容。

皮亚杰的研究比康德更进一步，除却量、质、关系、模态等康德意义上的物理范畴，皮亚杰亦提炼出对主体发展而言更具基础性意义的逻辑数学范畴。皮亚杰运用实验、访谈等多种心理学研究方法，在时间维度区分了范畴在不同时间节点的发展样态；在空间维度构建了具体、经验性知识与范畴双向建构的动态机制，从而使发生认识论成为既有心理学层面的具体而又兼具认识论层面的抽象的上下贯通的体系。缘于发生认识论上下贯通之独特属性，故它可以在抽象层面明确作为教育理想之素养的认识论意蕴，还可以在具体层面提供教育目标描述体系构建的学习理论依据。

逻辑数学范畴与物理范畴是皮亚杰理论体系的核心概念，对二者关系的厘清，对于教育目标描述体系的构建而言具有基础性意义。皮亚杰强调，

所有物理范畴都要从属于或受制于逻辑数学范畴[4]。以因果关系这一典型物理范畴为例，它看似是客体之间的联系，但实际上这些联系是从属于主体作用于客体之动作（运算）的，是逻辑数学范畴造就了客体之间的联系。譬如，当我们谈及因果关系认识的时候，显然已经站在主体立场。我们对两类范畴的关系作出如下解释，这些思想散落于皮亚杰的相关著作中：物理范畴从属于逻辑数学范畴，逻辑数学范畴的建构在某种程度上又以物理范畴为基础，二者螺旋交错，相伴而生，无绝对的起点，亦无终点；就具体心理加工过程而言，两类范畴同时运作，作为逻辑数学范畴生成机制的反省抽象与作为物理范畴生成机制的经验抽象亦同步发生，但两类范畴发展的关键节点存在差异[5]。

三、结语

事实上，我们曾给出的对于核心素养的"三层结构"诠释[6]，已蕴含素质（素养）教育落地的逻辑，本文实质上是对这一学理思想深入追问的延续，而无论向上（哲学）或向下（实践），都还有许多事情要做。此时此刻，浅词拙句，草拟本文，权当抛砖引玉，以求教于同行。

参考文献

[1]叶浩生. 认知心理学：困境与转向[J]. 华东师范大学学报（教育科学版），2010（1）：42-47，90.

[2]孟娟. 心理学经验主义、理性主义与解释学认识论比较研究[J]. 心理科学，2013，36（5）：1273-1277.

[3]熊哲宏. 皮亚杰发生认识论的康德哲学框架[J]. 华东师范大学学报（教育科学版），2000（3）：53-63.

[4]皮亚杰. 心理学与认识论[M]. 袁晖，译. 北京：求实出版社，1988：64-65.

[5]李其维. 评发生认识论的"反省抽象"范畴[J]. 心理科学，2004，27（3）：514-518.

[6]李艺，钟柏昌. 谈"核心素养"[J]. 教育研究，2015（9）：17-23，63.

深度学习何以可能

——教育技术学的视角

董玉琦

（上海师范大学教育技术系信息技术教育研究所，上海　200234）

本文首先以学科学习心理学中的经典研究案例——"两位数退位减法"的运算为例提出以下问题：能否掌握儿童学习的错误的"规律"是成为优秀教师的关键因素，并指出"以人为本""促进学生发展""根据学习目标、学习起点确定学习者的学习需求"是教育的三大公理，也是深度学习得以实现的前提。

接着，围绕"什么是深度学习"这一问题，简要回顾了深度学习的定义和内涵，并以美国威廉和弗洛拉·休利特基金会发起的由美国研究院组织实施的研究项目为例，展现深度学习具有促进学生在认知领域、人际和个人领域、高中毕业率及大学入学情况等方面取得更好成绩的优势。本文还引用了"超级智慧社会"（Society 5.0）提法中的"精准服务"理念，指出教育发展相对滞后的现状，而深度学习则更加符合"精准服务"的理念，能够代表未来教育发展的趋势。

如何才能实现深度学习？针对这一问题，本文根据教育技术学研究范式的演进历程，结合研究团队的研究实践，提出了一种新的研究范式——"学习技术"研究范式，从理论层面回答上述问题。"学习技术"研究范式秉持"关注学生、理解过程、善用技术、形成文化"的理念，倡导研究者在文化（culture）视野下，将技术（technology）、学习内容（content）、学习者（learner）相统合，尝试运用技术促进学习者的学习。研究还提出了"改变学习方式""提升学业水平""改善综合素质"这三重技术促进学习的不同境界，并归纳出了"系统生态化""发展社会化""设计个性化"这三大技术促进学习的特征。围绕着技术促进学习的三重境界和三大特征，本文还简要梳理了从 2008 年至今本研究团队运用"学习技术"研究范式在信息技术、初中物理、小学数学、第二外语等学科领域所开展的研究工作与研究成果，从实践层面再一次回答了"深度学习何以可能"的问题。

本文最后还为教师如何帮助学生实现深度学习指出了三个可行的发展方向，希望广大教师和教育技术学研究者能够以促进学生发展为己任，充分运用技术优势，从我做起，积极探索深度学习的实现路径。

让博物馆学习成为一种生活方式

张剑平

（浙江大学数字化学习研究所，浙江　杭州　310028）

一、博物馆学习作为非正式学习的主要特点

随着社会经济的发展和文化建设的深化，博物馆学习（museum learning）作为一种典型的非正式学习方式，近年来不断引起教育和技术工作者的广泛关注。博物馆学习的特点包括：①社会化交互，即通过个体在社会情景中的参与和交互，进而促进群体学习；②实物情景，即学习者面对实物在相应的情景中了解一个关于文明的故事；③自由选择，即学习者可以自由选择内容、方式、时间和同伴；④兴趣驱动，即学习者往往是基于好奇心和兴趣的驱动而学习。

二、应当高度关注博物馆学习的研究与实践

从教育技术的视角看，对于博物馆学习的研究与实践应当聚焦以下几个方面：博物馆学习的理论与方法、博物馆学习的目标与影响因素、博物馆学习的环境及其设计、博物馆学习项目的策划与设计、博物馆学习资源的开发与利用、博物馆学习的数据分析与项目评估。

博物馆学习在科学传播与文化传承中具有不可替代的重要作用。在各级各类学校教育中，博物馆学习可以很好地与STEAM（science，technology，engineering，art，mathematics）教育、博雅教育、亲子教育等教学相结合。

浙江教育数字博物馆是浙江大学教育技术团队设计与开发的国内首家建在互联网上的省级教育发展史专题馆，对于开展教育科学普及和文化传承具有积极意义。其中的"网上校史馆通用平台"可供各级各类学校自行建立校史博物馆，用来展现本校发展历史、办学过程和不同时代的面貌，这是集中表现学校传统与校园文化的重要场所，可以在学校文化传承中发挥积极作用。

三、博物馆学习应当成为现代社会中的一种生活方式

生活方式（lifestyle）通常是指在一定的历史时期与社会条件下，各个民族、阶级和社会群体的生活模式。它包括人们的衣、食、住、行、劳动工作、休闲娱乐、社会交往、待人接物等物质生活和精神生活方面的价值观、道德观、审美观，以及与这些方式相关的方面。20世纪80年代以来，人们更加强调生活方式的重要性，把它置于与世界观和价值观相仿的地位。21世纪，各级各类网上博物馆的内容与风格各具特色，给人的体验和感受也截然不同，博物馆应当像咖啡馆或风景点那样成为人们在生活中时常想去的地方。博物馆学习应当成为现代社会中的一种生活方式。这里不妨借用一个时尚的表述："我不是在博物馆，就是在去博物馆的路上。"

参考文献

[1] 张剑平，夏文菁，余燕芳. 信息时代的博物馆学习及其研究论纲[J]. 开放教育研究，2017（1）：102-109.

[2] 张剑平，夏文菁. 数字化博物馆与学校教育相结合的机制与策略研究[J]. 中国电化教育，2016（1）：79-85.

[3] 张剑平，胡玥，夏文菁. 集体智慧视野下的非正式学习及其环境模型构建[J]. 远程教育杂志，2016（6）：3-10.

[4] 浙江教育数字博物馆，http://museum.zjedu.org/[2017-07].

权威性资料的使用对知识建构过程中观点改进的研究

张义兵　周荣敏

（南京师范大学教育科学学院，江苏　南京　210097）

在知识建构（knowledge building）学习过程中，权威性资料（authoritative source）的使用对学习者的观点改进（idea-improving）有着积极的推进作用[1]，需要进一步研究的问题是：如何使用权威性资料才能有效地促进新观点的产生？权威性资料的不同使用层次会对观点改进的效果产生怎样的影响？通过实证研究澄清这些问题，将有利于在理论上进一步深化知识建构的基本原则，同时也可为知识建构教学实践提出相应的基本策略。

本文以南京市白云园小学六年级 2 班一学期的知识建构课堂（科学课）为对象，研究期间，课程分四个阶段开展：①创设问题情境，引入知识储备；②引发学生提出观点，探讨"对地球的了解"；③深化研究问题，持续改进观点；④总结反思，形成知识体系。笔者对各个阶段进行了跟踪观察，并搜集了学生记录的短文、完成的作品等。在研究的设计与方法上，首先采用文献研究法对理论进行梳理和分析，并结合教学实践过程，提出权威性资料的使用层次——未同化、直接同化、表面同化、内隐的知识建构及明显的知识建构；其次，利用内容分析法对学生在知识建构过程中所撰写的短文进行编码；再次，选定观点改进的分析维度，提出问题、更新观点、升华观点和整合观点；最后，利用SPSS 软件对编码的数据进行量化分析，以判断权威性资料与观点改进过程之间的联系。具体研究结果如下。

1）在知识建构初期，非建构性使用权威性资料更有利于提出多样、大量的问题，其原因在于越多留意权威性资料中与原有知识结构相关的信息，产生认知冲突或联系的可能性就越大，进而提出问题的可能性也就越大。

2）随着研究的深入，越高层次地使用权威性资料，越能促进学生进行观点更新、升华、整合等深层次的知识建构活动，其原因在于知识建构是一个不断论证—推翻—再论证的过程[2]，只有不断质疑权威、验证权威，才能更好地理解知识，从而建立完整的认知体系。

最后，在探析了权威性资料与观点改进之间关系的基础上，本文提出了几条关于使用权威性资料的建议。

1）把握引入时机，突破学习瓶颈，即抓住两个关键期——问题提出期和"学习倦怠"期。

2）开展对话活动，促进建构理解，知识建构对话是深刻理解权威性资料、发展和深化建构活动的动力。

3）鼓励质疑精神，创造生成性知识。知识建构中的权威性资料并不具备"权威"，而只是一种对问题或现象的解释，因此，每个学生都可以有自己的解释和看法。

参考文献

[1] Scardamalia M，Bereiter C. A brief history of knowledge building [J]. Canadian Journal of Learning and Technology，2010，36（1）：2-16.

[2] Bereiter C. Education and mind in the knowledge age[J]. British Journal of Educational Psychology，2004，74：127-138.

理解取向的深度学习

陈明选

（江南大学教育信息化研究中心，江苏　无锡　214122）

目前，深度学习引起了计算机人工智能领域和教育界的高度关注。在人工智能领域，深度学习被定义为"一系列试图使用多重非线性变换对数据进行多层抽象的算法"，同时也被认为是对人工神经网络（artificial neural network，ANN）的发展，在更高水平上表达了抽象概念，是建立、模拟人脑进行分析学习的神经网络。在教育领域，对于深度学习的界定，国内外并没有统一的概念，或者是各有各的解说，它可以作为方法、策略或要达到的目标，因此分别发展为深度学习方式说、深度学习过程说、深度学习结果说，代表了深度学习发展的不同阶段。

英国爱丁堡大学 Entwistle 教授在对大学生学习过程和技能的调查中，将深度学习作为学习方法的一种，将其划分为追寻意义、联系观点、使用证据等几个维度。国内外学者对深度学习（deep learning，又译为"深层学习"）的研究多集中在研究背景、探究方向等方面。但深度学习在本质上是一种以理解为导向、以理解深度为表征的学习，旨在追求对学生高阶能力的培养。笔者认为深度学习的本质即为理解，它既是认知的过程、方式方法，也是学习的目标，同时还是新学习科学的主要特征之一。深度学习是应用促进自身理解的方法策略，最终获得对核心知识的有效理解，并在新环境下成功迁移、创新应用的学习，其中包括感知课程价值的能力、批判性思考的能力、解决复杂问题的能力、协作交流能力、学会学习的能力、迁移应用能力等的获得。

本文基于理解的视角，从微观和宏观两个层面对促进深度学习的翻转课堂进行设计。在微观层面提出课前自我理解、课中分享与辩论理解、课后反思理解和课终迁移应用的设计策略，使学习者围绕衍生性问题进行自主与协作知识建构，在解决问题的过程中，培养学习者的问题意识与批判性思维，最终实现以知识理解与迁移应用为目标的深度学习。在宏观层面，主要进行的是前期分析，包括目标、内容、环境、评价的设计，以达到助力学生构建知识体系，引发学生内外观点的碰撞，实现不同时空的有效链接，保证评价功能实现的目的。笔者在对过程中产生的数据进行效果分析时发现：促进深度学习的翻转课堂能够提高学生的理解水平，促进其深度学习认知能力的发展；能够增强课堂师生人际互动，提升学生对课程的参与感；同时能够增强深层学习动机，提高学生的学习投入，深化学生对深度学习策略的应用，也即能够达到促进学生进行深度学习的目的。

参考文献

[1] Bengio Y，Courville A，Vincent P. Representation learning：A review and new perspectives[J]. IEEE Transactions on Pattern Analysis and Machine Intelligence，2013，35（8）：1798-1828.

[2] Jones N. The learning machines[J]. Nature，2014，505（7482）：146-148.

[3] 卜彩丽，冯晓晓，张宝辉.深度学习的概念、策略、效果及其启示——美国深度学习项目（SDL）的解读与分析[J].远程教育杂志，2016（5）：75-82.

[4] 陈明选，陈舒.论信息化环境下大学生的有效学习[J].高等教育研究，2013（9）：65-72.

［5］约翰·D.布兰思福特.人是如何学习的：大脑、心理、经验及学校（扩展版）［M］.程可拉，孙亚玲，王旭卿，译.上海：华东师范大学出版社，2013：10.

面向问题解决的在线协作知识建构

王 炜 李海峰

（新疆师范大学教育科学学院，新疆 乌鲁木齐 830054）

在线协作学习研究是国际上计算机支持的协作学习（computer supported collaborative learning，CSCL）研究领域的核心问题之一。追踪国内外的相关研究，发现对该问题的研究存在两个方面的不足：①在理论层面上，缺乏"问题解决""可操作性""知识建构过程组织"等方面的系统研究；②在实践层面上，"在线无协作"或者"有交流无建构"的在线学习现象依然较为严重，以至于成为被技术绑架的"浅层学习"。

本文采用"基于设计的研究"（design-based research），目的在于形成提高在线协作知识建构水平的理论与策略。同时，针对在线协作知识建构研究中存在的理论与实践两个方面的问题，提出了"面向问题解决的在线协作知识建构"（problem-solving oriented online collaborative knowledge building，PSCKB）模型。PSCKB 模型包含五大基本系统：问题解决系统、学习环境系统、协作学习活动系统、问题解决活动组织系统、教与学活动系统。问题解决系统是在线协作知识建构的内核与提升路径，学习环境系统为问题解决活动提供境脉、社会性的资源和开放性的支持，协作学习活动系统是实现问题解决、提升知识建构水平的基础，问题解决活动组织系统是问题解决过程中连续统和高级问题解决能力提升的保证，教与学活动系统促进问题解决过程的发展和知识建构。本次研究选择了两个学校的三个班级作为研究对象，开展了三轮迭代实验，以逐步优化 PSCKB 模型的教学应用，最终通过实证的数据分析来验证教学效果。

PSCKB 模型经历了三轮迭代实验的检验、修改和完善。三轮迭代实验中依次发现了教师协作活动组织、问题解决连续统、角色选择方式、讨论中断、目标迷离和讨论功利性等方面的问题，根据这些问题笔者分别提出了批判性思维能力与问题解决融合、教师组织转向团队共同组织、协调学习组织与问题解决过程、三要素角色选择模型、三层追问法、问题导向法和权重导向法等具体策略。

研究结果表明：PSCKB 模型对在线知识建构水平的提高具有更加积极的促进作用，不仅从问题解决的视角重新诠释了在线协作知识建构的基本范式，运用自组织提高了问题解决的绩效，实现了在线协作知识建构水平的提升，而且为在线协作学习设计提供了一种新的学习设计模式和策略参照。

参考文献

[1] Anderson J R. Congnitive Psychology and Its Implications[M]. New York：W. H. Freeman，1980.

[2] Bennett J L，Bush M W，Ives Y，et al. Coaching for Change[M]. New York：Routledge，2013.

[3] J. M. 斯佩克特，M. D. 迈瑞尔，J. G. 迈里恩波. 教育传播与技术研究手册（第三版）[M]. 任友群，焦建利，刘美凤，等，主译. 上海：华东师范大学出版社，2012.

[4] 赵建华. 计算机支持的协作学习[M]. 上海：上海教育出版社，2006.

在线开放课程学习者满意度研究

赵呈领

（华中师范大学教育信息技术学院，湖北　武汉　430079）

在线开放课程已经进入我们的教学实践中，研究在线开放课程学习者满意度，既是开展在线开放课程设计、开发与应用的迫切要求，也是保障人才培养质量的现实问题。学习者满意度，是学习者对学习目标在学习过程中得以实现的满意程度。国内有研究指出，学习者满意度是一种主观评价，受学习者个体因素、家庭社会环境变量、远程教育机构层面的投入等诸因素的影响。学习者是在线开放课程的消费者，有效识别和满足学习者的需求和期望，提高教学质量，是在线开放课程建设与应用的核心工作之一。

国外有关研究主要是借鉴商业行为中的顾客满意度进行拓展，而关于顾客满意度测度的主流模型主要有瑞典顾客满意度晴雨表（1989）、美国顾客满意度指数模型（1994）、瑞士顾客满意度指数（1998）、欧洲顾客满意度指数模型（1999）、服务质量差距模型（1985），这些关于"满意度"研究和测算的模型，为研究学习者满意度模型提供了参考和理论基础。

学习者满意度产生于学习者进行在线学习之初，是尚未进行在线学习体验之前对教育的期望值。体验是从主体开始对客体进行深入的理解与联想，随着认知的不断深入，学习者也在不断回溯现阶段的情感体验与期望值之间的比较，也就是在该时间点内的满意度的高低。高的满意度能够促进主体对事物的深入理解与联想，进而对事物产生领悟和生成意义，如此反复循环，学习者的满意度不断积累，最终在学习者形成价值判断的过程中，呈现出来的是对先前每个时间点满意度的综合值。因此，满意度是一个包含多个心理成分（感受、理解、领悟、意义），由外向内，不断深入的过程，涉及身体的感知觉、认知过程、情感反应等多个方面。同时，满意度也是随着时间变化的一系列连续累加值。对于满意度的生成过程及心理机制，可将其概括为心理预期阶段、活动体验阶段、效果评估与价值判断阶段。

在本次研究中，我们将影响在线课程学习者满意度的因素大致分为学习者（性别、年龄、学习能力、自我效能感）、教师（知识储备、教学设计、教学活动组织、教学态度、教学互动）、课程（内容与资源、课程设计、课程效果与组织）及环境（功能与技术环境、导航与交互、资源管理、学习支持服务）4个维度，并且通过定性与定量研究相结合的方法，构建相关指标体系和测量方法。这些研究是建立在在线开放课程学习者满意度内部结构关系研究、在线开放课程学习者满意度模型构建及优化、基于模糊综合评价的在线开放课程学习者满意度模型应用的基础上的。

最后，我们还研究了提升在线开放课程教学中学习者满意度的若干策略，包括提升学习者满意度的基础是建立良好的学习环境，提升学习者满意度的关键是开发优质课程资源，提升学习者满意度的核心是组织有效的互动反馈，提升学习者满意度的措施是科学管理教学活动，提升学习者满意度的灵魂是提供满足学习者个性化的精准服务。

参考文献

[1] 教育部关于加强高等学校在线开放课程建设应用与管理的意见[Z].教高〔2015〕3号.

［2］沈欣忆，胡雯璟，Hickey D. 提升在线学习参与度和学习效果的策略探究及有效性分析［J］. 中国电化教育，2015（2）：21-28.

［3］魏顺平. 在线学习行为特点及其影响因素分析研究［J］. 开放教育研究，2012，18（4）：81-90.

［4］胡勇. 在线学习平台使用意向预测模型的构建和测量［J］. 电化教育研究，2014（9）：71-78.

［5］克丽丝塔·加林，蔡宜君，詹姆斯·拉菲. 在线学习课程中学习满意度和社会能力之间的关系［J］. 开放教育研究，2012（6）：50-55.

［6］杨根福. MOOC 用户持续使用行为影响因素研究［J］. 开放教育研究，2016（1）：100-111.

国家教师资格考试与信息技术教育变革

傅钢善

（陕西师范大学教育学院，陕西　西安　710062）

我国实行教师资格统一考试，是中国教育史上一次里程碑式的重要改革，也是教师教育改革的重要组成部分。它是目前我国四大考试之一，信息技术作为其中的学科之一值得高度关注。

一、国家教师资格考试的背景

国家于 1993 年颁布了《中华人民共和国教师法》，1995 年颁布了《中华人民共和国教师资格条例》，由此我国的教师资格认定进入程序性阶段，到 2011 年，我国先后有约 2400 万人通过了教师资格认定。

在这个阶段，教师资格认定存在四个方面的问题：①教师队伍的数量严重不足，所以门槛很低；②教师资格缺乏有效期的约束，一旦获得，终身有效；③教师资格的融通性，导致专业的特殊性缺失；④各级各地对教师资格认定缺乏统一标准。现在，教师资源比较充足，全面提高教师质量和水平势在必行，而且具有很好的可选性和数量的保障性。因此，2011 年后，国家颁发了教师资格纲要和教师资格标准，进入国家统一考试阶段，教师资格认定正式走向法制化。

二、国家教师资格考试的组织

国家教师资格考试突出三大改革：①对已经获得教师资格证者实行定期注册制（每 5 年认定一次）；②对拟补充教师实行国标、省考、县聘、校用的新机制；③突出教师资格的专业性和针对性，消除融通性。

其组织形式是试点先行，逐步过渡，全国统考。2011 年 9 月开始，先在 6 个省（自治区、直辖市）进行试点，到 2016 年，先后有 28 个省（自治区、直辖市）参加统考，全国参加笔试人数共 343 万，笔试通过率为 36.1%，128 万人参加面试，通过率为 69.9%。

三、国家教师资格考试的学科与科目

国家教师资格考试涵盖全学段，包括学前教育（幼教）和基础教育两大部分，特别是学前教育的快速发展，导致师资质量亟待提高而且数量不足，所以这一部分也属于国家教师资格考试范畴（表1）。

表 1　考试的学科与科目

学龄段	学科	考试科目
幼教	不分学科	综合素质 保教知识与能力
小学	不分学科	综合素质 教学知识与能力
中学 （初中 13 个学科） （高中 13 个学科）	语文、数学、英语、物理、化学、生物、地理、音乐、美术、体育、信息技术、历史、思想品德	综合素质 教育知识与能力 学科知识与教学能力

四、国家教师资格考试与信息技术教育变革

国家实行教师资格考试，突出三个重点：①重能力，即运用知识分析问题、解决问题的能力；②重实践，即突出专业的综合实践能力；③重专业化，即体现职业道德、教师的专业化和学科的专业性。另外，强调六个坚持：①要坚持教师专业化导向；②坚持体现教师专业特点和规律；③坚持能力导向；④坚持德才兼备的原则；⑤坚持考试内容与形式的统一；⑥坚持笔试与面试的统一。

可以看出，国家实行教师资格考试对教师教育工作和信息技术学科具有很强的引导性，具有开放性和统一的衡量标准性质，对信息技术学科教学和

人才培养具有规范性,并对其提出了挑战。①使相关专业课程体系、内容组织和教学水平有了比较和参照;②对学生的教育教学实践能力培养、教师专业的基本素养有了明确要求和评定标准,同时信息技术学科实践教学和综合能力培养的内容与形式等都值得对照考虑;③只要是师范专业毕业就能人人获得教师资格证的时代即将结束,对以后信息技术类专业的师范生就业提出了很大的挑战。

混合式学习：高校课程的设计与开发

张 玲

（宁夏大学教育学院，宁夏　银川　750021）

如何通过课程信息化在高校的课程教学中促使大学生进行混合式学习？笔者基于课程信息化的实践，与大家共同探讨相关问题。

一、课程信息化与混合式学习

课程是学生通过学校的活动所获得的全部经历的总和，也是学校教育活动中的核心部分。课程与教学的信息化也经历了由普通课程到网络课程再到信息化课程，由常规教学到多媒体教学再到信息化教学的一系列变化。同时，学生的学习也由单一的面授转向混合式学习。

混合式学习是指在学习过程中，将面授学习（face-to-face learning）与在线学习（online learning）融合，以达到有效学习的一种学习模式。

二、混合式学习课程设计框架

基于互联网的混合式教学，将教学生"是什么"的工作交给了网络，将引导学生"如何做""如何提高能力和素质"的工作交给了教师和课堂，这也正是教学和学习的本质所在。

混合式学习课程设计关注的三个重点是学习内容、学习活动和学习评价，即确定学生预期的学习目标与学习内容，确定如何证明学生实现理解的标准和措施，确定如何安排各种教学活动并进行学习指导。其设计流程的主要内容包括前期分析、课程整体设计和课程单元设计。教与学活动设计包括在线活动设计，如视频讲解、在线测试、答疑讨论、课程问卷、学习日志、建设个人资源、研究型教学引导、课程作业等；课堂面授活动设计包括讲解、讨论、答疑、案例分析、展示汇报、考试、小组活动等；学习评价设计，包括强调多元评价，过程实施，依据评价工具进行自评、互评和师评。在线评价包括前测、后测、练习性测试、学习日志互评等；线下评价包括考试的试卷、评价量规、作品档案、讨论、学习日志、学习契约、核查表、等级量表、频度计数表、课程大作业等。

三、实践案例分析

我们在大学课程建设中进行实践，形成了大学课程信息化的建设框架和混合式教学的实施路径，扎扎实实地在大学的课程教学中通过混合式教学的课程设计，促使学生在学习过程中综合运用各种学习方式，提高学习效果和学习效率；在课程学习过程中，学生始终处于任务驱动中，担负学习责任，自主学习，教师起到设计者、组织者、引导者、帮助者和促进者的作用。这也是扭转大学"学风"和"教风"，真正提高高等教育质量的着力点和抓手。

参考文献

[1] 迈克尔·霍恩，希瑟·斯特克. 混合式学习——21世纪学习的革命[M]. 混合式学习小组，译. 北京：机械工业出版社，2016：78-79.

[2] 韩锡斌，王玉萍，张铁道，等. 迎接数字大学：纵论远程、混合与在线学习——翻译、解读与研究[M]. 北京：清华大学出版社，2016：321-322.

教育技术的当代迷思与智慧出路

涂 涛

（西南大学新媒体研究所，重庆 400715）

在信息技术迅猛发展的时代背景下，教育技术呈现出繁荣的景象，但教育尚未发生本质性的改变。本文从"教育"和"技术"的本源入手，探索"繁荣幻象"出现的本质原因，进而提出在技术应用中必须回归教育本质，智慧地运用技术解决教育问题，共谋教育技术转型发展的智慧出路。

一、教育技术的"繁荣幻象"

教育技术和教育信息化事业风起云涌，但教育技术的"繁荣幻象"令人迷思：技术能否切实引领教育变革？我们在意识上是否从根本上充分认识到了教育信息化的核心作用和革命性影响？如此迷思困扰和制约着教育技术的良性发展。

二、教育技术的历史使命

"以史为鉴，可以知兴替。"原始社会到工业时代，信息时代到智能时代，我们从教育技术的历史进程中发现，教育技术演进史实际上是技术的发展史，技术的每一次演进都带来了教育领域新的应用[1]，都带来了传播方式的大跳跃。

三、教育技术的正本清源

从古汉字与拉丁文的"教育"可以得知，中西方的教育本质都是希望通过不同手段的教育实践使受教育者有所得。而技术中的"技"与"术"，前者着重于技艺、技能，后者强调方法、策略，二者权重相当，缺一不可。教育的目的是为了人类灵魂的生长、人性的发展，但人性的发展不会随着技术的进化而自然生长[2]。教育技术的意义即抉择有效之"技"、谋策合理之"术"，破解教育难题，引发对教育的思考。

四、教育技术的智慧出路

对于探索教育技术转型发展的智慧出路，可从以下四个方面着手：①重塑技术角色，助推教育技术转型。新技术应用更迭中不变的地方最值得被关注，在教育技术领域表现为智慧地运用技术解决教育问题这一终极使命。②加强顶层设计，提升信息化领导力。领导者应树立利用技术提高教学效果的共同愿景。③回归教育本质，有效利用技术，当今学生主动学习的动机越来越薄弱，教育者可通过信息技术帮助学生跨越动机鸿沟。④重制学习资源，促进深度学习。数字阅读能够促进深度阅读，因此可进行适应性教学设计，重制适合"数字原生代"的新型学习资源。

教育技术从"繁荣幻象"到实景的切实改变，仍需技术与教育教学进一步地深度融合，需回归教育本质、准确理解技术、有效利用技术，需各界人士齐心协力地推进。相信在多方努力之下，教育技术之路必将越走越宽广。

参考文献

[1] 李志民. 信息技术发展与教育变革[J]. 中国德育，2015（19）：39-43.

[2] 涂涛. 教育信息化应处理好几对关系[J]. 今日教育，2014（12）：22.

"互联网+"引领下的高校专业发展新范式思考

刘 军

（贵州师范大学教育科学学院，贵州 贵阳 550001）

"互联网+"时代，新兴信息技术涌现，创新成果深度融合于社会各领域之中，给高校专业建设带来巨大的冲击，触碰着人才培养模式变革的痛点，也深刻影响着专业发展与变革的方向。本文就此话题进行反思并开展讨论。

一、"技术涌现时代"高校专业发展问题反思

当前，高校专业发展存在五大困境：①专业认知困境；②专业定位困境；③专业教学困境；④专业生存困境；⑤专业建设困境。"互联网+"时代的专业建设应挣脱传统专业办学模式，面向未来的人才需求，思考新的发展形态。

二、"互联网+"在高校专业建设中的作用

新兴信息技术与教育深度融合，推动着教育进步、效率提升和组织变革、增强教育创新力和生产力的具有战略性和全局性的教育变革。"互联网+"在促进高校专业教学理念、教学资源和教学方式的转变方面发挥了相应的作用，形成了"多元化、服务化、个性化、开放化"的新型高校专业办学特征。

三、"互联网+"时代高校专业建设变革方向与困难

综上，"互联网+"时代高校专业建设存在专业认知、定位、教学、生存和建设五个方面的变革。其主要困难则在于：专业与功利性就业需求及利益平衡点的选择；专业之"专"何在；专业细分与培养投入的矛盾；寻找智能机器时代人的发展方向；专业方向与个性化的契合；个性化专业教学指导者的培养；专业是不是还需要存在；全面应对社会人才需求；院系的存在感危机；专业生存形态的变异；实体与"互联网+"引领下的虚拟师资团队、课程、学习者的对冲，包括职业"专业运营商"的诞生、机制的调整与变革。

四、"互联网+"引领下高校专业发展新范式的思考

"互联网+"引领高校专业发展新范式的两大思维范式如下：一是用户思维范式，在学习者个性化需求导向、社会职业能力需求导向和专业办学组织重构等几个方面围绕"用户"（学习者、职场、办学者）开展；二是极致思维范式，在学习者知识与能力精准和及时培养、未来职业素养高度拟合及培养机构的精致化、小型化、社会化等几个方面围绕"极致"开展。未来，人才培养新生态逐渐生成，"互联网+专业"成为高校人才培养的新取向，同时也将迎来新一轮发展机遇，并将面临新的挑战。

参考文献

[1] 国务院关于积极推进"互联网+"行动的指导意见[Z]. 国发〔2015〕40号.

[2] 秦虹，张武升."互联网+教育"的本质特点与发展趋向[J]. 教育研究，2016（6）：8-10.

[3] 何云亮."互联网+"对高校的冲击和重塑[J]. 曲靖师范学院学报，2015，34（3）：58-60.

[4] 张振宇."互联网+高校教学"改革的路径与对策[J]. 煤炭高等教育，2016（4）：54-57.

"互联网+"与学校教育融合的理性反思

陈仕品

（西华师范大学教育学院，四川　南充　637002）

"互联网+"与教育融合是当前教育改革与发展的研究热点之一。然而，如何在教育领域真正地发挥以"互联网"为核心的信息技术的优势，拓展教育服务供给方式，对于信息时代学校教育的发展具有重要的理论意义和应用价值。

一、当前信息技术与学校教育融合尚未达到预期目标

人们对以多媒体技术和网络技术为代表的信息技术在教育中的应用寄予了厚望，希望能够以信息技术推动学校教育的变革。然而，正如历史上所出现的众多技术一样，到目前为止，信息技术在教育中的应用并没有使学校教育产生根本的变革，这引起了人们的反思。比较有代表性的是"乔布斯之问"，其大致的意思是说：为什么计算机改变了几乎所有领域，却唯独对学校教育的影响小得令人吃惊？

二、"互联网+"与学校教育融合的外部动力

通过反思教育实践不难发现，当前信息技术在学校教育中的应用，大多数是一种被动的使用。一方面，来自理论专家的推动，认为信息技术必将引起教育的变革，这是一种"应然"；另一方面，来自教育管理部门的推动，要求学校教育必须开展信息化教育，鼓励在实践中探索信息技术在教育中应用的新模式。这些都是来自学校教育外部的力量，推动着信息技术与学校教育的融合。实践证明，只是由外部动力驱动的信息技术与学校教育的融合，并没有达到人们的预期目标。

三、"互联网+"与学校教育融合的内生动力

信息技术与学校教育融合，必须寻找教育发展的内生动力。当前我国教育主要面临着教育公平与教育质量两大难题。正如华东师范大学周傲英所提出的，"互联网+"的本质是应用以互联网为核心的信息技术，通过数据的有效收集、分析和使用，理解现实世界的需求，提供有效的供给，提高资源的使用效率，进而推动经济和社会发展。

根据"互联网+"的本质，"互联网+"学校教育可以在教育管理、优质教育资源共享和创新人才培养模式方面进行突破，具体包括：①以互联网教育管理平台为基础，切实提高教育管理和教育决策的效率；②通过优质教育资源共享，在一定程度上促进教育公平；③基于"互联网+"创新人才培养模式。

四、"互联网+"与学校教育融合：走向个性化教育

在"互联网+"与学校教育的外部动力的作用下，以"互联网+"为代表的信息技术为教育改革提供了技术支撑，为教育提供了多种信息化的教育形态。在"互联网+"与学校教育内部动力的作用下，教育针对自己存在的问题，努力地寻求着教育变革的途径。在内外部动力的合力下，"互联网+"与学校教育的融合会逐渐走向个性化教育。

教育技术领域中的哲理性问题

颜士刚

（天津师范大学教育科学学院，天津 300387）

陈昌曙将哲学问题分成三个层次：哲理问题、类哲理问题和哲理性问题。无疑，前者是基础哲学的研究任务，后两者则指向专业领域，尤其是哲理性问题，与专业实践联系密切。哲理性问题是应用哲学（部门哲学）存在合理性的基础和前提。教育技术哲学作为一门新兴的应用哲学，其哲理性问题应引起学界的关注。哲理性问题不是"标准意义"上的哲学命题，也不是"专业性问题"，比如，"高、精、尖"技术能够引领方向、代表前沿，但却难有广泛的教育效果，"简、易、普"技术虽然实实在在地发挥着其应有的教育价值，但却少有人问津。因而，在教育技术研究中，应该关注和处理二者的关系，这是比较典型的哲理性问题。当下，随着现代技术影响的深入，教育领域涌现出了大量哲理性问题，这里再列举一例并进行简单分析。

教育领域中的技术界定及其合理性是什么？这是本体论问题，对教育技术学的重要性毋庸置疑。它也是历久弥新的问题，经常被提起。尤其是随着技术实践的深入，当困惑多多的时候，人们总会回头反思、追问这个问题。比如，20世纪80年代就出现了电化教育到底"姓电"还是"姓教"的争议，持续多年；90年代中期也讨论过教育技术到底是"理化技术"还是"人文学科"。本质上，它们都是对教育技术本体的追问。在现代技术对传统教育进行"解构"和"重构"的当下，这个问题再次引发追问。虽然哲学界关于"技术"本体的研究，从来不缺乏真知灼见和睿智的反思，但不管海德格尔的"座架""解蔽"、马克思的"人的本质力量的对象化"，还是高亮华的"作为伦理与政治问题的意含"等，均不能直接指导当下的教育技术实践。

而教育中的技术观，如"总和说""广义教育技术定位""一体两面"的提法，早已被哲学界扬弃。同时，界定的合理性如何，也应引起关注。除了一般规则，还应强调其作为桥梁学科的特性，界定既要体现哲理智慧，又要能够对下位学科建设提供指导，还要关照教育作为人文学科的特异性。因此，对"技术"本体的追问，愈加复杂。

从以上分析可知，应对教育领域的哲理性问题，不是教育专家、技术专家和哲学专家单独能够胜任的，需要三者共同努力，进行不断反思和追问。

参考文献

[1] 陈昌曙. 哲学的三层次与应用哲学[J]. 江海学刊，2002（5）：23-25.

[2] 刘美凤. 教育技术的定位：中国学者的观点[J]. 中国电化教育，2003（2）：24-28.

[3] 乔立恭. 人文学科还是理化技术[J]. 电化教育研究，1999（4）：3-7.

[4] 乔瑞金. 马克思技术哲学纲要[M]. 北京：人民出版社，2002：26.

[5] 高亮华. 人文主义视野中的技术[M]. 北京：中国社会科学出版社，1996：6.

[6] 顾明远. 教育大辞典（第七卷）[M]. 上海：上海教育出版社，1990：3.

[7] 刘美凤. 广义教育技术定位的确立[J]. 中国电化教育，2003（6）：9-16.

[8] 李美凤，李艺. 人文主义技术视角中教育与技术的"一体两面"——兼论教育学与教育技术学的对话何以可能[J]. 开放教育研究，2008（1）：47-52.

文化学习视野下审视中小学"平板"课堂的学习文化

杨 宁

（福建师范大学教育学院、教师教育学院，福建　福州　350007）

我们判别一种新教育是否出现，并不在于新技术是否出现于课堂，而在于新的学习文化的出现。这个话题即是从文化学习的视角探讨中小学"平板"课堂的学习。

一、问题的缘起与研究的基本假设

从文化学习的视角讨论这个话题，源于笔者对准教师教育技术能力发展的研究。对准教师访谈和课堂观察的结果表明：师范生在教育实习期间（仅两个月）的学校文化与学科文化的浸润效应远大于高师四年的课程学习经历。隐藏于教师之间和师生之间的学习文化也许是制约新技术环境下新教育发生的根本性因素，因此我们研究的基本假设是：技术改进学习的作用效果，受到技术作用于其中的课堂学习文化的驱使。在一种知识传承的文化中，利用技术促进知识的传递，无可厚非。因此，从文化视角研究教育技术的应用效果应受到关注。

二、文化视角下学习研究的关注维度

回顾人类学习历史，研究者对不同时代学习文化的对比主要从学习者、学习内容和学习过程三个维度展开。继原始社会的生活学习和现代社会的学校学习之后，曾文婕从人类学习历史视角，提出未来社会"文化学习"的概念。文化学习中的学习者是具有主动学习意愿和能力的普遍的学习主体，其学习内容不限于教师和课本的规定内容，学习方式更加多样化。

三、中小学"平板"课堂的学习文化特征

我们从 F 省信息技术应用能力提升工程优质案例中选了 6 节"平板"课堂的实录视频进行分析，从学习者、学习内容和学习过程 3 个维度研究中小学"平板"课堂反映出的学习文化特征。结果表明，"平板"课堂中学生自主学习的时间增加了，自主学习活动中学生多是在教师规定之内容下完成非建构性学习任务，学习内容以"实用"的概念、原理、规则等为主，学习过程多集中于利用"平板"拍照上墙、即时测验与反馈。综合此三个要素考察现行中小学"平板"课堂学习文化，其特征表现为"知识传递"。Hakkarainen 和 Paavola 在 2002 年认为，"平板"是促进信息传递的工具，是为促进学习者个体的知识获得提供资源的工具。

四、研究不足与展望

此次探索性的研究只是我们从文化视角研究教育技术的一个起点，仍存在很多不足。学习文化何以量化，"文化先行"的技术变革学习路径是否可行，都是未来我们需要持续研究的焦点问题。

参考文献

[1] 杨宁.职前教师的教育技术能力发展研究：目标层次、培养路径和课程策略[M].北京：电子工业出版社，2015：1.

[2] 董玉琦，王靖，伊亮亮，等.CTCL：教育技术学研究的新范式（1）——基本构想与初步研究[J].远程教育杂志，2012，30（2）：3-14.

[3] 曾文婕.文化学习引论——学习文化的哲学考察与建构[D].广州：华南师范大学，2007.

美国高中计算机科学课程发展现状与启示

钱松岭

（吉林师范大学教育科学学院，吉林　四平　136000）

自 2015 年底以来，一场自上而下的计算机科学教育运动在美国拉开了序幕。一些美国学者更是将 2016 年称为"计算机科学元年"。美国的计算机科学课程发展到一个史无前例的高度。在我国高中课程标准实施的过程中，了解美国高中计算机科学课程发展状况，无疑更具有现实意义。

一、美国计算机科学课程政策及背景

2015 年 10 月，美国总统奥巴马签署《STEM 教育法（2015 年）》（*STEM Education Act of 2015*），该法案修正了以往的 STEM 教育的定义，明确将计算机科学包括在内。2015 年 12 月，《每位学生都成功法案》（*Every Student Succeeds Act*，ESSA）发布，此法案将计算机科学明确为与阅读、写作一样重要的中小学基础学科。2016 年 1 月，提出了"为了全体学生的计算机科学"（Compute Science for All）的计划，旨在使美国年青一代学生掌握所需要的计算机科学技能，在数字经济的社会中更具竞争力。

二、美国高中计算机科学代表性课程介绍

这部分介绍美国计算机科学教师协会发布的"K-12 计算机科学框架（2016）"，美国大学委员会（College Board）为高中学生设计了大学预修课程，包括计算机科学 A 与计算机科学原理，还有专业组织 Code.org 也为高中学生开发了计算机科学课程。

三、美国高中计算机科学课程实施状况

本部分介绍美国高中计算机科学课程的实施状况。有 75% 的美国高中采用"K-12 计算机科学框架（2016）"的课程，78.7% 的高中开设了 AP 课程中的计算机科学 A，66.2% 的高中开设了计算机科学原理，66.1% 的高中开设了 Code.org 的课程。其面临的问题主要有：对于学科界定不清晰；资格证书体制存在缺陷；女性、少数民族参与率低等。

四、对一所高中的实地考察

本部分以对美国加利福尼亚州洛杉矶的一所高中的实地考察对以上状况进行了印证。

五、对于我国高中信息技术课程改革的启示

主要包括：重新认识信息技术课程的价值；明确课程政策；合理选择内容；平衡独立开设与学科融合；加强中小学信息技术师资培养。

参考文献

[1] 钱松岭，董玉琦. 美国中小学计算机科学课程发展新动向及启示[J]. 中国电化教育，2016（10）：83-89.

[2] 钱松岭，董玉琦.美国中小学信息社会学课程与教学述评[J]. 中国电化教育，2013（8）：28-34.

国家精品资源共享课程"中学信息技术教学设计"课程建设及思考

谢 琪

（杭州师范大学杭州国际服务工程学院，浙江 杭州 311121）

"中学信息技术教学设计"是一门十分重要的培养中学信息技术师资的课程，课程建设的成果对推动全国中学信息技术课程的普及教育、培养学生的学科核心素养具有重要的作用。笔者从1998年开始对"中学信息技术教学法"（2013年更名为"中学信息技术教学设计"）课程进行建设与研究，本文主要介绍课程建设的过程，以及对中学信息技术教育的一些思考。

一、课程建设总结

"中学信息技术教学设计"课程从1998年开始自主建设，2002年被列入学校主要课程，2004年被列入浙江省精品课程，2013年被列入国家精品资源共享课程，2017年获得"国家级精品资源共享课"称号。20年的课程建设着重围绕两条主线展开：①对中学信息技术课程的目标、内容、方法和评价进行研究及建设；②对课程如何培养合格乃至优秀的中学信息技术教师进行研究与建设，特别是中学信息技术教学法课程的内容、教学与评价方法研究，这是一种为了适应中学信息技术教师需要的、由被动适应到主动引领中学信息技术教师的课程建设过程。

其建设的方法则是：①组建跨学院、跨学科的团队进行建设，由计算机、教育学、教育技术学等专业的教师组成团队；②与一线的中学特级教师、省市教研员等组建团队进行建设；③通过理论研究指导一线教师的实践，又通过实践提升理论，取得了丰硕的成果。

二、对中学信息技术教育的思考

中学信息技术教师要把握中学信息技术课程的发展方向，这种把握要围绕三个方面的分析展开：①信息技术的发展前沿对中学信息技术课程的影响；②信息产业的发展对中学信息技术课程的影响；③中学信息技术课程的价值。

分析中学信息技术课程的学科核心素养与课程内容体系。中学信息技术课程作为大众化普及教育的课程、每个中学生都要学习的课程，如何来构建并理解学科核心素养，以及如何结合学科核心素养来构建合理的、具有多样化选择的中学信息技术课程，这些都是值得思考的问题，也是"中学信息技术教学设计"课程建设需要思考的问题。

全媒体数字教材的设计、制作及应用

陈展虹

（福建广播电视大学，福建　福州　350013）

媒体技术的急速进步带来了媒体环境和媒体应用的重大变革。在此背景下，福建广播电视大学依据"联通主义"和"人本主义"学习理论，把握移动互联网的特点，对课程资源进行全新的挖掘与加工，构建图、文、声、像、动漫、游戏等多重交互叠加的全媒体数字教材，以此为基点探索移动学习新模式，最终实现了远程教育的泛在学习。

福建广播电视大学以"福建云课"移动学习平台为依托，启动全媒体数字学习课程及平台构建。同时，依据"学习不再是一个人的活动，学习是连接专门节点和信息源的过程"的联通主义思想，通过理论实践与探索，对福建广播电视大学各类资源平台的调研问卷与反馈数据进行统计分析，发现多数的媒体教材未能将技术、教育理论与学科知识有机地融合起来，存在些许痛点。针对这些媒体教材的痛点，我们从理论架构、元素材精作、平台细节优化、交互功能深度开发等几个方面入手，结合本校学科特点，选择案例类、休闲类、体验类、通识类、文化类、专业类 6 大类别课程为试点，通过以点带面、试点探索、渐进提升的思路来设计相关案例课程的全媒体数字教材资源。全媒体数字教材强调"多终端一平台"，强化移动终端应用体验，目前已完成了相关案例课程的全媒体数字教材设计、制作与测试应用。

本文的三点设计思路如下。

1）"福建云课"平台采用业界成熟的 Struts2+Spring2+Hibernate 的技术框架与模型-视图-控制器模式（model，view，controller，MVC），融合 ePub3、SOA、移动互联网等前沿技术，搭载自主研发的 FS 组件完成。iOS 和 Android 移动客户端同样采用成熟的框架与架构，大量运用 HTML5、JavaScript、动画和音视频等全媒体技术手段，打造多终端跨平台系统。全媒体数字教材平台与客户端设计风格统一、导航清晰、兼容性好，实现了数据共通、共享和共融。

2）教师、学员、研发团队经过充分的沟通，依照教学设计和技术路线的指引，以学生为中心，强调学生自主学习和个性化学习，根据课程内容选取最合适的媒体形式加以呈现。在设计制作中特别注重文本、视频、音频、动画、画册、交互表格、交互动画等多种媒体的有机融合，使每个知识点都能得到最佳展现，充分体现了全媒体的优势。

3）全媒体数字教材设计了多种类型的人人交互和人机交互。平台与客户端提供了百科、批注、智能搜索、有声阅读、智能推送及分享等人机交互功能，系统还设计了各类师生交互、生生交互等互动功能。教师通过"学习社区"及时指导学习者的学习，在"评论、问答"中，随时回答学生提出的各种问题。学习者可以通过交互笔记与其他学员分享学习成果与经验，并进行实时交互。这些交互模式互相融合与协同，已全面开启了全媒体数字化电子教材阅读的新纪元。这样的交互型全媒体教材充分激发了学习者的兴趣，让学习中的阅读与理解、理解与实践、实践与应用、应用与联想之间相互贯通，从而使学习的过程更科学也更有趣味。

该项目通过两年多的使用与实践验证，并与国内若干类似平台系统的对比分析，借鉴国家精品课程评估指标体系，构建了自主的调查问卷，衡量了教学效果、互动交互、平台技术、完整科学、系统发展 5 大指标项目，整体满意度较好。"福建云课"全媒体数字教材紧紧抓住了远程教育的需求与特性，突出强化移动学习应用功能，学习效果显著。至此福建广播电视大学全媒体建设团队经过逐步摸索，已积累了"切选、打磨、运用、交互、反馈"五步一体的全媒体课程开发建设工作经验。

参考文献

[1] 张桐，杨孝堂，杜若.远程教育全媒体数字教材发展与创新[J].中国电化教育，2017（3）：138-142.

[2] 桑新民.学习者为中心的全媒体课程文字教材如何创新?——"学习科学与技术·导论与导学"设计案例[J].现代教育技术，2016，26（8）：5-13.

基于网络学习空间的适度翻转课堂活动设计

李玉斌

（辽宁师范大学教育信息化研究中心，辽宁 大连 10081）

"互联网+"时代，要求课堂教学进行结构性变革，以适应社会发展对创新人才培养的要求。在这种背景下，翻转课堂应运而生并迅速"走红"。不过，随着实践的深入，翻转课堂存在的一些深层次问题开始暴露，集中体现在学习目标深浅、教与学的地位、师与生的角色上，即翻转的适度性方面。

一、翻转课堂面临的问题

随着更多翻转教学活动的展开，人们越发意识到构建"课前传授知识、课中内化知识"的教学流程容易，但取得切实的教学效果却并非易事，甚至有人指出，翻转课堂的阳光似乎并没有照进多数中小学的教育现实。究其原因，表面上看翻转课堂是对传统教学结构的革新，实际上是对将学习责任向学习者的进一步转移和对以学生为主体、教师为主导教学理念的进一步强调，如果学生课前不能进行积极的思考和有意义的学习，基于翻转课堂的深度学习理想注定无法实现。因此，如何使学生树立学习主体意识，提高其学习责任感和投入度，是翻转课堂取得成功的关键。

二、网络学习空间的价值与适度翻转课堂概念的提出

通常情况下，翻转课堂的课前学习质量保障主要来自高质量的教学视频（微课）和自主学习任务单，存在学习效果不易检测和学习路径单一等问题，难以有效地提高学生学习的责任感和投入度。网络学习空间是继"教学媒体、多媒体课件、网络课程、虚拟学习社区、网络学习平台"等概念之后，对数字化学习资源/环境内涵的再次创新，在大数据、人工智能、移动互联等技术的助推下，网络学习空间将深深地嵌入学习服务的关键环节，成为重构教育体系和学习生态的强大动力。适度翻转课堂要求守住教学的"人本"底线和"双主、双边、双促"基本属性，即适度翻转。

三、基于网络学习空间的适度翻转课堂活动设计

在网络学习空间的支持下，适度翻转课堂是以"促进学生发展"为旨向，以"问题解决"为引领，以"思维和表达"为核心，以"选择和加工学习内容"为重点，以"概念建模、规则应用或迁移拓展"为活动的教学方式。适度翻转课堂学习活动设计包括基于系列问题的学程设计、基于网络学习空间的个性化学习环境设计及基于思维可视化和能力发展的支架设计等。

参考文献

[1] 宋健，王蒙，李君如. 互联网+未来空间无限[M]. 北京：人民出版社，2015：1.

[2] 余胜泉，王阿习. "互联网+教育"的变革路径[J]. 中国电化教育，2016（10）：1-9.

[3] 刘三妷，李卿，孙建文，等. 量化学习：数字化学习发展前瞻[J]. 教育研究，2016(7)：119-126.

[4] 陈明选，张康莉. 促进研究生深度学习的翻转课堂设计与实施[J]. 现代远程教育研究，2016（5）：68-78.

[5] 何克抗. 从"翻转课堂"的本质，看"翻转课堂"在我国的未来发展[J]. 电化教育研究，2014，35（7）：5-16.

计算思维的"三维一体"评价框架研究

钟柏昌

（南京师范大学教育科学学院，江苏　南京　210097）

"计算思维"概念的风靡，肇始于 2006 年卡内基·梅隆大学计算机科学系主任周以真（Jeannette M Wing）的界定。如今，计算思维正在受到广泛重视。与此同时，人们也意识到一个非常严峻的问题，即如何在实践层面上理解和评价学生的计算思维。诚如 Janet Kolodner 所认为的，计算思维的研究群体必须提出一个准确的计算思维的定义，以便决定哪些是学习者应该学习的，这也方便人们评价学习者学习计算思维的水平（学到了什么，能做什么，态度和能力如何）。甚至可以说，评价问题是决定计算思维能否在中小学课程中成功实施的关键。如今，越来越多的研究者开始强调计算思维评价对于教学的重要性。不难看出，找到一种便于指导评价工作的计算思维定义，选择一种适用于评价计算思维的评价思想和方法，是做好计算思维评价的两个重要方面。

为此，本文在广泛研究国际文献的基础上，构建了一个所谓"三维一体"的计算思维评价框架。所谓"三维一体"评价方法，包含两个目的：一是试图使该评价方法具备评价计算概念、计算实践和计算观念 3 个维度的计算思维；二是试图整合任务设计的 3 个维度，以有效评价计算思维，包括任务的方向性（正向任务、反向任务）、任务的开放性（封闭任务、半开放任务、开放任务）、任务的过程性（含自述报告的任务），借此一共可以设计出 3 组 6 类评价任务：封闭的正向任务和封闭的反向任务，半开放的正向任务和半开放的反向任务，有创意设计稿的开放任务和无创意设计稿的开放任务。

为了确认每种任务的可用性和优缺点，笔者在某小学开展了为期 3 周的评价实验。实验表明：①其他研究者习惯采用的纠错任务相比正向任务并无优势；②半开放任务和开放任务比封闭任务更有效，半开放任务相比其他任务具有更大的难度和更好的区分度；③自述报告作为过程性评价手段，具有较好的学习诊断功能；④正向任务和反向任务的难度和区分度基本相同，半开放任务的难度最大、区分度最好，封闭任务的难度最小，而开放任务的区分度最差；⑤6 类任务都可用来评价计算思维的某些方面，但依靠单一类型的任务无法全面评价学生的计算思维，根据实际需要选择适当的任务组合是必然的选择。

参考文献

[1] National Research Council. Report of a Workshop on the Scope and Nature of Computational Thinking[M]. Washington：National Academies Press，2010：53.

[2] Grover S，Pea R. Computational thinking in K-12: A review of the state of the field[J]. Educational Researcher，2013（1）：38-43.

MOOC环境下地方高校教学改革

黄淑珍

（山西大同大学教育科学与技术学院，山西　大同　037009）

MOOC（大型开放式网络课程，massive open online course）是当前一种新型的教育模式和学习方式，是通过在线网络实施远程课堂教学的大规模开放式在线课程。目前，极具影响力的 MOOC 平台有 Coursera、Udacity、edX，它们是一种全新的教学模式和在线学习方式。MOOC 理念对全球的高等教育机构产生了强烈的冲击，国外很多大学纷纷加入，国内的知名大学也陆续推出了自己的 MOOC。那么对于教学资源较少的地方高校而言，该如何应对 MOOC 热潮，如何冲破传统教学的模式，以适应新的教学要求和模式，是地方高校教学改革需要深入思考和解决的问题，本文就这个话题进行探讨。

一、关于 MOOC

MOOC 是一种网络课程，是互联网上的一种新的开放教育资源，是远程教育、开放教育资源和学习管理系统（网络教学平台）的最新发展。它与传统网络课程相比的优点为：任何人都可以免费注册和学习。MOOC 的优势如下：知识模块化（适合碎片化学习）、可灵活结合（选修、延伸）、优质学习资源共享（免费注册）、全媒体呈现形式、学习全过程管理。

MOOC 的发展推动了高等教育网络化、国际化、平民化；推动了传统教育系统要素的调整与重组，催生了新的教育模式；促进了知识的全球化、人类知识分享与学习行为的改变。

二、教学现象引发的思考

环境变了、媒体变了、资源变了、交流方式变了，教师的作用和角色是否发生了变化？我们的教学如何变才能吸引学生？

网络连接技术重构了社会关系，也将颠覆学校的基本结构，将互联网的开放、共享、平等、自由等特征与教育教学的本质规律相结合，形成对学生、课程、学校、教育政策、机制体制等教育相关因素的重新思考与定位。MOOC 环境下的教学，一定会由封闭走向开放。

三、MOOC 重构地方高校课堂

MOOC 的特点会使得教学体系重构：基于互联网的课程；组织实施及课堂与线上的融合；流程再造及团队化教学与开放教育资源融合；课程评价及基于网络大数据的分析。

以我校（中部地区的某地方高校）为例，其在 MOOC 环境下主要做了以下三种教学改革尝试：翻转课堂（每个学院 1～2 门专业课程）；MOOC 教学（少量的公共选修课程）；混合学习（日常教学）。

四、教学改革中遇到的问题

我们在实践过程中，主要遇到了以下问题：学习效果会受到诸多因素的影响（教师、学生），对教学改革的效果难以客观评价；在混合模式中，线上、线下活动中教师的工作量（上下传、分离班级、交互、个性化指导）极大；教师工作难度增加很多，更具挑战性（线上活动设计、线下活动设计与组织）；对教师专业发展提出了更高的要求，等等。

参考文献

[1] 王海荣，王美静. 国外 MOOC 评估报告对我国高校教学改革的启示[J]. 中国远程教育，2014（3）：37-39.

[2] 计科峰，张汉华，唐波，等.实践视界中的 MOOC 翻转课堂教学[J].高等教育研究学报，2015

（4）：47-52.

[3] 曾明星，李桂平，周清平，等. MOOC 与翻转课堂融合的深度学习场域建构[J]. 现代远程教育研究，2016（1）：41-42.

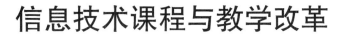

信息技术课程与教学改革

面向学生数字化学习与创新核心素养的研究*

张华阳

（华南师范大学教育信息技术学院，广东　广州　510631）

摘　要： 自 2016 年《中国学生发展核心素养》颁布以来，核心素养作为新一代培养人才的标准受到了广泛的关注，各学科也随之出现了学科核心素养标准。信息技术学科以其鲜明的时代特点，将信息技术学科素养划分为计算思维、信息意识、数字化学习与创新及信息社会责任四个子素养。本文阐释了信息技术学科下数字化学习与创新的内涵；通过论述国内外数字化学习与创新相关的能力培养标准，理清数字化学习与创新的发展脉络；提出数字化学习与创新素养培养的发展建议，包括从外部统筹规划、加强指导、重视迭代及顶层设计，以及从内部提高师生对于数字化学习与创新素养培养的意识。

关键词： 核心素养　数字化学习与创新　信息技术学科

一、引言

"核心素养"目前已经成为国内教育界比较火热的一个关键词，也是现下讨论比较激烈的一个关键指标。在"中国知网"以"核心素养"一词为关键词进行检索，可以发现"核心素养"一词在 2009 年就已经出现在《论城市规划专业的核心素养及教学模式的应变》一文中，随后，在金融领域也出现了包含"核心素养"一词的论文。自 2013 年起，国内学者开始了教育界关于核心素养的讨论，截止到 2016 年，已出现 400 余篇有关核心素养的论文，2015年只有 42 篇论文，而 2016 年迅速发展，一年来共发表 355 篇与"核心素养"一词相关的论文（图 1），可见"核心素养"一词受到了较多关注，其主要原因是《中国学生发展核心素养》的发布。

"核心素养"一词迅速受到广泛关注，究其原因具体如下：2016 年 9 月 13 日，《中国学生发展核心素养》发布，这一举动标志着对学生应该具备的、能够适应未来发展和社会发展的必备品质与关键能力有了最新的权威界定。随后，各学科也出现了学科核心素养标准，信息技术学科以其鲜明的时代特点，将信息技术学科核心素养划分为计算思

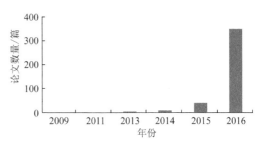

图 1　关于"核心素养"的论文数量

维、信息意识、数字化学习与创新及信息社会责任四个子素养。

通过对比《中国学生发展核心素养》及信息技术学科核心素养，可以发现，数字化学习与创新和"信息意识""技术运用"两个子素养有相近的特点，这也标志着学生所应该具备的核心素养是从各个学科体系中培养而来的。"信息意识"提出"具有数字化生存能力"，"技术运用"提出"具有学习掌握技术的兴趣和意愿"，"能将创意和方案转化为有形物品或对已有物品进行改进与优化"。通过文本分析，可以发现数字化学习与创新是要求学生适应数字化学习环境，能够利用数字化资源与工具，形成创新作品的能力，生成数字化学习思维的一个过程。

---

* 本文为华南师范大学"挑战杯"金种子培育项目"设计型学习提升信息技术学科核心素养的实证研究"（项目编号：16JXKC06）、华南师范大学 2016 年研究生创新计划资助项目"设计型学习促进学生创造力培养的实证研究"（项目编号：2016wkxm57）的研究成果。

二、国内外数字化学习与创新核心素养发展历史

自进入数字化时代以来，国内外就对"数字化学习与创新"展开了广泛的研究，不同的国家通过发布不同的文件，培养学生的数字化学习与创新能力。

（一）国外数字化学习与创新发展论述

国外自 20 世纪 90 年代便对数字化学习与创新展开了相关的研究。1997 年，日本将所培养的信息技术运用能力划分为小学、初中、高中三个年龄层，涉及信息运用的实践能力、对信息的科学理解、参与信息社会的良好态度三个层面。美国图书馆协会于 1998 年发布了《学生学习的信息素养标准》，共划分为信息素养、独立学习、社会责任 3 个部分，每个部分对应 3 个标准，其中信息素养标准主要围绕获取信息、评价信息、创造和使用信息展开讨论；独立学习标准主要围绕追寻信息、语言表达、信息查询等方面展开讨论；社会责任标准则要求学生能够对社区与社会有贡献。美国图书馆协会于 2000 年发布了《美国高等教育信息素质能力标准》，其中提出了 5 个标准，即有信息素养的学生能够有能力决定信息的性质和范围，有效获得所需的信息，评估信息的出处，利用信息实现特定目的，合理合法地获取信息。美国 2007 年发布的《21 世纪技能》指出，人们应该具备生活和工作技能、学习和创新能力、信息媒体与技术能力。2012 年，英国教育部发布了信息通信技术（information communications technology，ICT）课程新标准，主要强调了该课程培养目标将经历从基础教育到创造发明转型的过程，要求学生不仅能够运用信息资源和信息技术工具解决实际问题，将信息技术和信息资源用于不同学科的学习，还要了解信息技术在日常生活和工作中的作用和影响。通过文献阅读及资料查询可以发现，各国都对数字化学习与创新能力制定了相关的培养标准，数字化学习与创新相对应的能力如表 1 所示。

表 1 各国培养的数字化学习与创新的同类能力

国家	数字化学习与创新的同类能力
美国	使用信息和沟通技术
英国	运用科技与信息
法国	掌握信息与通信的常规技术
澳大利亚	培养创造科技的能力，尤其是信息和通信的技术
德国	媒体素养、创造性

（二）国内数字化学习与创新发展论述

自 1984 年邓小平同志指出计算机的普及要从娃娃抓起，国内的中小学相继开展计算机课程，逐步修改和完善信息技术学科的相关标准。1999 年，国务院出台了《中共中央国务院关于深化教育改革，全面推进素质教育的决定》，2000 年教育部召开全国中小学信息技术教育工作会议并颁布了《中小学信息技术课程指导纲要（试行）》，2003 年教育部发布了《普通高中技术课程标准（实验）》，中国教育技术协会信息技术教育专业委员会于 2012 年制定了《信息技术课程标准（2012版）》，2016 年出现了"信息技术学科核心素养"（图 2）。纵观国内有关于信息技术学科的描述，从起步到重视能力培养，从能力培养到素养培养，已经完成了两次大的转型，新的要求更倾向于将能力应用于生活，形成具备使用信息技术工具解决问题的素养。

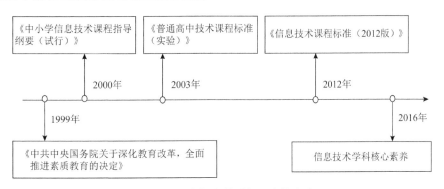

图 2 国内信息技术学科相关文件大事记

三、数字化学习与创新的特点

数字化学习与创新是由数字化学习（E-learning）而来的，不同的学者对 E-learning 的特点有不同的界定。Downes 认为，E-learning 2.0 意味着"学习者为中心""沉浸式学习""联结学习""基于游戏的学习""非正式学习""移动学习"[1]。Schlenker 认为，E-learning 是通过数字化的链接和同伴协作，学习者通过搜索信息、创建内容和协作学习，从而满足学习的需求[2]。国内学者李克东教授认为，数字化学习的三要素在于：数字化学习环境、数字化学习资源及数字化学习方式，在此基础上数字化学习具备资源获取随意性、学习内容实效性、学习探究层次性、课程学习可操作性、学习内容可再生性等特点[3]。

随着创客教育的普及，以及 21 世纪对创新型人才的需要，创新也成了必不可少的一项素质。数字化学习与创新这一素养在此基础上应运而生。数字化学习与创新的特点主要集中在自主学习（自主选择数字化资源与工具）、协同工作（管理学习过程与学习资源）、知识分享（形成作品分享）、创新创造（形成创新作品）四个方面。学生能够在受限的数字化学习环境中完成学习的过程。苏霍姆林斯基提出："只有能够激发学生去进行自我教育的教育，才是真正的教育。"[4]数字化学习与创新正是遵循了这一规律，在学习与创新的过程中，培养学生的独立性、创造性及分享性，使学生成为一个有能力、有创造、有贡献的全方位人才。

不同的学派对于自主学习有不同的定义：①以维果斯基为代表的维列鲁学派认为，自主学习本质上是一种言语的自我指导过程，是个体利用内部言语主动调节自己的学习的过程[5]。②以斯金纳为代表的操作主义学派认为，自主学习是一种操作性行为，它是对于外部活动作出奖赏或惩罚的一种行为，自主学习包括三个子过程：自我监控、自我指导、自我强化。③以班杜拉为代表的社会学习理论从行为、环境、个体三个方面的交互因素来解释自主学习，自主学习的三个过程包括自我观察、自我判断、自我反应。④以弗拉维尔为代表的认知建构主义学派认为，自主学习是元认知监控的学习。自主学习的学生能够自主选择、组织、创设，使学习的效果达到最佳[6]。

在学习的过程中，协同工作以系统协同思想和知识管理为基础，适应知识与技术的发展，对传统学习理论进行了拓展[7]。协同学习是对现有学习技术系统框架的突破，个体在群体中通过完成个体学习与加工，使群体成为一个认知加工系统。协同学习提供了朋辈学习，构建了学习共同体。

知识分享是知识拥有者通过沟通的方式将知识传播给知识重建者的过程。随着社交媒体的发展，越来越多的分享内容出现在人们的生活中，这不仅改变了人们的生活方式，同时也改变了人们的学习方式。Facebook、微信、微博等一系列社交媒体的传播，让推送文章成了碎片化学习的主要学习资源。知识供应者通过社交媒体沟通与传递知识，知识需求者通过倾听或阅读等方式来认知、理解与接受知识[8]。

在"互联网+"时代的大背景下，"大众创业、万众创新"的时代到来，创新创造成了一个大国的标志。STEM、STEAM、创客教育等一系列教育课程的兴起，标志着教育进入了一个新的时刻。"大众创业、万众创新"具备自由、自主、开放、民主的社会文化特点，学习者可以不受资金和技术的影响，借助学习工具进行创新创造。

四、数字化学习与创新的案例

（一）为儿童免费建立的数字化学习网站

2004 年底，有组织建立了在互联网上的免费数字化学习网站供儿童学习和访问，学习者可以在任意时间、任意地点在互联网接入的条件下登录该网站。该网站目前由美国、西班牙、法国、印度、葡萄牙提供资助，提供关于数学、科学、生态环境、计算机技术、健康、艺术、生活技能七个方面的数字化学习资源（图3、图4）。

从教学资源来看，这个数字化学习空间具备良好的交互功能，学习者可以通过点击 Flash 动画中的按钮，了解想要知道的知识，而不是简单地观看视频或图片。这个网站的教学资源并不像简单的教学视频资源，以线性的过程呈现知识和要点，而是通过网络状的知识结构，学习者主动点击想要学习

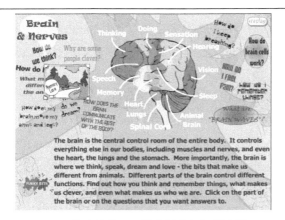

图3　数字化学习网站中健康知识类资源

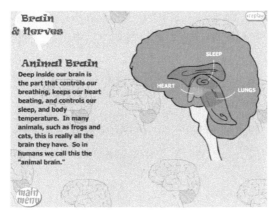

图4　数字化学习网站中大脑的结构

的知识，在此学习过程中，不存在传统课堂中知识的持有者，而是学习者以自我驱动力、好奇心开始课程的学习。这类学习资源不仅提供免费式的开放学习，更开放了学习者的学习思想。

我们通过学习健康栏目下的人的大脑的知识，可以了解到人的思考、行为、感觉、听觉、记忆等感知都是通过大脑不同的区域工作的。此外，人的心脏、肺等器官也是通过大脑不同区域进行调节的。通过点击大脑上方的不同区域或课件中提出的问题，都可以找到问题的答案，实现半探索式的教育行为。例如，点击问题"我是怎么保持呼吸的？"，可以找到相应的答案，大脑中有控制呼吸、睡眠、身体温度的不同区域，通过图示可以找到相应的区域。

（二）美国康涅狄格州科学中心"升降机"课程

美国康涅狄格州科学中心以其州中小学及校外科学教育机构和科技场馆作为教学研究点，面向学生开展了一系列STEM课程，包括"航空器""升降机""桥世界"等。以"升降机"课程为例，通过"设计—搭建—测试—改进"的流程，讲解力、运动、能量、机械等一系列工程力学内容与知识。其实现过程主要包括"制定标准—单元评价—工程过程—工程问题—解决问题"五个大的步骤：①制定标准：分析教学内容与现行美国《新一代科学教育标准》《州共同核心标准》的关联，通过标准约束课程的教学目标、教学内容等。②单元评价：包括工程过程的量规表，帮助教师评价在工程设计过程中学生的发展与进步，完成对学生的学习过程的评价。③工程过程：其中的工程过程流程图可以帮助教师和学生理解工程的基本过程和主要环节，在此过程中，教师给予学生一定的指导。④工程问题：首先，在情景创设部分给出问题简介，即任务或项目的简介，同时提出相关的探索问题。其次，为学生提供更多的背景经验活动，以支撑其学习相关知识、积累必备的实践经验。⑤解决问题：教师和学生一起重申"制作升降机"的问题和任务，重新定义问题，然后再进入工程设计的具体环节中，开展设计、制作、测试、改进、交流等各个环节。在提出问题过程中实现学生自主学习，在解决问题过程中实现学生协同工作、讨论交流，最终完成知识共享、创新创造。

五、发展建议

数字化学习与创新核心素养的发展急需发展与提升，具体发展策略如图5所示。从政策层面来看，数字化学习与创新体系尚不完整，通过顶层设计制定相关的政策文件，有助于各级教育部门大力开展数字化学习过程；从教学层面来看，师生利用数字化工具的能力尚未达到理想水平，在信息化时

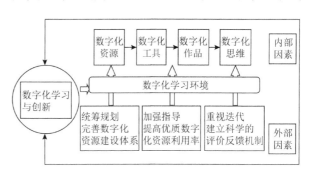

图5　数字化学习与创新的发展策略

代，如何完成信息筛选成了困扰师生的问题，如何选择有效的数字化工具，如何甄别有效的数字化信息，都成了需要探讨的问题。

六、结语

美国著名教育学家约翰·杜威曾说："科学的每一项巨大成就，都是以大胆的幻想为出发点的。"[9] 在数字化学习的基础上，完成从基本能力到创新发明的培养，是一个民族的转型，进而可以实现从制造大国向创造大国的转型。通过创建良好的数字化学习环境，师生共同选择、甄别、处理有效的信息，学生发挥想象力，必然能使学生的数字化学习与创新素养得到良好的培养。

参考文献

[1] Downes S. The economy of E-learning[EB/OL]. http://www.downes.ca/post/5[2013-04-23].

[2] Schlenker B. What is E-learning 2.0?[EB/OL]. http://www. learningsolutionsmag. com/articles/83/[2013-02-25].

[3] 李克东.数字化学习（上）——信息技术与课程整合的核心[J].电化教育研究,2001(8):46-49.

[4] 苏霍姆林斯基.育人三部曲[M].毕淑芝,等,译.北京：人民教育出版社,1998.

[5] Zimmerman B J. Becoming a self-regulated learner : Which are the key subprocesses?[J]. Contemporary Educational Psychology,1986,11(4):307-313.

[6] 庞维国.自主学习理论的新进展[J].华东师范大学学报（教育科学版）,1999（3）：68-74.

[7] 祝智庭，王佑镁，顾小清.协同学习：面向知识时代的学习技术系统框架[J].中国电化教育,2006（4）：5-9.

[8] 邓志伟.知识分享与教师专业发展[J].教育科学,2006（4）：47-50.

[9] 转引自：王春燕.中国学前课百年发展、变革的历史与思考[D].南京：南京师范大学,2003.

翻转课堂教学模式探析[*]

翻转课堂教学模式探析[*]

高 菁 张 玲

（宁夏大学教育学院，宁夏　银川　750021）

摘　要：现如今加快推进教育信息化的重要性、紧迫性前所未有地凸显出来，翻转课堂作为一种新型的教学模式，它的出现也是教育信息化发展进程中的产物。本文阐述了翻转课堂产生的背景、理论基础等，分析了国内外翻转课堂的相关案例，总结了翻转课堂教学模式，并与传统教学模式对比，以期推动越来越多的学校和教师关注并尝试翻转课堂教学模式。

关键词：翻转课堂　传统教学　教学模式

一、背景

（一）信息技术的发展

在信息技术的推动下，信息化深入社会生活的各个领域，信息化教育是提高学生信息素养的要求，教育模式、目标和方法等都发生了变化，教学不再局限于课堂，学生可以通过各种途径、方式进行学习。教育信息化对传统教学产生了冲击，翻转课堂则在这个背景下应运而生。

（二）学习方式的变化

在传统教学中，黑板、课本是主要的教学材料，学习主要发生在教室中，学习者根据教师的指令学习，是一个被动的过程。在信息化环境下，智能手机、平板电脑等移动设备的出现和普及，使学习方式发生了很大的变化，学习者的学习不再局限于传统的教室内，而是能在任何场所、任何时间利用移动设备和网络自主学习。因此，翻转课堂的发展促进了学习方式的变革。

二、翻转课堂的理论基础

（一）掌握学习理论

掌握学习理论是美国著名的教育心理学家布鲁姆提出的，它被应用到世界各国的中小学教育中。掌握学习为学生提供了个性化帮助，使多数学生对知识能够达到掌握的程度。每位学生的学习能力、水平等有差异，因此他们掌握相同的教学内容

所用的时间是不同的。翻转课堂教学模式翻转了教师的教和学生的学，学生在课前根据自己的实际情况，通过学习视频安排和控制自己的学习进度，他们观看视频的进度完全由自己掌握，可以快进，也可以倒退或反复看，还可以暂停，以便为思考或做笔记留出充足的时间，也可以通过社交工具、网络平台等寻求同学、教师的帮助。这一理论解释了在知识的接纳和记忆阶段，学生如何掌握学习节奏，为学生个性化学习提供了依据。

（二）建构主义学习理论

建构主义者认为每个人都是以自己的经验为基础来建构现实事物的，每个人的经验不同，理解状况也有差异，学习是学习者在与环境相互作用的过程中主动建构内部心理的过程，强调以学习者为中心，知识是学习者在一定的情境中，借助其他手段，利用学习材料和资源，通过意义建构的方式获得的[1]。在翻转课堂教学中，学习者需要对原有知识进行再加工和再创造，建构自己的理解。对知识的理解没有统一的标准，学习者通过合作探究，交流对同一问题的不同看法，使理解更加完整和全面。

三、国内外案例研究

翻转课堂在国内外应用广泛，在教学中很多学科都可以利用翻转课堂模式。由于美国翻转课堂的

＊本文为国家自然科学基金项目"西部民族地区基础教育信息化绩效评估与发展路径探究"（项目编号：71463044）的研究成果。

实施效果显著，其他国家也进行了尝试，我国也借鉴美国翻转课堂的成功案例在学校进行了翻转课堂教学的设计与实施。

（一）国外案例

1. 林地公园高中

美国的林地公园高中是翻转课堂的起源地，该校的两位化学教师乔纳森·伯尔曼和亚伦·萨姆斯使用屏幕录制软件录制在线视频课程，并把结合实时讲解和PPT演示的视频上传到网络，帮助缺课的学生补课[2]。更具开创性的是，两位教师逐渐以学生在家看视频、听讲解为基础，节省出课堂时间，来为在完成作业或做实验过程中有困难的学生提供帮助。

2. 美国加利福尼亚州河畔联合校区

该校在翻转课堂中提供丰富的学习资源，采用基于iPad的数字化互动教材，里面有丰富的媒体材料，包括文本、图片、3D动画和视频等，还具备做笔记、交流和分享的功能[3]。互动教材能够节省教师制作视频和教学材料的时间，且具有较好的互动性，学生能够沉浸在学习中，为翻转课堂的课前学习和课中教学活动的设计提供了有利条件。

（二）国内案例

1. 重庆市聚奎中学校

重庆市聚奎中学校翻转课堂的实施走在我国前列，该校为学生发放平板电脑，教师集体备课，制作导学案，并由学科组教师录制10~15分钟的教学精讲视频，上传到校园云服务平台。学生根据导学案的要求，观看相应的教学视频，进行自主学习，然后在网络学习平台上做测试题。教师则通过后台及时了解学生的学习情况，课中学生独立完成教师布置的任务，对于疑难问题则通过小组协作探究或与教师讨论的方式予以解决。随后学生完成相关练习题，并通过观看教师录制的习题评析视频进行自主探究、反思提高。

2. 深圳南山实验学校

2012年，深圳南山实验学校开始推行云计算环境下的"翻转课堂"[4]，课前学生在家通过平台观看教师录制好的微课，看完后通过做测试来检验自己的掌握情况，测试提交之后，平台会将结果反馈给学生，学生根据反馈结果继续学习有问题的内容。在第二天的课堂上，教师通过iPad打开翻转课堂平台，详细查看每道题的错误情况，然后选择正确率低的题目重点讲解。解决学生的疑问之后，教师会再给学生布置练习题来巩固或者拓展学习内容。

四、教学模式对比

（一）传统教学模式

我国普遍采用的教学模式是传递—接受教学模式，这是一种传统教学模式，由赫尔巴特提出。赫尔巴特首次将心理学原理应用于教学过程，这对教学论研究而言是巨大的进步。此后，赫尔巴特的弟子赖因根据当时传授知识的需要，将"四阶段"（明了—联想—系统—方法）教学模式扩展为五步骤：预备—提示—联系—总结—应用。

苏联教育家凯洛夫继承并发展了赫尔巴特的教育思想，强调教学过程中教师的主导作用，在"四阶段"教学理论的基础上进一步提出了"五环节"的课堂教学结构，即组织教学—引入新课—讲授新课—复习巩固—布置作业。凯洛夫的教育思想对我国中小学教学的影响很大。

1. 课前

学生完成教师在上一节课布置的作业，对下一节课要讲的内容进行预习，但由于没有教师的监督，大多数学生都是敷衍了事，他们仅仅对要学习的内容进行大致的浏览，甚至有些学生忽略了这一过程。教师则在课前通过各种方式，利用参考书、网络等资源进行备课，对教学过程更加熟悉和了解，为课堂教学做充分的准备。

2. 课中

在传统教学中，教师整节课都在讲解，学生被动地听讲，但由于没有交流，学生在听讲过程中会思想不集中，甚至可能会因有一点不懂就放弃整节课的内容，在课堂交互过程中，学生根据要求，小组合作讨论、交流并完成练习测试。教师在讲课过程中，由于不了解学习者的情况，讲的内容只是自己认为的重难点，会导致授课效果不好。由于传统教学观念的禁锢，教师整节课都采取讲授的教学方式，而不关注学生是否参与了课堂学习。

3. 课后

课后学生根据教师的要求，对本节课学到的内容进行复习、消化吸收并完成课后作业，作业基本上是客观题，完成作业后对下一节课要学习的内容进行预习。教师在课后更多的是批改作业，完善教案，对学习效果的评价基本上是进行书面的测试，通过答题对错及分数判断学生对学习内容的掌握程度。

（二）翻转课堂教学模式

翻转课堂教学模式翻转了教师的教和学生的学，强调以学习者为中心和自主学习的重要性。翻转可以课下进行也可以课中进行，但大部分学校采取的是课下翻转的形式。根据对国内外翻转课堂教学案例的研究，笔者对当前普遍存在的翻转课堂的教学模式的流程进行了总结归纳。

1. 课前

课前学生主要是观看教学视频，回答教师提出的理解性的问题，对疑难问题通过 QQ 群等社交工具进行交流、讨论。教师课前的任务繁重，他们要准备教学材料如制作教学视频。对于教学视频，可以自己制作，也可以在网上找符合教学内容的视频，通过导学案、任务单的形式为学生课前的学习目标和学习内容提供指导。教师在课前还应了解学生的课前学习情况，有针对性地安排课堂中的探究问题，设计学习活动。

如果学校能提供 iPad、互动性教材、各种类型的网络平台等硬件设备，将会为翻转课堂的实施提供便利，从而提高教学效果。

教师在开发视频等教学材料时，可以通过多种方式获取现有的教学材料或自己进行教学材料的选择和开发。教材、参考书等教辅资料是现有的教学材料，教师可以根据这些材料了解本节课的教学大纲，确定教学目标和重难点，制作导学案。如果这些不能满足教学要求，教师可以通过互联网获取教学材料，例如，"教学点教学资源全覆盖项目""一师一优课、一课一名师""三通两平台"等都为教学提供了充足的资源。另外，还有教育 APP，教师能够通过 APP 获取教学所需资源，将其推荐给家长，为学生的课外学习提供资源。在开展翻转课

堂教学过程中，教师可以通过录屏软件等多种方式录制微课，如果认为自己制作的视频不好，也可以通过网络选择适合自己教学内容的视频。

2. 课中

课中教学活动的设计应针对学生的课前学习情况进行，对于课前学习的疑难问题，教师要进行讲解或安排学生分组合作探究并解决问题。在此过程中，教师对小组学习状况进行个别辅导，并让小组汇报成果，最后进行评价总结。另外，可以采取自评、互评的方式，如让学生自我评价，教师对其进行评价或小组间互相评价，这样多元的评价能使学习者对自己的学习状况了解得更清晰，并能进行有效的反思和改进。

3. 课后

教师课后对本节课的教学效果进行总结和反思，能够在以后的教学中有所进步和提高，准备下一节课所要用到的教学视频、导学案等教学材料。学生在课后对自己的学习状况进行自我反思和完善，对学到的知识、技能进行巩固，完成拓展练习。

（三）两者对比

翻转课堂是在信息化教学环境下产生的一种全新的教学模式，对教师的教、学生的学提出了挑战，它与传统教学模式在很多方面都有差别。

1. 教学理念不同

随着信息技术的发展、教育观念的转变及国家对教育信息化的重视，很多教师也在这种时代的潮流中逐渐转变自己的教学观念。传统教学模式是一种"以教定学"的方式，教师先进行教学，学生再进行学习，教师是课堂的主宰者，主导课堂中的所有过程，带领学生完成每个教学环节，学生完全是学习的被动接受者，只能跟着教师的思路学习。翻转课堂教学模式是一种"以学定教"的方式，教师是教学材料的提供者、学生学习的引导者，学生成为主动的领悟者，自主安排学习进度，有利于实施因材施教、个性化学习。

2. 师生角色的转变

师生角色的转变体现在教学中的方方面面，在翻转课堂中，教师不再是把整节课内容按教学进度全部讲完，而是通过导学案、微视频等帮助学生先

进行学习，在课堂中会留给学生更多思考、提问和讨论的时间。教师从单纯的知识传授者转变为导学者、助学者、促学者、评学者，回到学生最需要的角色，学生也从被动的知识接收者成为协作、探究活动的主动参与者。这种角色的转变改变了传统的教学方式，给教学带来更大的空间，更有利于教学的展开。

3.教学过程的变化

在一个完整的教学过程中，包括教师、学生、教学内容、教学媒体这四个重要的要素，教学中的每一个环节都离不开教师和学生的参与，而教学过程的差异也主要表现在这两个方面，是传统教学模式和翻转课堂教学模式最大的差别，如表1所示。

表1　教学过程变化

项目	传统教学	翻转课堂教学
课前	教师准备教学材料（教材、辅导书、教案）	教学资源包括教辅书、教学视频、导学案
	学生完成上一次课的作业，了解将要学习的内容	学生观看教学视频等，回答问题，提出疑难问题
课中	教师进行全程讲解	教师对疑难问题进行讲解或学生小组合作解决问题
	学生被动听讲	学生进行小组合作探究，展示、汇报学习成果，并进行总结
课后	教师准备下一节课的教案	教师反思教学，准备下一节课的教学材料
	学生复习课上内容，消化吸收，完成作业	学生反思学习状况并完成作业

（四）结论

通过传统教学模式和翻转课堂教学模式的对比，可以看出两者在课前、课中和课后的教学活动中有差别，师生角色发生转变，教学观念也有明显变化。虽然本文没有数据的支持，但在参考文献中有数据表明，翻转课堂的教学效果比传统课堂好，提高了学生的学习兴趣，增加了师生间的互动交流，学生的学习成绩也有所提高。

五、结语

教育信息化是教育现代化的必由之路，基础教育信息化是我国教育信息化建设的重要组成部分，我国中小学在进行翻转课堂的尝试，不断地探索适合我国学生的教学模式。经过不断探究，我国中小学有了一些成功的案例。然而，新的理念或者技术的出现，不能仅仅停留于理论层面的研究，应该把这种新理念更多地应用于教学实践中，以提高教学的质量和水平。

参考文献

[1]何克抗，李文光.教育技术学[M].北京：北京师范大学出版社，2011：29-31.

[2]郑艳敏.国内外翻转课堂教学实践案例分析[J].中小学信息技术教育，2014（2）：44-47.

[3]杨刚，杨文正，陈立.十大"翻转课堂"精彩案例[J].中小学信息技术教育，2012（3）：11-13.

[4]王红，赵蔚，孙立会，等.翻转课堂教学模式模型的设计——基于国内外典型案例分析[J].现代教育技术，2013（8）：5-10.

基于 PBL 的计算思维培养教学模式构建研究

——面向中小学信息技术教学实践

刘晓玉

（苏州工业园区金鸡湖学校，江苏　苏州　215021）

摘　要：计算思维的培养能够提高学生应用信息技术思考问题、解决问题的能力。基于问题的学习（problem-based learning，PBL）是一种以问题为基础展开课程教学的教学模式，采用 PBL 培养学生的计算思维是可行的。笔者尝试构建一个基于 PBL 的中小学信息技术计算思维培养教学模型，并通过教学实践将计算思维的一系列方法运用到具体的教学步骤中，来验证该模型在培养学生计算思维方面的可行性和高效性。实践证明，该模型能有效提高教师的教学效率，促成学生计算思维能力的生成。

关键词：PBL 教学　计算思维　教学模式

一、引言

目前，中小学信息技术课程教学实践存在几个主要问题：①对信息技术课程目标和价值，特别是对学科的思维方式缺乏深入的理解；②缺少实现学科目标和价值的合理的教学评价体系，影响了学科目标和价值的落实和实现；③课程设置不合理，导致教学实践效率低下[1]。产生这种现状的原因，归根到底就是学生的思维并未在信息技术学习中打开。培养学生使用信息技术解决实际问题的能力是信息技术课程的核心价值，计算思维的培养能够提高学生的信息技术知识与技能水平，提高学生应用信息技术思考问题、解决问题的能力，提高学生的自主创新能力。教育的核心理念是培养聪明的学习者，这就要求教学者不仅要教会学生如何解决问题，也要教会他们发现值得解决的问题。PBL 是一种以问题为基础展开课程教学的教学模式，以学生的问题解决能力提升为教学目标，因此，采用 PBL 教学模式培养学生的计算思维是可行的。

二、计算思维

美国卡内基·梅隆大学计算机科学系周以真教授指出，计算思维是思维过程参与制定问题，并给出它的解决方案，在一台电脑上以人或机器的方式就可以有效地开展。简单地说，计算思维就是像一个计算科学家一样思维。王荣良认为计算思维是一种递归思维，是一种采用抽象和分解的方式来完成庞杂的任务的方法，是一种用启发式的推理来求解的方法，是一种在时间和空间之间、处理能力和存储容量之间进行权衡的思维[1]。计算思维作为信息技术课程的一种内在价值，可以发展学生"数据抽象、模型建设、自动化实现"方面的思维，提高学生利用信息技术解决问题的能力[2]。计算思维的培养目的是引导学生像计算机一样思考和处理问题，在中小学教育阶段与计算思维关系最密切的莫过于信息技术课程，因此，计算思维作为信息技术学科核心素养之一，日益受到信息技术教育学科领域学者和一线教师的重视。

鉴于笔者研究的主要范畴为中小学信息技术教育，因此笔者在中国知网期刊、中国博士论文全文数据库和中国优秀硕士论文全文数据库中分别以"中学计算思维培养""中小学计算思维培养""小学计算思维培养"为主题进行检索，限定学科分组为中等教育和初等教育，以"计算思维"为主题进行检索，共搜索到符合主题的文章56 篇。从研究的侧重点将这些论文进行分类整理，将研究内容划分为理论探讨、培养策略、项目实践、培养模式构建、课程开发 5 大项，整理出 2011—2016 年的文章发表情况，如表 1 所示。

表1 计算思维相关文献年度数量统计表

发表年份	研究内容					合计
	理论探讨	培养策略	项目实践	培养模式构建	课程开发	
2011	0	1	0	0	0	1
2012	1	0	1	0	0	2
2013	2	1	2	1	0	6
2014	3	4	2	0	0	9
2015	5	3	5	0	0	13
2016	5	5	12	2	1	25
总计	16	14	22	3	1	56

计算思维的概念是周以真教授于 2006 年在美国提出的，而我国关于计算思维培养的研究起步较晚，从表1中可以看出我国关于信息技术学科计算思维的培养从 2011 年开始，虽起步较晚，但是发展速度极快。对表1中的数据进行统计分析，可得出不同研究内容的相关文献在年度上的数量分布情况折线图（图1）。从折线图上也可以看出，信息技术学科中计算思维的培养研究在持续发展，发表成果数量也在逐年增多，无论是理论探讨还是培养策略研究，特别是以项目实践方式展开的课例实践研究增长趋势较为喜人，这说明计算思维的培养已进入信息技术学科领域专家和一线教师的视线，并受到前所未有的重视。

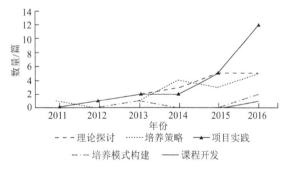

图1 计算思维培养不同研究内容的相关文献在不同年份的数量分布折线图

三、PBL 教学

PBL 是指把学习设置于复杂的、有意义的问题情境中，通过让学生以小组合作的形式共同解决复杂的、实际的或者真实性问题，来学习隐含于问题背后的科学知识，形成解决问题的能力，并发展自主学习和终身学习的能力[3]。简单来说，PBL 就是围绕真实世界中的非结构化问题这个核心，以学生为中心利用自主探究或小组协作等学习方式展开项目课程学习，通过自己的努力和教师的辅导，完成解决问题的学习目标。

PBL 教学模式是一种以学习者为基础，以问题为核心的教学模式，主要特点是以学习者为中心，教学者为学习者提供一些学习资料，引导学习者进行学习，让学习者根据资料自己去探索问题的答案；教学模式中的问题来自真实世界，以现实生活中的问题为导向，问题是劣构的，没有固定答案；注重学生的自主学习和合作学习，注重小组之间的合作交流[3]。基于这些主要特点，PBL 教学流程一般包含问题情境的创设、分析问题、搜集资料、提出问题解决方案、展示小组作品、评价与总结等几个环节。在整个教学过程中，教师以引导学生剖析问题为主，提供过程性帮助材料，帮助学生解决问题；学生则充分发挥主体作用，以自主探究和合作学习为主，小组内部进行分工合作，通过交流并分享资源共同解决学习问题。这就预示着应将 PBL 教学与计算思维的培养进行有效结合，将与学生生活息息相关的问题作为学习主题，引导学生在分析问题、解决问题的过程中形成计算机式的自动化问题解决思维，实现利用算法快速有效地解决生活中的各类问题。它可以将课堂与现实生活有机结合，源于生活而高于生活，最终又回归到生活，既有利于学生掌握信息技术知识，又能够较好地引导学生形成自动化的问题解决方案和思维习惯，有利于对学生的计算思维的培养。

四、基于 PBL 的计算思维培养教学模型构建

基于 PBL 的计算思维培养教学强调以问题为导向，在真实紧张的教学情境中，教师起引导、主导作用，引导学生发挥学习主体作用，以 PBL 展开教学，渗透计算思维的培养。为了更好地表达基于 PBL 的计算思维教学过程，笔者尝试以一个数学模型来阐述。

$$Pct=F（QTct，QSct，Q，CT） \quad （1）$$

式中，*Pct* 代表基于 PBL 的计算思维培养教学模式，*F*（•）是一个过程函数，*QTct* 是教师动作集，*QSct* 是学生动作集，*Q* 表示教学活动中的问题，*CT* 表示计算思维。在整个教学活动中，*Q* 所包含的问题越真实，越接近生活，越具体可操作，教师越能更好地设计并组织教学过程，课堂活动也会越丰富，学生学习的积极性也会越高涨，那么 *QSct* 就能在 *QTct* 的指导下，剖析问题，提出问题解决方案，在问题解决过程中获取相应的学科知识，渗透计算思维能力的培养。

进一步分析教学模式，*QTct* 和 *QSct* 还包含以下动作集：

$$QTct=\{p_1, p_2, r, g, e\} \qquad (2)$$

式中，第一个 *p*（plan），代表教师的课前准备和计划，第二个 *p*（problem），代表教师源于生活的项目式问题设计，*r*（resourse）代表引导，辅助学生完成学习的过程性资源，包括微课、学案等，*g*（guidance）代表教学实施过程中，学生学习过程中教师面向计算思维的引导、个性化辅导，*e*（expansion）代表问题解决后的拓展和延伸，将源于生活的问题再次回归生活中并进行解决。

$$QSct=\{pc, a, l, s, i\} \qquad (3)$$

式中，*pc*（prepare）代表学生在课前对相应知识的预习，*a*（analysis）代表课堂问题情境创设环节后的问题剖析过程，*l*（learning）代表学生围绕问题利用微课和学案进行的自主学习或合作学习过程，*s*（summarize）代表利用计算思维中的递归等方法提炼算法、总结问题解决方案的过程，*i*（innovation）代表问题拓展延伸环节的创新实践，利用提炼的算法创造性地解决实际生活中的问题。

基于 PBL 的计算思维培养教学模型如图 2 所示，该模型将教学分成教学过程、教师活动、学生活动 3 个部分。教师基于 PBL，运用 *QTct* 系列教学手段和策略围绕计算思维的五大要素——抽象、分解、算法、纠错和归纳，来引导和组织学生的学习过程。学生则运用 *QSct*，通过分解问题、理清思维，提炼算法、训练思维，拓展、延伸、发散思维，归纳、总结、沉淀思维几个步骤实现计算思维的意

识形成和能力提升。

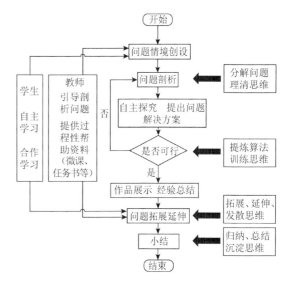

图 2　基于 PBL 的计算思维培养教学模型图

五、面向计算思维培养的中小学信息技术教学实践案例

基于 PBL 的计算思维培养教学模式有助于培养学生发现问题、剖析问题、高效解决问题的计算思维能力，提高应用计算机方法论解决实际生活中的问题的能力。根据所提出的计算思维培养模型，笔者就初中八年级"Flash 动画的设计与制作"这个单元知识点的教学展开实践研究，主要探讨该模型在提高教学效果和培养学生计算思维能力两方面的作用。为了更好地定量表达该模型在这两方面的作用，笔者用 *Ect* 表示教学效果，*Cct* 表示学生的计算思维能力。

（一）挖掘生活教材，设计问题情境

依据模型，教学开始的第一步是教师设置面向计算思维培养的生活化问题或项目。问题或项目的设计与教学效果和计算思维能力培养具有如下关系：

$$E_1=f_1（p_1） \qquad (4)$$

$$C_1=g_1（pc） \qquad (5)$$

式中，*p*₁ 即 *QTct* 函数中的变量 p_1，代表教师所做的课前准备和设置的问题情境，f_1 是 p_1 的教学函数，E_1 代表该模型第一步的教学效果；*pc* 即 *QSct* 函数中的变量 *pc*，代表学生的课前准备，进入学习情境的状态，g_1 是 *pc* 的学习质量函数，C_1 代表该模型

第一步的计算思维培养效果。

例如，在学习 Flash 动画中的遮罩动画时，教师如何设计一个既贴近学生生活又能培养学生计算思维能力的问题情境呢？笔者尝试走近学生，发现他们对动画、动漫的热情依然不比幼小阶段的学生弱，因此笔者直接以当时热播的动画大片《海底总动员》为切入点，给该动画片进行后传设计来创设问题情境，学生的学习积极性立刻被调动起来，顺利进入学习情境。

（二）问题剖析，理清思路

依据模型，教学开始的第二步是教师引导学生展开问题剖析过程，理清学习思路（图 3）。问题剖析的过程与教学效果和计算思维能力培养具有如下关系：

$$E_2=f_2（p_2） \tag{6}$$

$$C_2=g_2（a） \tag{7}$$

式中，p_2 即 $QTct$ 函数中的变量 p_2，代表教师引导学生进行的问题剖析过程，f_2 是 p_2 的教学函数，E_2 代表该模型第二步的教学效果；a 是 $QSct$ 函数中的变量，代表学生分析问题的过程，g_2 是 a 的学习质量函数，C_2 代表该模型第二步的计算思维培养效果。

> 问题1：该动画包含几个图层？
> 问题2：如何创建动态洋流效果？
> 问题3：如何让洋流成功干扰鲨鱼的视线？

> 【任务一】完成"海底大逃亡"场景2中洋流图层的添加。
> 【任务二】完成场景2中洋流图层动画制作，让洋流流动起来。
> 【任务三】尝试将洋流图层转为遮罩层，实现遮罩动画。

图3

在问题情境成功创设，学生成功进入学习情境的基础上，如何展开问题剖析过程至关重要。因此，笔者尝试以一个完整的教师版后传动画片为对象，引导学生剖析如何实现这个动画，将一个大项目、大问题分解成若干个子项目、小问题，形成本节课的学习任务。

（三）自主探究，解决问题

依据模型，教学过程中第一大关键是第三步，即学生通过自主探究解决问题的过程。问题解决过程与教学效果和计算思维能力培养具有如下关系：

$$E_3=f_3（r） \tag{8}$$

$$C_3=g_3（l） \tag{9}$$

式中，r 即 $QTct$ 函数中的变量，代表教师为学生自主探究提供的过程性学习资料，f_3 是 r 的教学函数，E_3 代表该模型第三步的教学效果；l 是 $QSct$ 函数中的变量，代表学生自主探究解决问题的过程，g_3 是 l 的学习质量函数，C_3 代表该模型第三步的计算思维培养效果。

为了有效支撑学生自主探究解决问题的过程，笔者以学案为引导，以微课为资源支撑，辅以教师的个别化指导，从实践效果来看，学案和微课高效地替代教师成为学生的私人讲师，特别是微课的可重复使用特性满足了不同层次学生的学习需求。学生在问题解决过程中顺利地消化了遮罩动画的概念，以及制作遮罩动画的步骤和注意事项等知识点。

（四）总结经验，提炼算法

依据模型，教学过程中第二大关键是第四步，即学生在作品欣赏、成果展示的基础上进行经验总结，利用计算思维中的算法、纠错元素来训练计算思维。提炼算法过程与教学效果和计算思维能力培养具有如下关系：

$$E_4=f_4（g） \tag{10}$$

$$C_4=g_4（s） \tag{11}$$

式中，g 即 $QTct$ 函数中的变量，代表教师引导学生进行经验总结、提炼算法的过程，f_4 是 g 的教学函数，E_4 代表该模型第四步的教学效果；s 是 $QSct$ 函数中的变量，代表学生提炼算法的过程，g_4 是 s 的学习质量函数，C_4 代表该模型第四步的计算思维培养效果。

教师展示学生的动画作品（完成版和问题版），引领学生总结制作遮罩动画的主要步骤和注意事项。学生分享各自完成的动画作品，总结遮罩动画的制作步骤，针对问题作品关注制作过程中的注意事项。同时，在体验创作的基础上，总结遮罩动画的制作步骤，提炼算法，训练思维，实现从具体到抽象，理解它的形成原理，区分遮罩动画和引导层动画。

（五）拓展延伸，发散思维，归纳总结，沉淀思维

依据模型，教学过程中的最后一步，即学生在提炼思维的基础上，展开思维发散过程，进行个性化的作品创作，实现生活的回归。发散思维过程与教学效果和计算思维能力培养具有如下关系：

$$E_5=f_5（e） \tag{12}$$

$$C_5=g_5（i） \tag{13}$$

式中，e 即 $QTct$ 函数中的变量，代表教师引导学生开展自由创作、发散思维的过程，f_5 是 e 的教学函数，E_5 代表该模型第五步的教学效果；i 是 $QSct$ 函数中的变量 i，代表学生自由创作的过程，g_5 是 i 的学习质量函数，C_5 代表该模型第五步的计算思维培养效果。

笔者在此环节设计了一项拓展任务：利用本节课学习的遮罩动画或前面学习的补间动画、引导层动画创作场景 3 莫利父子开心回到幸福温暖的家的动画。一方面引导学生创作一个完整的动画故事，另一方面引导学生回顾动画的几种制作方法，延伸训练，发散思维。最后，借助思维导图引导学生进行归纳总结，沉淀思维。

在这样的计算思维培养的教学过程中，学生主动参与剖析问题、解决问题、总结问题解决经验、延伸拓展问题，积极思考，主动动手操作，体验理清思维、训练思维、发散思维、沉淀思维的过程，在培养学生掌握知识和技能的基础上，实现思维的渗透培养。基于 PBL 的计算思维培养教学模式的数学模型可表示为

$$Pct=Ect+Cct \tag{14}$$

$$Ect=E_1+E_2+E_3+E_4+E_5 \tag{15}$$

$$Cct=C_1+C_2+C_3+C_4+C_5 \tag{16}$$

本案例的教学实验结果充分验证了基于 PBL 的计算思维培养教学模型的效果，将 $QTct$ 和 $QSct$ 的方法集都运用到学生的计算思维培养过程中，引导学生更好地解决问题，达到提高教师教学效率和训练学生计算思维的目的，打造一个基于学生核心素养培养的高效课堂。

六、总结

培养计算思维的最终目的不是停留在课堂上的问题解决，而是回到实际生活中的问题解决学生在遇到实际问题时，能够自然而然地应用自己课堂上形成的思维意识和能力来解决问题，这就是计算思维抽象和自动化的特点在学生实际生活中的体现。笔者将 PBL 和计算思维培养进行结合是初步的尝试，从实践效果来看，利用 PBL 教学模式来培养计算思维是比较可行的，下一步，笔者还将进一步探究基于 PBL 的计算思维培养的策略和方法。

参考文献

［1］刘向永.计算思维改变信息技术课程［J］.中国信息技术教育，2016（6）：5-12.

［2］李锋，王吉庆.计算思维：信息技术课程的一种内在价值［J］.中国电化教育，2013（8）：19-23.

［3］生诗蕊.基于 PBL 的计算思维培养研究［D］.锦州：渤海大学，2016：4-5.

信息时代下项目学习促进学生人文底蕴培养策略研究*

崔 灿

（华南师范大学教育信息技术学院，广东 广州 510631）

摘 要：教育部于 2016 年 9 月公布的《中国学生发展核心素养》对新时期教育提出了新要求，人文底蕴排在首位，其重要性不言而喻。积极探索信息时代下学生人文底蕴的培养策略，提升学生的人文底蕴，是学生核心素养培养的重要方面。在信息时代，项目学习为促进学生人文底蕴的培养提供了策略，逐渐受到重视。本文在深入分析学生人文底蕴特点的基础上，在信息时代背景下，围绕项目学习内涵，结合项目学习的因素，通过理论梳理和案例分析，构建信息时代下项目学习促进学生人文底蕴的培养策略，并详细阐述策略内容，同时结合教学应用案例进行深入剖析，以期为信息时代下学生人文底蕴的培养提供参考。

关键词：人文底蕴 项目学习 信息时代

2016 年 12 月初，亚太经合组织公布了国际学生评估项目（program for international student assessment，PISA）2015 年的成绩，共有来自 72 个国家和地区的 50 万名学生参与，中国部分地区联合体居总分榜第十名，"阅读"在本次的排名及分数明显下降，对我国的文化基础培养提出了新要求[1]。

2016 年 9 月，核心素养研究课题组公布了中国学生发展核心素养总体框架及基本内涵。在信息化时代，以培养"全面发展的人"为核心，是适应世界教育改革发展趋势，提升我国教育国际竞争力的迫切需要。人文底蕴是核心素养六大综合表现之一，是学生核心素养的重要方面。在信息化时代，人文底蕴培养渗透于学生培养之中，起着一种多方位、加速度的促进作用。为顺应时代发展，应保持人文底蕴培养方式与时俱进。

随着时代的发展，项目学习既是教育理论研究的热点，又是教育改革实践的亮点。研究表明，项目学习在培养公民基本行为能力方面具有独特优势。因此，本文从项目学习内涵出发，探索信息时代下项目学习促进学生人文底蕴的培养策略，这对提升学生的人文底蕴，实现"全面发展的人"具有重要意义。

一、信息时代下学生人文底蕴的特点

中国学生发展核心素养，主要是指学生应具备的，能够适应终身发展和社会发展需要的必备品格和关键能力。根据中国学生核心素养发展总体框架及其基本内涵，人文底蕴主要是学生在学习、理解、运用人文领域知识和技能等方面所形成的基本能力、情感态度和价值取向。人文底蕴具体包括人文积淀、人文情怀和审美情趣等基本要点。人文积淀的重点是具有古今中外人文领域基本知识和成果的积累；能理解和掌握人文思想中所蕴含的认识方法和实践方法等。人文情怀的重点是具有以人为本的意识，尊重、维护人的尊严和价值；能关切人的生存、发展和幸福等。审美情趣的重点是具有艺术知识、技能与方法的积累；能理解和尊重文化艺术的多样性，具有发现、感知、欣赏、评价美的意识和基本能力；具有健康的审美价值取向；具有艺术表达和创意表现的兴趣和意识，能在生活中拓展和升华美等[2]。

人文底蕴包含在中国学生核心素养中，具有中国特色，与国外相关素养亦有异曲同工之妙。在 1997 年经济合作与发展组织公布的核心素养中，

---

* 本文为 2016 年度广东省学位与研究生教育改革研究项目"基于项目学习的全日制教育硕士实践能力培养模式研究"、华南师范大学研究生创新项目"面向全日制教育硕士实践能力培养的项目学习策略研究"的研究成果之一。

"能在异质社会团体中互动"一条中包括"与他人建立良好关系的能力""合作的能力""控制与解决冲突的能力"[3]。2006年欧盟提出的终身学习八大关键能力中的母语沟通能力，外语沟通能力，人际交往、跨文化交往能力及公民素养、文化表达均体现了人文素养方面的要求[4]。2013年，联合国教育、科学及文化组织和美国著名智库机构布鲁金斯学会联合发布了"学习指标专项任务"的1号研究报告中的指标"文化艺术""文字沟通"[5]。综上所述，不同组织提出的核心素养采用不同的表达方式体现"人文底蕴"，说明"人文底蕴"的培养是至关重要的。

根据中国学生发展核心素养总体框架及其基本内涵，分析信息时代下人文底蕴，具有以下几个特点：首先，具有潜移默化的特点，由于人文底蕴属于人才培养的高阶能力，相比知识传授，能力培养周期更长。其次，具有以人为本的特点，人文底蕴包括人文积淀、人文情怀和审美情趣三种类型，从人的根本出发。再次，具有网络技术充当脚手架的特点，任何时期的文化学习都以该时期特定的技术条件为基础，因此，处于信息时代，要发挥网络技术的优势，在技术手段层面，如功能齐全的多媒体设备等；在理念意识层面，如终身学习、全民学习等[6]。最后，具有弥补传统教学中实践培养人文底蕴的薄弱性的特点。

在传统教学中，语文学科的学习是培养人文底蕴的主要方式。而在信息时代，STEAM（science，technology，engineering，art，mathematics）教育蓬勃发展，强调多学科融合，学生动手实践，从而加强学生的STEAM素养。而STEAM教育中的"A"——艺术，与中国学生核心素养中的"人文底蕴"有相同之处，表明在信息时代，学生人文底蕴的培养可着重通过实践进行。

二、信息时代下项目学习的内涵

项目学习来源于美国教育界，即通过探究复杂、真实的问题来完成学习任务，达成目标，从而发展学生的综合能力。20世纪60年代，项目学习成为国外中小学教学中广泛采用的一种教学模式，教师根据课程标准设计了各种紧扣学科的项目，如坎贝尔的学习中心、阿姆斯特朗的活动中心等。国内外对项目学习的定义很多，Thomas认为项目学习

的整个过程要充分发挥学生的自主性，通过确定复杂的任务或具有挑战性的问题，学生自行进行设计、问题解决、决策或者调查活动，项目学习最终以产品或陈述等形式展示出来[7]。徐福荫教授认为，项目学习是指通过特定的教学设计将真实世界中的问题解决和项目运作要素引入学生的学习过程中，促进学生可用性知识的建构。普通高中信息技术课标修正组在2016年6月11日提出，在项目学习中，学生要从事一项或多项任务，在特定的学习环境中并在相应规则的指引下，利用一定的工具，与其他同伴分工合作，生成一定的活动结果（设计方案、模型、装置或计算机模拟等），并用书面或口头报告的方式概括项目完成过程并对结果进行表述[8]。总之，项目学习是以学生为中心的，教师是促进者，为完成任务以团队方式进行学习。

邬彤提出在基于项目的学习的信息技术教学过程中，始终强调以学生为中心，以及教师指导、帮助协调和监控，其主要环节及师生的活动如图1所示[9]。

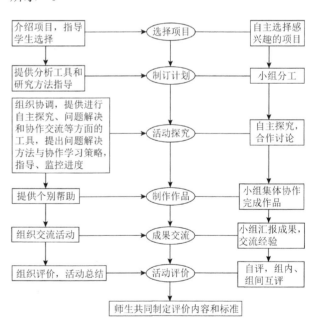

图1 基于项目的学习的信息技术教学过程结构图

徐福荫教授认为信息技术课堂的项目活动组织形式，要在时空上为项目学习提供保障。信息技术课堂项目活动教与学的组织形式如图2所示。

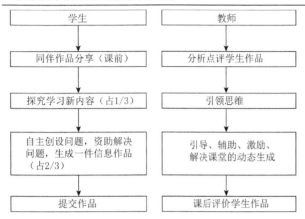

图2 信息技术课堂项目活动教与学的组织形式图

戴维·拉泽尔在美国得克萨斯州的艾尔帕萨学区开发了以项目学习为特征的跨学科课程设计[10]。Kose 设计和开发了基于 Web 的系统来支持"网页设计和编程"这门课开展项目学习，该系统旨在让学生利用一些先进工具开发网站，从而学习网站设计和编程[11]。Gómez-Pablos 和 Pozo 研究了基于教师应用项目的学习方式，与数字技术相结合的体验评价，从学校情境、项目特点、教师作用、工具使用和学生角色等不同方面进行评估[12]。有研究者对我国香港两所中学的英语班级进行了项目学习实践，学生表示受益匪浅，注意到与他人合作的问题，并能给出相应的建议[13]。Seroussi 和 Sharon 研究了基于项目学习的同伴授课方式，从社会情感影响与自我调节学习两个维度相互融合进行研究，促进学生认知的发展[14]。

项目学习突出了学生的主体地位，强调学习过程和成果评价的个性化和多样化。为了完成项目，需要计划完善、足够灵活，并且要具有开展团队协作的环境等，符合中国基础教育改革的趋势。因此，信息时代下项目学习的内涵有以下几点。

1）项目学习周期较长。与课堂教学不同，项目学习具有延展性，往往只有同时利用课下时间，方可完成项目学习。

2）能够提高问题解决能力。由于项目学习的目的是解决问题或完成任务，在项目学习的过程中，也锻炼了学生的问题解决能力。

3）能够促进多学科知识的交叉融合。这一点是由项目学习内容决定的，项目学习的目的是解决问题或完成任务，往往是多学科融合，需要运用多方面的知识完成项目学习，从而促进多学科知识的交叉与融合。

4）能提高学生的团队协作能力。项目学习以团队为基本形式，形成师生的"学习共同体"，成员之间相互合作，进行充分的交流互动。

5）能提高学生的表达能力。项目学习过程中均要进行汇报，通过完成任务，进行沟通交流和成果展示，从而提高学生的表达与审美能力。

三、信息时代下项目学习促进学生人文底蕴培养的策略构建

在信息时代，为了促进对学生人文底蕴的培养，运用项目学习方式，提出以信息时代下项目学习内涵为中心，将项目教学应用于教学之中，培养学生的人文底蕴，包含人文积淀、人文情怀、审美情趣三方面，符合信息时代下人文底蕴培养的特点与要求（图3）。

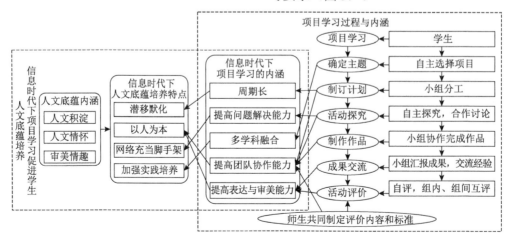

图3 信息时代下项目学习促进学生人文底蕴培养策略图

（一）项目学习活动真实完整，具有较长的周期性

项目学习周期比较长，根据项目学习的形式，依据确定主题—制订计划—活动探究—制作作品—成果交流—活动评价这个流程，进行课程设计，周期长，符合学生人文底蕴潜移默化的特点。

在教学过程中，为学生提供亲身参与项目活动的机会，注重项目学习组织形式，保证能够完整真实地参与。而学生参与项目学习所获得的大多为缄默性知识，与显性知识相辅相成，通过两种知识的融合，能够促进学生完成项目学习活动。长此以往，项目学习活动能够帮助学生将深度、隐性体验转化为显性效果。

（二）为项目学习解决实际问题提供技术支持

确定项目学习主题是从解决实际问题出发，其过分关注功利导向目标而忽略了学生素养培养的问题。在活动探究的过程中，项目学习能够有效地运用课本中所传达的学科知识、情感价值与思想观念，培养学生的人文底蕴。

在信息时代下，要充分发挥网络充当脚手架的作用，学校组织整合学生学习资源，建立学校教学资源库，学生能够运用多种支持工具解决项目学习的任务，从而提高学生的问题解决能力。

（三）交叉学科知识的学习激发创造力

项目学习内容从完成任务出发，以跨学科知识为实践基础，促进多学科交叉融合，如 STEAM 教学，符合理论与实践相结合的培养方式。

应用项目学习的教学，教学内容与活动是多种多样的，如接受与探究、情感与思维、动脑与动手等，从多视角进行教学设计，实现了跨学科融合。辩证唯物主义认为，物质世界是有机联系的统一整体，不同事物之间存在内在的联系，把看起来不同的内容与方法联系起来，对于激发学生的创造力，使其产生新创意，有着不容小觑的影响，从而对学生人文底蕴的培养有着长远的意义。

（四）学习共同体保障了学生的主体性和学习权

《中国学生发展核心素养》提出改变传统的教育思想和落后的教育方式，学习共同体应运而生，其有助于建设"倾听关系"与"合作学习关系"，均属于人文底蕴核心素养的重要方面。

项目学习是以团队为基本形式，形成师生共同体与生生共同体，在制订计划、活动探究、制作作品和制定评价内容与标准的过程中，学生彼此沟通与交流，教师专心倾听学生的想法，以师带生，培养学生的倾听能力与表达能力。同时，项目学习团队进行协作，合理定位角色，培养学生的沟通交流和团队协作能力，建立良好的新型师生与生生关系，从而提升学生的人文底蕴，并提升教学质量。

（五）项目学习讨论与成果展示多样化

项目学习的成果包括书面与口述等形式，在项目学习成果展示的过程中，学生的表达与审美能力得到培养。在项目学习的探讨活动中，鼓励师生分享思维成果，尤其是疑问的提出、跟踪、讨论、解决过程中的错误思路；营造活泼宽容的讨论氛围，形成双向交流，从而使学生的表达能力得到锻炼。

项目学习中成果的交流与展示和评价环节是检验学生对知识掌握情况的重要部分，不同学习共同体采用不同的方式进行展示，学生在互相学习的同时，也进一步提升了个人的审美能力，有利于对学生人文底蕴的培养。

四、信息时代下项目学习促进人文底蕴培养案例

（一）Innovation Celebration

"Innovation Celebration"是美国某小学四年级小学生的项目学习主题。该案例按照项目学习的流程设计与实施，符合信息时代下项目学习的特点，能促进对学生人文底蕴的培养。

该项目的主要环节为：界定问题，提出方案—现状调研—设计解决方案，提供模型图与文案—测试与记录—总结与反思—计划与推广—宣传广告。

"Innovation Celebration"项目的发布，由于周期较长，采用子项目的方式对学生进行引导，帮助学生进行项目学习。

该项目的目的是解决实际问题，包括市场调查环节。在这个过程中，要运用网络技术等多种搜索工具并进行实地调研，力图解决实际问题，培养学生的人文情怀，具有以人为本的意识，能够关切人的生存、发展和幸福等。

其项目成果是解决方案与模型草图，并制作产

品广告，图文结合，能全面地展示项目结果，通过多种不同信息工具的展示，能够培养学生发现、感知和欣赏美的意识与能力。在制订计划之后，与他人进行沟通，锻炼学生的语言表达能力，全面培养学生的人文底蕴。

（二）"编玩边学"冬令营

7～15岁的中小学生可在寒假参加"编玩边学"这个项目，班级上限为30人，授课内容为"Scratch MC+""Scratch Arduino+"两类课程，课程性质类似于创客。该冬令营以解决问题为目的，采用线上信息咨询、课程体验，线下编程及与名师面对面交流，直播与录播多种教学形式，营期结束后，可以通过线上课程进行伴随式回顾学习。

该冬令营的课程为期5天，流程为入营—编玩边学—结营成果展示—在线复习课程—海量拓展课程资源。

举办该冬令营的目的是通过项目学习的方式，在学生收获知识的同时，培养学生的人文底蕴。以人为本，通过小组解决问题，锻炼学生独立生活与团队合作的能力；通过线上与线下相结合的方式进行学习，持续学习，保持终身学习的态度与理念；由游戏迷转换为程序创造者，能够在技能方面转变相应的基本能力、情感态度和价值取向；项目成果为"让其他小朋友眼前一亮的编程作品"，在制作作品的同时，锻炼了学生的审美能力，促使其进行艺术表达和创意表现。

在项目评估中，学生家长对学生的评价如下："他们真的懂得了要想达到目标，团队合作的重要性，在团队里积极贡献的重要性，永不放弃的重要性！""学编程不是为了以后从事编程工作，而是做一名具备这种思维、有编程背景的综合人才，懂得编写程序语言，也是一项基本职业技能。""他一改以往独行侠的风格，能够主动融入集体中去让我们很欢喜。可见他也不是故意要扮酷，只是没有遇到气场相同的团体而已。"这些来自家长的评价表明，项目学习能够促进学生人文底蕴的培养。

五、结语

本文的研究面向信息时代下学生人文底蕴的培养，以项目学习为支撑，明确项目学习的内涵，分析项目学习过程中的学生行为，从信息时代下人文底蕴的特点和项目学习的内涵两个维度，构建了信息时代下项目学习促进学生人文底蕴培养的策略，有助于对学生人文底蕴的培养，从而有助于实现21世纪对学生核心素养的培养。

参考文献

[1] OECD. PISA 2015 results in focus[J]. Pisa in Focus, 2016.

[2] 核心素养研究课题组. 中国学生发展核心素养[J]. 中国教育学刊, 2016（10）：1-3.

[3] OECD Nuclear Energy Agency. OECD proceedings assuring nuclear safety competence into the 21st century: Workshop proceedings, budapest, hungary 12-14 October 1999 [J]. Source OECD Nuclear Energy, 2000：1-248（249）.

[4] Hozjan D. Key competences for the Development of Lifelong Learning in the European Union[J]. European Journal of Vocational Training, 2009，46:196-207.

[5] Brookings Institution. Toward Universal Learning. What Every Children Should Learn. Report No.1 of 3 [R]. Brookings Institution, 2013：112.

[6] 胡小勇, 祝智庭. 技术进化与学习文化——信息化视野中的学习文化研究[J]. 中国电化教育, 2004（8）：12-16.

[7] Thomas J W. A review of research on project-based learning[D]. The doctoral dissertations, 2000：1-3.

[8] 转引自：任友群, 黄荣怀. 高中信息技术课程标准修订说明 [J]. 中国电化教育, 2016（12）：1-3.

[9] 邬彤. 基于项目的学习在信息技术教学中的应用[J]. 中国电化教育, 2009（6）：95-98.

[10] 黄明燕, 赵建华. 项目学习研究综述——基于与学科教学融合的视角[J]. 远程教育杂志, 2014（2）：90-98.

［11］Kose U. A web based system for project-based learning activities in "web design and programming" course［J］. Procedia-Social and Behavioral Sciences, 2010（2）：1174-1184.

［12］Gómez-Pablos V B , Pozo M M D. Project-based learning（PBL）through the incorporation of digital technologies：An evaluation based on the experience of serving teachers［J］. Computers in Human Behavior，2017，68：501-512.

［13］Lee I. The implementation of project-based learning：A study in Two Hong Kong Secondary English Classrooms［J］. Journal of Asia Tefl，2018，2.

［14］Seroussi D E，Sharon R. Peer lecturing as project-based learning：Blending socio-affective influences with self-regulated learning［J］. International Education Studies，1913，10（1）.

信息时代学生实践创新素养的研究

杨　爽

（华南师范大学教育信息技术学院，广东　广州　510631）

摘　要： 信息技术的飞速发展使人们进入了信息时代，新时代对学生的素质提出了更高的要求。特别是中国当前处在素质教育的深度改革期，应当具有符合中国学生自身特点的培养目标。本文结合中国的核心素养研究课题组提出的核心素养框架，分析了学生"实践创新"素养的内涵和特点，并分析了国外不同国家和地区提出的核心素养框架，结合中国素质教育的发展，以及创客教育的实际案例，提出培养学生实践创新素养的建议，以期使得学生的实践创新素养得到更好的培养，使中国学生更好地适应信息时代社会发展的要求。

关键词： 信息时代　实践　创新　核心素养

一、引言

进入 21 世纪以来，信息技术以前所未有的速度和气势，强烈地冲击着社会生产和生活的方方面面，成为当今世界发展的重要驱动力。特别是在教育领域中，近几年，云计算、大数据、物联网等新技术不断涌现，这些新技术推动着教育向着数字化、多媒体化、网络化、智能化的方向发展。在这样的背景下，新时代对学生的要求有所提高。国家开展教育工作的基本要求不再仅仅是"素质教育"，而是开始向着以培养学生的核心素养为目标的方向迈进。有资料表明，当前素质教育存在系统性、适宜性不强的问题，以及学生的创新精神和实践能力薄弱的现象。因此，受教育部基础教育二司委托，北京师范大学课题组会同国内多所高校近百名专家，历时 3 年集中攻关的"中国学生发展核心素养"基本形成，2016 年 9 月 13 日，《中国学生发展核心素养》正式对外公布。由于新时代对学生实践创新能力的要求的提升，"中国学生发展核心素养"整体框架中更是明确提出了对学生"实践创新"素养的要求。

二、实践创新素养的内涵

（一）《中国学生发展核心素养》的内容

为了把党的十八大和十八届三中全会提出的关于立德树人的要求落到实处，2014 年教育部研制并印发了《教育部关于全面深化课程改革　落实立德树人根本任务的意见》，提出"教育部将组织研究提出各学段学生发展核心素养体系，明确学生应具备的适应终身发展和社会发展需要的必备品格和关键能力"。《中国学生发展核心素养》回答了我国关于"培养什么样的人"的问题，是对"立德树人"的要求的最好诠释。《中国学生发展核心素养》总体框架以科学性、时代性和民族性为基本原则，以培养"全面发展的人"为根本目标，从文化基础、自主发展和社会参与三个方面提出人文底蕴、科学精神、学会学习、健康生活、责任担当、实践创新六大素养，具体细化为国家认同等 18 个基本要点。这一框架的提出，顺应了世界教育改革发展的趋势，是提升我国教育综合实力的迫切需要。

（二）实践创新素养的内容

新时代的学生不仅要学习书本上的理论知识，更应当提高实践能力，激发创新思维，学会在社会中用自身的智慧和行动解决实际生活中遇到的问题。因此，在核心素养的总体框架中，在社会参与方面，明确提出"实践创新"素养。核心素养研究课题组将实践创新素养界定为：主要是学生在日常活动、问题解决、适应挑战等方面所形成的实践能力、创新意识和行为表现。其具体包括劳动意识、问题解决、技术运用三大基本要点。

1. 劳动意识

劳动意识是培养学生实践创新素养的基础。劳动意识主要表现为：尊重劳动，具有积极的劳动态度和良好的劳动习惯；具有动手操作能力，掌握一定的劳动技能；在主动参加的家务劳动、生产劳动、公益活动和社会实践中，具有改进和创新劳动方式、提高劳动效率的意识；具有通过诚实合法劳动创造成功生活的意识和行动等。劳动是一个人在社会中生存和发展的重要手段，是人类赖以生存的基础。在心理学中，意识能指导人与环境的互动，把经验与现实连接起来，帮助人们制订目标，引导行为，具有一定的主动性。劳动意识引导学生主动学习，掌握劳动的能力，主动参与劳动过程中。通过劳动，锻炼学生的动手操作能力，培养学生积极参与实践的热情，这样学生才能在实践的过程中提高解决问题的能力，产生创新思维，因此，劳动意识是培养学生实践创新素养的基础。

2. 问题解决

问题解决是培养学生实践创新素养的核心。问题解决主要表现为：善于发现和提出问题，有解决问题的兴趣和热情；能依据特定情境和具体条件，选择、制订合理的解决方案；具有在复杂环境中行动的能力等。问题解决的过程贯穿于学生经历的每一个事件发展的始终，包括发现问题、提出问题、制订方案和解决问题。问题解决要求学生能够解决实际生活和学习中遇到的问题，具有解决问题的热情且能制订合理的解决方案。这就要求学生不仅要学习课本中的知识，更要面向自己的生活，学会用批判性的眼光去发现问题，综合考虑自身的条件和知识、能力，制订合理的解决方案，运用方案亲身实践，最后，在实践过程中找到不当之处并进行修改和自我创新，形成最适合自己的解决方案。没有问题解决的过程，学生便无法进行实践，更不能进行创新思考，因此，问题解决是培养学生实践创新素养的核心。

3. 技术运用

技术运用是培养学生实践创新素养的途径。技术运用主要表现为：理解技术与人类文明的有机联系，具有学习并掌握技术的兴趣和意愿；具有工程思维，能将创意和方案转化为有形物品或对已有物品进行改进与优化等。法国科学家狄德罗在他主编的《百科全书》中把技术定义为："技术是为达到某种特定的目标而使用的工具规则和方法体系。"从这个定义中，我们可以看出技术本身就具有一定的目的性，并且技术代表了一定的规则和方法，可以利用技术去解决问题，达到目标。技术运用作为一种手段，要求学生学会选择合理的技术解决不同的问题，掌握技术的使用方法，通过技术运用，把方案物化为有形的产品，完成创造和创新的过程。因此，技术运用是培养学生实践创新素养的途径。

三、实践创新素养的特点

（一）以学生全面发展为中心

实践创新素养以学生的全面发展为中心。这一特点与《中国学生发展核心素养》总体框架的核心相一致，即教育要培养的是全面发展的人，而不是应试教育下的高分人才或者只是纸上谈兵。学生发展核心素养主要是指学生应具备的、能够适应终身发展和社会发展需要的必备品格和关键能力。核心素养是关于学生知识、技能、情感、态度、价值观等多方面要求的综合表现；是每一名学生获得成功生活、适应个人终身发展和社会发展都需要的、不可或缺的共同素养；其发展是一个持续终身的过程，最初在家庭和学校中培养，随后在学生一生的实践中不断完善。实践创新素养更是要求学生要面对真实的问题，脚踏实地，付出实际行动，在实践的过程中运用头脑中所学的知识，形成合理的问题解决方案，选择合适的技术手段，从而培养劳动的意识，锻炼解决问题的能力，形成创新思维。实践创新素养是学生各方面素养的集中体现，是以学生的全面发展为中心，使学生适应信息社会发展的需求，更好地跟上时代发展的步伐。

（二）以能力为本位

实践创新素养的培养体现了新时期以能力为本位的教育现象。实践创新素养的三个基本要点如下：劳动意识强调做的能力；问题解决强调解决真实问题的能力；技术运用强调运用技术将创意和方案物化的能力。这就改变了以往教育中存在的以学科为本位和以知识为本位的现象，提升到以能力为本位的教育思想的高度。能力本位教育强调以能力作为教学的基础，而不是以学历或者是学术知识为基础，它从学生步入社会所需要的能力出发，明确培养的目标，安排教学和学习的教育体系，学生学习的过程中也充分体现了学生的主导地位，这与当前教育所提倡的"以教师为主导、以学生为主体"的"双主教育"思想相一致。实践创新素养的培养目的在于培养学生的劳动意识及问题解决和技术运用方面的能力，要求教育者在设计教学时应当以学生能力的培养为出发点，以学生的实践活动为主、教师的指导为辅，让学生在实践的过程中，能够开发思维，锻炼动手操作能力，提高解决问题的能力，最终形成物化的作品。这与过去学科本位和知识本位的教育不同，过去学科本位和知识本位的教育以某学科的某个知识点为中心，制订教育目标，设计教学活动，评价教学效果，这样的培养方式使学生的综合运用能力得不到锻炼，学生仅仅是知识的拥有者，却不是知识的运用者。在能力本位教育中，学生实践活动的最终目的是解决问题，在这个过程中可能会运用到多个学科的知识，也可能会运用到多个学段的知识，只要能够解决问题，学生都可以使之为自己所用。最重要的是，学生不再拘泥于课本知识，而是通过自己的实践来获取知识，有利于开发学生的创新思维，并能把创意运用到实践中进行检验。

（三）学习方式多元化

实践创新素养的培养可以运用多元化的学习方式。教师可以根据教学内容，选择合适的教学方法，还可以选择多种教学方式相结合的方法，在不同的教学阶段选择不同的教学方法，更好地达到教学效果。在教学中可以采用设计型学习、探究性学习、情境性学习和项目式学习等。设计型学习的教学目标是关注学习者的问题解决能力、创新能力和协作能力的发展，在教学过程中整合多学科内容，强调融合、实践，是一种能够充分培养学生实践创新素养的教学方式。探究性学习是学生根据问题来建构知识的活动过程，强调学生在教师的指导下，主动发现问题并对问题进行分析研究而达到问题

解决的过程，探究性学习的过程锻炼了学生的问题解决的能力。情境性学习为学生提供真实的活动，让学生在真实的情境中进行学习和反思，以便对知识进行内化。项目式学习是一个对复杂、真实的问题进行探究的过程，也是精心设计项目作品、规划和实施项目任务的过程。情境性学习和项目式学习也要求学生在学习的过程中解决真实的问题，在实践的过程中学习知识，在获得知识的同时提升了实践能力。传统单一的讲授式教学方法无法全面地培养学生的实践创新素养，因此，在教学中可以采用设计型学习、情境性学习等多种教学方式相结合的方法，这样更容易达到教学目标。因此，在实践创新素养的培养过程，突出的特点就是采用多元化的教学方式。

四、历史发展

实践创新素养是国内外多年来研究学生发展核心素养的一个重要组成部分。20世纪90年代，各国开始研究核心素养，现形成了较为完善的内容体系，在实践创新方面也有一定的要求。20世纪80年代后，我国教育界逐渐开始素质教育改革，旨在促进学生全面发展，让学生能够成为具有实践能力的人。因此，在《中国学生发展核心素养》总体框架中，也提出实践创新素养是新时代学生必须具备的关键品质。

（一）国外

20世纪和21世纪的交接时期，也是国际教育改革的交汇期。信息技术的飞速发展，使教育目标也发生了明显的改变，各国对教育目标的研究也相继投入学生核心素养中来。其中，国外也对学生实际能力和创新思维具有一定的要求，这正是我国在核心素养中提到的实践创新素养。

1997年12月，经济合作与发展组织启动"素养的界定与遴选：理论和概念基础"项目，历时9年最终确定了3个维度共9项核心素养。其中，第一个维度"能互动地使用工具"包含三个方面的素养：能互动地使用语言、符号和文本；能互动地使用知识和信息；能互动地使用新技术。实践创新素养的"技术运用"这一基本要点正是对上述第一个维度的素养的重要体现。

2002 年，欧盟工作报告中提出核心素养的概念，并对信息技术、外语、技术文化、创业精神和社会互动 5 项基本能力进行分析，提出使用母语交流、使用外语交流、基本的科学技术素养、数学素养、学会学习、社会与公民素养、主动意识与创业精神、文化意识与表达 8 项核心素养。后来，经过修改后，核心素养方案成为欧盟成员国的教育培训的参考体系。其中的两项素养就是科学技术素养和创业精神素养。这两项核心素养与我国实践创新素养的具体要求具有一定的相似之处。

2007 年，美国发布了《21 世纪素养框架》的新版本，确立了 3 项技能，每项技能领域包含若干素养要求。其中的一项技能为"学习和创新技能"，其具体表现为：创造和革新技能、批判性思维和问题解决、交流与合作。到了 2009 年，澳大利亚墨尔本大学提出核心素养框架共包含 40 类共 10 项技能，其中第一类思维方式中包含创新与创意、批判思考与问题解决、学会学习。两个国家的分类虽然不同，但是表达了相似的素养领域，美国的"学习和创新技能"素养和墨尔本大学的"思维方式"都突出了对创新能力和问题解决能力的重要要求，与我国实践创新素养的要求具有高度的一致性。

2010 年，新加坡提出的"核心素养"框架中的第二层"21 世纪技能"中包含：①交流、合作和信息技术；②批判性、创新性思维；③公民素养、全球意识和跨文化交流技能。其中也体现了对创新思维和信息技术运用的能力。

（二）国内

1999 年 6 月召开了第三次全国教育工作会议，江泽民同志在会议讲话中指出，教育是知识创新、传播和应用的主要基地，也是培育创新精神和创新人才的重要摇篮。《中共中央国务院关于深化教育改革，全面推进素质教育的决定》中提出：素质教育应以德育为灵魂，以培养学生的创新精神和实践能力为重点。这次会议中的素质教育被赋予了新的时代使命——重点培养学生的实践能力和创新精神。这是我国培养学生实践创新素养在前期进行的努力。

2010 年，国务院印发《国家中长期教育改革和发展规划纲要（2010—2020 年）》，指出：着力提高学生服务国家服务人民的社会责任感、勇于探索的创新精神和善于解决问题的实践能力。这个文件中对学生创新精神和实践能力培养的要求更加具体化，强调了培养学生的社会责任感，同时"勇于探索"和"善于解决问题"更加突出了培养学生的主动性和灵活运用技能以解决问题的重要性。这正是《中国学生发展核心素养》框架中关于实践创新素养的三个要点的要求：劳动意识、问题解决和技术运用。

五、学生实践创新素养培养的案例

近年来，"创客"一词风靡全球，创客教育被称为"未来的主流教育"，创客教育融合信息技术的发展，不断为创新教育开拓新的领域，逐渐成为推动学校教育创新的重要途径。创客教育是创客文化与教育的结合，基于学生兴趣，以项目学习的方式，使用数字化工具，倡导造物，鼓励分享，培养学生跨学科解决问题能力、团队协作能力和创新能力的一种素质教育。从这个定义中我们可以看出，创客教育能够培养学生的技术运用能力、解决问题能力和创新能力。因此，创客教育的开展是培养学生实践创新素养的一种方式。目前，创客教育在我国开展得如火如荼，因此也有较多成功的案例。

（一）案例一：初中"创意机器人"中的"手势感应 LED 灯"课程

课程采用项目学习和小组合作的方式，把教学过程分为学习、模仿、创造和分享四个阶段，使学生运用 LeapMotion 传感器、LED 灯条、Arduino 控制板等简单元件，通过小组讨论，亲自动手创造，最终完成手势感应 LED 灯。在学习阶段，让学生通过微课学习 LeapMotion 的工作原理，并亲自操作。这一阶段，通过学生自己动手，提高他们的劳动意识。在模仿阶段，学生根据资料进行模仿，在模仿过程中，学生自己发现问题，并动脑思考形成创新想法以解决问题，在这个阶段提升了学生的问题解决能力。在创造阶段，教师引导学生思考 LED 还能实现哪些效果，学生进行讨论、实践，使学生能够打开思路，实现创新，这一阶段提高了学生的技术运用能力。在知识的分享阶段，各组学生互相展示并分享自己的作品，学生之间相互提问并回答，教师进行分析总结，这个阶段能够使学生强化他们的创新思维，享受到实践创新给他们带来的成就感。

（二）案例二：依托"智创空间"的中小学创客教育体系

王同聚在广州市建立了一个"智创空间"（ZC Space），构建了由线上虚拟空间和线下实体空间两部分组成的"ZC Space创客教育模型"。在这个创客教育体系中，建立了智慧教室，组织了广州市的教授、教师和工程师共1000多人，开发了一系列创客课程开展教育活动。①在创客教育的实施中，首先面向教师开设中小学教师创客培训，提高了教师组织创新活动的技能。②为学生开设创客教育课程，通过分学段设置课程，再加上教师提供指导，学生能够在创新能力和动手操作能力方面有所提升，在广州市几所中小学的课程体验活动中，都取得了较好的效果。③面向家长开设创客亲子课程，不仅锻炼了学生的实践技能，也为家长提供了指导，使得学生能够得到更好的发展。④在学校中组织创客教育联盟，使得学校之间能够形成团队协作，共同为学生创新素质的提升凝聚力量。⑤面向社会开放创客教育科普基地，通过社会力量，共同为创客教育提供新的思路和方法。⑥面向欠发达地区开展创客普及活动，让乡村的孩子也能接触到新的教育和技术，使得他们的创新思维得以提升。在"智创空间"的创客教育体系中，通过教师、学生、家长、学校、社会和智创空间的努力，为学生的创新思维的开发提供全方位的指导，是培养学生实践创新素养较好的案例。

六、培养学生实践创新素养的建议

（一）完善评价标准

完善对实践创新素养的评价标准，具体化测量指标。传统评价教学的效果往往是通过测验或考试的分数来评定学生对知识的掌握程度，但是测验和考试却无法测量学生的问题解决能力和创新水平，因此，无论是对于学生自身实践创新能力的测量还是对教学活动效果的测量，都需要一个能够适用于实践活动的测评机制。在进行评价之前，应当针对相应的教学活动制定一个详细的评价标准，细化测量指标，使指标多方位涵盖实践活动的各个方面，并从不同角度对最终的活动结果进行预测。在评价方式上，教师可以采用形成性评价和总结性评价相结合的方式对学生的学习结果进行评价，同时学生也可以采用自我评价和同伴互评相结合的方式对实践活动进行评价。评价标准应根据不同的实践模块制定不同的权重，最终结合多方面的结果，对学生进行综合评价。客观并且具有鼓励性的评价能增加学生对实践活动的热爱程度，这有助于鼓励学生积极参与活动、激发创造潜能，使他们的素养得以更好地培养。

（二）提升教师素质

主要指提高教师的实践创新素质水平，使教师能更高效地进行实践创新教学活动。培养实践创新素养，面对的是学生天马行空的思维和想象，因此教师应具备处理不同情况的能力，这就对教师提出了更高的要求。教师对传统的讲授式教学具有较为娴熟的技能，然而，面对培养目标的变化，教师也应当在教学方案方面作出相应的调整。教育部门应当分时段组织专业人员为不同学段的教师提供实践活动的专项培训，提高教师综合运用多种教学方式进行教学活动的能力，提高他们制定创新活动策略的能力。除此之外，高校在培养师范生时，也应当锻炼他们对创新活动的策划、组织能力，以便为未来储备更优质的教育人才。同时，教师应当首先具备创新知识和素养，学会从不同的视角和更深的层次反思实践教学活动的本质要求，才能从容不迫地应对教学中发生的变化，更好地促进学生的进步和发展。

（三）突破学科界限

打破传统学科间的界限，采用多学科结合的方式培养学生。任何一个学科都无法单独承担培养学生实践能力的任务。这样，传统的单学科课程就转变为多学科交叉的综合课程。STEAM教育就是一种很好的实践创新素养的教育方式。STEAM教育是把原本分散的科学（science）、技术（technology）、工程（engineering）、数学（mathematics）四门课程融合成为一个新的整体，并在实践中加入艺术（art），最终成为STEAM教育。STEAM教育旨在从小培养学生的动手、创新、综合运用科学知识的能力，在一些国家已经具有一定的实践，其中以综合实践课程为主，让学生在经历设计、开发、创造、实践的全部过程之后，能得到综合的训练。

七、结语

实践创新素养是中国学生发展核心素养的重要组成部分，是学生在信息时代生存和发展不可或缺的基本素养，更是学生通过参与社会活动，实现自我提升、实现社会价值的重要素养。无论是从国外的学生核心素养体系要求还是国内素质教育改革的要求来看，实践创新素养都是学生在发展过程中必备的核心素养。信息时代，信息技术发展迅速，要求学生要脚踏实地、动手实践、动脑创新，教育应当抓住教育改革的重要机会，着重培养学生的实践创新素养，使学生适应信息时代的需求，成为信息社会的栋梁之材。

参考文献

［1］祝智庭.教育信息化：教育技术的新高地［J］.中国电化教育，2001（2）：5-8.

［2］核心素养研究课题组.中国学生发展核心素养［J］.中国教育学刊，2016（10）：1-3.

［3］朱龙，胡小勇.面向创客教育的设计型学习研究：模式与案例［J］.中国电化教育，2016（11）：23-29.

［4］陈丹，王珠珠.小学科学探究性学习资源可用性研究［J］.中国电化教育，2013（10）：83-87，101.

［5］巴克教育研究所.项目学习教师指南——21世纪的中学教学法［M］.任伟，译.北京：教育科学出版社，2008.

［6］刘义民.国外核心素养研究及启示［J］.天津师范大学学报（基础教育版），2016（2）：71-76.

［7］王磊.实施创新教育　培养创新人才——访中央教育科学研究所所长阎立钦教授［J］.教育研究，1999（7）：3-7.

［8］中共中央　国务院关于深化教育改革，全面推进素质教育的决定［S］.中华人民共和国国务院公报，1999.

［9］中共中央　国务院印发国家中长期教育改革和发展规划纲要（2010—2020年）［J］.人民教育，2010（17）：2-15.

［10］王小根，张爽.面向创客教育的中小学机器人教学研究［J］.现代教育技术，2016（8）：116-121.

［11］王同聚.基于"创客空间"的创客教育推进策略与实践——以"智创空间"开展中小学创客教育为例［J］.中国电化教育，2016（6）：65-70，85.

［12］Sabochik K. Changing the Equation in STEM Education［EB/OL］. http://www. whitehouse. gov/blog/2010/09/16/changing-equation-stem-education［2015-04-27］.

基于微信平台的移动学习资源设计与开发研究

——以"微机原理与应用"课程中"汇编语言的基本语法"为例*

赵雪飞　乜勇

（陕西师范大学教育学院，陕西　西安　710062）

摘　要： 本文以基于微信平台的"微机原理与应用"移动学习资源设计与开发研究为例，分析了其设计需求，并以微课为载体承载教学信息，设计了较为完整的基于移动学习的教学设计方案，并予以实施，以期为师范生与非师范生对"微机原理与应用"课程的学习提供一定的指导与借鉴。

关键词： 微信平台　移动学习　"微机原理与应用"课程　汇编语言的基本语法

一、引言

移动学习（mobile learning）是一种在移动设施的协助下，能够在任何时间、任何地点发生的学习，移动学习所使用的移动设施必须能够有效地展现学习内容，并且能使教师与学习者之间进行双向交流。移动学习被认为是一种将来的学习全民化形式，或者说是将来学习不能缺少的一种学习模式。要想正确理解移动学习的内涵，应该从以下几个方面来把握。

1）移动学习具有数字化学习的特性。移动学习是在数字化学习的基础上发展起来的，是数字化学习的延伸，它有别于传统学习与教学。

2）移动学习除具备了数字化学习的所有性质之外，还具有自身特有的性质，即学习者的可移动性，学习环境是移动的，研究人员、技术人员、教师和学习者也是移动的。

3）移动学习还有其技术依赖特性。移动学习的实现离不开移动计算技术和互联网技术，即移动互联技术，这样才可以使得学习资源、学习者等实现在网络节点上的连接交互。目前，"以教师为中心"和"以教材为中心"的传统教学模式是大学信息技术课程教学普遍采用的模式，这种教学模式把大量的课堂时间花在了讲授知识点上，没有将更多的时间留给学生互动、操作和解决问题。为此，我们通过不断的实践，在教学过程中采取混合式学习的教学模式，激发学生的学习动机，提高教学效率和效果。为此，本文以某大学教育技术学必修课"微机原理与应用"中混合学习的设计与实施为例，来探讨高校信息技术课程混合学习的教学效果及其对教学的启示。

二、"微机原理与应用"课程移动学习设计

"微机原理与应用"课程是高校教育技术学师范专业和非师范专业学生必修的课程，也是一门综合性较强的实践性课程。该课程的目的在于让学生在掌握一定的微机原理与应用操作能力的同时，培养学生的创新能力和解决实际问题的能力，逐渐形成"自主学习和探究性学习"的方式，以提高教学效率。基于移动学习的"微机原理与应用"课程设计与实施，能够将在线学习方式和面对面教学方式更好地融入教学中，由教师带领学生熟悉信息技术课程的内容，并了解课程设计与开发的方法。本文选取"微机原理与应用"课程的一个教学单元——"汇编语言的基本语法"进行设计与实施，同时，以课堂面对面讲授和移动学习为基本教学形式，开展教学活动。基于汇编语言的基本语法，这堂课的设计流程如图1所示。

---

　*本文为陕西师范大学第四批信息化示范课程建设项目"微型计算机使用与维护"（项目编号：2016057）的阶段性成果。

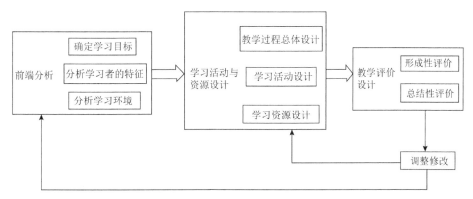

图1 基于微信平台学习的"汇编语言的基本语法"的设计流程

（一）"微机原理与应用"课程移动学习设计前端分析

1.确定学习目标

根据三维目标的分类，本课程的学习目标主要有：①知识目标。通过微视频讲解让学生了解和掌握汇编语言的基本语法；知道汇编语言的常量、变量、标号及伪指令语句和宏指令语句相关概念知识。②技能目标。通过微视频讲解，学生能够了解和掌握汇编语言的基本语法；引导学生发现问题并解决问题；通过小组协作学习，完成小案例的编写；通过交流与合作，增强学生的语言表达能力。③情感态度和价值观目标。通过小组协作学习，使学生互相认识和了解，培养学生的团队合作意识。

2.分析学习者的特征

学习者是教育技术学师范和非师范专业大学本科三年级的学生，他们具备良好的自主学习能力，也具备一定的思维能力和操作能力。在此次课之前，他们学习过"微机原理与应用"的基础内容和其他一些语言基础知识，具备一定的计算机操作能力。学生在学习能力上具备一定的独立性和探究性，在学习动机上具备主动性和积极性，还形成了独有的知识框架。作为大三的学生，他们同样具备团队协作能力和解决问题的能力，能够适应团队之间的协作学习。另外，他们都会利用网络进行在线学习和搜集资料，他们对微信这个工具的使用非常熟练，可以利用它接收教学材料和教学任务，并进行沟通和交流。学生已有的信息技术能力为混合式教学提供了一定的基础。

3.分析学习环境

"汇编语言的基本语法"这堂课的环境包括：①教师—学生构成主导—主体的课堂教学与互动环境；②基于微信平台及网络教学平台的虚拟环境；③同伴间协作交流所构成的团队合作环境。具体而言，通过微信公众平台或QQ群为学生布置任务和共享资源，学生实时使用QQ群和微信请教问题，教师及时作出反馈。以微信为平台的学习环境，有利于学生个性化发展，有利于促进学生对知识体系的建构并形成独立自主的学习能力。

（二）"微机原理与应用"课程混合式学习活动与资源设计

1.教学过程总体设计

这门课程教学过程的总体设计如图2所示。实现一门课程的设计与开发，需要进行教学内容分析和学习情境分析。教学内容分析是确定这门课程需要讲哪些内容，根据教学内容的不同，选择不同的教学方式，并确定学习主题。该课程采取混合式教学方式，预先以问题驱动的形式让学生利用网络进行自主学习，随后在课堂上采用讲授法讲解难点问题。学习情境是一个学习单元，能反映结构相对完整的工作过程的学习内容，所以既包括工作情境的描述，又包括工作情境中所用到的方法，如行动导向教学法。也就是说，分析学习情境是对教学发生的环境的整体描述。此外，教学策略是教学设计过程中非常重要的内容，教学策略的制订和安排是这门课程成功与否的关键，每一步都需要谨慎设计，要做到整体考虑。大部分学者认为，教学策略是对完成特定的教学目标而采用的教学顺序、教学活动程序、教学方法、教学组织形式和教学媒体等因素的总体考虑。

在分析"汇编语言的基本语法"这个教学单元时，每个知识点与问题的设计都需要有良好的衔接，教师采用提问的形式激发学生的学习动机，使学生将已有的认知结构与现有的学习内容联系起来。基于混合学习的教学过程设计，需要从学习动机的激发、良构问题的设计及教学任务的布置等方面展开。教师在教学过程中会提出一些问题引导学生思考。对每个人而言，信息都是由感觉器官（听觉、视觉等）进入记忆系统中，在记忆系统中经过短时记忆的多次重复才能达到长时记忆，而短时记忆的容量有限，要想将信息保存下来，就需要对信息进行分类存放，以减少零散信息对记忆容量的占据。解决问题的过程不仅能引起学生的兴趣和思考，还能帮助学生加深理解和记忆。

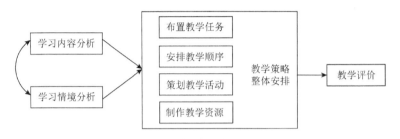

图2 教学过程的整体设计

2.学习活动设计

学习活动设计是混合式学习设计的核心内容。学习活动的设计要充分激发学生的兴趣，让学生利用各种学习资源（网络资源、学习平台、图书馆资源等）和学习环境（校园网学习平台、微信、QQ群、图书馆、教室、机房等）进行学习，通过实践活动，提高学生的创新能力和解决问题的能力。在学习活动中，可以采取不同的学习形式获得一定的学习经验，在本次研究中，围绕课程内容开展的学习活动主要有解决问题、任务驱动、讨论交流、教师讲授、在线学习等。解决问题，即以提问的形式激发学生思考，使学生将已有的知识与新知识结合，从而实现有意义地学习。任务驱动，即在教学过程中，教师根据教学目标对教学内容进行分类、归纳、总结，按内容的难易程度设定一系列可操作的、具体的任务；教师将任务分为自主学习任务和协作学习任务。讨论交流，分为面对面讨论和在线讨论，即针对某个任务或主题，小组或者班级同学相互交流，在本次研究中，主要利用微信平台开展讨论。教师讲授，即教师以讲解难点问题为主，引导学生学习和思考，教师是教学过程中的主导者。在线学习，即利用网络查找、搜索和共享学习资源。

3.学习资源设计

本次研究选取的学习资源不仅包括教师准备的课程标准、教学设计、教案、考核标准、课件和多媒体材料，还包括引导和帮助学生学习的资源，其中有任务清单、微课、案例展示等，另外，还有评价量规等评估工具。混合式学习资源的选取是多样化的，教师既要有整合教学材料的能力，也要有设计媒体素材的能力。在选择学习资源时，需考虑不同知识类型与学习资源的关系、不同学习活动与学习资源的关系，以及不同学习目标与学习资源的关系。如设计教案需采用文字编写，对于操作性强的课程采用投影展示，实验完成情况根据教学目标来定，细则可以参照我们制定的评价量规来确定。

（三）"微机原理与应用"课程混合式学习教学评价设计

1.混合式学习中的形成性评价

形成性评价是基于学习过程的评价，以实验完成情况、讨论和交流情况、课堂活跃程度及课堂考勤等为评价依据，评价主要采用组内互评和教师评价相结合的方式。根据实验展示，对小组协作完成实验的质量及设计思路作出整体评价；从小组讨论和交流的情况能看出成员之间的面对面交流和在线学习的讨论情况；课堂活跃程度根据学生上课发言情况及提出的问题来判定；课堂考勤主要是考查学生是否能参与课堂学习。形成性评价占课程总评成绩的30%。

2.混合式学习中的总结性评价

总结性评价主要是评价学生对该课程内容的掌握程度，以最终的作品和笔试成绩作为评价依据，具体从内容、素材、艺术性、技术性和创新性五个方面进行评分。总结性评价占课程总评成绩的70%。

三、基于微信平台"微机原理与应用"混合式学习的实施

根据前述设计方案，笔者于2014—2015学年第二学期作为助教为某校2013级教育技术学师范和非师范专业（一）班学生讲授"汇编语言的基本语法"课程（2课时），开展了混合式学习教学实验。教学包括课程导入、学习活动实施和评价测试3个阶段。

（一）课程导入

根据前述设计方案中确定的教学目标，结合学习者及情境分析，从而制订详细的课程导学计划，具体在课前任务和课堂讲授中展开。

1.课前任务

教师利用微信群告知学生课程的主题和任务清单，学生在课前完成任务；课前一周利用微信公众平台每天推出关于汇编语言的相关内容，其中包括汇编语言的基本语法；能够知道汇编语言的常量、变量、标号及伪指令语句和宏指令语句等相关概念和知识，并录制微课。

2.课堂讲授

首先，教师展示经典案例，用提问的形式引导学生主动思考，随后对学生完成任务时遇到的难点问题进行解答。其次，小组分享合作学习，让学生参与协作学习中，各小组分享作品及设计思路，让学生意识到团队协作的重要性，并锻炼学生的表达能力和组织能力。最后，小组成员互评，让学生用正确的方式评价他人，形成良好的习惯。

（二）学习活动实施

学习活动可以划分为课堂活动和在线活动。教师设计的课堂活动以学生为中心，围绕学习任务和问题展开，其中有课堂交流互动、回答问题、小组实验展示、分享经验、评价等。在线活动主要包括在微信群中交流与分享资源，利用网络查找资料，实时关注微信公众平台推送的消息，通过电子邮件

及时提交作品等。教学过程的安排是教学活动实施前预先准备的工作，学习活动实施的成功与否也取决于教学过程的整体设计。

（三）评价测试

按照前述课程混合式学习设计中的教学评价设计，学生的成绩由形成性评价成绩和总结性评价成绩两部分组成。形成性评价成绩主要包括学生的出勤成绩、参与小组活动的积极性和协作完成作品的成绩、课堂面对面学习讨论与汇报的成绩，以及在线学习的成绩。最后，由教师及组内成员对学生线上、线下混合式学习的积极性和学习效果进行综合评价。总结性评价成绩主要根据个人的实验展示和笔试成绩来评定。

四、结论与对策

以教师为主导、学生为主体的混合式学习是对现代课堂教学方式的重新定义，即合理运用传统的面对面讲授与在线学习模式，以最佳的教学方式达到最好的教学效果。混合式学习的理念对教与学有着非常重要的意义，本次研究通过混合式学习的课程设计与实施，达到了预期的学习目标，学生的成绩在一定程度上能反映出学习效果和教学效果，但在实施过程中会遇到课时不足、在线学习参与度不高、无法监控资源的使用情况、公共资源受限制等问题。对于这些问题，笔者提出以下对策。

1）缩短课堂讨论时间，让学生在课外提前完成任务，并对其完成情况进行抽查。此外，教师可以通过微信群组织讨论并进行答疑，将重点、难点问题整理出来在课堂上统一解答。

2）利用奖励机制对进行在线学习的学生进行奖励，计入平时成绩，并在全班提出表扬；对于不易理解的问题，要求学生在完成任务的同时至少提出一个问题，发给小组组长整理。

3）利用学习平台来支持学习和共享资源，了解学生的学习情况并监督其进展，帮助教师搜集学习信息及建立合作学习环境。

4）教师的信息素养和信息技术能力会影响混合式学习模式教学的开展，为了提升教师的信息化水平，学校可以开展一系列培训工作，推荐教师参加信息化教学大赛等，增强教师利用计算机辅助教

学的能力，提高教师对教学软件的使用能力，提升教师的多媒体教学设计技能。

参考文献

［1］叶成林，徐福荫，许骏.移动学习研究综述［J］.电化教育研究，2004（3）：3-4.

［2］肖金芳，施教芳.混合学习模式的研究和探索［J］.中国远程教育，2013（9）：64-67.

［3］乌美娜.教学设计［M］.北京：高等教育出版社，1994：231-232.

［4］李克东，谢幼如.多媒体组合教学设计［M］.北京：科学出版社，1994：173-176.

［5］梅龙宝，柳超，邓安远.大学信息技术教育课程体系研究与实践［J］.现代教育技术，2013（11）：56-59，65.

［6］刘建设，李青，刘金梅.移动学习研究现状综述［J］.电化教育研究，2007（7）：21-23.

［7］朱琦.手机移动学习资源内容设计研究——以《大学英语》课程为例［D］.沈阳:沈阳师范大学，2011：3.

大学生网络成瘾的漫画表现手法研究*

王虎城　颜士刚

（沈阳师范大学教育技术学院，辽宁　沈阳　110034）

摘　要：大学生网络成瘾是近些年研究的热点，为了向大学生传播网络成瘾相关知识，本文以大学生网络成瘾的危害为例，用故事漫画将这种技术异化现象的严重危害表现出来。同时，以漫画相关技法和故事创作理论为依据，提出直观表现法、变化对比法、矛盾冲突法和情境创设法4种表现手法，用于表现网络成瘾对大学生产生的危害，为网络成瘾的故事漫画创作提供参考，并给出创作案例。

关键词：大学生　网络成瘾　故事漫画　漫画表现手法

网络成瘾（internet addiction disorder，IAD）是一种网络技术在给人带来便利的同时反控制了人们正常生活的社会现象[1]。网络成瘾者在上网时情绪状态会变得异常兴奋，离开网络就会变得情绪低落、烦躁不安，给生活带来了很多消极影响，影响了其正常的学习、工作，甚至影响别人的生活，带来不可估计的损失。据调查统计，当代大学生的网络成瘾率为7.8%[2]，大学生网络成瘾情况已经十分严重，而在校大学生对"网络成瘾"这一概念却没有特别清晰的认识，目前国内也没有此类资源用于传播大学生网络成瘾的相关知识。针对这一情况，为了向大学生展示网络成瘾的严重危害，本文采用故事漫画的形式，借助漫画传播渠道广、范围大的优势及大学生受众的求新心理[3]，将大学生网络成瘾的危害在故事漫画中展现出来。国内对于故事漫画的表现方法的研究比较缺乏。本文的目的是以大学生网络成瘾的危害为例，研究其在故事漫画中的表现手法，从而为此类故事漫画设计制作样例。

一、大学生网络成瘾漫画作品的分析

（一）大学生网络成瘾故事漫画的特点

网络成瘾是一种行为类成瘾，是以"渐进"的方式发生，偶尔一次不会上瘾，但时间一长就会引发上瘾，是在长期的行为影响下形成的成瘾行为。大学生网络成瘾的产生和危害同样也是一个长时间的过程，为了将网络成瘾大学生的身体和心理等方面随时间的变化体现出来，本文用故事漫画作为手段，表现一个渐变的网瘾生成过程。

故事漫画，又叫多幅连环画，它是一种有主题、有故事情节、有连续性画面、有对话和旁白等的故事画[4]。与传统漫画不同的是，传统漫画是漫画家将某种社会现象用漫画语言画在纸上，来讽刺或抨击这种现象，具有幽默性和讽刺性；而故事漫画是以故事为核心，将故事用漫画技法展现出来，从而表现主题。它融合了剧本和故事的叙事性，还有编剧的一些理论和方法，所以故事漫画的主题就要比传统漫画所表现的主题广泛得多，这时传统漫画的表现手法也就不完全适用了，需要漫画的创作者在实践过程中总结并提出新的表现手法。

（二）大学生网络成瘾故事漫画的设计构思

通过文献研究和案例分析可知，网络成瘾对大学生的危害如下：身体上的伤害、心理上的伤害、学习方面的影响、道德意识的弱化和人际交往能力的降低[5, 6]。在创作网络成瘾的故事漫画时，首先要把需要表现的网瘾对大学生的危害进行分类，根据这些危害的类型和在漫画里表现时的共同点，可以分为三类。

1）直观具体类的危害。包括对身体的伤害和对学习的影响，这类危害在表现时，需要结合漫画

---

* 本文为2014年度教育部人文社会科学研究一般项目"基于MOOC的高校教材创新设计与开发研究"（项目批准号：14YJA880083）的成果。

技法如造型、表情、动作和漫画符号等来表现。

2）心理、意识类的危害。网瘾成瘾对大学生心理造成的伤害和道德意识的弱化两种情况是大学生心理状态、意识的改变。对于此类危害，应用单纯漫画技法是很难去表现的，我们可以将故事和漫画表现结合起来，利用故事，将人物放到一个事件中，通过人物的表情、动作、对话等来体现人物心理的变化，再用漫画展现出人物各阶段的心理状态，从而达到目的。

3）弱化能力类的危害。包括人际交往能力的弱化和影响学习成绩。在故事漫画中，为了体现能力，我们需要设置一个与他人交往的情境，在情境中表现角色的人际交往能力的变化。

在漫画类型上，考虑到漫画的受众基本上是大学生，可以将漫画类型定为最受青少年欢迎的漫画，会更有利于漫画在高校的传播，从而取得更好的宣传效果。在具体制作时，根据实际情况的需要来决定所运用的漫画技法，因为漫画技法并非只能独立运用，合理地综合运用这些技法符号，能使它们相互影响、相互作用，从而产生神奇的效果，使漫画更具表现力。比如，要表现人物的社会身份背景时，可以通过人物的造型设计和场景设计，再加上一部分漫画符号语言，就能清楚地表达需要的内容。

二、大学生网络成瘾故事漫画的表现手法

所有艺术的表现手法，都是在具体内容的表现中产生的，并且会在接下来的创作中不断发展、完善和创新。漫画的表现手法则是在漫画创作的实践过程中产生的，也有些表现手法是从文学手法中借鉴过来的，如比拟法、夸张法等。在表现大学生网络成瘾的危害时，主要运用了如下几种表现手法。

（一）直观表现法

在漫画表现中，有时需要直截了当地把某一行为或者现象画出来，来说明问题，这类表现手法基本上就是自然主义的再现，即通过人物的表情、动作、对话、漫画的场景等一系列直观形象的要素，将需要表现的内容表现出来。在大学生网络成瘾的故事漫画中，由于对大学生身体造成的危害和在学习方面产生的影响具有直观可见的特性，如对手指、手腕、腰部、背部、眼睛和头部等的影响，所以要用直观表现法将这类影响表现出来，这样漫画受众就能清晰地认识到网络成瘾对大学生的严重危害。

同时，因为大学生网络成瘾具有故事性，在运用直观表现法去表现危害时，就要考虑到故事的"逻辑性"，把对直观具体类的危害的表现融入故事中去，既让故事符合叙事的逻辑，又能将危害表现出来。例如，在表现对身体造成的危害时，要对人物进行造型设计，在故事中就可以寻找一个瞬间，比如，人物走路时或者休息时，通过对主角的形体上的塑造，来表现主题。

另外，我们不难发现，使用这类表现手法时，必须在人物的动作表情或者大场景上多下功夫，使其生动才能取得理想的效果。

（二）变化对比法

世间万物无时无刻不在变化，不同的是，一些变化得快，一些变化得比较慢。在漫画中，我们同样可以抓住事物因变化而表现出来的区别，用对比的手法将自己的想法表达出来，以凸显主题。林禽的漫画《城乡差别》描绘了在以城市题材为背景的画面上，有一大群摄影师，而在以农村题材为背景的画面上，只有寥寥无几的几个摄影师在工作。林禽的这幅漫画合理地利用了变化对比法，将农村背景和城市背景受重视的程度进行了对比，并通过摄影师的数量来突出受重视程度的差别，讽刺了电影导演只重视拍城市题材作品而忽略了农村题材作品的错误思想。

在表现网络成瘾对大学生身体的危害时，由于对身体造成的危害具有长期性和变化性，所以可以用变化对比法来将人物网络成瘾前后的身体情况进行对比，从而通过突出身体产生的变化来表现主题。不同的是，在此故事漫画中，我们是不能将身体改变前后的情况直接呈现在漫画中的，要将对比体现在故事中，保持故事的完整性，所以要通过表现人物身体的变化，让读者自行与以前进行对比，从而来认识网络成瘾对身体造成的危害。

（三）矛盾冲突法

在大学生网络成瘾的危害中，有两种危害属于性格和情感上的改变：对心理产生的危害和道德意识的弱化。为了表现此类人在性格和情感上的变化，我们可以将主人公带入具体事件中，具体事件即冲突，即将漫画主角放到一个冲突中，迫使其利用自身条件，采取某种能揭示他们自身性格特征的行动。"人物以什么方式对待他们的麻烦是最能够彰显人物性格的，在这种情况下，行动就是性格。"[7]

故事冲突具有考验人性和发掘真相的作用，若要考察或表现人物，必须将人物置于各种考验之中，发掘人性和社会的真实，考验人物的人性和人格的各个侧面。矛盾法，在传统漫画里是指利用不协调所导致的矛盾，来制造滑稽效果，当然这是针对传统漫画所下的定义，不同漫画运用矛盾法的方式也不尽相同。漫画设计从构思到表现，再到具体画的几个阶段都离不开矛盾。创作构思阶段，实际上就是设想能不能利用矛盾冲突，如何利用矛盾冲突，以及利用什么矛盾冲突的过程，将矛盾冲突融入故事里，以表现人物的性格、心理等。在故事漫画中，我们用到的是矛盾法结合故事冲突所形成的矛盾冲突法，来表现人的孤僻、对亲友冷淡和漠视一切等一系列心理变化。

（四）情境创设法

在大学生网瘾故事里，在表现人物某方面的能力和某些情况时，矛盾冲突法和直观表现法就不适用了。为了表现能力，需要创设一个事件或者称之为情境，在这个创设的情境中，通过人物的态度、应对方式等来体现能力。这种表现手法应用了临时创设的情境，因此被称作情境创设法。比如，在故事漫画里表现人际交往能力时，让人物处在一个"规定的情境"，在设置的与人交往的情境中，通过人物与他人交流时的动作和表情细节，来间接地表现人物的人际交往能力。另外，在表现对学习产生的影响时，逃课是其中的一个危害，这时就可以创设一个合理的情境，在情境中表现逃课。

情境是故事的构成要素之一，著名戏剧艺术学家塞河沿说："在一切戏剧情境因素中，最重要的就是人物关系，其次是事件。"[7]一个戏剧事件的发生，说到底就是创设一个"规定的情境"，情境会影响人物的行动，当然也可以体现人物在某方面的能力和状况。

三、故事漫画表现手法应用案例

在故事漫画中，网络成瘾对大学生的危害有五种类型，在每一类危害中，又可分为不同的子类，为了将这些危害逐个表现出来，在漫画中添加了很多故事，每个故事表现一种或几种子类，最终将这些故事按照时间线索串联起来。在本文的案例中，笔者以其中的小故事为例，应用不同的表现手法，表现不同种类的大学生网瘾危害。

（一）案例一

案例一编写的文字脚本如表1所示。

表1　故事脚本一

地点：校园 人物：刘哲、刘哲的两名同学		备注
1	刘哲低着头走在一条路上（着重刻画刘哲，身体瘦弱，精神萎靡，后背弯得厉害）	突出变化
2	这时班上两个女同学看见了他	女同学视角
3	同学向他招手，并说道："嗨！刘哲！"	
4	刘哲听到，脸上显得十分紧张，不敢回头与同学对话	侧面面部特写
5	刘哲同学的手停在半空，尴尬地放下	

在这个小故事中，笔者的目的是通过刘哲偶遇同学的故事情境，来表现刘哲在网络成瘾的影响下人际交往能力的缺失。与此同时，对身体的伤害，可以融入故事里面，运用直观表现法和变化对比法，借助某一个镜头，表现网络成瘾对主人公刘哲身体的伤害，即身体瘦弱、精神萎靡并且有些驼背。这样在故事里我们既运用情境创设法表现出了网络成瘾对人际交往能力的影响，也运用直观表现法和变化对比法表现出了网络成瘾对身体的伤害。

（二）案例二

为了表现主人公刘哲在网络成瘾后受到的轻微的心理伤害，即害怕与人交流和自信心的缺失，笔者使用了矛盾冲突法。上课时老师需要学生按顺序回答问题，从刘哲的性格来说，网络成瘾导致他害怕与人交流，并且没有自信心，这时刘哲的心里就出现了矛盾冲突："回答还是不回答？""回答错了怎么办？是不是会被嘲笑？""不回答怎么和老师解释？"这些问题充斥着刘哲的头脑。表2是案例二的文字脚本。

表2 故事脚本二

地点：教室 人物：刘哲、老师、同学		备注
1	刘哲无精打采地趴在桌子上，心里想："唉，无聊的课！"	萎靡、慵懒
2	这时老师站在讲台上说道："下面我们做练习题，从第一座的同学开始，向后按顺序回答。"	正好是刘哲所在的列
3	听到这句话，刘哲脸色顿时难看了："完了，轮到我怎么办？"	着急、畏惧的表情
4	忽然刘哲像是想到了什么	
5	站起身，举起右手	背面视角
6	"这位同学有什么问题？"	画面里不要出现老师
7	"那个……我想去厕所。"	

在这个故事中，将人物放到一个矛盾冲突中，强迫他作出语言和行动的反应，通过主人公刘哲的表情、动作等，来体现他的心理状态，从而表现他的性格特点。

这是运用上文提出的表现手法的两个案例，其他网络成瘾对大学生造成的影响，同样可以以这种形式表现，然后落实到漫画里，完成大学生网络成瘾故事漫画的创作。

四、研究结论与不足

在对大学生网络成瘾的危害进行创作的过程中，根据漫画表现手法和故事的特点，笔者总结出了4种表现手法，即直观表现法、变化对比法、矛盾冲突法和情境创设法，这4种表现手法可用于表现大学生网络成瘾危害的故事漫画，同时也可用于故事漫画表现网络成瘾的影响因素和其他类似社会现象。

本文的研究也有一些不足：第一，提出的直观表现法的概念太过笼统，泛指可以用于所有能够用漫画技法表现出来的内容，但是还可以根据所表现的具体内容细分为人物造型、表情和动作、场景等几种类型，在这里没有进行深入探究。第二，情境创设法不仅可以表现能力的变化，其他一些情况也可以使用情境创设法，这些问题在以后的研究中，或许可以一一解答。

参考文献

[1] 颜士刚. 教育技术哲学[M]. 北京：中国社会科学出版社，2015：164-165.

[2] 高燕，李兆良，万兵华. 大学生网络成瘾状况调查[J]. 中国公共卫生，2008（11）：1368-1369.

[3] 李培林. 读图时代的媒体与受众[M]. 北京：新华出版社，2005：134-141.

[4] 潘国祥，胡依红. 新漫画创作技法[M]. 上海：上海社会科学院出版社，2003：107-121.

[5] 李瑾. 大学生网络成瘾的危害分析[J]. 黑河学刊，2011（5）：147-148.

[6] 刘朝志. 网络成瘾的危害及干预[J]. 公共卫生与预防医学，2009（1）：110-112.

[7] 蹇河沿. 编剧的艺术[M]. 昆明：云南大学出版社，2010.

基于 MOOC 理念的"计算机应用基础"课程混合式教学设计策略分析*

金 丹

（温州城市大学，浙江 温州 325000）

摘 要：随着教育信息化的深入，混合式教学逐渐受到了普遍关注。本文首先阐述 MOOC 教学理念，接着介绍"计算机应用基础"课程，并分析学习者特征，最后从认识学习者"偏见"、整合资源共享平台、降低认知负荷、关注体验的教学活动、创建学习共同体、促进有效对话、挖掘教育大数据这七个方面给出了混合式教学设计策略。

关键词：MOOC 混合式教学 教学设计 策略

一、关于 MOOC

MOOC，是英文 Massive Open Online Course 的首字母缩写，中文译为"大规模网络开放课程"。它是近年来出现的一种在线课程开发模式，完全开放性、超大规模、用户自组织和社会建设性的特点造就了其在互联网迅速普及的神话。从学的角度看，MOOC 不需要在规定的时间、地点和固定的同学一起学习。学生可以摆脱场所、时间的限制，依据自己的情况进行自助式学习。不明白的地方可以反复观看视频；错了的习题可以反复演算；可以跳过时间表直接学习自己最感兴趣的部分；可以和其他同学一起讨论与课程相关的问题等，从而提高学习效率。尽管 MOOC 课程具有诸多优势，但并不意味着正规高等教育可以被取代，因为 MOOC 也存在不足。比较科学的做法是将 MOOC 和正规传统教育结合起来，充分发挥两者的优势，相互促进。

二、"计算机应用基础"课程介绍

"计算机应用基础"是中央广播电视大学本科各专业学生必修的公共基础课，也是现代远程教育试点高校网络教育实行全国统考的四门公共基础课之一，它是为培养应用型人才的计算机技能而开设的。该课程是主要讲授计算机文化知识和微机基本使用方法的入门课程，内容侧重于计算机的基础知识、基本概念和基本操作技能，并兼顾实用软件的使用和计算机应用领域的前沿知识，为学生熟练使用计算机和进一步学习与计算机有关的知识打下基础。

三、学习者特征分析

成人学习者普遍存在工学矛盾、兴趣点不高、学习被动的特点，但同时也存在自学能力强、读书目标明确的特点。"计算机应用基础（本）"是开放教育本科的公共课，针对的是本科层次各个专业的学生。这类学生具有以下几个特点。

（一）在思想上不重视

开放教育本科学生有些是从专科一直读上来的，他们适应了电大考试模式，认为该课程也能顺利通过，不了解课程的考试方式及考试内容。其实计算机网考课程比较特殊，是全国统一考试。参加本科层次学历教育的学生只有通过该课程才可以拿到毕业证书。考试期间，一旦发现有作弊现象，尤其是代考行为，将会受到很严厉的处罚，甚至是终生不能拿到本科毕业证书。而且该课程考试大纲

* 本文为浙江广播电视大学 2015 年度科学研究课题之教改课题（XKT15J09）、温州城市大学 2015 年度教学改革项目（编号：11）的研究成果。

在 2004—2007 年和 2010—2014 年更新频繁，题库数量逐年增多。目前，沿用 2014 年的考试大纲，启用新的考试环境和操作系统，其难度也在不断增加。

据许多考生反映，计算机网考考试难度并不大，能认真参加面授及实验课的同学均考得不错。而一部分学生由于没能参加面授及实验课，对一些考试技巧和考试方法没有掌握，导致考试成绩不太理想。

（二）知识水平参差不齐

首先，成人高校本科层次的学生年龄跨度较大，在 21～40 岁。其次，由于学习该课程的学生专业跨度较大，合班上课时，有的学生已经掌握了基本操作，有相当一部分学生在教师的指导下能顺利完成，但还有些学生连最基本的操作都不会。另外，各专业学生也会呈现出对某一知识点的聚合，例如，会计专业的学生对 Excel 操作已经掌握得比较全面，学前教育专业的学生对 PowerPoint 操作比较熟练，计算机和土木等理工科专业的学生对各个知识点都掌握得不错。

（三）面授课到课率低

成人学生学习面临的一个很大问题就是工学矛盾。学习者一般都扮演着多重角色，在校是学生，在企业是员工，在家是子女的父母、父母的子女，承受着生活和工作的双重压力，学习成为他们在生活、工作挤压下的第三种压力。因此，能坚持参加面授课程的学生是难能可贵，同时也是少之又少的。然而有一部分学生是在思想上不重视，以为该课程与电大其他课程一样，只要在期末复习时突击看一下复习资料，做一下模拟试卷，就可以顺利通过考试，所以这类学生平时花在该课程上的学习时间很少，会在最后一次面授课向任课老师索要复习资料。还有一类学生是好高骛远型的，认为该课程属于计算机应用操作课，机考形式简单，而自己平时计算机操作能力还可以，就不以为然，把 60 分定为自己的目标。历年考试结果显示，不及格的学生中很大一部分成绩接近 60 分。这类学生正是因为对重难点把握不住，对考试估计不足，就差那么几分而无法通过考试。

四、MOOC 教学设计策略

（一）认识学习者"偏见"

加达默尔认为，理解所固有的历史性构成了"偏见"，而"偏见"则构成了解释者的特殊的视界。不仅不同的解释者各有自己的视界，而且不同的对象也有自己不同的视界。

成人学习者有着丰富的生活、工作经验，因此在进入学习场域时，每个人都有着自身的"偏见"。只有充分认识学习者的"偏见"，才能制作出有针对性的 MOOC 视频，才能制定出合理的教学设计。教师应事先对考试大纲里的知识点进行梳理（以该课程中的 Word 这部分内容为例）。由于该课程是实操性比较强的课程，对知识点的归纳就以不同的"选项卡"为分类项，划分成以下 3 部分。

1）"开始"选项卡里的知识点：字体、字号、常规格式设置（加粗、倾斜、下划线）、字体颜色、文本效果、项目符号、对齐方式、边框底纹、缩进和间距、样式、查找与替换共 11 个知识点。

2）"插入"选项卡里的知识点：表格的插入、表格的相关编辑、图片的插入、图片的相关编辑、剪贴画的插入、形状的插入、SmartArt 的插入、页眉和页脚的插入、文本框的插入、艺术字的插入、首字下沉共 11 个知识点。

3）"页面布局"选项卡里的知识点：页边距、纸张方向、纸张大小、分栏、水印、页面边框共 6 个知识点。

在课前让学习者对每个知识点的掌握程度进行自我评价。5 个评价等级为：非常熟悉（指透彻理解，运用自如，并能融会贯通）、熟悉（指熟知并能运用这个知识点）、一般（指熟知这个知识点，不保证能变通运用）、不太熟悉（指知道、听说过这个知识点，但不知道具体如何运用）、完全不熟悉（一点都不知道）。

文字处理 Word"开始"选项卡中各知识点的"偏见"如图 1 所示。从图 1 中我们发现，相邻的两条线走势比较一致，有些甚至重合在一起，这说明学习者的自我评价呈现出渐进状态，相对比较客观。

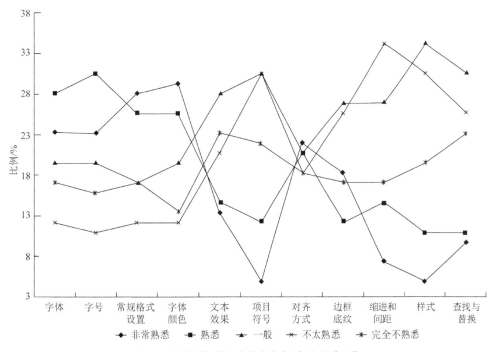

图1 "开始"选项卡中各知识点的"偏见"

在"字体""字号""常规格式设置""字体颜色"这4个知识点上，"非常熟悉""熟悉"人数所占比例相对较高，说明大部分学习者已经掌握了这4个知识点。

同时，我们也发现"非常熟悉""熟悉"这两条线在"文本效果""项目符号"两个知识点处呈现出骤减状态，导致"一般""不太熟悉""完全不熟悉"这三条线骤增，说明对这两个知识点的掌握情况产生了很大的分层，因此对这两个知识点应该标记为难点。

在"边框底纹""缩进和间距""样式""查找与替换"这4个知识点处，"一般""不太熟悉""完全不熟悉"人数所占比例较高，说明大部分学习者还未掌握这4个知识点，因此应该标记为重点。

文字处理 Word "插入"选项卡中各知识点的"偏见"如图 2 所示。我们发现这张图每条线相对独立，没有太多的交叉。"非常熟悉"这条线处于底层，"熟悉"这条线处于第二层，"一般"和"完全不熟悉"两条线处于第三层，"不太熟悉"这条线处于第四层。这说明"插入"选项卡中各知识点对学习者来说相对比较难，大部分处于"一般""不太熟悉"的状态，应该标记为重点。

同时，我们发现在"SmartArt 的插入"这个知识点处有一个"突变点"："非常熟悉"为零占比，"完全不熟悉""不太熟悉"人数所占比例较高，因此这个知识点应该标记为难点。

文字处理 Word "页面布局"选项卡中各知识点的"偏见"如图3所示。"页边距""纸张方向""纸张大小"3个知识点占比呈现出"两头小，中间大"的橄榄形，说明对于这3个知识点，学习者的掌握情况比较均衡。

在"分栏""页面边距"两个知识点处，"不太熟悉""完全不熟悉"人数所占比例较高，因此应该标记为重点。

在"水印"这个知识点处有一个"突变点"，因此应标记为难点。

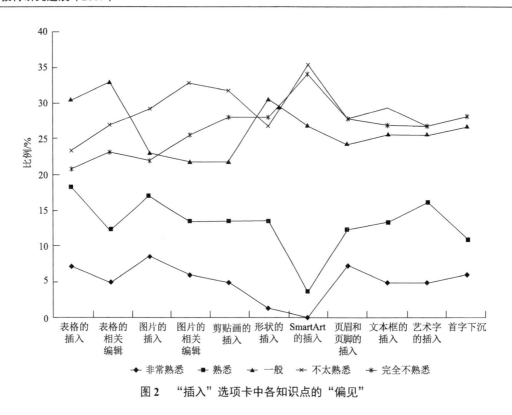

图 2 "插入"选项卡中各知识点的"偏见"

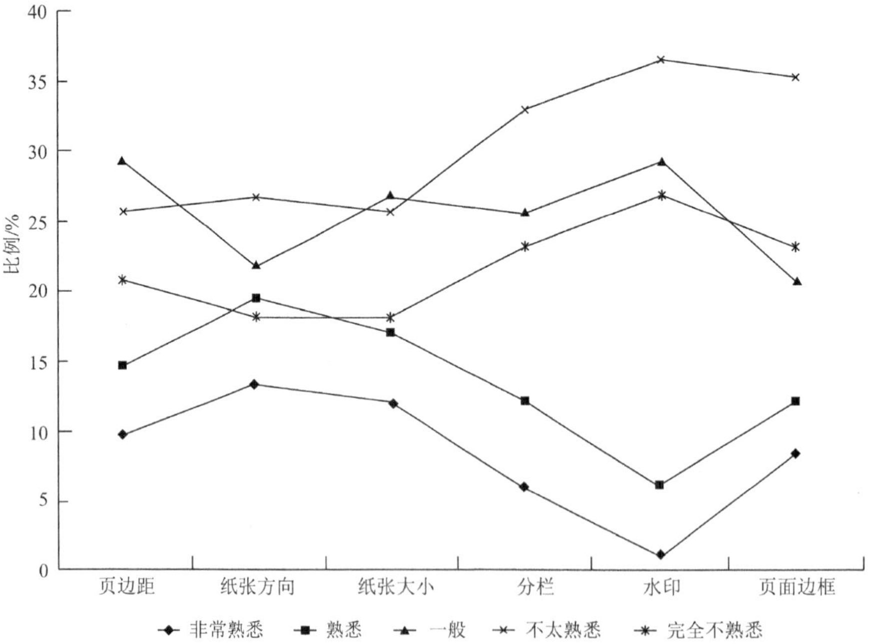

图 3 "页面布局"选项卡中各知识点的"偏见"

（二）整合资源共享平台

MOOC 资源需要一个共享的平台去呈现，此外还需要相应的协同支持、数据统计分析等功能。但目前众多的学习平台给学生造成了很大的困扰，没有一个统一的平台和操作。然而，英国开放大学教育技术研究所教授 Sharples 等的研究发现：大学生更喜欢在家里和在移动中获取课程资源并进行交流，他们不喜欢与广泛使用的办公和通信工具不一样的专用"学习管理系统"。

笔者尝试利用现有的"学习系统"进行远程辅

导，如学校的 BBS 论坛，但是发现登录到论坛相应板块需要繁琐的程序，学生使用频率低。尝试使用课程的 QQ 群，但是发现学习资源管理和使用不便，而且学生在群里聊天的比较多，交流学习的比较少，重要的学习信息被聊天信息覆盖，导致很多学生得不到所需的信息。

后来，笔者尝试利用微信公众平台，将视频资源发布到公众平台上，并将有用的资料和重要的信息通过微信平台进行推送。与此同时，创建一个微信聊天群，方便在线解决学习者的问题。实践证明，成人学习者比较喜欢这样的学习方式。

（三）降低认知负荷

降低认知负荷是提高MOOC课程学习成效的方式。一般来说，降低学习者的认知负荷有两种方式：一种是知识渐进；另一种是简单—复杂任务序列。

因此，可将该课程用"知识渐进"方法分解为文字编辑、电子表格、演示文稿、操作系统应用、Internet 应用（包括 outlook）、计算机多媒体技术 6 个单元。每个单元独立存在，学习者可以根据自己的"偏见"选择认知负荷最少的单元先进行学习，然后循序渐进，直至完成所有单元内容的学习。

每个单元内容用"简单—复杂任务序列"方法进行切分，让学习者从最简单、最常用的任务着手，逐步增加知识的难度和深度。同样，以该课程中的 Word 部分内容为例，首先，初步认识 Word 的基本功能，也就是 Word 能帮学习者做什么事情。其次，学习文字编辑功能，主要有文字的输入、修改、删除、移动、复制、查找、替换等操作，这部分操作主要通过键盘、鼠标及"开始"选项卡里的功能按键完成。再次，学习格式编排功能，主要有字体格式、段落及页面格式的编排和操作，这部分操作主要通过"开始""页面布局"选项卡里的功能按键完成。最后，学习图文处理和表格绘制功能，主要有插入图形、图片、艺术字、SmartArt 图形、创建或修改表格，将文本转换成表格，将表格转换成文本等操作，这部分操作主要通过"插入"选项卡及"图片工具""艺术字工具""绘图工具""图示工具""表格工具"选项卡里的功能按键完成。

（四）关注体验的教学活动

为突出学生在学习过程中的主体地位，教师提前将知识点通过公众平台进行推送，要求成人学习者观看视频资源。根据反馈信息，教师对知识点进行再次整合，课上提供学习活动单，让学习者进行演练。为了能引起成人学习者的关注、好奇和兴趣，教师最好设计出能够促进学习者获得良好体验的案例。同样以 Word 部分内容为例，毕业论文的编辑、求职信及个人简历的编辑、会议文案设计这三个案例都渗透了考试必考的知识点，而且是学习者体验过的或者即将体验到的较实用的内容。当学习者完成案例的操作后，能引发他们的领悟：原来工作中的问题可以通过这些知识点来快速方便地解决；获得了运用知识的愉悦，进一步促进了创新知识的产生；感受到了良好的学习体验，增强了学习者的学习兴趣。

（五）创建学习共同体

学习共同体这个概念最早是在 1989 年由布朗等学者提出的，即利用信息技术为学习者创造与同伴学习者、教师、学科专家等交互的环境，从而使学习成为一种基于广泛学习共同体的社会性建构。

成人学习者的学习环境比较复杂。在办公室里，领导指派任务、同事的交谈总会打断学习的进程，在家里，琐碎的家务、孩子的撒娇需要优先处理，学习只能往后安排。因此，成人学习者如果没有坚强的意志，或者没有一个志同道合的同伴，很难坚持学习。这就需要建立一个合作学习小组，组里的成员相互交流、沟通，相互鼓励、支持，在知识和经验共享中完成自身知识体系的更新、整合与内化。

通过微信建立"计算机应用基础"学习共同体平台十分简单，只需要建立一个群聊就可以了，但是要管理好这个群，并且引导群成员进行有效学习，提高其在学习共同体上的参与度、投入度，需要管理者掌握技术和策略两方面的管理技巧。

从技术上而言，网络学习共同体的管理者可以利用基于微信开发的第三方服务插件——社群空间，该插件可以提供群签到、群公告、群数据分析等功能。学习者进入社群空间的那一刻起，"加入、发言、签到、退出"等关键行为都会有数据记录。管理者可以清晰地知道每天入群人数和退群人数，能看到每个用户的活跃度。通过软件就可以帮助管理者高效地管理、运营学习共同体群聊，实现数据化管理。

从策略上而言，管理者首先需要建立相关奖励机制，用这些奖励机制刺激成员积极参与网络学习共同体中的活动尤其是知识分享的活动中。其次，是精炼网络学习共同体中的知识，提高网络学习共同体中知识的质量，保持网络学习共同体中知识相对于其他社区的独特性，能够让成员产生深深的依赖感。最后，将网络学习共同体知识转变为符合大多数成员的兴趣爱好、积极向上、被大部分成员所喜欢的知识，以求尽可能地调动成员积极参与的热情。

（六）促进有效对话

MOOC 学习者存在孤独的情绪，因此要通过有效对话防止孤独情绪滋生，影响线下学习。MOOC教学场域的塑造需要学习者与教师的对话、学习者与资源的对话、学习者与专家的对话、学习者与学习者的对话。

利用微信群，可以实现学习者与教师、学习者与学习者的对话。

在公众平台上发送指令获取学习视频，可以实现学习者与资源的对话。对于资源的建议或意见还可以在图文下方留言。

在公众平台上发布直播消息，链接到第三方平台（不需要安装任何应用工具），可以实现学习者与专家的对话。

（七）挖掘教育大数据

学习者在公众平台上的真实学习情况被记录下来。公众平台自带的统计功能主要有用户分析、图文分析、菜单分析、消息分析等。

1. 用户分析

用户分析主要包括用户增长和用户属性两部分。

通过对用户增长情况的分析，可以分析公众号新增人数、取消关注人数、净增人数、累计人数等信息。图4为2017年3月10日—2017年4月9日新增关注人数的趋势图。图4中关注人数突增的点基本上是面授辅导课的时间，课上教师会向学习者推荐公众号，以便他们随时随地进行线上学习。在两次面授辅导时间之后，会陆陆续续有一小部分新增关注，那是关注公众号的学习者向其他学习者分享后造成的。

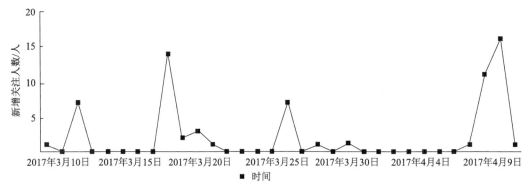

图4　新增关注人数的趋势图

用户属性可以展现性别分布、语言分布、省（自治区、直辖市）分布、城市分布、终端分布、机型分布的TOP10。图5为关注公众号学习者的地域分布情况。由于该公众号未做任何营销推广，只是提供给本校学生使用，所以大部分学习者分布在浙江，而少部分在广东、新疆等地的学习者应该是本校学生推荐分享的结果。

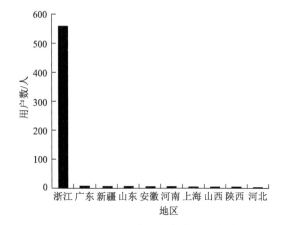

图5　关注公众号学习者的地域分布情况

2. 图文分析

图文分析有单篇图文和全部图文两大块。

单篇图文分别统计一篇图文发出后 7 天内的累计数据，数据包括送达人数、图文阅读人数、分享人数等信息。如图 6 所示，"如何收看题目视频"这篇图文送达人数为 178 人，但是阅读人数为 18 人，分享人数为 0 人。关注的学习者中只有 10%参与了这篇图文的学习，剩下的 90%并没有参与到学习中来，说明学习者的投入度不高，或者说关注的学习者中很多是属于"死粉"。分享人数为 0，说明学习者的知识贡献意识不强烈，即其没有在网络学习共同体上通过知识分享的方式来获得相关回报的强烈愿望，其很有可能不会继续驻留在网络学习共同体上，最终会选择取消关注。通过这些数据，管理者可以引以为戒，进行必要的关注和思考，或者采取一定的行动和措施。

全部图文主要有阅读来源分析（图 7）、图文页阅读趋势、原文页阅读趋势、分享转发趋势（图 8）、微信收藏趋势。

2015-11-24 至 2015-11-30 ▾					
文章标题	时间	送达人数 ⇕	图文阅读人数 ⇕	分享人数 ⇕	操作
如何收看题目视频	2015-11-30	178	18	0	数据概况 ▾ 详情
ie103	2015-11-25	137	6	0	数据概况 ▾ 详情
ie102	2015-11-25	137	2	0	数据概况 ▾ 详情
ie101	2015-11-25	137	1	0	数据概况 ▾ 详情
ie100	2015-11-25	137	2	0	数据概况 ▾ 详情
ie99	2015-11-25	137	15	1	数据概况 ▾ 详情
ie98	2015-11-25	137	9	0	数据概况 ▾ 详情

图 6 单篇图文统计详情

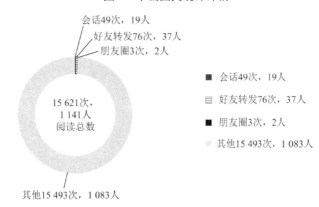

图 7 阅读来源分析

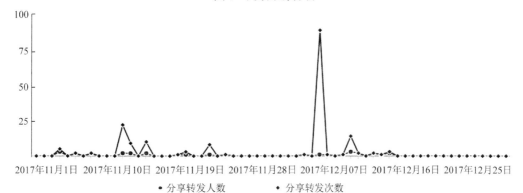

图 8 分享转发趋势

3.菜单分析

菜单分析主要统计一级菜单点击次数（图9）、点击人数、人均点击次数。

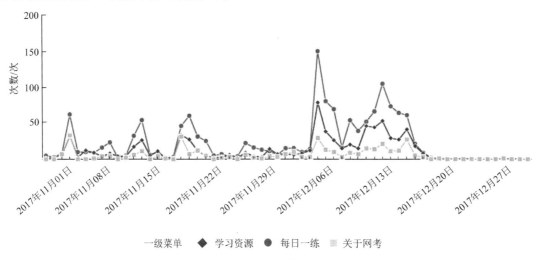

图9　一级菜单点击次数

4.消息分析

消息分析主要统计消息发送人数（图10）、消息发送次数、人均发送次数、消息关键词等信息。

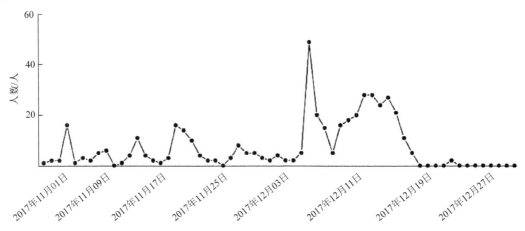

图10　消息发送人数趋势图

图11为2016年11月1日—2016年12月31日消息关键词回复的详细数据，其中发送"w"关键词的次数是最多的，说明学习者在学习过程中需要寻求Word这方面的帮助是最多的。其次依次为PowerPoint和Excel。

排行	消息关键词	出现次数	占比
1	w	58	
2	p	23	
3	e	22	
4	k	19	
5	r	15	
6	i	13	
7	o	10	
8	1	2	

图11　关键词回复详情

五、结语

基于 MOOC 理念的"计算机应用基础"混合式教学以学习者为中心，注重线上、线下教学活动的组织和互动。线上将微信公众平台即时、便捷的特性应用于课程教学，通过组织教学材料和制作视频降低学习者的认知负荷，通过创建学习共同体充分发挥学习者的主观能动性和学习积极性。线下侧重于体验式教学活动，旨在激发学习者的学习兴趣，提升良好的学习体验。

参考文献

[1] 加达默尔.真理与方法[M].洪汉鼎，译.上海：上海译文出版社，1999.

[2] 赵立影，吴庆麟.基于认知负荷理论的复杂学习教学设计[J].电化教育研究，2010（4）：44-45.

[3] Brown J S，Collins A，Duguid P. Situated cognition and the culture of learning[J]. Educational Researcher，1989，18（1）：32-42.

[4] 王翔，马吟秋，李旋.网络学习共同体中知识分享行为的社会因素探究[J].经济与管理研究，2016（12）：131-140.

[5] 吴南中.理解课程——MOOC 教学设计内在逻辑[J].电化教育研究，2015（3）：29-33.

基于创客空间的中小学创客教育探析

——以乌鲁木齐第 23 中学创客空间为例

李 瑶 王 炜

（新疆师范大学教育科学学院，新疆 乌鲁木齐 830054）

摘 要： 随着创客教育理念的日益成熟，各种创客空间如雨后春笋般发展起来，创客教育也逐渐进入中小学校并迅速发展。在创客教育的推进过程中，校园创客空间不仅是发展创客教育的基本载体，更是学校实施创客教育的重要阵地。本文通过对相关文献的综述和分析，对国内外创客空间的发展现状及其特点进行了阐述，并以乌鲁木齐第 23 中学校园创客空间的建设为例，介绍了创客空间是如何推动创客教育有效开展的，对国内创客教育的高效开展具有一定的借鉴价值。

关键词： 创客空间 创客教育 开源硬件 Microduino 3D 打印

一、前言

在"互联网+"的时代背景下，创造性人才的培养已经成为全球教育关注的焦点，各国都在探索如何改变教学方式，从而更加有效地提升学生的创造力。国务院总理李克强提出"大众创业、万众创新"的时代理念后，于 2015 年 1 月 28 日主持召开的国务院常务会议上，提出"健全创业辅导指导制度，支持举办创业训练营、创业创新大赛等活动，培育创客文化，让创业创新蔚然成风"（新华网，http://www.xinhuanet.com/mrdx/2015-01-29/c_13395422/.htm）。

在孩提时代，儿童就喜欢在纸上涂鸦，用橡皮泥捏出各种形状的东西，以及用乐高积木堆叠成房屋，但是，一路走来，学校教育变得越来越僵化，大量的作业和考试，造成了学生对知识的死记硬背，学生的创造力和创新精神正在丧失。毫无疑问，创客运动将改变学校的学习，它能减少标准化教学和测试对学生个性化发展带来的损害，用一种新的方法鼓励创造和创新——利用新的数字技术来设计、制作、分享跨时空的学习。

二、创客、创客教育、创客空间和开源硬件 Microduino

（一）创客

创客源自英语单词"maker"，原意是指"制造者"或"创造者"。近年来，创客专门用于指代利用互联网、3D 打印机和各种桌面设备与工具将自身的创意转变为实际产品的勇于创新的一群人。创客以创新为核心理念，热衷于创意、设计、制造，有意愿、活力、热情和能力为自己同时也为全体人类创建一种更美好的生活。创客的共同特质是创新、实践、协作和分享。有学者将创客划分为 3 种类别：一是创意者，即经过探索发现问题而提出创意，是创客中的精灵；二是设计者，即将创意转化为可执行计划，是创客中的魔法师；三是实施者，即将计划付诸实施，制造出最终成品，是创客中的剑客。

（二）创客教育

创客教育是创客文化与教育的结合，是以课程为载体，以推动创客精神为核心任务，以创客空间为主要场所，以信息技术为主要创造源，融合科学、技术、工程、艺术、数学等多学科知识，通过创客项目的创意、设计和实施的完整过程，实现培养学生想象力、创造力和动手解决问题能力的教学活动。

1）在西方，对创客教育的表述比较有代表性的是马丁尼兹和斯塔哲，他们认为，创客教育是把"在创造中学习"或"基于创造的学习"看作学生真正需要的学习方式。在实施这种学习方式的过程中，学生从对信息与知识的被动接受和消费，转换成了主动地去应用知识并创造；教师需要重新思考如何尊重学生的主体性与主动性，改变以往将学生置于被动学习地位的教学方式与思维方式，努力激发学生的创造力，从而提升学生自主创造和创新的能力，以及运用工具自主解决问题的能力。

2）在国内，具有代表性的表述是由祝智庭等提出的。他们在创客教育中融合了体验教育、基于项目的学习、创新教育及 DIY 等理念中的多种元素，并将创客教育分为广义和狭义两个层次。广义上的创客教育应是一种以培育大众的创客精神为导向的教育形态（make spirit—aimed education）。狭义上的创客教育则应是一种以培养学习者，特别是青少年学习者的创客素养为导向的教育模式（make literacy—aimed education）。它包含正式学习，也包含贯穿于学习者一生的非正式学习。

（三）创客空间

创客空间（makerspace）源自英文"maker"与"space"的组合。大众熟知的称谓还包括"众创空间"，它是包括创客空间在内的一类创新服务机构的总称。环境层面的创客空间能共享所有资源，具备分享特质的氛围；精神层面的创客空间并非资源和空间本身，而是一种协作、分享、创造的人生理念；功能层面的创客空间能促进技能学习和人类知识创新。

（四）开源硬件 Microduino

开源硬件是指与自由及开放原始码软件用相同方式设计的计算机和电子硬件。2013 年 5 月，王镇山和 Microduino 的原型设计者张春柏老师开发完成了 Microduino。Microduino 是 Arduino 的变形，同时，Microduino 是一个与 Arduino UNO 兼容的控制器模块。比起 Arduino UNO，Microduino 采取了核心和 USB 芯片分离方案，使得开发者可以在制作产品的过程中只使用核心板 Microduino-Core

（Microduino-Core+），方便将来对控制芯片的升级或降级，降低开发成本。

在体积方面，Microduino 与一枚 1 元硬币差不多大小，它应用在有尺寸要求的项目中有巨大优势。开发者可以根据实际情况配合其他兼容模块，对项目进行功能扩展。目前，Microduino 的核心板分别为 Microduino-Core、Microduino-Core+和 Microduino-FT232R。据设计者张春柏介绍，Core加上 FT232R 这块 USB 转串口模块完全可以取代 Arduino UNO。

Microduino-Core 和 Microduino-Core+两者的区别主要是使用的芯片有所不同。后者在 Flash、RAM、EEPROM 输入、输出数目方面都有很大提高，管脚符合 Microduino 规范，开发者可以从 Core 平滑升级到 Core+，基本不用修改代码。拿 Microduino-Core来说，它是以 ATmega328P、ATmega168PA 系列为核心的 8 位单片机开发核心板，完全是开源的。比起 Arduino UNO，它的特点是：使用了 U 型的 27pin Microduino 接口规范，拥有众多接口兼容的周边模块和传感器。

Microduino 拆分了 USB 串口通信模块和 Atmega核心模块，将其做成两个可以分立并可以堆叠的 Microduino 开发板。使用 micro USB 供电，并去掉了外部电源供电插座，使整个尺寸变得非常小巧：长 25.4mm、宽 27.94mm。根据电压、内存大小和芯片的不同，Microduino-Core 有 4 种规格（328P@16M，5V；168PA@8M，3.3V；168PA@16M，5V；328P@8M，3.3V），售价在 18～20 元。

Microduino 是开源的，开发者可以在统一接口的情况下开发新的模块。在软件方面，Microduino 使用与 Arduino 相同的 Java、C 语言的开发环境，玩家可以使用 Arduino IDE，配合 Flash 或 Processing 等软件，利用 Microduino 和其他电子元件、模块、传感器，做出很多丰富有趣的作品。

三、乌鲁木齐第 23 中学创客空间

乌鲁木齐第 23 中学创客空间的前身是课外科技创新的活动室。2016 年前后，学校投入了大量的资金，创建了面积为 80 平方米的创客空间，配备了开源硬件、3D 打印机、激光雕刻切割机等硬件设施，将这一场所开放出来供所有学生使用。2017年3月7日正式宣布成立创客空间，共有48名成员，命名为"乌鲁木齐第23中学创客空间"。

乌鲁木齐第23中学创客空间是一个具有加工车间、工作室功能的开放实验室。空间并不用于平时上课，而是在周末及课余时间向所有学生开放。它是指导师通过各种创客分享活动，鼓励不同年级、不同班级的学生观察生活、发现问题，并自行解决问题的跨学科研究综合性项目，提升了技术并交流了创意。

高效利用创客空间，需要满足以下条件：固定的场所、必要的设备、有共同兴趣和爱好的人。下面从空间选址、设备配置、指导师队伍和课程设置四个方面谈一下乌鲁木齐第23中学创客空间是如何正常运营和建设的。

（一）空间选址

面向中小学的创客空间并不是越大越好，应该根据学校学生人数、跨学科师资力量及现有的场地资源等多种因素综合决定。乌鲁木齐第23中学创客空间占地80平方米，里面能容纳4~6张工作台，能容纳一些体积较大的加工工具，如激光雕刻切割机、3D打印机等，同时还有一定的空间来存放学生的创客作品和半成品。

（二）设备配置

创客空间鼓励学生动手使用各种金属、木质、塑料甚至电子工具进行创作，将想法转变成现实，所以3D打印机、激光雕刻切割机、焊台等工具应该是标配。智能化作为创客研究的主要方向，使开源硬件Microduino成为创客空间不可或缺的基础器材。

乌鲁木齐第23中学创客空间主要配备了如表1所示的资源。其中，Microduino作为创客课程的主要实施平台，配制的相关套件数量可供大班教学；激光雕刻机、3D打印机等加工工具，方便学生将电子世界与实际物理世界连接起来。同时，各类创客成品、电子类书籍、设计创造类书籍给学生提供了很好的自学的资源。

表1　乌鲁木齐第23中学创客空间器材清单

项目	名称	数量
电子	Microduino学习套件	10
	乐高套件	若干
	小型焊台	1
	手持多功能电钻	2
加工	多用锯套装	1
	数字示波器	1
	实验室工具套装	3
检测维修	防静电工作台	6
	3D打印机（桌面型）	2
	激光打印机	1
展示/收纳	公用电脑	12
	大屏幕电视机	1
	不同规格的透明储物盒	若干
	Microduino配套网络课程、各种创客视频	若干
	各种创客书籍	若干

（三）指导师队伍

乌鲁木齐第23中学创客空间指导师包括乌鲁木齐第23中学技术组的信息技术教师及通用技术教师。

创客空间指导师会根据自己的跨学科研究方向，开设选修课程、开设讲座、发起与学生兴趣相符的项目研究。在基础知识与研究性学习相结合的学习与教学中，通过不断丰富的教学实践培养学生的开放性思维及发现问题并动手解决问题的能力。

（四）课程设置

创客空间作为学生进行项目研究、交流、分享、创造的场所，在物理空间、硬件配备及师资上为学生提供了莫大的帮助。但是这种帮助有其局限性，为了更好地发挥创客空间的作用，乌鲁木齐第23中学在高一上学期安排了3D创意设计、开源硬件-Microduino、3D设计与3D打印、基于APP Inventor的Android手机应用程序的设计与开发4类创意设计选修课。

这些创意课程紧紧围绕科学、技术、工程、数学展开，以设计、控制、互动为主线来组织课程内容。课程以选修课的形式开展，以 18 课时的容量进行设计，在课程之初，通过问卷调查的方式，让学生选课，并采取选修课分班形式进行课程学习。通过一个学期的创意课程学习，为乌鲁木齐第 23 中学创客空间选拔成员。这些课程的实施虽然不在创客空间，但是课程涉及的工具和器材，在创客空间都能找到。创客空间相当于选修课程的课堂之外的学生训练基地。

四、创客空间的有效利用如何对创客教育产生作用

在乌鲁木齐第 23 中学创客教育开展之后，目前每个学期都有约 40 位学生在创客空间开展各种创客实践，通过课程的开展和教师的悉心指导，制作出许多优秀的作品。其中，最具代表性的两节课分别是由谢通老师开展的 3D 创意设计课程中的"手机支架之旅"和程锐老师开展的开源硬件课程中的"红外遥控小车"。"手机支架之旅"主要学习如何建立二维草图，用草图工具绘制草图，草图完成后如何拉伸成零件及用文字工具加以修饰。课程学习内容如图 1 所示。

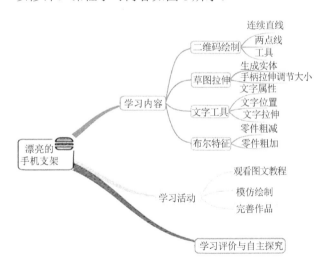

图 1　"手机支架之旅"学习内容公告

学生作品展示如图 2 所示。

图 2　学生作品展示

"红外遥控小车"的主要内容是对于红外遥控小车，通过红外遥控器的控制实现直行、后退、转弯、停止。课程学习内容如图 3 所示。

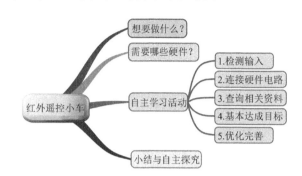

图 3　"红外遥控小车"学习内容

乌鲁木齐第 23 中学创客空间秉承创客文化的开源精神，无论是在跨学科项目研究中，还是在创客指导师资源配置及软硬件设施建设中，在新疆的创客教育中都起到了带头作用，经过不断的探索和改进，逐步形成了自己的运营模式。

乌鲁木齐第 23 中学的创客空间建设相对完善，坚持在课余时间开放，并鼓励学生在周末进行创意作品制作，成了学生不折不扣的"造物"场所。创客空间在为学生融合各学科知识实现自己的创意与想法上提供了有力的支撑；同时也给学生提供了有利的平台。乌鲁木齐第 23 中学创客空间指导老师程锐在新疆科技体育教育竞赛中获得"优秀辅导员"称号，创客空间成员参加新疆青少年陆海空模型教育竞赛并获得金牌，并多次在新疆创客活动中展示自己的作品，获得创造分享的乐趣，营造了积极向上的"造物"氛围。

作为创客教育必不可少的一个基本要素，创客空间是否能够高效利用对创客教育起到了推波助澜的作用。校园创客空间就是为有想法并想付诸行动的学生提供平台，学生通过自行动手动脑解决问题，既培养了他们勇于探索的精神，又提高了他们手脑并用解决问题的能力。

五、结语

创客空间对于创客教育的影响无可厚非，校园创客空间的有效利用，不仅可以发展学生的高阶思维能力，并能在高级技能型知识的基础上，培养学

生的学习理念、人际交往能力等。但创客教育在学校开展中也存在诸多问题，乌鲁木齐第 23 中学创客空间在周末开展创客活动时，就遭到了诸多家长的反对。他们认为学生应该利用周末时间参加补习班，学习文化知识，而不是进行创客活动。除此之外，相比温州中学 DF 创客空间，乌鲁木齐第 23 中学创客空间在设施及教师配备上相对薄弱，这在今后是应该加强建设的方向。

现如今体制化教学已经不能满足学生对于知识的渴求。创客教育是教育发展的必然趋势，而创客空间正是满足这一诉求的必要平台。创客空间的有效利用直接影响创客教育的开展是否能落到实处。换言之，创客空间就是为了使学生能够进行个性化学习而建设的。

参考文献

[1] 黄蔚.温州：创客文化为中小学教育增添炫彩与活力[J].发现（教育版），2015（1）：38-40.

[2] 王同聚."微课导学"教学模式的构建与实践——以中小学机器人教学为例[J].中国电化教育，2015（2）：112-117.

[3] 王怀宇，李景丽，闫鹏展.高校创客型师资培养策略初探[J].中国电化教育，2016（3）：126-130.

[4] 祝智庭，雒亮.从创客运动到创客教育：培植众创文化[J].电化教育研究，2015（7）：5-13.

[5] 雒亮，祝智庭.创客空间2.0：基于O2O架构的设计研究[J].开放教育研究，2015（4）：35-43.

[6] 傅骞，王辞晓.当创客遇上STEAM教育[J].现代教育技术，2014（10）：37-42.

基于高中信息技术与生物课的 STEAM 教学设计尝试

林 希 李 艳

（浙江大学教育学院数字化学习研究所，浙江 杭州 310028）

摘 要：STEAM 教育是当今国内外最热门的教育理念，以科学（science）、技术（technology）、工程（egineering）、艺术（art）、数学（mathematics）为核心，提升学生的核心素养。2017 年，严文蕃教授提出加上写作（writing），演化为 STREAM 教育。STEAM 教育已经走入我国基础教育领域，成为冲击传统教育的一股清流，然而其在高中阶段的探索尝试面临较多困难。为了研究 STEAM 教育在高中教育发展的可能性，根据其跨学科、多领域、重实践、项目化的特点，本文以高中信息技术、生物学科为例，分析两门学科课程标准交叉的领域，以及体现的 STEAM 教育理念。基于"5E"学习环模式，以初高中生物衔接选修课"生物的分类"学习单元为例，进行基于信息技术与生物融合的 STEAM 教学案例设计。最后，对该教学设计实施的重难点进行分析，提出可行的建议。

关键词：STEAM 教育 教学设计 信息技术 5E 学习环

一、前言

20 世纪 80 年代，STEM 教育在美国政府的倡导下发展起来，以项目学习为主要学习方式，使得学生获得知识与技能的同时，培养了创新实践能力，被誉为美国的"素质教育"。2011 年，美国弗吉尼亚科技大学学者 Yakman 第一次在研究综合教育时提出将艺术纳入 STEM，使 STEAM 教育逐渐发展为包容性更强的跨学科综合素质教育[1]。STEAM 教育课程是美国政府主导的"项目引路 PLTW"计划所倡导的以科学、技术、工程、艺术、数学为核心的课程，旨在打破学科领域边界，培养学生的科学素养。2017 年，美国马萨诸塞大学波士顿分校终身教授严文蕃在新教育国际高峰论坛上提出"阅读是进，写作是出"的观点，将写作（writing，R）加入 STEAM 教育理念，演化为 STREAM 教育。

STEAM 教育已经风靡美国、韩国、英国、加拿大等国家，近几年，越来越受到我国教育界的关注。2015 年 9 月，教育部发布《关于"十三五"期间全面深入推进教育信息化工作的指导意见（征求意见稿）》，谈到未来 5 年对教育信息化的规划时，提出学校要探索 STEAM 教育、创客教育[2]。STEAM 教育的主流是机器人教育、简易编程教育、3D 打印技术，市场上也萌发了丰富多样的科学教育产品，如 Sctrach 编程软件、博识、乐高、电子积木等。为了将 STEAM 教育本土化、资源化，创业公司可靠教育（Cogent Education）、Zy 机器人（Zyrobotics）和 3D 科学教育（SE3D）三家 STEM 教育创业公司不断推出教育产品，如 Zyrobotics 面向所有孩子设计教育游戏 APP，SE3D 专门为高中和大学设计生物打印课程，Cogent Education 主要面向高中教学[3]。目前，全国已有 600 余所中学引入了 STEAM 教育课程[4]。

STEAM 教育在我国基础教育领域尚处于起步阶段，理论层面的研究主要是对国外相关经验的报告和解读，实践层面的探索主要集中在少数发达地区的个别中小学，整体上缺乏宏观的系统规划和具体的实践方案[5]。STEAM 教育的实施和推广还存在着诸多现实问题：首先，中小学教师很难充分认识到 STEAM 教育的价值、作用、地位，不能真正实现学科间的融合；其次，缺乏系统的 STEAM 教育评价标准；最后，缺乏 STEAM 教育的课程资源和实施环境等。尽管当前推行 STEAM 教育仍面临相当多的困难，但 STEAM 体现的素质教育理念，顺应了当前教育改革的趋势，将成为教育创新的一个新的突破口[4]。

STEAM 是多学科交叉融合并付诸教育实践的尝试与探索。本文尝试以高中信息技术与生物课程的融合为例，分析两门学科课程标准交叉的领域，结合 STEAM 教育理念，进行基于信息技术与生物融合的 STEAM 教学案例设计。

二、研究目的与内容

本文的目的是探索 STEAM 教育在高中阶段实施的可行性，发挥 STEAM 教育跨学科、项目化、探究性、以学生为中心的教育理念的特点，证明其对于高中教学的模式创新具有巨大的启示和意义。

STEAM 教育注重实践与跨学科教育，因此本文研究的内容包括高中信息技术与生物学科的课程标准梳理，尤其是课程中涉及的实验活动，分析两门学科之间存在可融合的交叉领域，以及体现出的 STEAM 教育理念，在此基础上进行高中 STEAM 跨学科课程的教学设计。

三、理论基础

本次研究针对高中生物课程的教学活动进行设计，以目前科学教育领域倡导的科学探究活动为核心，这与"5E"学习环模式所倡导的"强调学生自主构建、探究学习"的核心具有一致性。因此，本次研究将"5E"学习环模式作为教学设计的理论基础。

"5E"学习环教学模式是美国生物学课程研究（Biological Science Curriculum Study, BSCS, 1989）开发的一种建构主义教学理论模式，由 BSCS 的主要研究者之一美国科学教育家罗杰·贝比（Rodger Bybee）提出。该模式在国外及我国台湾地区应用广泛，多用于生物、化学、物理等课程的教学中，旨在培养学生的探究能力，提高其对科学学习的兴趣[6]。"5E"学习环模式具体描述如图 1 所示。

图 1 "5E"学习环模式

"5E"学习环模式包括 5 个环节，依次是参与（engagement）、探究（exploration）、解释（explanation）、精制（elaboration）和评价（evaluation）[7]。各环节的基本内涵和教师具体行为表现如下。

1）参与。"5E"学习环模式的起始环节是参与。教师在该环节中一般通过创设情境、提出问题的方式，激发学生的兴趣和探究的欲望。

2）探究。"5E"学习环模式的中心环节是探究，该环节以学生为主体进行学习探究，教师的主要任务是引导和帮助。

3）解释。"5E"学习环模式的关键环节是解释，教师在该环节鼓励学生对探究的结果进行解释，并要求学生提出证据。

4）精制。该环节具有挑战性。教师积极鼓励学生在新情境下运用所学知识，使学生加深和拓展对新知识的理解。

5）评价。在该环节中，教师观察和评估学生对新知识的掌握和应用情况，鼓励学生进行自评和互评。

四、可行性分析

在设计基于信息技术与生物融合的 STEAM 教学案例之前，本次研究对高中信息技术和生物学科的课程标准进行了梳理，旨在明确两门学科教学内容中存在的可融合的领域，以及其蕴含的 STEAM 教育理念，证明跨学科的 STEAM 教学设计具有可行性。

（一）高中信息技术课程标准梳理

本次研究对教科版《普通高中信息技术课程标准（2004）》进行了梳理，包括必修与选修共 6 个模块。必修模块包括"信息技术基础"，选修模块包括"算法与程序设计""多媒体技术应用""网络技术应用""数据管理技术""人工智能初步"。图 2 为高中信息技术课程标准内容的层级概念图，说明了每个模块对学生的具体要求。通过高中阶段信息技术课程的学习，学生应具备因特网信息检索能力及掌握基本的信息处理软件，如 Word 文字处理软件、Excel 表格处理软件、PPT 演示文稿和图片处理软件等。

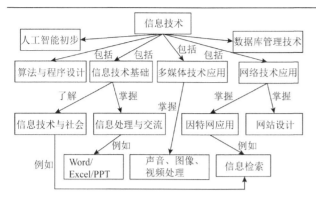

图2 高中信息技术课程标准内容的层级概念图

另外，参考 Yakman 提出的 STEAM 金字塔结构框架[8]（图3）中确定的 S、T、E、A、M 各学科包含的特定学科内容，确定高中信息技术课程中涉及的信息技术基础、技术与社会、网站设计、操作能力、算法等，体现了对 STEAM 中技术（T）和数学（M）的应用。

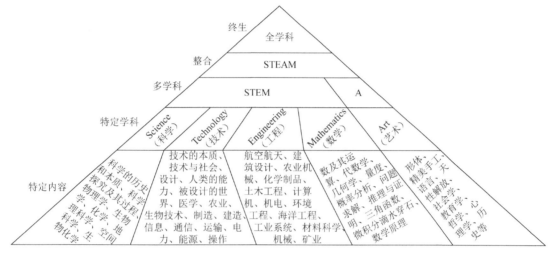

图3 STEAM 金字塔结构框架

（二）高中生物课程标准梳理

本次研究对人教版《普通高中生物课程标准（2016）》进行了梳理，包括必修与选修共 5 个模块。必修模块包括"分子与细胞""遗传与进化"，选修模块包括"稳态与调节""生物与环境""生物技术与工程"。图4为高中生物课程标准内容的层级概念图，说明了每个模块包含的知识内容。

根据 Yakman 提出的 STEAM 金字塔结构框架[8]（图3）中确定的 S、T、E、A、M 各学科包含的特定学科内容，确定高中生物课程中涉及的细胞分子、生物技术、遗传病、生命活动等，体现了 STEAM 中科学 S（生物学）与技术 T（医学、生物技术）的应用。

结合高中生物和信息技术两门学科内容，可以发现生物学科注重对生物知识的理解，信息技术学科注重对技术能力的掌握和运用。在信息化时代的背景下，以生物为主要教学内容，以信息技术为主要教学手段的 STEAM 教育课程存在合理性和可行性。

五、教学设计的案例介绍

本次研究以初高中衔接生物选修课的"生物的分类"学习单元为例，对 STEAM 教学设计方案进行介绍。

人教版初中教材《生物》（2012）七年级上册

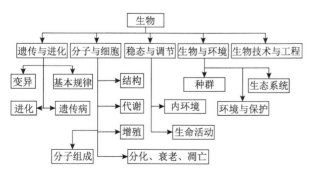

图4 高中生物课程标准内容的层级概念图

中介绍了生物圈的概念，高中生物选修模块"生物与环境"则介绍了生态系统的相关知识，因此，为了让学生更有效地衔接初中与高中的生物学习，本文在初高中衔接生物选修课中设计了以"生物的分类"学习单元为例的教学方案。

教学方案从课堂目标、核心内容、课程资源、活动方案等几个方面依次进行描述。其中，课堂目标旨在让学生通过该课程学习到生物分类的概念和思想，增强保护生物多样性、保护环境的意识。在学习过程中，学生能熟悉并运用多媒体技术和检索网络资源，体验信息时代的数字化学习。课程的核心学习内容是制作生物分类的二歧检索表。教师运用到课程中的课程资源有两种：一是基于网络的数字化学习平台"学在浙里"（https://c.zju.edu.cn/）；二是"形色APP"，这是一款智能识别植物的工具，只需将植物拍照上传至该软件，就能展示该植物的名字及更多介绍。

表1为该学习单元的活动方案，重点说明了混合式学习环境下的探究学习过程，以及体现出的STEAM教育理念。

表1 高中生物"生物的分类"STEAM探究活动

采集对象	采集工具	采集过程	采集成果	评价反馈
校园环境中的植物（生物学S）	手机、相机或"形色APP"；（信息T）	拍照→利用"形色APP"或网络搜索等方式了解植物的详细信息→为所拍植物附上信息标签（全程采用小组协作实地考察）（生物S、信息T）	小组分工合作设计创意检索表，将采集到的植物信息纳入分类表中，最终每组生成一张有意义的生物分类检索表/图/库（生物S、信息/设计T、艺术A）	小组展示采集过程与制作成果，同伴评价，教师反馈（信息T）

本次研究在该教学方案的基础上，结合"5E"学习环教学模式进行"生物的分类"学习单元的教学设计，共分为"参与—探究—解释—精制—评价"5个环节。

（一）"参与"环节

教师利用PPT展示辅助课堂教学，大量列举生物的种类，引起学生的兴趣，再提出问题："生物种类繁多，如何进行分类呢？我们身处的校园中有

多少种植物呢？"以此激发学生的思考。要求学生登录网上课程平台，阅读相关课件（图片、视频）等资料，形成对"生物的分类"的初步认知。

（二）"探究"环节

教师指导和帮助学生进行混合式学习环境下的探究活动。这里的混合式学习环境分别指校园的真实环境和网络虚拟学习环境。首先，学生分小组在校园的真实环境中进行实地考察，采集校园中的植物信息，使用手机拍照记录。其次，上网或使用"形色APP"查阅植物的相关资料，为所拍植物贴上信息标签，按照自己的理解进行分类。

（三）"解释"环节

教师组织课堂讨论，鼓励学生解释说明对采集的植物进行分类的依据，指导学生掌握正确的生物分类的方法，树立生物分类的思想。

（四）"精制"环节

教师鼓励学生在数字化学习环境下，利用信息技术制作校园植物二歧检索表。

学生自行选择使用Word/Excel等软件制作校园植物检索表/图，作品形式可以是表格、图册或是动画。学生将最终成果上传至网络课程资源平台（学在浙里），在班级讨论分享。

（五）"评价"环节

教师观察整个学习过程中学生的表现情况，对学生的探究能力、思维能力、运用能力、团队协作能力进行评价。教师鼓励学生对自己制作的校园植物检索表进行自评和互评，从植物分类、照片拍摄、图片处理、设计艺术等多方面提出更好的建议。

六、实施的重难点分析

（一）深入实施探究性、项目化的学习方式

基础扎实一直是我国的传统教育的优点，但如何将这一长处切实地转化为提升国家科技创新实力的动力，是每一位学者、教师在下一阶段所要着力考虑的，而STEAM教育基于真实问题解决，以探究性、项目化为引领的教学方式，正是我们所需要的。

以上"生物的分类"教学设计中，就是以学生自主探究为主。教师点出教学内容，学生确定探究

目标，进行实际操作、实验记录、交流讨论、成果展示，将学习任务以项目的形式完成。这种学习方式增强了学生对学科知识的理解和运用能力，但也会导致教师在教学过程中对学生的学习进度与学习效果的掌握程度降低。

（二）学科之间有机融合的教学实践

STEAM 实际上是一种方法论，应当融入各门学科之中，只有这样才能充分释放其作为方法论的潜能[9]。STEAM 教育的前身 STEM 就是由高校提出来的，这告诉我们高中的课程改革还有巨大的潜力，STEAM 教育至少给了我们一个很好的改革视角，将这种方法论融入教学实践，而不是将其孤立化或学科化。

前面已论述证明了高中信息技术、生物、数学甚至语文学科之间有交叉的领域，以其中一门学科为主题，综合运用其他学科知识能力，建设创新先进的课程资源，是值得探索的教学实践道路。

（三）逐步建立起评价考核制度

STEAM 教育的核心是用科学的方法、多学科的知识、多维度的视角去解决一个实际的问题[10]。高中阶段结合 STEAM 教育理念的教学方式，必须经过评价反馈、发现问题、解决问题、再次评价，如此该教学方法才会越来越实用。一套适用的评价考核制度能有效地反映问题，减少摸索建立新课程的时间，提高效率。因此，学校在 STEAM 教育的探索过程中，逐步建立起评价考核制度是十分关键和必要的。

七、结语

STEAM 教育已成为当今国际培养人才的教育理念和措施，在美国的首倡之下强力开展。以校为本的 STEAM 教育实施方式主要有两种：一种是结合学科课堂的多学科整合实施；另一种是基于项目的跨学科整合实施。目前，我国部分中小学借助高校或社会机构的支持，或引进国外教育资源包，或以创客、机器人、航模等为主要内容，单设课时和师资来开展实施[10]。虽然在高中阶段进行 STEAM 教育比起小学难度要大，但是仍存在可行性和巨大潜力。因此，建议高中阶段的教学创新先从各学科教

材抓起，分析可以进行 STEAM 教育的学习活动，基于跨学科的知识领域，以综合性主题组织课题教学，开展实践性活动，以产品化成果评价学习效果，逐步建立起评价 STEAM 课程教学的考核制度，真正实现素质教育。

参考文献

[1]李小涛，高海燕，邹佳人，等."互联网+"背景下的 STEAM 教育到创客教育之变迁——从基于项目的学习到创新能力的培养[J]. 远程教育杂志，2016，34（1）：28-36.

[2]教育部办公厅.关于"十三五"期间全面深入推进教育信息化工作的指导意见（征求意见稿）[S]. 教技厅函〔2015〕76 号.

[3]王娟，吴永和."互联网+"时代 STEAM 教育应用的反思与创新路径[J].远程教育杂志，2016，35（2）：90-97.

[4]陈莹.STEAM 教育，玩的就是学科"跨界"[J].创新时代，2016（8）：10-12.

[5]胡畔，蒋家傅，陈子超.我国中小学 STEAM 教育发展的现实问题与路径选择[J].现代教育技术，2016，26（8）：22-27.

[6]朱晓婷.5E 学习环模式应用于高中化学教学的研究——以"化学反应速率"单元教学为例[D].金华：浙江师范大学，2014.

[7]陈秀丽.基于谷歌地球的小学学科教学设计与应用研究——以"地球表面及其变化"为例[D].杭州：浙江大学，2014.

[8]Yakman G. STEAM Education：an overview of creating a model of integrative education[EB/OL]. http://steamedu.com/wp-content/uploads/2014/12/2008-PATT-Publication-STEAM. pdf[2016-04-21].

[9]金凯，吴旻瑜.关于中国科技教育的对话：以 STEAM 教育提升中国科技创新的"耐力"[N].创新教育，2016-01-15（007）.

[10]林静.STEAM 教育如何对接核心素养[J].师资建设（双月刊），2017（3）：50-51.

智慧学习环境与新型学习方式

支持 STEAM 学习理念的智慧学习环境构建

程 晶 解月光

（东北师范大学信息科学与技术学院，吉林 长春 130117）

摘 要："互联网+"时代的到来，为 STEAM［即科学（science）、技术（technology）、工程（engineering）、艺术（art）和数学（mathematics）］学习提供了有利的环境，也为智慧教育环境的实现提供了可能。在"互联网+"时代的推动下，对复合型人才、创新型人才的需求更大。STEAM 学习有利于培养学生的创新思维，对创新型人才的培养具有推动作用。智慧教育环境作为数字化学习环境的高端形态和高效的个人学习空间，倡导个性化学习、自适应学习，能提高学习者的学习效率，亦利于创新型人才培养。借助信息化手段如电子书包、云平台等来支持 STEAM 学习理念，构建支持 STEAM 学习理念的智慧学习环境有着积极意义。本文在分析当前 STEAM 教育及智慧学习环境现状的基础上，概述 STEAM 教育的基本理念、STEAM 课程及跨学科整合的教育模式，提出了 STEAM 教育应用模式，并概述了智慧学习环境的内涵及构成要素，分析了 STEAM 学习理念对智慧学习环境的需求，从而最终构建出支持 STEAM 学习理念的智慧学习环境。

关键词：STEAM 学习理念 智慧学习环境 智慧学习环境构建

一、引言

STEAM 教育打破了学科之间的界限，注重生活实际问题，注重培养学生的动手和实践能力，实施 STEAM 教育对于学生学习及创新思维和能力的培养具有重要意义。在 STEAM 学习中运用信息技术，以数字化学习环境为支撑，将数字化学习环境与其融合，能发挥 STEAM 学习理念跨学科学习的优势，提高学生的学习效率，促进学生进行深度、高效的学习。

智慧学习环境作为数字化学习环境的高端形态，更能实现深度高效的学习，为学生学习提供最大的支持和服务。STEAM 学习为智慧学习环境提供学习理念，智慧学习环境为支持 STEAM 学习理念的开展提供环境支撑。构建支持 STEAM 学习理念的智慧学习环境，将 STEAM 学习理念与智慧学习环境相结合，对学生的学习和创新思维及能力的培养有着积极意义。

二、STEAM 教育

（一）STEAM 教育理念

STEAM 是由美国学者 Yakman 首次提出的，STEAM 是科学、技术、工程、艺术和数学 5 个词的英文首字母的简称，STEAM 教育是将科学、技术、工程、艺术、数学五者结合的教育，它将科学、技术、工程、艺术、数学这 5 种学科整合成一种教学范式，把碎片化的知识变成相互联系、不可分割的统一整体。

STEAM 教育是一种重视实践的可跨学科整合的教育理念和教育模式，它以项目学习、基于问题学习为主要学习方式，以多学科整合为教学方式，以真实的问题为指导方向，将实践与过程并重、知识和能力并重，倡导"做中学"，旨在培养学生的思考和解决问题的能力、团队协作的能力及设计实践创新的能力，具有跨学科、情境性、协作性等特征。将 STEAM 教育理念及思想融入信息技术教学中，通过技术辅助 STEAM 学习，有利于促进学生深度学习，培养学生的实践应用能力及创新能力。

STEAM 教育中的科学是指学生遵循客观规律，获得科学理论知识；技术是指在理论基础和经验的指导下，学生能够学会应用工具并掌握各种与所学内容相关的操作方法和技能；工程是指学生运用已掌握的知识进行实践创新，是一门具有很强实践性的学科；艺术既指美术、音乐等具体的学科，还指人文学科，有利于学生人文情怀及自身价值体系的培养；数学强调的是一种思维方法，其目的是培养学生的创新思维。STEAM 教育中的科学、技术、工程、数学、艺术五者相互联系。科学为数学提供思想和平台，数学为科学提供工具和语言，数学和科学共同成为工程的基础，科学和数学实施的关键在于工程，科学、技术、工程、数学和艺术相互融合最终形成 STEAM。由此观之，STEAM 教育是将多学科内容相互交融并最终形成有机整体。它通过多学科、跨学科融合，形成多元化的知识体系，并指导学生将其应用于真实情境中（图1）。

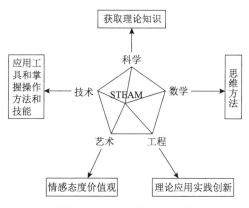

图1　STEAM 教育理念图

（二）STEAM 课程

STEAM 课程是将科学、技术、工程、数学、艺术课程以多学科整合或跨学科整合的课堂形式呈现的能够解决真实性问题的课程。STEAM 课程不仅提倡学习科学、技术、工程、艺术、数学5门学科的知识，还提倡一种新的学习方式和教学方式。STEAM 课程的特色是让学习者亲自动手解决实际生活中的问题。

美国的赫希巴奇提出了两个最基本的课程模式，即相关课程模式和广域课程模式。相关课程模式是指原有的各科目仍为独立的学科，但开展教学内容时应注重科目与科目间的联系。广域课程模式不再强调单独的学科，打破了学科之间的界限，不带有学科痕迹地将所有学科内容进行整合，学习者在遇到问题时可以利用科学、技术、工程、艺术和

数学知识五个方面综合的知识来解决问题。赫希巴奇认为，活动是 STEAM 课程有效的组织形式，因而相关课程模式和广域课程模式的学习组织形式均是基于项目或者基于活动的学习。

三、智慧学习环境

（一）智慧学习环境的内涵及特征

黄荣怀教授认为，智慧学习环境是一种能够感知学习者学习的情景，可以识别学习者学习的特征，并能够为学习者提供最恰当、合适的学习资源和便利的互动工具，能对学习者学习的过程进行自动记录，能对学习者学习的结果进行评测，并能够促进学习者创建有效学习的活动空间或学习场所。

智慧学习环境的主要特征有：能够实现物理环境与虚拟环境的深度融合；以学生为中心，能为学习者个性化学习提供智能辅助，并提供优质的数字化学习资源及全面、全方位的无缝学习环境；支持正式学习、非正式学习；可感知情境、沟通交互；具有协作性，能使社会广泛参与。

（二）智慧学习环境的构成要素

智慧学习环境的技术特征是感知情境、识别学习者特征、记录学习过程、评测学习结果，提供学习工具、联结社群，其目的是促进学习者轻松学习、有效学习、投入学习、个性化学习。智慧学习环境的构成要素主要由教学社群、学习社群、教学方式、学习方式、学习资源和智能工具6个部分构成。智慧学习环境各构成要素的关系如图2所示。

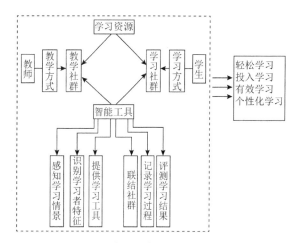

图2　智慧学习环境各构成要素关系图

由图2可知，教师和学生通过教与学的方式与

智慧学习环境相互作用。学习社群侧重于学习者之间的相互交流、协作；教学社群是教师之间互相学习、协同工作，共同探讨教学经验，共同进步。学习社群与教学社群两者之间是互相关联的，作为教学社群中的个体即教师和作为学习社群的个体即学生均是通过学习方式和教学方式与其余4个要素相互关联和作用的。智能工具从感知学习情境、识别学习者特征、提供学习工具、联结社群、记录学习过程、评测学习结果等6个方面为学习者及学习社群和教师及教学社群提供技术支撑，学习资源是为学生、学习社群、教师及教学社群提供各种学习资源和教学资源。智慧学习环境的6个要素共同促使学习者实现积极有效、个性化的学习，以达到应用智慧学习环境的最终目的，即实现轻松、有效地投入学习。

四、支持STEAM学习理念的智慧学习环境构建

（一）STEAM教育应用模式

STEAM教育理念要求其在教学实际应用中需要根据日常生活中真实的问题，以小组协作的方式，综合运用STEAM知识来开展研究、进行学习。STEAM教学活动的开展是为了达到既定的教学目标，由于学习者的学习受多重因素影响，故而学习者的具体学习目标不同，相应的教学所采取的模式也就不同。本文根据STEAM具体学习目标的不同，结合STEAM教育理念、STEAM课程及课程模式、STEAM教育具体应用情况，将STEAM教育应用模式分成4类，即验证类、探究类、制造类和创造类。

验证类STEAM教育应用是指学习者通过综合运用STEAM知识进行STEAM学习，自主验证客观世界已知的现象、事实、知识、结果等。验证类STEAM教育应用模式是为了使学生通过STEAM学习掌握验证方法和验证过程。

验证类STEAM教育的应用步骤如下。

1）明确问题。该问题由教师或学生提出，提出的问题应能引导学生探求某种现象或某种规律。

2）收集资料。收集与教师或学生提出问题相关的资料，从而有利于学生解释所遇到的问题的现象和规律。

3）设计方案。确定要验证的现象并制订符合

科学理论的能够验证已知问题的方案。

4）实施方案。实施设计方案，重点是验证并记录观察到的现象。

5）分析数据。根据已有资料、数据、现象等进行分析，再次验证数据及现象的合理性，并试图得出验证问题的结果。

6）得出结论。根据已有的数据资料，在论证有据的前提下，得出结论。

7）成果展示。学生以小组为单位展示学习成果，阐述实施验证方案的步骤，互相学习借鉴STEAM学习方法。

8）评价总结。STEAM学习理念提倡以小组为单位进行多元跨学科评价。针对验证类STEAM教学所学内容，学生对本课验证类问题进行多元、跨学科的评价，从而加深对问题的深入探究，挖掘学生深入学习及思考的潜力。

探究类STEAM教育应用是让学生去主动发现并运用科学理论知识及相关的技术，按照一定的工程步骤，去解释未知的现象，从而培养学生的STEAM素养。其本质是在STEAM教育中应用探究性学习。

探究类STEAM教育的应用步骤与验证类STEAM教育的应用步骤有许多相似之处，探究类STEAM教育的应用步骤是：发现问题、收集资料、设计方案、实施方案、分析数据、得出结论、成果展示、评价总结。由于探究类STEAM教育是让学生发现并解释未知的问题，故而其应用模式与验证类STEAM教育应用模式的第一步不同，其第一步是发现问题即让学习者自己寻找自身需要探究的问题。此外，探究类STEAM教育应用模式中分析数据较验证类STEAM教育应用模式更复杂，其数据分析既可采用结论推导，也可以采用猜想验证的方法，其结果是学生能够描述的现象或规律。

学习者通过综合运用STEAM知识，能够生产或改良已有的物品，从而培养学生STEAM素养中的工程素养，这是制造类STEAM教育应用的目的。

制造类STEAM教育应用的步骤如下。

1）创设情境。教师通过创设教学情境，使学生了解所要制造物品并理解制造物品的意义，激发

学生学习的热情。

2）设备培训。此处的设备指的是工具、材料、零件，教师针对本次学习所要用的设备或设备的某一功能进行详细讲解。

3）模仿制造。学生通过模仿进行深入学习。其关键在于让学生尽快完成制造并获得一定的情感体验。

4）讲解知识。教师针对学生在制造过程中遇到的问题及相应的知识点集中讲解，使学生能够深入理解知识。

5）协作改进。学生根据教师讲解的工作原理等科学理论，以小组协作的形式进行改进，制造出最终符合要求的作品。

6）成果展示。

7）评价总结。

最后两步与验证类 STEAM 教育、探究类 STEAM 教育步骤相同，以小组为单位分享展示作品，并且学生和教师对本次教学提供多元化的评价。

创造类 STEAM 教育应用是指学生通过综合运用 STEAM 知识去创造发明一个新的物品，创造类 STEAM 教育应用的目的是培养学生的创新能力及创新思维。在创造类 STEAM 教育的实际应用中，应考虑教学目标，为学生提出物品创新的方向。

创造类 STEAM 教育的应用步骤如下。

1）创设情境。此步与探究类 STEAM 教育应用模式的第一步相同。

2）创新引导。根据教学目标，教师对学生的创新方向及创新的可行性给予引导。

3）协同创造。以小组协作的方式，综合运用 STEAM 知识对要创造的物品进行设计、评估，待小组一致认可设计方案后，根据设计图制造物品。

4）验证制造。针对学生制造物品时出现的问题，对设计方案进行验证，并及时优化设计方案，以确保物品能顺利创造。

5）加工改进。学生对于自己已创造的物品，根据其自身功能和用户体验加以改进。

6）成果展示。

7）评价总结。

最后两步与其他类 STEAM 教育应用步骤相同。

以上 4 类 STEAM 教育应用模式在教学实际应用中应遵循 STEAM 课程模式，即教学是采取跨学科融合的广域课程模式，还是采取带有学科痕迹的相关课程模式，应根据具体教学实际中的教学目标等内容来决定。STEAM 教育应用模式图如图 3 所示。

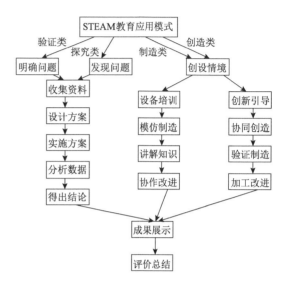

图 3　STEAM 教育应用模式图

（二）构建支持 STEAM 学习理念的智慧学习环境的需求分析

构建支持 STEAM 学习理念的智慧学习环境，可以从以下三方面进行需求分析，有效的分析为智慧学习环境更好地支持学生的 STEAM 学习奠定基础（图 4）。

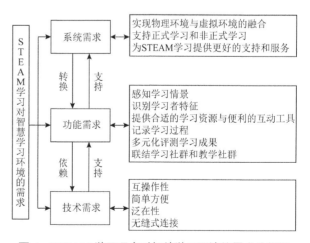

图 4　STEAM 学习理念对智慧学习环境的需求分析图

1）系统需求层面。通过对教师和学生的调查，支持 STEAM 学习理念的智慧学习环境应符合智慧学习环境本身的特征，即能实现物理环境和虚拟环境的融合，能支持学生进行正式或非正式学习，能为学生进行 STEAM 学习提供更好的支持和服务。

2）功能需求层面。支持 STEAM 学习理念的智慧学习环境应具备智慧学习环境本身所具有的技术特征，即感知学习情境、识别学习者特征、提供学习资源和工具、记录学习过程、联结学习社群和教学社群，并能够进行多元化的可跨学科的评价。

3）技术需求层面。支持 STEAM 学习理念的智慧学习环境应具有简单方便、泛在性、无缝式连接等特征。支持 STEAM 所应用的技术为其功能需求和系统需求的实现奠定了基础。

（三）支持 STEAM 学习理念的智慧学习环境构建

支持 STEAM 学习理念的智慧学习环境主要是由系统架构和功能模块两大部分进行构建。通过系统架构和功能模块构建的智慧学习环境，可以支持 STEAM 教育应用模式，并能最终支持学生进行 STEAM 学习（图5）。

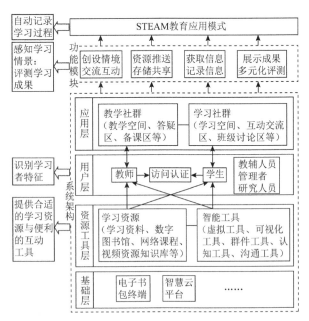

图5　支持 STEAM 学习理念构建智慧学习环境图

支持 STEAM 学习理念的智慧学习环境的功能模块有：创设情境、交流互动；资源推送、存储共享；获取信息、记录信息；展示成果、多元化评测。该模块的建立符合支持 STEAM 学习理念对智慧学习环境的功能需求，能够为学生更好地进行 STEAM 学习提供功能性的支持和服务。

根据智慧学习环境的内涵及构成要素建立支持 STEAM 学习理念的智慧学习环境的系统架构，该系统架构将教师与学生通过 STEAM 教与学的方式与其他四要素相关联，其中教师和学生可以融入教学社群和学习社群之中，教师和学生相互促进，教学社群和学习社群相互学习、共同进步，学习资源和智能工具为教师和学生、教学社群和学习社群提供支持和帮助。该系统框架主要包含 4 个层面，即基础层、资源工具层、用户层、应用层。

1）基础层。基础层主要是通过电子书包终端、智慧云平台等为学习者提供无缝式学习服务平台，使学习者能够进行正式或非正式的 STEAM 学习。电子书包作为构建智慧学习环境的终端设备，应具备硬件资源和软件的功能，硬件资源方面应具备存储器、高清摄像头、GPS、手写笔、麦克风、无线网络接口等硬件，以方便学生进行人机交互及获取资源。电子书包的软件功能方面应是指电子书包终端上的软件及其资源。智慧云平台为支持 STEAM 学习理念的智慧学习环境的构建提供了有力的支持，学习者可以在云端上获取 STEAM 学习资源。

2）资源工具层。它主要是指支持学习者进行 STEM 学习的学习资源和智能工具。其中，学习资源包括云平台上的资源和学习者通过 STEAM 学习得到的资源，探究的材料或制造、创造的成果。电子书包和云平台上的智能工具包括虚拟工具、可视化工具、群件工具、认知工具和沟通工具。其中，认知工具包括整合工具、收集工具、检索工具、组织工具、概念图、思维导图等。

3）用户层。支持 STEAM 学习理念的智慧学习环境中的用户有教师、学生、教辅人员、管理者、研究人员，其中教师和学生在该层中占有主要地位，其余的用户在整个智慧教育环境中起到的是辅助作用。学生是整个智慧学习环境的主体，他们是学习资源和智能工具的使用者，是学习社群的参与者。教师则是辅助学生进行 STEAM 学习的辅助者，是学习资源和智能工具的提供者，是教学社群的参与者。

4）应用层。应用层主要包含两大社群：教学社群和学习社群。支持 STEAM 学习理念构建的智慧学习环境为学习社群提供了学习空间、互动交流区、班级讨论区，学生可以根据自身的兴趣，借助电子书包终端或智慧云平台，个性化地选择学习小组建立学习社群，协同探究、互助学习。教师运用电子书包的教学空间、备课区等建立教学社群，在教学社群中，教师之间可进行关于辅助学生 STEAM 学习的教学方法的交流，相互促进、取长补短，从而提高 STEAM 教学水平。

五、结语

学习环境是学习活动展开过程中得以持续的条件，因而动态的学习进程与学习环境紧密相连、密不可分。支持 STEAM 学习理念的智慧学习环境是根据 STEAM 学习对智慧学习环境的需求构建的，它将 STEAM 学习理念与智慧学习环境融合，通过智慧学习环境的功能模块和系统架构综合支持 STEAM 教育应用模式的开展，最终使得智慧学习环境能为 STEAM 学习理念提供有力的环境支撑。支持 STEAM 学习理念构建的智慧学习环境能使学生在智慧学习环境中，进行深入的、可感知的、可跨学科体验的个性化的 STEAM 学习，这不仅有利于实现智慧学习环境轻松、投入、有效学习的目标，还有利于学生综合运用科学、技术、工程、艺术、数学知识，提高学习效率，培养学生的 STEAM 素养和创新思维及能力。

参考文献

[1] 黄荣怀.智慧教育的三重境界：从环境、模式到体制[J].现代远程教育研究，2014（6）：3-11.

[2] 黄荣怀，杨俊峰，胡永斌.从数字学习环境到智慧学习环境——学习环境的变革与趋势[J].开放教育研究，2012（1）：75-84.

[3] 何克抗，郑永柏，谢幼如.教学系统设计[M].北京：北京师范大学出版社，2002.

[4] 谢幼如，杨阳，柏晶，等.面向生成的智慧学习环境构建与应用——以电子书包为例[J].华南师范大学学报，2016（1）：126-132.

[5] 崔惠萍，傅钢善.新技术与电子书包融合构建智慧学习环境的研究[J].现代远距离教育，2014（6）：55-60.

[6] 余胜泉，胡翔.STEM 教育理念与跨学科整合模式[J].开放教育研究，2015（4）：13-22.

[7] 胡畔，蒋家傅，陈子超.我国中小学 STEAM 教育发展的现实问题与路径选择[J].现代教育技术，2016（8）：22-27.

[8] 刘鹏飞，傅骞.从验证到创造——中小学 STEM 教育应用模式研究[J].中国电化教育，2016（4）：71-78.

[9] 李扬.STEM 教育视野下的科学课程构建[D].金华：浙江师范大学，2014.

我国智慧教室研究热点及趋势的可视化分析

——基于共词分析的知识图谱研究*

智飞飞 乜勇

（陕西师范大学教育学院，陕西 西安 710062）

摘 要：随着"智慧地球"一词 2008 年首次出现在大众视野中，智慧活动席卷全球。智慧教室作为"智慧地球"的"衍生产品"，以其智能化教学环境而被大众所熟知。本书使用书目共现分析系统 Bicomb2.0 提取国内智慧教室相关研究的高频关键词，并进行词频分析，构建共词矩阵及词篇矩阵，利用 Ucinet 软件自带的社会网络分析工具 Netdraw 绘制高频词汇的国内智慧教室的共词网络图，并使用 SPSS 统计分析工具进行关键词聚类分析和多维尺度分析。本文根据词频分析、可视化共词网络图、Ochiai 高频关键词相似矩阵、多维尺度分析、知识图谱获得大量实验数据，进而对国内智慧教室研究的重要主题进行了分析，以期为后期的研究与实践提供借鉴。

关键词：智慧教室 聚类分析 词频分析 共词矩阵 可视化网络关系图

一、引言

随着现代信息科学技术的迅猛发展，尤其是 Web2.0、物联网、云计算、大数据等技术的发展，人类的生产与生活变得更加方便与快捷。信息时代，人类对知识的数字化应用即存储、处理、加工、传输，进入了便携式终端时代。2008 年以来，"智慧地球"概念走进大众视野，随之而来的智慧医疗、智慧生活、智慧城市、智慧交通、智慧教室应运而生[1]。

目前，对智慧教室的研究呈现出百家争鸣的状态，黄荣怀等从智慧教室的概念与特征出发，提出包含内容呈现、环境管理、资源获取、及时互动和情景感知的 SMART 智慧教室概念模型[2]。程敏根据智慧教室的设计思路和注意事项，从以往多媒体教室和网络化教室的主要特征出发，设计出了信息技术环境下智慧教室的总体架构并提出了从软、硬件两个方面建设智慧教室[3]。张菲菲基于智慧教室的智慧化环境，开展了对高职教师教学能力提升的有效性研究[4]。李康康等从智慧教室的人群定位、应用技术、教室特征、设计理念及配套的教学模式等方面，分析了智慧教室的现状，提出了智慧教室的战略转移、纵深发展等策略，展望了下一代智慧教室的发展[5]。本文基于关键词聚类分析、可视化共词网络图分析、多维尺度分析，对我国智慧教室相关研究进行了梳理，以期为智慧教室在我国后续的发展提供借鉴。

二、研究过程与方法

（一）研究文献的筛选与获取

在中国知网以"智慧教室"为主题，并且限定时间的跨度为 2008 年 1 月 1 日—2017 年 4 月 9 日，剔除通知、公告、新闻等不相关文献后共剩下 154 篇文章，笔者将这 154 篇文章的题录信息导出并保存成文本文件，以便进行后期的词频分析、聚类分析、多维尺度分析[6]。

（二）研究方法

本文在数据分析及统计过程中，主要采用词频分析法、相似矩阵分析法、聚类分析法、多维尺度分析法。词频分析法能够对所研究文献的核心关键词在整个研究样本中出现的频次进行统计，此方法可以反映出所研究领域的普遍关注点及发展趋势

* 本文为陕西师范大学第四批信息化示范课程建设项目"微型计算机使用与维护"（项目编号：2016057）的阶段性成果。

和走向。相似矩阵分析法通过统计一组词在文献中共同出现的次数来呈现词语相互之间的紧密关系，当一组词在不同文献中反复出现时，就表明两者之间联系紧密，相关领域内将两者同时进行研究的学者较多[7]。聚类分析法是利用聚类的统计学方法，以共词出现的频率为研究对象，把共词网络关系简化为若干类群之间的关系，并直观地表示出来的聚类过程[8]。多维尺度分析法通过测定主题词之间的距离来发现主题结构，与聚类分析法相比，多维尺度分析法可以直观地判断出某研究领域在学科内的位置[9]。

（三）研究过程

本文在研究过程中，以书目共现分析系统Bicomb2.0进行关键词的提取、统计并生成共词矩阵；利用数据统计分析软件SPSS对收集到的数据进行聚类分析及相似矩阵分析。本文采用图表结合的方法对样本文献进行分析[10]，具体的研究过程和方法，如图1所示。

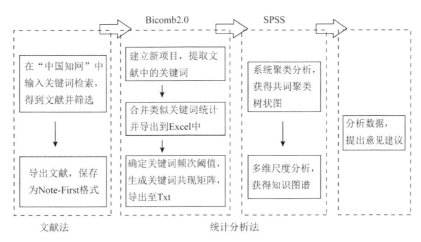

图1　研究过程和方法

三、知识图谱分析过程

将题录信息导入Bicomb2.0分析工具中进行关键词的统计。根据普赖斯计算公式确定高频阈值为4，选取词频大于4的30个关键词为主要关键词[11]。在Bicomb2.0分析工具中通过其统计、分析功能，设定频次阈值大于等于5，得出高频关键词，经过统计分析得到如表1所示的高频关键词统计表。统计表1中的高频关键词的出现情况，形成词篇矩阵，在随后的研究中作为进行关键词聚类分析及多维尺度分析的基础，并通过知识图谱表现智慧教室领域的研究热点。

表1　高频关键词列表（频次>4）

序号	关键字段	出现频次	序号	关键字段	出现频次	序号	关键字段	出现频次
1	教学设计	34	11	信息技术	11	21	协作学习	7
2	互动	30	12	语文教学	11	22	远程教学	7
3	教学模式	19	13	个性化教学	10	23	物联网	7
4	数学课堂	18	14	体验学习	10	24	教学策略	6
5	小学数学	15	15	有效教学	10	25	自主学习	5
6	教学智慧	14	16	应用	10	26	普适计算	5
7	学习环境	14	17	电子书包	9	27	教育技术	5
8	云技术	13	18	构建	9	28	物理课堂	5
9	课堂教学	11	19	英语教学	8	29	多通道信息融合	5
10	智慧校园	11	20	教学评价	7	30	翻转课堂	5

四、数据统计与分析

（一）关键词词频统计

通过词频统计得到关键词 532 个，频次大于 4 的共 30 个，如表 1 所示。其中，词频排在前 10 位的分别是：教学设计（34）、互动（30）、教学模式（19）、数学课堂（18）、小学数学（15）、教学智慧（14）、学习环境（14）、云技术（13）、课堂教学（11）、智慧校园（11）。从这一结果可以看出，目前在我国有关智慧教室的研究热点主要集中在现代信息技术支撑下的智慧学习环境中的教与学的方向。

（二）Ochiai 高频关键词相似矩阵（部分）及分析

在 Bicomb2.0 中设置关键词的频次阈值≥4，对30 个高频关键词进行共词分析，并生成 30×30 的高频关键词词篇矩阵，将该矩阵导入 SPSS 数据统计软件，选取 Ochiai（注：Ochiai 相似系数表示作为对象的两个分类单位间相似程度的指标）二分量度量标准生成共词相似矩阵，通过 Ochiai 共词相似矩阵可以对高频关键词之间的隐含关联信息进行挖掘，如表 2 所示。

表 2　Ochiai 高频关键词相似矩阵（部分）

项目	智慧教室	教学设计	互动	教学模式	数学课堂	小学数学	学习环境	教学智慧	云技术
智慧教室	1.000	0.620	0.385	0.499	0.360	0.760	0.470	0.339	0.372
教学设计	0.620	1.000	0.427	0.268	0.178	0.405	0.315	0.177	0.200
互动	0.385	0.427	1.000	0.282	0.133	0.246	0.169	0.108	0.122
教学模式	0.499	0.268	0.282	1.000	0.782	0.372	0.481	0.266	0.165
数学课堂	0.360	0.178	0.133	0.782	1.000	0.369	0.312	0.565	0.114
小学数学	0.760	0.405	0.246	0.372	0.369	1.000	0.405	0.260	0.261
学习环境	0.470	0.315	0.169	0.481	0.312	0.405	1.000	0.159	0.157
教学智慧	0.339	0.177	0.108	0.266	0.565	0.260	0.159	1.000	0.114
云技术	0.372	0.200	0.122	0.165	0.114	0.261	0.157	0.114	1.000

在相似矩阵中，数值越接近于 1，表示两个关键词相似程度越大；反之，相似程度越小。从表 2 可以看出，小学数学（0.760）、教学设计（0.620）、教学模式（0.499）、学习环境（0.470）等主题为领域关注热点。相比较而言，其他的一些关键词，诸如互动（0.385）、云技术（0.372）、数学课堂（0.360）、教学智慧（0.339）等与智慧教室的距离较远，相似度较小。

（三）关键词聚类分析

将前文中生成的词篇矩阵导入 SPSS 进行聚类分析，把联系密切的关键词聚集在一起形成类团，可以大致揭示智慧教室领域的研究热点与研究分类，如图 2 所示。类团一包含课堂教学、智慧校园、教育技术、教学评价、普适计算、远程教学、物联网；类团二包含教学模式、教学智慧、个性化教学、教学策略；类团三包含教学设计、自主学习、多通道信息融合、翻转课堂、物理课堂、云计算、协作学习、信息技术。

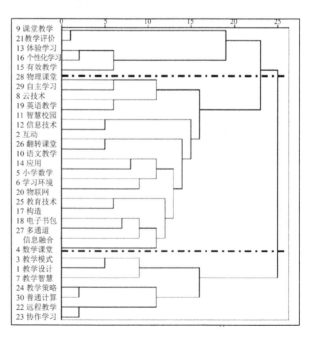

图 2　智慧教室聚类分析树状图

（四）多维尺度分析知识图谱

采用多维尺度分析法，将高频关键词相异矩阵导入到 SPSS 20.0 软件中进行分析，度量模型选择

欧氏距离，可得我国智慧教室研究热点知识图谱，如图 3 所示。

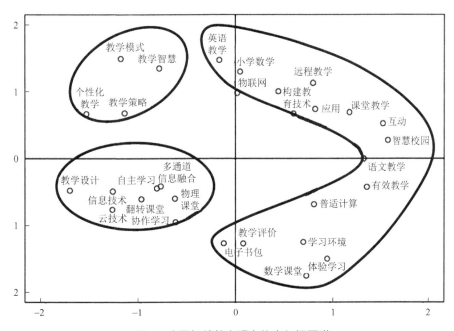

图 3　我国智慧教室研究热点知识图谱

从对图 3 的分析可以得出，目前国内智慧教室的主要研究内容如下。

1）种类 1：国内智慧教室的理论研究，主要有智慧教室的定义、特征、内涵研究，智慧教室模式构建，教学设计及教学模式的适应。智慧教室的定义、特征、内涵方面的研究主要有：李康康等提出智慧教室具有互动性、方便性、感知性、安全性、清晰性、开放性、生态性及先进性等特征[5]；程敏指出智慧教室的概念有共同的趋势，就是利用新兴技术构建教与学的环境，促进学习者的学习和相关技能的提高[3]；陈卫东等[12]认为，智慧教室就是一个能够方便对教室所装备的视听、计算机、投影、交互白板等声、光、电设备进行控制和操作，有利于师生无缝地接入资源及从事教与学活动，并能适应包括远程教学在内的多种学习方式，以自然的人机交互为特征的，依靠智能空间技术实现的增强型教室；杨宗凯[13]认为，未来的教室一定是云端教室，包括电子课本、电子课桌、电子书包、电子白板……在资源方面，由模拟媒体到数字媒体，再到网络媒体，资源最终都在教育云上，内容达到极大丰富，

从而满足个性化的学习。智慧教室模型构建典型的有北京师范大学黄荣怀教授等提出的包含内容呈现、环境管理、资源获取、及时互动和情景感知的 SMART 智慧教室概念模型[2]；清华大学聂风华等学者提出了由泛在技术系统、实时记录系统、增强现实系统、基础设施子系统、网络感知系统、可视管理系统构成的 iSMART 模型[14]。在教学设计及教学模式的应用方面，郭玉清等[15]以云计算与物联网技术为基础，提出了一个智慧教室系统的建构模型，并总结了其对传统教育模式的改进；顾宏亮[16]结合具体课程，设计出包含成立开发小组、调研需求、脚本开发、样本开发、完成资源开发、资源验收等 6 个步骤的智慧教室课程开发模式。

2）种类 2：智慧教室相关技术在多学科视野中的研究与应用，软实力方面主要是智慧教室智能学习环境的搭建、设计及即时反馈系统的设计，典型的代表有谭威的《Hiteach 智慧教室系统在小学数学课中的应用实践》[17]，从智慧教室系统在小学数学课堂中的应用实践出发，总结出练习模式、PPT 融

合模式、课件生成模式等3种有效的运用模式；李红美和张剑平[18]提出了包括教学目标、理论基础、操作序列、实现条件（教与学策略、工具资源等）及效果评价的面向智慧教室的 ARS（audience response system，教学应答系统）互动教学模式；胡旺和杨成[19]提出了包括云端存储、智慧推送、提出问题、创设情境、个人学习模式、协作学习模式、反馈评价、课后拓展等基于智慧教室的教学模式设计；赖红辉[20]提出基于云服务的包含教室建设、集控中心、无线教学终端、自动导播的高职院校智慧教室建设。在硬件方面，主要集中在智慧教室硬件设备的设计及应用上。陈磊和徐佳丽[21]从高职院校的实际应用出发，设计出基于物联网技术包含感知层、网络层、应用层的三层智慧教室架构；郑广成和许戈[22]针对智慧教室的智慧性要求，结合高职现有多媒体教室、理实一体化机房、智能录播室建设基础，提出了基于物联网结构的智慧教室建构体系，并从智慧教室的建构原则、功能、基于物联网的架构体系等方面进行设计，给出了基于物联网三层结构的智慧教室架构。

3）种类3：目前已应用的智慧教室课堂教学的评价与改进，国内只有普旭[23]于2013年在其硕士论文中提出了智慧教室的建设规范体系；陈卫东等[27]围绕人才培养、设施、教室功能、技术维度和教室的参与性和易用性等进行了评价。国内从有关智慧课堂教学的评价与改进方面评价的内容单一深入，没有涉及对教室其他变量或方面的评估，评价内容的针对性太强，导致无法为其他研究或评估提供一定的参考，评价报告多以结论为导向，较少涉及评估的具体指标、问卷及量表等内容。

五、我国智慧教室的发展趋势分析及建议

（一）智慧教室环境下的教学模式创新及资源应用

现代信息科学技术对智慧教室的发展、演变起到了至关重要的作用，在未来的发展中构建智慧教室智能学习环境，是智慧教室发展的关键。而在智能学习环境的基础之上，构建新型智慧教室环境下的教学与学习模式，更是未来教育工作者的主攻方向，探索智慧教室环境下的信息技术与课程融合势必会成为未来教育信息化工作者的使命与任务。教育信息化工作者就需要考虑在这样的智慧教室环境下如何进行教学，并设计出适合智慧教室环境的教学模式。智慧教室模式需要秉承以学习者为中心的教育理念，充分发挥学习者的主体作用，设计出满足学习者多元性、个性化、智慧化发展需求的教学模式。促进学生对知识的认识理解由单点结构水平向多点结构水平发展，促进学生的深度学习与高阶思维能力的培养。

（二）有效智慧教室实施的评价指标体系构建

智慧教室所具有的智能教学、学习环境有利于打破传统教育的教育壁垒，培养21世纪学生所需要的高阶思维能力。以应试教育为导向的传统教育面向结果性评价，更多的是一次性评价，而以素质教育为导向的新型教育则面向过程性评价。目前，国内对智慧教室的理论与实践研究尚处于起步阶段，未构建有关智慧教室的评价指标体系。有效智慧教室的评价指标体系可以更多地采取个人作品评价、同伴互评、个人反思自评等，充分体现过程性评价的各项原则，着重考量学生是否有创意，是否不断地完善自己的创意。因此，应面向过程性评价，多元化地评价学生平时的表现，构建一整套有关智慧教室实施的评价指标体系。

（三）智慧教室环境下的教育资源建设及应用

智慧教室可以为学生提供新型的现代化教育信息，促进优质资源的共享、使用。优质的学习资源为学习者的学习提供了有力的保障。但是目前优质资源匮乏是我国智慧教室在使用过程中面临的一个重要问题，诸如AR、VR技术在未来智慧教室中的使用等。当前亟待研究和解决的问题便是智慧教室中的教育资源（如智慧教室中的资源组织形态、智慧教室中的资源管理与应用机制等）的建设和开发。同时，在智慧教室环境下如何实现各种教学资源的智能化推送、动态汇聚、有序进化与自适应呈现，如何满足学习者的个性化学习需要，这些问题也有待进一步研究和解决。

六、结语

目前，国内各大高校、中小学、社会组织都积极投身于智慧教室的理论与实践之中，取得了一定的成果。但是，在实践过程中，如何将智慧教室与学校原有资源相结合？如何正确地在中小学积极推荐智慧教室而不落入只对学生进行低端技术培养的模式中？这些都是智慧教室在发展过程中不能回避的难题，需要我们去积极思考并提出建设性的应对策略。

参考文献

[1] 张亚珍，张宝辉，韩云霞.国内外智慧教室研究评论及展望[J].开放教育研究,2014(1):81-91.

[2] 黄荣怀，胡永斌，杨俊锋，等.智慧教室的概念及特征[J].开放教育研究,2012(2):22-27.

[3] 程敏.智慧教室的设计与构建[J].实验室研究与探索,2015(6):248-252.

[4] 张菲菲.基于智慧教室的高校教师教学技能提高及有效性研究[J].现代教育技术,2015(5):110-114.

[5] 李康康，赵鑫硕，陈琳.我国智慧教室的现状及发展[J].现代教育技术,2016(7):25-30.

[6] 郭文斌，俞树文.我国远程教育研究热点知识图谱——基于3170篇硕士及博士学位论文的关键词共词分析[J].电化教育研究,2014(2):45-49,67.

[7] 张洁，王红.基于词频分析和可视化共词网络图的国内外移动学习研究热点对比分析[J].现代远距离教育,2014(2):76-83.

[8] 张思琦，张文兰，李宝.国外近十年深度学习的研究现状与发展趋势——基于引文分析及共词矩阵的知识图谱分析[J].远程教育杂志,2016(2):64-72.

[9] 张勤，马费成.国外知识管理研究范式——以共词分析为方法[J].管理科学学报,2007(6):65-75.

[10] 秦琴琴，乜勇.基于词频分析和可视化共词网络图的国内创客研究热点分析[J].现代教育技术,2016(1):113-119.

[11] 王佑镁，陈慧斌.近十年我国电子书包研究热点与发展趋势——基于共词矩阵的知识图谱分析[J].中国电化教育,2014(5):4-10.

[12] 陈卫东，叶新东，张际平.智能教室研究现状与未来展望[J].远程教育杂志,2011(4):39-45.

[13] 杨宗凯.未来教室 未来教师 未来教育信息技术与教育的融合变革[J].中国现代教育装备,2014(11):6-11.

[14] 聂风华，钟晓流，宋述强.智慧教室：概念特征、系统模型与建设案例[J].现代教育技术,2013(7):5-8.

[15] 郭玉清，袁冰，李艳.基于云计算的智慧教室系统设计[J].数学的实践与认识,2013(4):103-107.

[16] 顾宏亮.互联网+时代智慧教室平台数字化教学资源的开发[J].教育现代化,2016(28):163-164.

[17] 谭威.Hiteach智慧教室系统在小学数学课中的应用实践[J].中国教育信息化,2014(12):21-23.

[18] 李红美，张剑平.面向智慧教室的ARS互动教学模式及其应用[J].中国电化教育,2015(11):103-109.

[19] 胡旺，杨成.基于智慧教室的教学模式设计研究[J].广东广播电视大学学报,2015(4):87-92.

[20] 赖红辉.基于云服务的高职院校智慧教室建设探索[J].电子制作,2014(10):135-136.

[21] 陈磊，徐佳丽.基于物联网的高职智慧教室建设研究[J].职教论坛,2014(35):23-25.

[22] 郑广成，许戈.高职院校智慧教室现代职业教育功能的探索[J].软件,2016(5):25-27.

[23] 普旭.我国中小学智慧教室建设规范初探[D].武汉:华中师范大学,2013.

基于探究社区理论的混合学习辅导效果研究

方启梅　杨　宁　包正委

（福建师范大学，福建　福州　350007）

摘　要： Garrison 等学者提出的探究社区理论对深度和有意义的学习有一定的借鉴作用，因此本文以该理论为基础，以某高校的 C 语言辅导班级为个案，重新对其辅导课程进行设计，在混合学习环境下，实施学习辅导。对于课程结束后的学员通过率，应用观察法、访谈法、定量统计分析法等方法进行分析，检验教学者基于探究社区理论进行学习辅导的价值。研究结果表明，基于探究社区理论的辅导学习对学生学业成绩的提高有效，对教师的要求很高，工作量很大，急需设置助教来辅助教学。

关键词： 混合学习　探究社区理论　学习辅导

一、引言

混合学习（blended-learning）在学校教育领域和企业培训领域受到了极大的关注，逐渐成为研究热点[1]。它实质是在线学习和面对面学习相结合的学习形式，这种形式将传统的学习方式与计算机辅助学习结合起来，克服了原有两种学习方式的局限，使得混合式学习在教育领域展现出巨大的魅力。由 Garrison 等学者提出的探究社区理论框架，强调通过支持协作学习与反思性批判对话来实现深度和有意义的学习，而今探究社区理论框架已经成为学者研究混合学习环境中教与学的重要理论之一。

二、问题的提出

Garrison 等提出了探究社区理论，并阐述了该理论构成的三个要素，他们认为这些元素是进行有效的高等教育过程中的必要条件，图1显示了三个基本要素：认知存在、社会存在及教学存在[2]。探究社区理论需在高等教育的背景之下，将一个有价值的教育经验嵌入到一个探究社区当中，而这个社区是由在教育过程中的教学者和学习者这些关键参与者组成的，该模型假定学习者的学习在以这三个核心要素为主的互动社区中开展，社会存在和认知存在可以支持对话；认知存在和教学存在可以选择学习的内容；社会存在和教学存在可以营造学习的氛围。

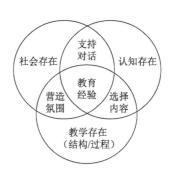

图1　探究社区理论

认知存在是批判性思维的过程和成果，是该理论模型中的基础元素。Garrison 等认为，在某种程度上，学习者通过在探究社区中保持反思和对话，能够建构和确认意义；社会存在是该理论模型的第二个核心元素，它表现为参与者融入探究社区的能力，使得参与者能够在社区中展现他们的个人特点，从而向其他参与者展示自己作为"真正的人"，间接促进了学习者共同体批判性思维的过程；教学存在是第三个元素，在教育环境中，这是作为教学者的主要职能，这一要素是为了实现教育成果的目的，是支持和增强社会和认知存在的手段。

表 1 为探究社区理论三个元素的类别和指标。

表 1 　探究社区理论元素类别和指标

元素	类别	指标
认知存在	触发事件	困惑感
	探究事件	信息交换
	整合事件	联想
	解决事件	应用新的想法
社会存在	情感的流露	情感
	开放的交流	自由的表达
	团体凝聚力	鼓励合作
教学存在	教学管理	确定并开始讨论话题
	建立理解	分享教学者的想法
	直接指导	集中讨论

国内基于探究社区理论的混合学习环境下的实证研究并不多，并且我们发现在某高校的C语言传统课堂环境下，学生的通过率并不高。为此我们以探究社区理论为基础，建立学习共同体，重新设计了辅导课程，希望能提高学生的认知水平，进而提高他们的课程通过率。

三、课程设计

（一）准备阶段

本次研究选取了某高校的 20 位未通过 C 语言考试的本科生作为研究对象，对他们进行为期 7 周的混合学习方式的课程辅导，其中面授学习活动包括 7 次面对面集体辅导、课上作业反馈、课后答疑等。而在线学习活动中，教学者通过 QQ 平台建立了学习群，创建了学习小组；而辅导班级的学生可以通过 QQ 在线平台，完成个人作业提交、与小组成员一起完成小组作业、进行线上提问和学习群讨论等。图 2 为学生的在线学习活动内容。

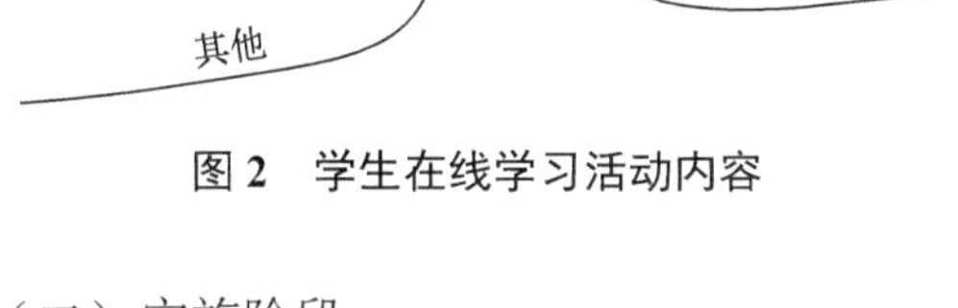

图 2 　学生在线学习活动内容

（二）实施阶段

在本次混合式学习辅导的过程中，我们参照探究社区理论的三个元素类别和指标，从教学存在、

认知存在和社会存在三个方面进行考虑，重新进行教学设计，建立学生学习社区，促进学生认知水平的提高。

本次研究中的辅导课程的学习任务布置都是参照探究社区理论中的具体条目[3]进行设计的，总共在本次辅导课程的在线学习群中发布过 8 次任务（包括个人作业、小组作业、课上默写等）。通过 QQ 在线平台，教师可以根据学习目标布置学习任务（包括设置起止时间）或上传教学文件等，而每个学员都能接收到这些信息，并且大部分都完成了任务。图 3 为其中一次在线学习任务内容的截图。

这次的复习题是关于第一讲内容（数据类型、运算和表达式）的复习，为了巩固大家第一讲复习课的内容。大家在群上下载文档，做完题目后把答案以私信的形式发给我。作业截止时间是本周六下午5点（2016年11月19日17:00）。

图 3 　在线学习任务内容截图

在学习辅导课程中，教师可以通过面授课程、学员的任务完成、作业反馈、线上线下提问等过程，帮助学员复习知识点、把握重难点、提取易错点等。

如表 2 所示，在线上作业反馈的过程中，教师会先让学生自己修正作业。如果学生改对了，教师会通过提问的方式，让学生自己复述出这道题目的知识点，以便帮助学生更好地理清思路，加深记忆，让学生明确做错题目的原因。不然很多时候其实学生本身对知识是一知半解，并没有真正掌握对应的知识点。通过教师不断地重复这个过程，能够促进学生达到良好的认知水平。教师还通过 QQ 平台建立了学习群，学生一旦在学习过程中发现问题，就可以在学习群上提出疑惑，而教师也会随时关注学习群的动态，及时作出反应，在小组讨论过程中亦是如此。

表 2 　线上作业反馈

学员错题：以下不属于 C 语言整型数的是（　　）
A. 79L　B. 0xab　C. 7e5　D. 66
师：标红的是错的，第四题我会统一讲，第 6 题，你再看一下。
生：6 选 C，实型。
师：C 是正确的，那之前怎么选错啦？
生：做着做着没反应过来，莫名觉得 B 的十六进制里 ab 是不合法的。
师：那现在知道了吧。十六进制的范围是多少？
生：大小写 a 到 f，字母的范围。
师：没错，那下次要小心啦。
生：好的。生：谢谢老师。

社会存在在学习群中体现为社区成员的情感交流和社会交往，包括两个方面：师生之间和生生之间。在本次研究中，师生之间的社会性呈现是，比如通过在线平台，往常在面授过程中表现出内向、羞于提问的学生，在讨论的过程中可以更自在地提出问题，表达观点；而学生之间的社会性呈现是：由于拥有共同的目标，又有面对面交流的环境，所以在这样共同的学习氛围下，能够促进学生建立密切的关系，增加社会存在感，形成良好的交流氛围。通过师生之间、生生之间不断地互动，建立交互的过程，教学者会分享更多自己的观点，学习者由刚开始的陌生，到后来逐渐熟悉起来，越来越多的人会参与到讨论中来。

认知存在是判断一个学习社区交互效果的关键因素。通过反映认知存在的事件，可以得知学生课程学习的程度。在本次研究中，我们可以通过学员平时线上、线下的提问情况（触发事件阶段），各自小组的讨论情况（探究事件阶段），练习结束后完成教师布置的新题目（包括选择和编程部分）的情况（整合事件阶段），了解在没有教师驱动的情况下，学生是否能够将知识应用到现实生活中去，解决生活中的疑惑或问题（解决问题阶段）。后来，我们发现在这个阶段，只有一个学生用编程表达对教师的感激的时候有体现，而其他学生都没有出现这个事件。当然，我们不能因此而质疑探究社区理论的有效性，Garrison 等也提到，教育经验的设计和期望并不要求所有的学生都进入这些阶段[4]。

四、效果分析

本文主要研究的问题是在基于探究社区框架的混合式学习环境下，以 C 语言辅导课程班级学生为研究对象，研究教师的学习辅导对学生学习效果的影响，以及学生是否能够感知到的认知存在、社会存在和教学存在。

（一）教师的学习辅导对学生学习效果的影响分析

要研究教师基于探究社区的学习辅导对学生学习效果的影响，最直观的首先是通过学生的考试成绩来检验。课程结束后所有学生都参加了全国统一等级考试（C 语言），成绩结果如表 3 所示。虽

然辅导班的学生没有全部通过考试，但是如图 4 所示，每个学生的成绩都有不同程度的提高，并且考试通过率高达 90%（图 5）。

表 3　学生参加辅导课程前后成绩得分

编号	辅导前/分	辅导后/分
A1	49	70
A2	20	64
A3	41	86
A4	40	71
A5	23	66
A6	19	49
A7	55	70
A8	56	80
A9	30	85
A10	25	79
A11	35	89
A12	57	79
A13	46	82
A14	12	75
A15	48	75
A16	31	48
A17	54	87
A18	18	73
A19	50	76
A20	21	74

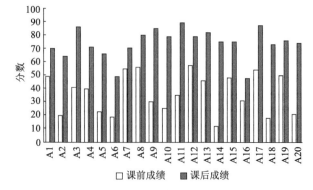

图 4　辅导课程前后成绩对比

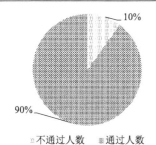

图5 C语言考试通过率

同时，我们用 SPSS 软件进行了描述性分析和配对样本 *t* 检验，如表4所示。辅导后最高分和最低分都提高了 40 分以上；而配对样本结果显示，本次辅导后的学生成绩均值高了 37.40，置信区间为 95%，*p* 为 0，小于 0.05，效果显著。这说明有 95% 的把握可以认为辅导前后学生的成绩有变化，换句话说，就是教师的辅导对学生的成绩有影响。

表4 描述性统计资料

项目	*N*	最小值	最大值	平均数	标准偏差
辅导前成绩	20	12.00	57.00	36.500 0	14.855 44
辅导后成绩	20	48.00	89.00	73.900 0	11.054 41
有效的 *N*（列表状态）	20				

（二）学生在探究社区中的感知分析

1. 教学存在

我们这门课程在混合式学习的环境下，有面授课程，也有在线学习空间。很多学生表示，使用 QQ 这样的在线平台对这门课程的学习很有帮助。线上解答能够较好地表达思路，节省了时间，留下的聊天记录也能更好地进行复习回顾。而设置面授课程，让学生能够有面对面交流和讨论的机会，会因此变得更加熟悉，为线上平台的问题讨论做了准备。我们发现，在这个过程中，学生刚开始并不喜欢在学习群中讨论，有人提出问题会等着教师来解答，互动很少。而随着时间的推移，这种情况在逐渐发生变化，越来越多的学生主动参与进来，会愿意在群上进行讨论，而不是等着教师来解答。如图6 所示，学生在学习群上讨论的次数随着周次不断增加。教学者在问题讨论的过程中慢慢变成引导

者，不用事事都跟着，只需要及时关注，适时出现即可。

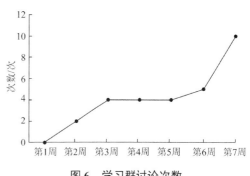

图6 学习群讨论次数

教师在平时面对面的讲授过程中，往往会遇到学生不容易理解的抽象概念，这时就需要教师帮助学生建立理解，将自己的思路分享给学生。比如，在讲到符号常量这个概念时，学生刚开始还不太理解设置符号常量的意义，我们就问题设置了一个简短的讨论。假设这样一个情境：如果你开一家面包店，遇到五一劳动节想做打折活动，肯定要对以前的面包价格进行修改，店里那么多种面包，要逐一更改价格肯定费时费力，而且活动结束后，还需要把价格再改回来。这时候，"符号常量"就充当了一个快速准确地修改所有面包价格的工具。通过这样一个讨论，学生能够感知教师传递的具体事件，进而更好地体会到符号常量的作用。

2. 社会存在

很多学生都觉得作为这个辅导班的成员之一，在这个群体中，由于拥有共同的目标，有一种与患难兄弟一起奋斗、共同作战的感觉，并且能够共同学习、共同进步，容易获得一种群体认同感、归属感。对于归属感的定义，有学生觉得是来自集体荣誉感和个人舒适感。上课时有问题会即时提出，做完题可以和同学讨论，或者分享解题经验。有的学生平时不热爱学习，但是在这样一个学习共同体中，他们能够爆发出以前没有过的冲劲，一起努力学习，解决难题，跟以前的状态完全不一样。

为了培养学生之间的团体凝聚力，我们对学生进行了分组，并发布小组作业。在小组作业完成的过程中，当彼此的观点产生分歧时，学生之间的认知会发生冲突。比如，在一道涉及 continue 和 break

语句的小组编程作业中，某一小组成员对两者之间"哪个是终止循环，哪个是会继续循环"的概念理解不够，接着就这个问题与小组组长进行了热烈的讨论，最后通过共同编程解决了问题。其实，生生之间是最容易感知到社会存在的，因为他们之间没有师生间的距离感，能够更好地进行交流和讨论。

3. 认知存在

随着课程的推进，以及个人认知冲突的不断增多，很多学生不再局限于提问课堂上或者教师布置的任务中出现的问题，而是会通过练习课外习题来复习课上的知识点。另外，教师发现，学生从刚开始只提问选择类的题目，到后来逐渐会提问编程类的题目。这样一个过程的变化，表明认知存在逐渐发展，并渗透到更高的心理过程，学生通过获得分析能力和批判性反思将新的知识不断地结合到现有的知识结构中，进而促进认知水平的提高。

五、结语

本次研究的目的是想通过混合式学习提高学生的自主性，进而使得他们达到意义学习的效果，并最终提高他们的学业成绩。而在这门基于探究社区理论的混合式辅导课程中，教学者通过整合明确的课程结构，构建学习共同体的策略，包括及时有效的沟通和反馈，对作业的完成进行明确指导等，充分实现了教学存在的三个层面（教学管理、建立理解和直接指导）上的作用。同时，结合不同的发展社会存在的策略，特别是在情感表达和群体凝聚力方面，可能对于不愿或惧怕在讨论期间直接与课堂成员交流想法的学习者有利。但是这样的辅导过程对教师的要求很高，工作量很大。由于要一直关注学生的动态，以达到即时反馈的效果，在教学中需要投入大量的精力，除非能够设置助教辅助，否则只适合小班辅导教学。

参考文献

［1］俞显，张文兰.混合学习的研究现状和趋势分析［J］.现代教育技术，2013（7）：14-18.

［2］Garrison D R，Anderson T，Archer W. Critical inquiry in a text-based environment：Computer conferencing in higher education［J］. Internet & Higher Education，1999（2）：87-105.

［3］Arbaugh J B，Cleveland-Innes M，Diaz S R，et al. Developing a community of inquiry instrument：Testing a measure of the community of inquiry framework using a multi-institutional sample［J］. Internet & Higher Education，2008（11）：133-136.

［4］Garrison D R，Anderson T，Archer W. The first decade of the community of inquiry framework：A retrospective［J］. Internet & Higher Education，2010（13）：5-9.

体感游戏促进儿童意图理解的实验研究[*]

陈菲菲 简 婕

（湖南师范大学教育科学学院，湖南 长沙 410012）

摘 要：意图理解是儿童在认知发展过程中体现出来的心理特征，它与儿童的模仿能力密切相关，是培养学生高阶思维的基础。体感游戏通过提供动作上的技术支持，为儿童提供合适的学习环境，达到交互的效果，它可以通过身体参与，经过镜像神经元系统与意图理解产生关联。通过研究发现，不同参与方式对学龄前儿童的意图理解能力有不同影响，其中体感游戏参与能促进儿童的意图理解。这种促进可能由不同机制引发，本文将对促进儿童意图理解的机制进行分析。

关键词：意图理解 镜像神经元 体感游戏

一、引言

意图被某些学者定义为产生行为的内在原因，并且人们能根据是否具有内在的意愿来判断行为是否由意图所产生[1]。通过研究发现，意图理解是模仿能力的一个核心，模仿能力和意图理解共享了镜像神经元这样一个生理机制，如果促进这一生理机制的脑区被激活，也就可以提升意图理解能力，从而发展这样的模仿能力。模仿能力是人类智力的开始，也是我们高阶思维的一个雏形，高阶能力是培养适应时代人才必不可少的能力，高阶思维也是技术改进学习的一个终极目标。

我们发现在新型的媒体交互方式中，体感交互技术的应用变得越来越普遍。随着认知科学的发展，体感运动强调了身体的参与，已有的很多文献都证明了通过体感游戏这样一种参与方式，消耗的我们身体中的热量和真实的运动消耗热量相当，所以体感游戏的运动不是虚拟运动，而是人真正的运动。因此，通过体感游戏进行某种活动的参与，会引起生理上的一种正常的反应，比如说，运动的时候，人的运动脑区会被激活，而使用体感游戏运动的时候，我们的运动脑区相应部分也会被激活。在镜像神经元系统中包括了一部分运动脑区，

用体感交互的方式促进了相关脑区的发展，这个脑区又与我们所说的意图理解紧密相关，镜像神经元还被发现会对目标导向的运动和有意义的运动产生兴奋[2]，换句话说，也就是当动作受到意图的驱动而具有明确的目的时，镜像神经元会产生兴奋。随即我们就提出了这样的猜想：体感游戏这种参与方式是否可以促进儿童的意图理解，从而发展儿童的模仿能力，为培养高阶思维能力奠定基础？在本次实验的研究中，我们着重探讨了身体参与条件和非身体参与条件是否对儿童意图理解有所影响，这两种条件下儿童的意图理解能力会有什么差异。

通过上述猜想，我们设计了两组实验：通过体感游戏设备使儿童做接果子游戏，儿童在做完游戏之后是否能意识到游戏中的小猪在干什么？是否能理解游戏意图？从而观察儿童通过身体的参与是否理解游戏意图且其意图理解的程度如何。另外，设置了视频观看组通过观看接果子游戏，与体感游戏组形成对比，验证不同参与方式对儿童意图理解能力的影响。

二、方法

（一）被试

我们选择的被试为3~4岁（年龄范围在42~

---
[*] 本文为2016年湖南省教育科学规划课题"基于体感游戏的幼儿学习活动设计研究"的研究成果。

51个月）的来自H幼儿园的60名儿童。其分别来自小班A、小班B、小班C，其中，30名男生，30名女生（参与实验的人数为48人，其中12人因各种因素数据没有采集）。

（二）设计

采用单因素被试间设计，每个被试在其中一种条件下参与测试，共分为两种条件：体感游戏实验组，即被试通过亲自操作体感游戏回答预先设计好的问题;视频观看实验组，即被试通过观看视频回答预先设计好的问题。

问题设计如下。

问题1：小猪在干什么？

记分方法：能回答"小猪在接水果"或意思相似即可得1分，其他回答得0分。

问题2：是所有果子都可以接吗？

记分方法：能够回答"不可以"得1分，其他回答得0分。

问题3：哪个果子不可以接？为什么？

记分方法：能够回答"椰子或大的黑色的水果"即可得1分，其他回答得0分。

（三）分组

共有3个班级，分别为小班A、小班B、小班C。将其分为两组，即体感游戏实验组和视频观看实验组。每组30人，其中男生15人，女生15人（表1）。

表1　被试分组情况一览表　　单位：人

班级	体感组男生参与人数	体感组女生参与人数	视频组男生参与人数	视频组女生参与人数	总人数
小班A	6	4	6	4	20
小班B	3	7	4	6	20
小班C	6	4	5	5	20

其年龄存在差异，其出生日期分布为2013年2—11月。每个组基本按照每个月份安排1人，年龄由小到大平均分布，并且为每位被试标号。

（四）材料

1）体感游戏设备一组，系统中包含接果子游戏。

2）小猪接果子视频一份（此视频是一位主试玩接果子游戏时录制的，视频中的小猪要接到出现的每种水果）（图1）。

图1　贴纸——作为儿童实验后的奖励

接果子游戏介绍：小猪手中拿着一个圆桶，站在一棵树下，游戏开始后，树上开始往下掉各种水果，游戏者通过体感游戏的骨骼识别技术，与游戏屏幕中的小猪实现联动，游戏者可以通过左右移动身体促使屏幕中的小猪接到水果。其中只有椰子不可以接，其他水果都可以接。

（五）过程

1. 视频观看实验组实验过程

被试进入实验室，与一位主试同坐在一排椅子上，另一位主试在一旁记录实验结果。在实验前，主试要询问被试的姓名和年龄，确保被试的语言能力已经得到发展。被试对面桌子上放有一台笔记本，笔记本画面中一头小猪拿着圆桶站在树下，此时一位主试向被试询问：屏幕中的小动物是什么？被试回答出"小猪"后，如被试没有看出来屏幕中的动物是什么，主试可以适当提醒被试。

在确认被试认识屏幕中的小动物后，可以向被试先行提问。问题即为问题1：在看完动画之后，你要告诉老师动画中的小猪在干什么？播放视频，视频结束后，请被试回答主试提出的问题，若被试能够回答出小猪在接水果或类似答案，即可进行问题2，如果被试没有回答或者回答不正确，即可结束问题。同理，只有问题2回答正确才可进行问题3，否则结束问题询问。完成任务后，奖励给被试贴纸。

在观看过程中，主试可以对树上掉下来的水果进行适当的提示，例如，黑色的大的是椰子，红色的是苹果等。在视频观看结束后，若被试没有回答主试提出的问题可引导被试进行二次观看。

2. 体感游戏实验组实验过程

按照事先标号选取 5 名被试进入实验室，主试组织被试依次围坐在电视屏幕前，一位主试向被试演示比赛跑步体感游戏，并在演示前向被试提问：大家看老师怎么玩，老师和电视上的小动物一样吗？老师动了，电视上的小动物会动吗？演示结束后，请被试回答。被试回答之后，该主试挨个带领每一位被试参与比赛跑步游戏，并且在和被试比赛跑步时，强调屏幕中的小动物会随着自己身体的移动而移动。在带领所有被试参与比赛跑步游戏结束后，让两位被试参与比赛游泳体感游戏，这时主试在一旁观看，在比赛游泳体感游戏结束之后，主试依次询问每位被试：你刚才是哪只小动物？你在运动的时候对应的小动物怎么样了？确认每位被试能够理解他与体感游戏中的小动物的联动关系，实验方可开始。其他被试依上述方法进行。

一名被试进入实验室，一位主试负责记录，另一位主试向被试说明今天玩一个游戏，帮助被试进行游戏前的准备，确认被试被体感游戏系统识别。被试开始游戏，游戏结束后，主试向被试提问，问题即为问题 1：在玩完游戏之后，你认为小猪在干什么？请被试回答主试提出的问题，若被试能够回答出小猪在接水果或类似答案，即可进行问题 2，如果被试没有回答或者回答不正确，即可结束问题。同理，只有问题 2 回答正确才可进行问题 3，否则结束问题询问。完成问题后奖励给被试贴纸。

在游戏开始时，主试可以告知被试在游戏过程中可以左右移动身体，在游戏过程中主试可以对树上掉下来的水果进行适当提示，如黑色的大的是椰子，红色的是苹果等。

三、结果

（一）体感游戏实验组和视频观看实验组问题得分差异显著性分析

体感游戏实验组和视频观看实验组对于问题 1（Q1）、问题 2（Q2）、问题 3（Q3）进行了组统计，如表 2 所示。

**表 2　体感游戏实验组、视频观看实验组
Q1、Q2、Q3 的组统计**

项目	组别	N	M	SD	SE
Q1	体感	21	0.62	0.498	0.109
	视频	27	0.22	0.424	0.082
Q2	体感	21	0.52	0.512	0.112
	视频	27	0.07	0.267	0.051
Q3	体感	21	0.29	0.463	0.101
	视频	27	0.00	0.000	0.000

体感游戏实验组和视频观看实验组对于问题 1、问题 2、问题 3 回答情况的独立样本 t 检验，如表 3 所示。

独立样本 t 检验发现，不同参与方式在 Q1 上的得分差异显著，$t=2.922$，$df=39.299$，$p<0.01$。视频观看实验组 Q1 的 $M=0.22$，$SD=0.424$，体感游戏实验组 Q1 的 $M=0.62$，$SD=0.498$。即对比视频观看方式，被试在体感游戏方式中 Q1 的得分更高。

在 Q2 上，$t=3.659$，$df=28.379$，$p<0.01$，即不同参与方式在 Q2 上的得分也有显著差异，且视频观看实验组 Q2 的 $M=0.07$，$SD=0.267$，体感游戏实验组 Q2 的 $M=0.52$，$SD=0.512$，对比视频观看方式，被试在体感游戏方式中 Q2 的得分更高。

同理，在 Q3 上，$t=2.828$，$df=20.000$，$p<0.01$，不同参与方式在 Q3 上的得分差异显著，视频观看实验组和体感游戏实验组在 Q3 的 M 分别为 0、0.29，SD 分别为 0、0.463。所以，被试在体感游戏方式中 Q3 的得分更高。

表3　体感游戏实验组、视频观看实验组对Q1、Q2、Q3回答情况的独立样本 t 检验

项目		方差方程的 Levene 检验		均值方程的 t 检验					95% 置信区间	
		F	p	t	df	p（双侧）	MD	SE	下限	上限
Q1	假设方差相等	5.010	0.030	2.983	46	0.005	0.397	0.133	0.129	0.665
	假设方差不相等			2.922	39.299	0.006	0.397	0.136	0.122	0.671
Q2	假设方差相等	52.435	0.000	3.937	46	0.000	0.450	0.114	0.220	0.680
	假设方差不相等			3.659	28.379	0.001	0.450	0.123	0.198	0.701
Q3	假设方差相等	115.000	0.000	3.217	46	0.002	0.286	0.089	0.107	0.464
	假设方差不相等			2.828	20.000	0.010	0.286	0.101	0.075	0.496

（二）体感游戏实验组关于问题相关性分析

体感游戏实验组关于问题1（Q1）、问题2（Q2）、问题3（Q3）相关性表现如表4所示。

表4　体感游戏实验组 Q1、Q2、Q3 成对样本相关系数

项目		N	r	p
对1	Q1—Q2	21	0.823	0.000
对2	Q2—Q3	21	0.603	0.004

体感游戏实验组关于问题1（Q1）、问题2（Q2）、问题3（Q3）成对样本检验的结果如表5所示。

表5　体感游戏实验组 Q1、Q2、Q3 成对样本 t 检验

项目		成对差分					t	df	p（双侧）
		M	SD	SE	95% 置信区间				
					下限	上限			
对1	Q1—Q2	0.095	0.301	0.066	0.042	0.232	1.451	20	0.162
对2	Q2—Q3	0.238	0.436	0.095	0.039	0.437	2.500	20	0.021

在体感游戏实验组中，参与人数为21人，通过配对样本 t 检验发现，在 Q1 和 Q2 中，$r=0.823$（相关系数），$p<0.05$，在成对样本检验中，$t=1.451$，$df=20$，$p>0.05$，即 Q1 和 Q2 两个问题呈显著相关性，两个问题没有显著差异。

同理，在 Q2 和 Q3 中，$r=0.603$，$p<0.05$，成对样本 t 检验中，$t=2.500$，$df=20$，$p<0.05$，即 Q2 和 Q3 两个问题呈显著相关性，两个问题有显著差异。

由于视频观看实验组在 Q1、Q2、Q3 上得分太低，所以不做分析。

四、讨论

本次研究设置了极为简单的因果情境，通过控制儿童参与方式，考察儿童的意图理解能力。通过研究发现，3～4岁的儿童在有身体行为参与的体感游戏实验过程中，意图理解能力比观看视频的儿童要更好。通过对数据的不断探索，在体感游戏实验组中对三个问题进行相关检验，发现其意图理解程度逐步加深。

（一）对问题1、问题2、问题3三个问题的分析

在开始之初，我们根据意图理解的内涵设置了三个问题测验意图理解能力，这三个问题是否合适呢？为了验证这三个问题是否能测出儿童的意图理解能力，我们做了问题的相关性分析。在问题的相关性分析中我们可以知道，问题1、问题2呈显著相关，问题2、问题3呈显著相关，说明我们设置的三个问题是同质问题，也就是说三个问题都是

围绕着意图理解能力问题进行设置的，关联性比较强，结果反映出三个问题的关系都是很紧密的。三个问题在得分均值上呈现出一个递减的状态，可以说明这三个问题呈现出了一定的难度坡度，也符合我们当初设定的考察儿童意图理解深度的问题。Feinfield 等分析前人的研究后指出，当人们形成或者执行意图的时候，下列的心理事件会依次或者频繁地发生[3]。

1）表征了一个目标并制订了关于达成这个目标的行动计划。

2）相信将会做出已经计划要做的动作。

3）将上述两点当中包含的心理表征形式的意图转化成意图动作或者一系列的动作，也就是通过行动更进一步付诸实际去达到之前在头脑中所建立的内心意图所要达到的目标。

4）行为的产物是有意图的，也就是说，大多数通过意图产生的行为会带来相应的意图的产物。

5）喜欢这个意图的产物，也就是说，大多数意图行为的产物是符合行为者的愿望并受到喜欢的。

需要说明的是，在我们说一个人具有意图的时候，并不是上述提到的五点都是必需的。

我们在设计问题 1 的时候，就是为了考察儿童是否能够理解行为动作背后隐藏的目标，儿童经过身体运动发现自己运动可以接到果子，与果子有了效果上的交互，不仅仅就是为了身体的摆动，这个行为是有目标的。所以，问题 1 相较于问题 2、问题 3 比较简单，通过问题 1 的回答可以检测儿童是否理解行为动作背后的目标，这也是意图理解最初的程度。

问题 2 是在问题 1 的基础上进行设计的，在儿童了解到动作行为的目标后，根据了解到的目标继续完成相应的行动计划，在这个过程当中认识到，并非所有果子都能接，在接下来的行为中就会对掉下来的果子进行一定程度的筛选。所以问题 2 相较于问题 1 有难度，此时儿童对本实验的意图理解达到了中等程度。

问题 3 是在问题 1 和问题 2 的基础上进行设计的，儿童在对果子进行筛选时，进一步辨认具体是

哪个果子不能接，从而产生对于椰子这种水果的避让，尽力接到其他水果。问题 3 在难度上是最大的，也是对本实验意图理解程度最深的。

（二）不同参与方式对儿童意图理解能力的影响

通过不同参与方式与问题的得分显著性差异可知，体感游戏实验组的儿童对本游戏的意图理解能力明显高于视频实验组的儿童。这样的情况是如何产生的？通过研究发现，在玩体感游戏的过程中，有三种机制都可能会影响儿童的意图理解能力，下面我们就从这三方面来讨论身体参与为什么会促进儿童的意图理解能力的发展。

兴起于第二代认知科学视域下的具身认知观，认为心智是具身的神经生物现象，人类的认知能力是在身体—大脑活动的基础上实现的。该领域专家研究发现，认知是包括大脑在内的身体的认知。身体的解剖学结构、身体的活动方式、身体的感觉和运动体验决定了我们怎样认识和看待世界，我们的认知是被身体及其活动方式塑造出来的[4]。关于具身认知理论的观点认为，人的认知思维和身体动作具有密切联系，思维和认知在很大程度上发端于身体，意图理解能力是儿童在成长过程中在认知方面体现出来的心理特征，因此身体的参与对儿童的认知方面产生了影响，在此方面也影响了儿童的意图理解能力。

自我卷入是指某人介入某事，当某事件对某人有重要的个人意义时，或在某事上某人的立场最主要的是他自己的感觉时，或某人在某事中拥有某个指定的身份角色时，都可以称之为自我卷入[5]。自我卷入的程度能够诱发人们产生很多心理变化，自我卷入程度是个体基于本身的需求、兴趣和认知水平而在心理上对某事物所感觉到的重要程度和关联程度，体感游戏实验组的儿童在进行游戏时，根据自我卷入程度的不同，与游戏中的小猪建立联动，意识到在游戏的过程中，自身扮演的角色就是接果子的小猪，心理上发生变化，意图理解可能会因心理的变化而变化。

自我参照是自我的核心，对自我的研究是通过对自我参照的研究完成的[6]。在本实验中，体感游戏实验组的儿童以自我为参照进行实验，视频实验

组的儿童则以他人为参照（小猪）进行实验，通过对自我参照效应的研究发现，以自我作为参照的人对相关信息的加工更加快速，记忆也比其他参照方式更好。记忆通过大脑构建相关认知，在体感游戏中，儿童将自己作为参照，并且将自己置于情境之中，在认知方面进行新的建构，意图理解能力在此时产生了作用。

五、结论与展望

（一）结论

体感游戏通过身体参与的方式，影响儿童镜像神经元系统中的运动脑区，使镜像神经元产生冲动，进而促进了儿童的意图理解能力。

（二）展望

1）本实验研究还存在许多不足，例如，我们提出的问题缺乏一定的科学性，对画面的控制不够，以及在实验过程中对无关变量的控制不够等，下一步我们将针对这些方面再进行改正，使得我们的研究范式更加完善。

2）关于具身认知、自我卷入、自我参照这三个机制到底是哪一个机制在具体地对儿童意图理解能力的促进产生作用，还值得我们去深入探讨。

3）研究结果中支持了体感游戏促进儿童的动作感知上有一个很好的前景，未来我们可以设计相关游戏来促进儿童这种运动感知能力的发展，这种运动感知能力可能是促进儿童模仿能力发展的重要基础。

参考文献

[1] 廖渝. 行为结果在儿童理解意图中的作用[D]. 重庆：西南大学，2007.

[2] 廖渝. 预期误差与意图理解：发展及神经机制[D]. 重庆：西南大学，2011.

[3] Feinfield K A，Lee P P，Flavell E R，et al. Young children's understanding of intention. Cognitive Development，1999，14（3）：463-486.

[4] 丁峻，陈巍. 具身认知之根：从镜像神经元到具身模仿论[J]. 华中师范大学学报，2009，48（1）：132-136.

[5] 蔡颖. 自我卷入对道德判断的影响：基于进化心理学视角[D]. 长沙：湖南师范大学，2012.

[6] 周爱保，刘沛汝，史战，等. 四岁儿童的自我参照效应研究[J]. 心理发展与教育，2010（3）：239-244.

应用个性化在线学习系统进行大规模混合式教学的效果研究*

贾积有 1　张必兰 1　张静蓉 1　任　珺 2　程宝贵 2

（1 北京大学教育学院教育技术系，北京　100871；

2 北京乐学一百在线教育科技有限公司，北京　100085）

摘　要： 如何对个性化教学系统在不同地区和学校进行大规模混合式教学的效果进行评估，是国内外学者都普遍关心的一个问题。因为年级不同、教材不同、考试内容不同，我们无法比较不同学校和班级学生的考试成绩。为了解决这个问题，我们以一个个性化教学系统——"乐学一百"在 19 所学校的混合式教学研究为例，采用调查问卷法了解学生的感受，采用半结构访谈法了解教师的感受。学生调查问卷和教师访谈结果分析表明：个性化在线教学系统在中小学的应用，确实给学生带来了正面的影响，比如，提高了学生的学习兴趣和积极性，改善了学习效果等，也减轻了教师的教学负担。当然，系统本身在内容、功能和界面等方面还需要进一步完善，才能满足广大师生的需要。这种研究方法既能全面了解参与研究的学生对混合式教学的情感、态度和价值观，又能深入剖析代表性教师的心理感受和真实想法，从而为评估基于个性化教学系统在混合式教学中的应用效果奠定了扎实的基础。

关键词： 在线学习系统　混合式学习　乐学一百　效果评估

一、研究问题

随着我国多年来教育信息化、数字化校园、智慧校园、"互联网+教育"等事业的迅速发展和广泛普及，智能教学系统（intelligent tutoring system, ITS）、在线个性化教学系统等被广泛应用到中小学、高等教育、终身教育等各个领域，引起了各个方面的关注。这些应用中，有些是教师和学生自发自觉进行的应用，有些是在专家的指导下以课题方式进行的教育科学实验，比如，混合式教学、反转课堂等教学改革。那么，这些系统的应用效果究竟如何？这是学校管理者、教师、学生和家长普遍关心的一个问题。

如果在一所学校内，一个教师带领若干班级进行应用某个系统的准实验研究，那么可以较为容易而方便地设置实验班和对照班，进行特别设计的前测和后测，或者取常规考试成绩的成绩为前测和后测成绩；通过对比前测和后测成绩来验证该系统对

学生的实际影响，如国内外之前的大量研究[1,2,3,4,5]。但是如果参与的学校较多、班级较多，在所有学校和班级都进行准实验研究具有较大的难度，因为涉及教师和教学课时安排等很多复杂的学校管理问题；而且年级不同、教材不同、考试内容不同，对不同学校和班级的考试成绩的比较缺乏科学性。

为了解决这个问题，我们以一个个性化在线教学系统——"乐学一百"在 19 所学校的混合式教学研究为例，采用调查问卷法和教师访谈法，希冀全面了解参与研究的学生对混合式教学的情感、态度和价值观，深入剖析代表性教师的心理感受和真实想法，从而为评估基于个性化教学系统在混合式教学中的应用效果奠定基础。

二、研究对象和方法

北京乐学一百在线教育科技有限公司研发的"乐学一百"智能教学系统提出一种 3I 学习法，包括：个别自适应学习，自定步调；渐进掌握式学习，

---

* 本文的研究得到北京乐学一百在线教育科技有限公司委托课题"乐学一百 智能教育"的资助，特此表示感谢！我们也对参与课题研究的全体教师和学生表示诚挚的谢意！

小步闯关；互动发现式学习，持续互动，对学生的学习即时反馈，依托大数据分析技术，根据学生的反馈进行分析，从而针对每个学生制订个性化的教学方案。

本文的研究对象为参加使用"乐学一百"智能教学系统进行数学课程混合式教学的 19 所课题校的教师和学生，其中有 12 所小学，7 所初中。2016 年 3 月—2017 年 1 月，每所课题学校选择了若干个实验班，教师在课前、课中或者课后使用"乐学一百"系统，让学生进行课前预习、课上练习或者课后复习。

2017 年 1 月，我们使用开源网络调查系统 Limesurvey（http://www.limesurvey.org）设计了学生调查问卷。问卷主体包括 4 个部分：第一部分是关于研究对象的背景信息，包括年龄、性别、每次使用"乐学一百"学习的时长和每周的学习频次。第二部分是对"乐学一百"在线学习平台的评价，包括 9 道题目。第三部分是对数学学习效果的自评，包括 5 道题目。第二和第三部分的 14 个问题，都为单项选择题，答案为 5 个分值的 Likert 量表，1 表示非常不同意，2 表示不同意，3 表示不确定，4 表示同意，5 表示非常同意。第四部分是对学习平台的主观意见和建议。

问卷设计好后，我们通知了参与课题的学校并让他们通知学生自愿参加。

为了进一步了解参与课题的教师的感受，我们在 2017 年 2—3 月采用半结构式访谈的方式，对北京、包头、青岛 10 所"乐学一百"课题校的 13 位小学数学教师进行访谈。每个教师的访谈时间持续 30 分钟左右，以录音形式记录整个访谈过程。访谈结束后，转录成文字，进行处理分析。访谈内容主要包括：使用系统开展教学的方式，比如，如果采取准实验方法的话，实验班和对照班的基本情况如何？该系统的使用给学生的学习成绩、态度、技能等方面带来了什么影响？家长及学校领导有哪些反馈意见？对系统有哪些建议与意见？

三、调查问卷结果分析

参与课题的 19 所学校 36 个班级，学生总数为 2558 人。发放问卷后，通过网络系统回收了 1032 份问卷，回收率为 40.3%；清除了无效问卷后，得到 986 份有效问卷，问卷的有效率为 95.54%。下面我们依次介绍各个部分的结果。

四、学生基本信息的描述性统计

关于学生的性别，结果显示男生为 512 人（51.9%），女生为 474 人（48.1%）。关于年龄，均值为 10.8 岁，最小的为 6 岁，最大的为 16 岁，标准差为 1.80。

学生每次在系统上学习的时间，均值为 31.3 分钟，最小值为 1 分钟，最大值为 300 分钟，标准差为 25.59。在使用频率方面，平均为每周 5.4 次，最小值为 1 次，最大值为 250 次，标准差为 11.98。

五、问卷 14 道选择题答案的信、效度检验

（一）效度检验

效度是指测量工具或手段能够准确测出事物的特性或功能的程度，反映了测量工具的有效性，分为 3 种类型：内容效度、结构效度与效标关联效度，本文主要选取结构效度检验方法。结构效度是指测量结果体现出来的某种结构与测量值之间的对应程度。结构效度分析所采用的方法是因子分析。通过对探索性因子分析的考察，发现 KMO 值为 15 306.838，p 处于 0.000 的显著性水平，KMO 值为 0.964，说明其适合进行因子分析，如表 1 所示。所以本文所设计的量表具有良好的结构效度。

表 1　KMO 和 Bartlett 球形检验

KMO		0.964
Bartlett 球形检验	近似卡方	15 306.838
	df	91
	p	0.000

（二）信度检验

信度是指测验结果的一致性、稳定性及可靠性，一般多以内部一致性来加以表示该测验信度的高低。信度系数越高，即表示该测验的结果越一致，越稳定与可靠。本文选用克隆巴赫系数（Cronbach's α）来检验量表的内部一致性信度。α 系数不超过 0.6，一般认为内部一致信度不足，达到 0.7～0.8 时，表示问卷具有相当的信度，达到 0.8～0.9 时，说明问卷信度非常好。

问卷的 α 系数如表 2 所示，问卷的 14 道量表题

目整体的 α 系数为 0.970，大于 0.9，表明具有非常高的内在一致性。因此，可以认为本次研究的问卷具有较高的可靠性。

表 2　可靠性统计量

Cronbach's α	项数
0.970	14

（三）对学习系统的评价

表 3 列出了学生对在线学习平台的评价情况。可以看出，对 9 个问题的回答的均值都高于"同意"（4 分）的水平，全部 9 个问题的均值为 4.29 分。最高的一项是"很乐意使用'乐学一百'"，均值为 4.4 分。可见，该系统界面美观、布局合理、简便易用、稳定可靠，题目质量高、数量合理，排行榜和乐币等游戏机制可以激发学生的学习兴趣和积极性，即时反馈增强了学生学习的自信心，在线答疑机制能帮助学生释疑解惑，因此学生很乐意使用这个智能学习平台。不过这 9 个问题的答案均值都未达到"非常同意"（5 分）的程度，可见学生对这个平台还有更高的期待值，或者说该平台还有很大的改善余地。

表 3　对"乐学一百"在线学习平台的评价

题目	均值	标准差
很乐意使用"乐学一百"	4.4	1.11
界面美观、布局合理	4.3	1.13
题目质量高、数量合理	4.3	1.14
操作简单、便捷	4.2	1.21
运行稳定、可靠	4.2	1.20
排行榜机制对自己的学习起到督促作用	4.3	1.17
乐币等奖励机制能很好地激发学习积极性	4.4	1.13
在线答疑老师能及时地给予正确的指导	4.2	1.22
即时给予正面的反馈能增强自己的自信心	4.3	1.15

（四）学习效果自评

表 4 列出了学生对数学学习效果自评的情况。可以看出，5 道问题答案的均值都高于 4.3 分，介于"同意"（4 分）与非常同意（5 分）之间。可见，

该系统提高了学生的分析和解决问题的能力、自主学习能力、学习兴趣、学习自信心，帮助学生掌握了相关知识。不过这 5 个问题的答案均值和"非常同意"（5 分）的水平都还有一定距离，可见这个平台在改善学生的数学学习方面还有很大的提升空间。

表 4　学习效果评估

题目	均值	标准差
掌握了相应的学科知识	4.4	1.08
提高了分析和解决问题的能力	4.4	1.04
提高了自主学习能力	4.4	1.08
提高了学习兴趣	4.4	1.11
提高了学习的自信心	4.4	1.09

（五）学生的主观建议与意见

问卷最后一题为开放性问题，收集学生对学习系统的主观评价。我们将学生的反馈结果分为 3 部分：积极评价、消极评价和建议性评价。具体做法是：将学生回答的文本进行汉语分词，然后对其中的形容词进行统计分析并排序。表 5 列出了一些比较具有代表性的积极评价、消极评价和建议性评价。

表 5　较有代表性的部分内容用户评价

类型	内容
积极评价	这个学习平台让我更好地掌握了知识
	很棒的网页，可以巩固、提高基础，循序渐进，安排合理
	我的感想：很棒！它能提高我的成绩和我对学习的兴趣，有礼物，我很喜欢！我建议：①应该开通语文和英语，而不是只有数学！②做题，问老师时，希望老师回答快一点
	我对"乐学一百"系统很满意
	特别好，题目全面，针对性强
	我对"乐学一百"系统很满意
	这个系统太好了，等我长大了要去"乐学一百"工作
消极评价	题质量太差，礼品质量太差
	进入系统比较麻烦.
	系统不是很稳定，填空答题时操作不方便
建议性评价	我认为"乐学一百"的老师回答太慢了，要加速，谢谢
	如果可以提供免费的视频课就更好了
	我希望数学学习中有一些游戏
	我觉得"乐学一百"以后应该增加学习难度

用户评价分词词频前 10 名的统计结果如图 1 所示。从词频分析的结果可以看出，排名前 10 名的评价词中，均为积极评价；在排名前 20 名的评价词中只有 3 个为负面评价，即"题目质量太差、礼品差""进入系统比较麻烦""系统不是很稳定，填空答题时操作不方便"，最多的评价反馈为"不错"。由此可以看出，该学习系统对学生帮助很大，内容较为有趣、简单并且实用。从积极评论中可以看出，"乐学一百"系统确实能够提高学生的学习成绩，培养学生学习的兴趣，具有较好的用户体验，等等。

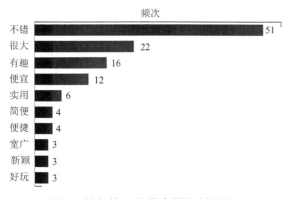

图1 排名前10的用户评价分词词频

对于消极评价和建议性评价可以概括为四个方面：课程种类不够丰富；题目的难度较低、没有挑战性，不能很好地帮助巩固所学知识；在线答疑系统中老师回复问题的速度较慢；系统的礼物偏贵。

（六）教师访谈内容分析

我们对教师访谈内容进行了详细分析，总结如下。

1. 使用系统开展教学的方式

教师一般在课前及课后使用"乐学一百"系统，课上很少使用。在课前，通常让学生对照课本预习，然后完成"引导单元"的练习，很多教师反映"引导单元"的设计非常好，能有效地提高学生的自学能力。课后给学生布置 1～2 套"乐学一百"系统的强化/挑战单元的题目，学生利用 10～30 分钟的时间基本可以完成。

2. 使用系统遇到的问题

1）部分学生家里没有电子设备和网络，导致回家后不能做系统的练习题。在手机和平板电脑端使用系统不是特别方便，比如，显示分数混乱。

2）一个班 40 名学生同时在多媒体机房使用系统的话，系统就负载较重，反应迟钝。

3. 该系统的使用给学生的学习成绩、态度、技能等方面带来了什么影响？

13 位教师反映学生比较喜欢这个系统，态度很积极。部分教师反映学生学习数学的积极性更高了。6 位教师反映学生的成绩有一定提升，有些是基础较差的学生，有些是基础较好的学生。8 位教师反映学生的学习能力提高了，比如，解决问题的能力、自学的能力和系统性复习的能力。

4. 系统给教师带来的变化

绝大部分教师反映系统减轻了他们的工作量，布置作业和改作业更轻松了，也节省了批改作业的时间。系统能帮助教师及时掌握学生的作业完成情况，知道学生哪方面的知识比较欠缺，能让教师更明确地掌握学生对知识点的掌握情况，了解了学生的问题在哪里。

5. 家长及学校领导的态度

学校领导的态度大致分为三种：特别支持、支持和中立。在我们采访的 13 所学校中，有 5 所学校的领导是非常支持的，一是因为学校有相应的硬件条件，二是因为他们认为通过该系统能够及时发现学生的问题，减轻了教师批改作业的负担。有 5 所学校的领导持支持态度，另外还有 3 所学校的领导持中立态度，主要是对"乐学一百"系统的效果不是非常确信，要看实践效果而定。

对于学生家长，主要态度有支持和反对两种。其中，支持的家长觉得使用系统能够激发孩子的学习积极性和兴趣，提高学习成绩，另一部分家长则持反对态度，主要担心如下：①孩子使用过多的电子产品，会导致视力出现问题；②孩子接机玩游戏会影响学习；③部分学生家长因为孩子经常无法提交作业而比较抵触。

6. 教师对系统的感受、建议与意见

教师对系统中以下 8 个模块评价较好：引导单元模块、挑战一百分模块、奖励模块、题目模块、错题本模块、评论模块、答疑模块和互动课堂模块。

同时，教师还有如下一些建议。

1）在内容上，在填空题和选择题的基础上，可以添加一些应用题；在平时练习的基础上，可以增加单元和期末试卷；给六年级的班级设计一些小升初的练习题；对重复知识点进行精简；丰富教学资源，如课件、教学演示的视频，这样既能做题，也能授课；删除过于简单的题目，适当增加一些贯穿更多知识点的大题；丰富题目的呈现形式，设法让学生写出自身思考的过程；建一个自选的题库，根据难易程度，把题目分成各个档次，根据学生的学习情况，来选择学生应该做的题目；重新设计并增加与教材配套的练习题。

2）在功能上，教师从以前做过的题目中定制测验试卷，并根据测验结果进行数据分析，反馈教师和学生在知识点掌握方面的薄弱环节；学业报告中不仅仅以天为统计单位，还应增加周、月、学年等更长的统计周期；在做题目时，增加一种新的显示模式，即先显示题目，然后再逐个显示答案；结合遗忘曲线，定期提醒学生再做一遍以前的练习进行巩固；提高奖品的质量和数量；增强在线答疑教师的素质与能力。

3）在界面设计上，课堂随机出题的字号较小，建议将字号放大；完善移动端的自适应功能，在移动端更好地呈现内容。

六、结论与讨论

我们采用问卷调查法收集了学生使用系统的反馈数据。数据分析结果表明：学生认为在线学习系统界面美观、布局合理、简便易用、稳定可靠，题目质量高、数量合理，排行榜和乐币等游戏机制可以激发学生的学习兴趣和积极性，即时反馈增强了学生学习的自信心，在线答疑机制能帮助学生释疑解惑，因此学生很乐意使用这个智能学习平台。此外，该系统提高了学生分析和解决问题的能力、自主学习能力、学习兴趣、学习自信心，帮助学生掌握了相关知识。学生也通过开放性问题对系统提出了改进意见和建议，比如，适当增加测试题目难度，让测试题目难易结合，用简单题目来巩固基础，

用有一定难度的题目增强用户对知识点的巩固，也能让用户更好地理解学习的知识点。

我们采用访谈法收集教师使用的反馈意见和建议。反馈内容分析结果表明：教师一般让学生在课前预习和课后复习中使用系统。学生在家中和使用移动设备访问系统时会碰到一些问题。学生喜欢使用系统学习数学，学习的积极性和兴趣提高，有些学生成绩也提高了。系统的课程整合减轻了教师的负担。学校领导基本不反对使用系统进行教学研究，家长中则有一些人持反对意见。系统在内容、功能和界面上都有改进的余地。

综合学生调查结果和教师访谈结果，可以看出，个性化在线教学系统在中小学的应用确实给学生带来了正面的影响，比如，提高了学生学习的兴趣和积极性，改善了学习效果等，也减轻了教师的教学负担。当然，系统本身在内容、功能和界面等方面还需要进一步完善，才能满足广大师生的需要。

参考文献

[1] Graff M，Mayer P，Lebens M. Evaluating a web based intelligent tutoring system for mathematics at German lower secondary schools[J]. Education and Information Technologies，2008，13（3）：221-230.

[2] Van Lehn K. The relative effectiveness of human tutoring，intelligent tutoring systems，and other tutoring systems[J]. Educational Psychologist，2011，46（4）：197-221.

[3] 丁竹卉，贾积有，陈宇淏，等.中学英语教学中应用智能教学系统的效果评估——以"希赛可"为例[J].现代教育技术，2012，22（4）：68-72.

[4] 张文兰，李喆，员阁，等.电子书包在小学数学教学中的应用模式及成效研究[J].中国电化教育，2013（12）：118-121.

[5] 贾积有，张必兰，颜泽忠，等.在线数学教学系统设计及其应用效果研究[J].中国远程教育，2017（3）：37-44，80.

面向中小学第二课堂的数字博物馆开发与效果评估

——以浙江教育技术数字博物馆为例*

杨玉辉 1　郑　颖 2　柴惠芳 1　陈　默 1　张剑平 2

（1 浙江大学现代教育技术中心，浙江　杭州　310027；2 浙江大学教育学院，浙江　杭州　310027）

摘　要： 目前，博物馆参观被越来越多的中小学生所喜欢，已经成为第二课堂的重要组成部分，但是博物馆参观活动受到交通、时间、空间等因素的制约，存在参观效率低、缺乏学习评价等问题。针对这些问题，本文提出面向中小学第二课堂的数字博物馆方案，首先，对国内外基于数字博物馆的第二课堂研究进行了分析；其次，在对现状分析的基础上，以浙江教育技术博物馆为模板，设计并开发了浙江教育技术数字博物馆；再次，采用配对设计的原则，分别基于浙江教育技术实体博物馆和数字博物馆进行学习效果对比研究；最后，采用问卷调查的方法，对浙江教育数字博物馆的体验效果进行了评估。

关键词： 数字博物馆　非正式学习　第二课堂

一、引言

非正式学习指课堂学习之外，任何时间、任何地点，个体接受新知识的学习方式，占个体所学知识的 75% 以上[1]。在国内，中小学的非正式学习主要体现在学校正规学习之外的第二课堂，博物馆参观被越来越多的中小学生所喜欢，已经成为第二课堂的重要组成部分[2]。虽然基于博物馆参观学习的中小学第二课堂在国内已经普遍开展，并取得了许多成果，但是还存在一些不足。从组织方式来看，中小学生的博物馆参观活动部分需要家长的陪同，需要乘坐交通工具，要花费大量的时间，很难对同一博物馆进行多次访问；从学习内容来看，博物馆的馆藏内容受到物理空间的限制，难以满足他们的知识需求；从学习效果来看，博物馆参观是一种宽松的非正式学习活动，缺乏学习效果的评价机制。如何基于博物馆为中小学生提供更加高效的学习环境，是当前第二课堂急需解决的重要问题之一。

数字博物馆又被称为虚拟博物馆，指利用虚拟现实技术、图形图像技术及人机交互技术构建并呈现于网络上的博物馆[3]。数字博物馆在文化遗产的呈现方面表现出了巨大的潜力，既可以逼真地呈现文化遗产，又可以避免文化遗产的丢失和破坏[4]；用户的参观浏览不受时间和空间的限制，管理和维护简单，内容更新便捷，内容建设成本远远低于实体博物馆[5]。据调查，越来越多的用户喜欢参观数字博物馆，很多机构开始重视数字博物馆的建设[6]。基于以上分析，我们提出了面向中小学第二课堂的数字博物馆建设，在浙江省教育技术中心的资助下，开发了浙江教育技术数字博物馆，并进行数字博物馆的第二课堂案例应用研究，对数字博物馆的应用效果进行了评估。

二、国内外研究现状

在国外，许多博物馆都建设了相应的数字博物馆，并针对学生的第二课堂开设了很多的主题学习栏目，越来越多的学生倾向于通过数字博物馆获取知识内容。大英博物馆在其数字博物馆中专门开设了学习栏目，包括学校教育、家庭教育、成人教育和探索发现中心等模块，覆盖了不同年龄段的学生，并根据不同年龄段学生的理解能力，给出不同的学习单，为学生开展第二课堂提供了便利[7]；卢

---

* 本文为浙江省教育科学规划课题"基于数字博物馆的适应性陈展模式与教育应用研究"（编号：2015SCG220）的研究成果。

浮宫博物馆在数字博物馆中提供了虚拟参观，用户可以方便地浏览实体博物馆中的部分内容，针对学生用户开设了艺术学习模块，通过动画故事、儿童视角、艺术元素和迷你站点等栏目满足学生用户的第二课堂需求[8]；美国自然历史博物馆针对学生第二课堂开设了学和教栏目[9]，该栏目根据角色选择（教师、家长、成年人）、学生的年龄（幼儿园到2年级、3～5年级、6～8年级、9～12年级、中学及以上）、参观团体的性质（家庭参观、班级参观）和参观主题为参观者提供针对性的服务；大都会艺术博物馆在数字博物馆中专门设置了学习板块，并依据学生的年龄特征和家长的任务选择，在第二课堂活动中为学生和家长提供相对应的学习资源[10]。虽然这些数字博物馆都提供了学习模块和学习活动设计，为学生的第二课堂提供了便利，但是这些数字展馆大多采用了平面化的呈现方式，缺乏沉浸性。此外，由于商业化因素的影响，如果想更加深入地了解历史文化内容，需要到实体博物馆参观。

2008年起，我国博物馆开始对公众免费开放，博物馆逐渐成为中小学第二课堂的重要学习场地[11]，基于博物馆的第二课堂研究也越来越多。以中国知网为例，2007—2016年基于博物馆的第二课堂研究和引证文献量呈上升趋势，如图1所示。对94篇文献的关键词进行聚类分析可知，当前国内基于博物馆的第二课堂研究，主要体现在基于实体博物馆的青少年素质教育和爱国主义教育方面，而关于数字博物馆和学习评价的研究非常少，如图2所示。当前许多国家级和省级博物院都开设了相应的数字博物馆，部分博物馆已经采用全景漫游的方式展示馆藏内容，如故宫博物院、河南博物院、安徽博物院等，甚至在国家博物馆中出现了公共教育活动内容。虽然国内数字博物馆建设取得了一定的成果，但是在呈现形式上，缺乏利用虚拟现实构建的沉浸性数字化环境，在内容设计上，缺乏面向中小学生第二课堂的专业化学习活动，难以引起学生的关注。

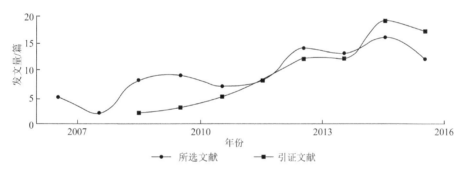

图1　2007—2016年基于中国知网的博物馆第二课堂年度论文量与引证文献量

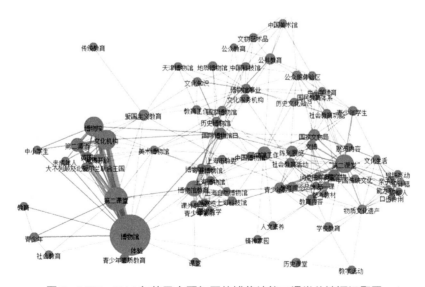

图2　2007—2016年基于中国知网的博物馆第二课堂关键词汇聚图

三、浙江教育技术数字博物馆的设计与开发

在研究现状分析和教育技术专家论证的基础上，我们从数字化呈现形式、游戏化的交互体验、学习活动设计和学习效果评估4个方面出发，在浙江省教育技术中心的资助下，开发了浙江教育技术数字博物馆。

（一）理论支持

建构主义强调学习者的主动性，认为学习是学习者基于原有的知识经验生成意义、建构理解的过程，注重情景、协作、会话和意义建构[12]。基于数字博物馆的第二课堂学习是中小学生主动进行自我经验构建的过程；游戏化学习强调将游戏设计的元素如游戏环境、人机交互及有趣的内容情节和机制等应用于学习活动中，从而达到提高用户参与度、用户黏度和用户忠诚度的目的[13]。研究表明，动画、视频、游戏等数字化资源大多受到中小学生喜爱[14]。经验之塔理论认为，越具体形象的经验，越容易被人们所理解，学习应当从具体入手逐步过渡到抽象。基于以上分析，数字博物馆的设计既要注重创设沉浸性的学习环境、模拟情景化的角色、开展灵活的协作学习、融合具有黏性机制的游戏化元素，又要注重数字化内容呈现的具体性和形象性。

（二）需求分析与建设目标

浙江教育技术数字博物馆主要面向中小学生，因为他们对数字化资源的沉浸性、趣味性和交互性要求较高，以期达到身临其境的效果。在浙江教育技术数字博物馆中，要求学生能够以第一人称的角色自由参观馆藏的各种教学工具，了解教育技术的发展历程，体验教学工具为教学带来的帮助，探索教学工具所蕴含的科学原理，以期达到参观真实博物馆的体验效果，减少因时间、交通、距离和空间等因素为参观实体博物馆带来的不便，为基于博物馆的中小学生第二课堂的开展提供便利。

（三）开发技术与系统架构

1. 开发技术

浙江教育技术数字博物馆采用 Web3D 虚拟现实技术构建，以第一人称的视角为中小学生创设了一个具有沉浸性、趣味性、交互性和探索性的第二课堂学习环境，浙江教育技术数字博物馆所采用的开发技术如表1所示。

表1 系统开发所采用的技术

软件与语言	用途
Photoshop CS6	用于浙江教育技术数字博物馆开发过程中的所有图片编辑
Autodesk 3ds Max 2012	用于浙江教育技术数字博物馆所需三维模型的制作
Unity3D 4.5.5	用于浙江教育技术数字博物馆虚拟场景的制作和探究性学习交互操作的制作
Krpano 1.19 pr8	用于浙江教育技术数字博物馆中所有全景环视场景的制作
Java /html	用于承载浙江教育技术数字博物馆中的所有图文资源，负责所有程序与数据库的数据通信

2. 系统架构

浙江教育技术数字博物馆在系统结构上分为前台和后台两个部分，前台主要面向学生用户参观博物馆，后台主要用于管理员对博物馆进行管理操作，如图3所示。

在前台，学生通过手机、电脑和平板电脑等终端访问数字博物馆，Java 程序向资源库的 Mysql 发送资源浏览请求，Mysql 数据库响应资源浏览请求，将资源库中存储的 3D 模型、链接、视频、语音、图片、文本和文档等资源以网页、全景环视和虚拟现实的形式呈现给学生。在后台，管理员利用电脑、手机等终端访问数字博物馆的管理模块，通过 Java 程序、Unity3D 程序和 Krpano 程序对资源库中的资源进行添加、审核、编辑、删除等操作，Mysql 数据库通过 Java 程序响应管理员的操作请求，从而实现管理员对浙江教育技术数字博物馆的管理。

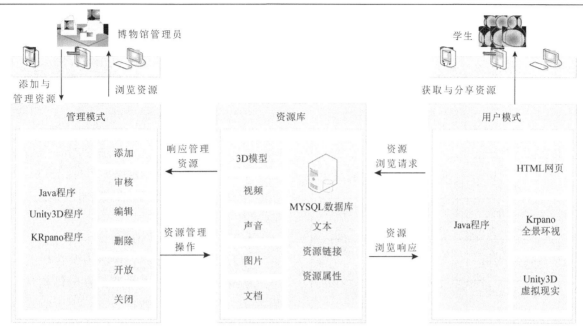

图 3　浙江教育技术数字博物馆系统架构

（四）浙江教育技术数字博物馆的内容与功能

浙江教育技术数字博物馆主要分为教育技术体验馆、教育技术陈列馆、教育名人与历史剪影、探究性学习和互动答题 5 个模块。

1. 教育技术体验馆

教育技术体验馆主要包括智慧教室环境、移动校园校车安全监控、基于云计算的在线课堂、基于大数据的学习分析、3D 打印机、DisLab 创新实验、数码显微互动实验、虚拟演播室和智能语音的个性化语言学习等内容。我们以实体馆为基础，利用

Unity3D 对智慧教室进行了模拟，向学生展示声、光、电等智能化控制的教学环境，结合游戏化的交互操作模式对现代化教学仪器的运行进行了仿真，为学生创设身临其境的感觉。在高度沉浸的数字化模拟环境中，让学生能够深刻体验当前教育技术的发展成果。在教育技术体验馆中，我们还设置了虚拟导游讲解和自主探索两种漫游模式供学生选择，学生既可以跟随导游去了解馆藏内容，也可以选择自主漫游，为学生的参观学习提供便利，如图 4 所示。

（a）体验馆中的虚拟导游模拟

（b）虚拟演播室视频合成原理模拟

（c）体验馆中模拟打印机打印 DNA 模型

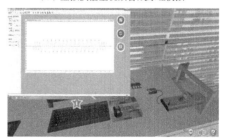

（d）体验馆中模拟电磁感应原理

图 4　教育技术体验馆仿真模拟

2. 教育技术陈列馆

教育技术陈列馆主要展示了浙江省教育技术的发展历程和中小学各学科近 300 件教学仪器，如表 2 所示。

表 2　教育技术陈列馆馆藏内容

主题	区块	具体内容
浙江教育技术的发展历程	教育技术的起源与发端	民国时期教育文件、教学挂图等
	20 世纪 50 年代至 1965 年	浙江省教育厅的成立，开展电化教育工作等
	1966—1976 年	教育与劳动相结合的体系内容、农业教具等
	20 世纪 70 年代末至 90 年代	浙江省电化教育馆的成立，推进广播、电视等
	20 世纪 90 年代以后	教育技术中心成立，普及信息技术教育等
中小学各学科教具的发展	化学教学仪器	化学药品、气体电量计、硫酸制作模型等
	物理教学仪器	天平、法拉第原盘、手摇发电机等
	地理教学仪器	地球仪、地震仪、风速计等
	生物教学仪器	人体解剖模型、细胞模型、DNA 模型等
	电影与投影教学仪器	135 白昼幻灯机、胶片放映机、便携投影仪等
	录音教学仪器	CF666 录音机、电子管盘式录音机等
	录像教学仪器	AVC32501 黑白摄像机、ONY5850 录像机等
	计算机教学仪器	286-486 计算机、奔腾系列计算机等
	其他教学仪器	刻字钢板、BF3 扫描仪、212 矢量仪等

教育技术陈列馆采用实景拍摄的方式，通过 Krpano 1.19 pr8 软件为学生创设了一系列的全景场景，利用锚点链接的方式将其串联为一个完整的博物馆真实环境。在教育技术陈列馆中设置了游戏化的用户界面（user interface，UI）漫游地图、胶片式导览、自动漫游和旋转缩放的交互式操作按钮，为学生的漫游参观提供了便利。此外，当鼠标点击每个展品时，系统会弹出对应展品的详细说明，从而帮助学生加深对教学仪器的理解，如图 5 所示。

图 5　教育技术陈列馆的数字化全景展示

3. 教育名人与历史剪影

教育名人与历史剪影模块主要包括民国时期以来的浙江省教育名人和浙江省电化教育馆成立后的重大历史剪影。教育名人与历史剪影内容主要为老照片和文本资料，因此我们利用 Java 编译 html 页面，采用图文并排的简洁形式呈现给学生用户。

4. 探究性学习

探究性学习是专门针对中小学生实践探索能力设计的模块，以学习单的形式呈现给学生，主要包括矿石收音机、3D 打印、汽车变速系统等一系列案例，如图 6 所示。学习单的设计以日常生活的实际需求为导向，引导学生去了解生活中所蕴含的学科知识。在学生了解背景知识的后续步骤中，学习单为学生安排了解决实际问题的虚拟交互操作任务，考查学生对知识的掌握，不断地实验直到学生获得成功，从而达到学生通过探究提高解决实际问题的能力和获取知识的目的。

5. 互动答题

在实体博物馆中，由于空间限制和人流量变化等原因，很难对学生的参观学习活动进行评价，长期以来缺乏学习评价机制，而在数字博物馆中不存在这些因素的限制，因此我们在浙江教育技术数字博物馆设置了互动答题模块。互动答题模块以浙江省教育技术的发展历程、中小学教具的识别和教具所蕴含的知识原理为核心内容，通过选择题的形式呈现给学生用户。学生按照顺序完成测试，提交测试后系统会作出评价，并给出正确答案，系统会对学生的成绩进行排名，如图 7 所示。

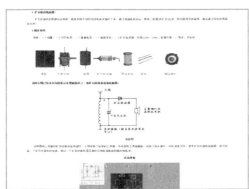

（a）探究性学习矿石收音机学习单

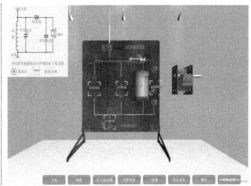

（b）探究性学习矿石收音机的制作

（c）探究性学习 3D 打印与文物修复

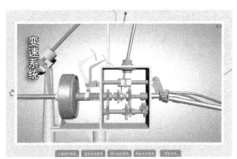

（d）探究性学习汽车变速系统

图 6　探究性学习部分案例

图 7　互动答题测试与排名

四、应用效果评估

我们以杭州市西兴中学为例，开展第二课堂应用研究。按照配对设计的原则，在初中二年级选取40 名学生进行测验。设计原则如下：按照性别、学习成绩进行配对，每组 20 人，分为 A、B 两组。A组基于浙江教育技术实体博物馆，B 组基于浙江教育技术数字博物馆，开展为期 2 周的第二课堂学习。A 组和 B 组的学习活动都处于自发的无教师组织的状态，学习结束后通过互动答题，系统抽取 20 道试题对 A、B 两组所有学生进行测试，总分为 10分，采用 SPSS20.0 软件对数据进行分析，采用配对样本 t 检验对其进行比较，结果显示，B 组学生的学习成绩高于 A 组（$p<0.01$），如表 3、表 4 所示。

表 3　A、B 两组学生成绩频数统计表

成绩	A 组人数/人	B 组人数/人
0～2	0	0
3～4	3	1
5～6	9	5
7～8	6	10
9～10	2	4
总计	20	20

表4 两组学生成绩统计分析表

n	A组	B组	t	p
40	6.90±1.77	7.20±1.61	−10.728	<0.01

注：两组数据均符合正态分布，且方差齐性

我们选取参观过浙江教育技术数字博物馆的学生 30 名，对浙江教育技术数字博物馆的体验满意度，以及与实体博物馆的对比优势进行问卷调查，如图8所示。

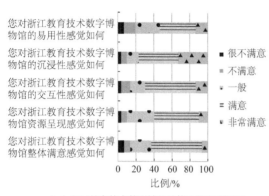

（a）浙江教育技术数字博物馆体验满意度调查

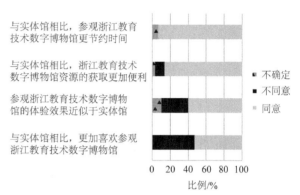

（b）与实体馆相比浙江教育技术数字博物馆优势调查

图8 浙江教育技术数字博物馆体验调查

由图8（a）可以看出，学生在易用性、沉浸性、交互性和资源呈现等方面对浙江教育技术数字博物馆的总体体验比较满意；由图8（b）可以看出，大部分学生认为参观浙江教育技术数字博物馆与实体馆相比更加节省时间，资源获取更加便利，能够获得类似于实体馆的体验效果，甚至喜欢参观浙江教育技术数字博物馆的人数比例高于实体馆。

五、小结

本次研究针对实体博物馆在中小学第二课堂应用中的不足之处，以实体博物馆资源为基础，构建了浙江教育技术数字博物馆，并对中小学第二课堂的应用进行研究。研究通过对比实体馆和数字博物馆的第二课堂样本学习成绩，发现基于数字博物馆的样本学习平均成绩高于实体博物馆。通过问卷调查发现，多数学生对浙江教育技术数字博物馆的总体体验感到满意，他们认为基于数字博物馆的第二课堂更加节约时间，资源获取更加便利，体验效果近似于实体馆，甚至更加喜欢参观数字博物馆。

虽然数字博物馆与实体馆相比更具有优势，但是从问卷调查结果来看，喜欢参观数字博物馆的样本数与实体馆的差距非常小，由于现实环境中存在展品真实感、亲子活动、娱乐活动、深度学习等因素的影响，在中小学生第二课堂中数字博物馆不能够取代实体博物馆的地位。

参考文献

[1] 余胜泉，毛芳. 非正式学习——e-Learning研究与实践的新领域[J]. 电化教育研究，2005（10）：18-23.

[2] 宋伟宏. 博物馆与青少年教育活动[J]. 博物馆研究，2015（4）：31-35.

[3] Huhtamo E. On the origins of the virtual museum [J]. Museums in a Digital Age, 2010：121-135.

[4] Gomes L，Olga R P B，Silva L. 3D reconstruction methods for digital preservation of cultural heritage[J]. Pattern Recognition Letters，2014，50（C）：3-14.

[5] Ott M，Pozzi F. ICT and cultural heritage education: Which added value? //Miltiadis D, Lytras J M. World Summit on the Knowledge Society：Emerging Technologies and Information Systems for the Knowledge Society[C]. Berlin：Springer，2008：131-138.

[6] Kabassi K. Evaluating websites of museums: State of the art[J]. Journal of Cultural Heritage，2016，24：184-196.

［7］ British Museum—Welcome to the British Museum［EB/OL］. http://www.britishmuseum. org ［2017-04-13］.

［8］ Louvre Museum［EB/OL］. http://www.louvre. fr/en/［2017-04-14］.

［9］ American Museum of Natural History［EB/OL］. http://www. amnh. org/［2017-04-15］.

［10］ The Metropolitan Museum of Art［EB/OL］. http://www. metmuseum. org/［2017-04-15］.

［11］ 王莹莹. 博物馆与青少年的素质教育［J］. 博物馆研究，2011（2）：46-47.

［12］ 王永锋，何克抗. 建构主义学习环境的国际前沿研究述评［J］. 中国电化教育，2010（3）：8-15.

［13］ 鲍雪莹，赵宇翔. 游戏化学习的研究进展及展望［J］. 电化教育研究，2015（8）：45-52.

［14］ 舒昊，马颖峰. 国内中小学在线学习分析及思考［J］. 中国教育信息化，2014（23）：19-22.

数字博物馆观众学习行为的分析工具及其比较

陶　宏　柴惠芳　张剑平

（浙江大学数字化学习研究所，浙江　杭州　321000）

摘　要：随着教育信息化的发展和博物馆的逐渐普及，对数字博物馆中的观众学习行为进行分析，能发现观众的兴趣、习惯和需求，帮助其提升学习效果，为博物馆资源建设和网站优化提供依据。本文在参阅国内外文献的基础上，对若干典型的学习行为分析工具进行了介绍和比较，认为数字博物馆观众行为分析工具可分为通用型分析工具和专用型分析工具。通用型分析工具侧重对网站流量的监测与分析，典型工具包括 AWStats、Google Analytics 和百度统计等；专用型分析工具则针对在线博物馆的观众行为进行设计开发。本文从功能、易用性等方面对三种通用型工具进行了比较，并对浙江教育博物馆中的专用型分析工具进行了介绍。

关键词：数字博物馆　观众行为　分析工具

一、背景

（一）数字博物馆的兴起与发展

近年来，博物馆在社会教育和文化传播中的作用逐渐受到重视，各地的博物馆事业蓬勃发展。博物馆典藏、陈列了大量有科学性、历史性和艺术价值的展品，观众通过参观浏览，拓展对科学或文化的认识，增加个人知识储备，提升自我素养。

然而，传统的博物馆在时间和空间上均有所限制，很多观众因此失去了参观学习的机会，传统实体博物馆渐渐难以满足观众的需求。随着互联网和多媒体技术的快速发展，虚拟的数字博物馆应运而生，其对数字资源进行采集与加工，并以数字化的展现形式在网络上进行传播与普及[1]。尤其是移动互联、虚拟现实、增强现实等新兴技术的深入应用，观众足不出户便可在高度逼真的网络数字博物馆中参观、体验与学习[2]。因此，数字博物馆吸引了大量观众，通过互联网浏览展品、参与互动，随时随地进行学习体验，极大地激发了人们的热情和积极性。

（二）博物馆学习

博物馆不仅是典藏、陈列、研究代表自然和人类文化遗产实物的场所，更是面向社会公众开展人类文化传承与科学知识普及的社会教育机构[3]。博物馆学习（museum learning）是指观众在博物馆中进行参观、体验与学习，从而汲取知识、提升个人能力与素养的非正式学习行为。

博物馆学习有诸多潜在优势，如能增强好奇心、培养积极态度，同时观众可以通过参与社会互动汇聚并扩大社会群体[4]。博物馆不仅能够促进观众个人素养的提升，更有助于社会教育的普及，以及传统文化的传承与发展。国务院颁布的《博物馆条例》中将"教育"视为博物馆建设与发展的首要目的，由此可见博物馆在社会教育、文化传承中具有重要价值。

（三）数字博物馆中的学习行为

与学校教育等正式学习相比，博物馆学习的最大特点在于观众具有充分的"自主性"。在动机方面，博物馆学习较少受外在动机（如学习成绩、他人认可等）的影响，更多地受观众自身兴趣等内在驱动因素的影响[5]；在学习过程方面，参观者根据自身兴趣和需求自由选择资源参观和体验活动，同时自主控制学习形式、学习路径等。博物馆为观众提供了一个真正实现"以学习者为中心"的学习平台和空间。而这种"自由选择"式的参观体验活动中隐含着观众的动机与取向[2]。对观众在博物馆中的学习行为进行研究，能发现其潜在的学习动机、兴趣与风格。对于观众而言，对自己学习风格、兴趣的了解，能帮助其进行自我评估；系统也可为其提供个性化的推荐与指导，激发观众的学习热情，提升学习效率。此外，这也有利于博物馆管理人员进一步了解观众的整体需求，为改善资源的内容与形式，优化博物馆质量，提供借鉴与指导。

二、网站分析工具在教育领域的应用

随着教育信息化的快速发展，数字图书馆和其他教育类网站大量涌现，它们通过引导用户浏览网页、参与学习活动来帮助用户获取知识、提升素养。相应地，有大量研究人员尝试将网站分析工具应用于教育领域，分析教育类网站中的用户学习行为，评估信息服务质量；提出网站的改进策略，优化用户体验，鼓励用户在该网站上持续学习。

在对数字图书馆的研究中，有大量文献阐述了网站分析工具对图书馆改善的意义与作用。Asunka等对师范类大学图书馆的 Web 服务器日志进行挖掘，统计了链接类别、搜索类别、搜索字段、搜索关键词的点击量，进而探究了读者的信息搜索习惯[6]。明尼苏达大学则从 2005 年便引入 Google Analytics工具对健康科学图书馆进行分析与评估，并根据相应的结果与策略对图书馆网站进行改进[7]。黄晴珊和朱伟丽则对 Google Analytics 在国外图书馆的应用与研究进行了综述，指出该工具操作简单、功能强大，我国的图书馆应加强 Google Analytics 的应用，掌握用户需求，实现科学决策[8]。李祝启等以安徽省图书馆为例，研究了公共图书馆网站的读者行为，通过 AWstats 软件对服务器日志进行处理，统计了图书馆的访问量、浏览页面量、点击量、网络流量等数据，对不同阶层的读者的访问行为进行了研究，此外，还对读者的时间偏好和访问渠道进行了分析和解释[9]。任立肖则对三大类型图书馆网站的 Web 日志进行处理，通过提取用户访问行为，从访问用户数量、访问量和点击量、访问持续时间、浏览页面量等多个维度，对高校图书馆、公共图书馆和科研图书馆这三大类型图书馆进行了比较[10]。周义刚等利用百度统计跟踪读者访问OPAC入口网

站的变化，以此评估资源发现服务的效果[11]。

除了数字图书馆外，教育网站和平台也逐步引入各种网站分析工具，以提升用户的使用体验。Crutzen 等将 Google Analytics 应用于一个性健康学习网站，从用户（弹出率、回访次数、访问深度等）、访问渠道（网址进入、外部链接或搜索引擎）和内容（进入页面和离开页面）三个角度对用户的访问行为进行了分析[12]。Nicholas 等则将 Google Analytics 与 Web 日志分析工具相结合，统计了多媒体平台 Europeana 的用户访问情况，对网站黏性、用户忠诚度、社交媒体影响等进行了分析。同时，还对比了 Google Analytics 工具和 Web 日志分析工具在数据统计上的细微差别[13]。在基于 Moodle 的"教育技术学开放教育资源"网站中应用 Google Analytics 工具，为定量评价教育网站提供了丰富的流量数据[14]。王玥则对科技期刊门户网站的流量数据进行了跟踪，通过分析网站用户的行为，发现了用户的特征[15]。旷芸等则使用百度统计工具，采集一个双语学习网站的用户行为数据，应用回归分析模型研究了跳出率和网站流量的关联指标，探讨了网站用户行为的影响因素[16]。

由此可见，AWstats、Google Analytics 等网站分析工具在数字图书馆、教育网站中均有大量应用与实践。我们可以借鉴教育类网站的成功经验，利用网站分析工具对数字博物馆中观众的参观、学习行为进行统计与分析，从而提高博物馆质量，优化观众的参观体验。

三、数字博物馆行为分析工具的介绍及对比

一般来说，数字博物馆中的观众学习行为分析工具可以分为两大类：通用型分析工具与专用型分析工具。前者是指一般意义上的网站分析工具，可通用于所有网站的用户行为分析。后者是专门为数字博物馆平台设计开发的，根据博物馆的内容与活动，对观众的参观行为、学习轨迹进行跟踪与统计。

（一）通用型工具及其比较分析

1.Web 服务器日志分析工具

网站分析最常用的方法是采集 Web 服务器产

生的访问日志，对网站用户的行为进行筛选与统计。Web日志通常以文本文件的形式保存在服务器中，记录服务器的运行状态等相关数据。Web日志会记录下用户在网站上的每一次行为轨迹，因此对日志中的记录进行收集、预处理、汇总与分析，可以反映出用户的行为习惯。

最常用于教育网站中的 Web 日志分析工具是 AWStats 软件。AWStats 软件是采用 perl 语言编写的应用程序，可分析 WEB、FTP 等多种类型服务器日志，提供较好的图形用户界面，功能强大、分析精确[17]，因此被广泛应用于图书馆和教育平台的用户行为分析中。

2.页面标记网站分析工具

网站分析的另一种方法是基于网站页面中嵌入 JavaScript 脚本而进行的在线监测与分析，相对于日志分析方法而言，它拥有能整合其他在线大数据、跟踪出站链接和非页面请求类行为等优势[18]。

其中，最知名的工具应属 Google Analytics。它是 Google 公司提供的网站数据分析服务，用于采集目标网站的用户访问数据，生成图表式的网站分析报告。它有服务免费、部署简单、功能完善等诸多优势[20]，因此在国内外的网站中都有广泛应用。

在国内，百度公司推出了百度统计工具，这是一款免费的专业网站流量分析工具，会显示用户是如何找到并浏览该网站的，帮助提升网站质量，改善用户在网站上的使用体验。百度统计与 Google Analytics 的功能相近，在对中文网站的支持上有很大优势。

3.通用型分析工具的比较

本部分从功能、易用性两个方面对三个典型的通用型网站分析工具即 AWStats、Google Analytics 和百度统计进行对比，并对其统计指标作出数字博物馆环境下的解释，试图找到一种较适合博物馆网站的分析工具，为对观众行为进行分析和研究提供借鉴与参考。

（1）功能比较

三款网站分析工具的功能有所不同，表1中进行了详细对比，打钩表示该工具支持这项功能，空

白则表示暂不支持该功能。

表1 常用网站分析工具的功能比较

项目		AWStats	Google Analytics	百度统计
访问行为	访客数、浏览量	√	√	√
	访问时长、访问深度	√	√	√
	跳出率	√	√	√
	忠诚度	√	√	√
	地域分布	√	√	√
内容	热门页面	√	√	√
	入口页面、离开页面	√	√	√
	网页内分析		√	√
	页面上下游			√
	访问路径		√	√
	事件跟踪	部分	部分	部分
流量来源	访问来源	√	√	√
	搜索引擎	√	√	√
	搜索词		√	√
	外部链接	√	√	√
移动分析	移动流量	√	√	√
	移动访客参与度	√	√	√
	跨屏分析		√	√
其他	智能		√	
	社交分析		√	
	错误报告	√		

访问行为是对用户行为进行分析最常用的数据项，能较好地体现博物馆网站的整体质量和对观众的吸引力。AWStats、Google Analyitcs 和百度统计工具都能从各个指标对观众的访问行为进行统计与分析。

访客数和浏览量显示了参观数字博物馆的观众人数，以及浏览的总页面数。同时，观众的平均访问时长与访问深度也有助于对观众行为进行考量。跳出率是指观众在打开一个页面后，没有再点击链接浏览其他页面便直接离开，这一指标可以用来评价数字博物馆是否能满足观众的需求。如果观众在打开第一个页面后即离开，说明观众没有找到

他想要的东西，或者是博物馆网站建设较差，需要采取相关策略以降低跳出率。忠诚度是衡量网站黏度的重要指标，通过对观众的访问次数与频率、每次访问的时长与深度进行统计分析，可以判断该博物馆是否能够持久地吸引观众前来浏览学习。数字博物馆可以通过定期开展线上互动活动等方法来提高观众的忠诚度。而地域分布则统计了观众所在的国家、地区，通过该数字博物馆可以有选择性地在一些地区进行宣传和推广。

在页面内容方面，三种工具都可以对热门页面、入口页面、离开页面等进行统计，从而分析观众喜欢、需要的资源内容与类型。Google Analytics和百度统计具有网页分析功能，以热力图的形式展现观众在某一页面中的移动轨迹和点击情况。百度统计还有页面上下游功能，能够监控指定页面的流量来源和去向，可以通过这一功能对博物馆首页或其他重要页面的效果进行监测。三种分析工具都对观众在博物馆中的访问轨迹进行了跟踪，但AWStats和百度统计都是以文本形式记录观众的IP、访问URL和访问时长，效果不够直观。Google Analytics则将观众的参观路径可视化，分析人员可以从中发掘出观众的参观习惯、学习风格等。在事件跟踪方面，AWStats能够对观众的上传和下载行为进行统计，这在博物馆学习活动的开展中非常有价值，可以查看学习单及相关学习资源的下载、回传情况。而Google Analytics和百度统计则跟踪观众与Flash和AJAX元素的交互情况，了解视频播放、网页游戏的使用情况，也可以统计文件下载频率。

数字博物馆中的观众流量来源，主要有搜索引擎、直接访问、外部链接三种。AWStats、Google Analytics和百度统计均可对这三种来源的观众进行统计，并通过访问次数、跳出率、平均访问深度、平均停留时间等数据对三个来源渠道进行对比与评估。其中，特别值得注意的是搜索引擎来源，虽然三种分析工具都能分析出是哪些搜索引擎带来的博物馆观众流量，但Google Analytics和百度统计依托于其强大的搜索引擎，可以对搜索词进行统计，判断观众在搜索引擎上通过搜索哪些关键词找

到并进入该博物馆。对流量来源的分析，可以了解观众是通过何种途径进入该博物馆的，从而给数字博物馆的宣传、推广提供借鉴与指导。

随着无线网络技术的发展和移动终端的普及，许多文博机构都推出了掌上博物馆。掌上博物馆是数字博物馆的延伸，观众可以通过手机、平板电脑等移动设备进行浏览、学习。因此，对移动端观众的行为进行分析，了解观众的浏览习惯，有助于对数字博物馆进行优化。三种分析工具均可以对移动流量进行统计，包括数字博物馆的移动访客数量、常用的移动设备、观众的地理位置分布等。此外，还可以通过访问时长、访问深度、访问频次等指标对移动访客的参与度进行分析，了解观众在移动端的学习习惯。Google Analytics和百度统计还推出了跨屏分析，即利用cookie追踪同一观众在PC端和移动端的参观行为。

Google Analytics智能是一个算法引擎，能够检测到数字博物馆的流量模式中任何重大的统计信息异常情况，并发布自动提醒。此外，Google Analytics还提供了社交分析功能，统计社交来源，能了解哪些社交平台为数字博物馆带来了流量；社交分享则可以跟踪博物馆中的数字资源在社交网站上的分享情况，由此可以分析出受观众欢迎的资源的特点，并创建更多优质内容。而AWStats则是对服务器上的请求错误信息进行统计，有助于及时发现数字博物馆中的漏洞与安全隐患。

综上所述，AWStats、Google Analytics和百度统计在分析功能上大体相近，均可实现对访问行为、内容、流量来源和移动端基本数据的分析。但由于实现原理不同，AWStats软件作为日志分析工具，更注重对服务器接受的请求信息的记录与统计，而Google Analytics和百度统计则侧重于对网站流量的监测。

（2）易用性比较

其易用性的比较，如表2所示。

AWStats软件的安装与配置过程比较复杂，除了基本的下载安装之外，还需要对服务器中的文件进行配置。在分析日志数据前，需进行数据预处理，

表2　常用网站分析工具的易用性比较

项目	AWStats	Google Analytics	百度统计
安装与配置	复杂	简单	简单
数据预处理	需要	不需要	不需要
页面、访客监控功能	无	有	有
实时性	非实时	实时	实时
稳定性	稳定	不稳定	稳定
共享性	否	是	否

删除重复和无关信息。因此，该软件需要专业技术人员进行运行和维护。而 Google Analytics 和百度统计的安装配置过程则相对简单，在官网通过输入主域名和二级域名添加网站，系统会自动生成该网站的统计代码，将这些代码添加到各个页面中即可。

Google Analytics 和百度统计工具可以对某些特定页面和访客进行监控，查看数字博物馆中重要页面的流量来源和去向，跟踪观众的行为轨迹。而 AWStats 软件则统计服务器中的所有数据，无法对重要页面、访客进行追踪。此外，Google Analytics 和百度统计具有实时性，能随时监控博物馆观众的访问情况。同时，Google Analytics 提供了共享工具，

数字博物馆管理团队成员可以轻松地共享信息。但是受到一些因素的影响，该工具在中国大陆使用的稳定性和安全性存在一定风险。

（二）专用型工具及其功能

面向数字博物馆的专用型分析工具通常是指针对数字博物馆观众的行为分析工具，分析其在数字资源、学习活动等各个模块中的资源浏览行为和活动参与情况，推断观众的兴趣需求和浏览习惯，从而为博物馆的优化策略提供参考。

在浙江大学教育学院和信息技术中心设计开发的数字化"浙江教育博物馆"中，开发了专门的观众行为分析工具。该分析工具是针对"浙江教育博物馆"的展厅和展板设计开发的，主要从注册用户管理和内容分析两个角度进行统计与分析。

1.注册用户管理

（1）注册用户信息

"浙江教育博物馆"中的注册用户个人信息都会被详细记录，如用户名、单位名称、联系电话等。同时，还记录了用户类型（普通用户、QQ 登录用户、微信登录用户、微博登录用户）、注册时间等注册信息（图1）。

注册用户管理							
用户类型	用户名	姓名	单位名称	班级名称	联系电话	用户得分	注册时间
普通用户	陈肥	陈涵	宁波杰瑞软件公司	2132131	1386××××111	2	2016/10/27
普通用户	21zjp	ZJ_Paul	浙江大学		1516××××336	2932	2016/10/27
普通用户	chenfat	陈涵	浙江大学		1386××××112		2016/10/27
普通用户	星小野	刘佳丽	浙江大学教育学院		1886××××020		2016/10/27

图1　注册用户信息

（2）访问路径跟踪

分析工具会记录下每个注册用户在博物馆中的访问路径，从而可以对观众的浏览习惯进行分析与挖掘。图2是 IP 为 10.254.110.188 的用户在2017年3月13日的访问路径，可见其先后进入两个展厅浏览网页，并参与了数字故事的活动。

（3）积分管理

"浙江教育博物馆"对注册用户采用积分管理机制，用户浏览网页资源、参与互动答题、参与在线游戏等学习行为均会被奖励积分，以此鼓励观众积极浏览博物馆资源，参与学习活动（图3）。

注册用户访问日志管理			
IP	规则名称	操作内容	操作日期
10.254.110.188	网页浏览	http://museum.zjedu.org/PubNews/PubNewsView.aspx?ParentClassId=01&classGnid=0104	2017/3/13
10.254.110.188	网页浏览	http://museum.zjedu.org/PubNews/PubNewsView.aspx?ParentClassId=01&classGnid=0101	2017/3/13
10.254.110.188	网页浏览	http://museum.zjedu.org/PubNews/PubNewsView.aspx?ParentClassId=01&classGnid=0104	2017/3/13
10.254.110.188	网页浏览	http://museum.zjedu.org/PubNews/PubNewsView.aspx?ParentClassId=03&classGnid=0305	2017/3/13
10.254.110.188	数字故事	http://museum.zjedu.org/PubNews/viewinfo.aspx?nid=546	2017/3/13
10.254.110.188	网页浏览	http://museum.zjedu.org/PubNews/viewinfo1.aspx?nid=323	2017/3/13
10.254.110.188	网页浏览	http://museum.zjedu.org/PubNews/webQuestinfo.aspx?nid=15	2017/3/13
10.254.110.188	网页浏览	http://museum.zjedu.org/PubNews/webQuestinfo.aspx?nid=15	2017/3/13
10.254.110.188	网页浏览	http://museum.zjedu.org/PubNews/viewinfo1.aspx?nid=323	2017/3/13
10.254.110.188	网页浏览	http://museum.zjedu.org/PubNews/viewinfo1.aspx?nid=323	2017/3/13
10.254.110.188	网页浏览	http://museum.zjedu.org/PubNews/viewinfo.aspx?nid=934	2017/3/13
10.254.110.188	网页浏览	http://museum.zjedu.org/PubNews/viewinfo.aspx?nid=934	2017/3/13
10.254.110.188	进入展厅	http://museum.zjedu.org/zjbwg/index.aspx?cid=0410	2017/3/13
10.254.110.188	网页浏览	http://museum.zjedu.org/PubNews/viewinfo.aspx?nid=934	2017/3/13
10.254.110.188	进入展厅	http://museum.zjedu.org/zjbwg/index.aspx?cid=0409	2017/3/13

图 2　访问路径

积分规则管理	
规则名称	规则说明
网页浏览	浏览一次记1分
网络探究	提交成果获得20积分
在线游戏	每个游戏通关后获得10积分
互动答题	每答对一道题获得5积分
数字故事	浏览一次记3分
意见建议	每次建议记5分
进入展厅	浏览一次记1分
打开展板	详细浏览一次记2分

图 3　积分管理

2. 内容分析

内容分析主要是对"浙江教育博物馆"中的各个栏目、展厅、展板的访问量进行统计,分析热门资源与活动,有助于博物馆管理人员设计开发更多受观众欢迎的数字资源。

（1）总浏览量

"浙江教育博物馆"记录了每天的页面浏览量,反映了观众访问行为的时间周期及访问时间偏好。

（2）栏目访问量与热门文章

分析工具统计了"浙江教育博物馆"中每一个栏目的观众访问量,以此分析观众对不同栏目的重视程度。此外,文本资料是数字博物馆中非常重要的资源,分析工具对每个栏目中的文章阅读量进行统计并排出了最热门的 30 篇文章,由此可以判断观众对资源内容的兴趣与需求（图 4～图 6）。

（3）展厅访问量与热门展板

"浙江教育博物馆"由古代馆、近代馆和现代馆组成,共有 15 个展厅。对各个展厅的访问量进行统计,可以分析观众对哪个时间段的浙江教育历史比较感兴趣。同时,在每个展厅中又有许多不同的展板,统计了阅读量最高的 30 块展板,反映了观众的兴趣与喜好（图 7、图 8）。

每日访问数量统计 2017/1/1 至 2017/5/14			
年	月	日	访问数
2017	5	13	3514
2017	5	12	3299
2017	5	11	2300
2017	5	10	1173
2017	5	9	1172
2017	5	8	1460
2017	5	7	5749
2017	5	6	5209
2017	5	5	4328
2017	5	4	2643
2017	5	3	1189
2017	5	2	704
2017	5	1	708

图 4　每天浏览量

栏目访问统计 2017/1/1 至 2017/5/14		
频道名称	栏目名称	阅读数
本馆概况	博物馆序言	935
本馆概况	主题馆分布	313
本馆概况	博物馆构成	349
本馆概况	关于我们	217
资讯公告	信息动态	278
资讯公告	活动公告	116
资讯公告	媒体报道	155
资讯公告	免责申明	129
学习体验	数字故事	544
学习体验	在线游戏	249
学习体验	网络探究	278
学习体验	仿真交互	820
学习体验	互动答题	159

图 5　栏目访问统计

文章访问top30统计 2017/1/1 至 2017/5/14

可以分组

频道名称	栏目名称	标题	阅读数
本馆概况	博物馆序言	博物馆序言	985
本馆概况	博物馆构成	数字馆构成	414
学习体验	仿真交互	小行星与太阳系行星运行	394
本馆概况	主题馆分布	浙江教育数字博物馆的构成	387
学习体验	仿真交互	高速摄影机与透镜成像	311
本馆概况	关于我们	关于我们	262
学习体验	仿真交互	卫星发射与轨道倾斜角	246
学习体验	仿真交互	发电机与电磁感应	236
学习体验	互动答题	选择题	159
学习体验	数字故事	沈括上山看桃花的故事	154
学习体验	在线游戏	网络游戏：浙江古代文明之旅	149
学习体验	数字故事	大禹治水的故事	146

图 6　热门文章

展厅访问统计 2017/1/1 至 2017/5/14

展馆名称 ▼	展厅名称 ▼	打开阅读数 ▼
古代馆	自有人类 便有教育（教育肇始）	6444
古代馆	文教渐兴 家学兴盛（秦汉六朝）	2929
古代馆	官学兴起 书院萌芽（隋唐五代）	1986
古代馆	学术繁荣 文风鼎盛（宋元时期）	1963
古代馆	教育发达 西学入浙（明清时期）	2429
近代馆	清末改革 新学渐兴（1840—1911）	4044
近代馆	民国新制 理念纷呈（1912—1927）	2339
近代馆	各类教育 多元发展（1928—1937）	2115
近代馆	八年抗战 辗转办学（1937—1945）	1735
近代馆	战后复员 恢复发展（1945—1949）	1301
现代馆	接管改造 稳步改革（1949—1956）	4982
现代馆	探索时期 曲折发展（1957—1965）	3442
现代馆		1992

图7 展厅访问统计

展板访问top30统计 2017/1/1 至 2017/5/14

这里可以分组

展馆名称 ▼	展厅名称 ▼	标题 ▼	打开阅读数 ▼
古代馆	自有人类 便有教育（教育肇始）	教育在劳动中产生	739
古代馆	自有人类 便有教育（教育肇始）	自有人类 便有教育（教育肇始）	512
现代馆	教育强省 展望未来（1994—）	从"科教兴省"到"教育强省"	499
现代馆	接管改造 稳步改革（1949—1956）	接管与改造旧教育	476
古代馆	自有人类 便有教育（教育肇始）	余姚·河姆渡（全景）	416
古代馆	自有人类 便有教育（教育肇始）	上山遗址中出土的大口盆	383
现代馆	教育强省 展望未来（1994—）	新浙江大学成立大会（1998）	365
现代馆	教育强省 展望未来（1994—）	三年学前教育的普及与提高	362
现代馆	教育强省 展望未来（1994—）	保障教育经费投入	359
古代馆	自有人类 便有教育（教育肇始）	河姆渡文化	354
现代馆	教育强省 展望未来（1994—）	四校合并成立新"浙江大学"	347
现代馆	教育强省 展望未来（1994—）	高等教育跨越式发展	346
现代馆	接管改造 稳步改革（1949—1956）	接管改造 稳步改革（1949—1956）	341
现代馆	教育强省 展望未来（1994—）	基础教育蓬勃发展	337

图8 热门展板

数字博物馆专用型行为分析工具往往需要博物馆相关人员、技术人员共同参与设计、开发，根据博物馆的模块、资源和活动设计分析功能，具有比较强的针对性，能够有效挖掘观众的喜好和需求。而通用型分析工具则功能强大，能全面监测博物馆网站流量。因此，可将通用型分析工具和专用型分析工具相结合，从网站流量、展板浏览、活动参与情况等多个角度对数字博物馆观众的行为进行分析。

四、小结

随着信息技术的发展和数字博物馆的逐渐普及，对观众在博物馆中的浏览、学习行为进行统计与分析，能够有效地了解观众的偏好与需求，为资源建设和网站优化提供依据。可将AWStats、Google Analytics和百度统计等网站分析工具引入数字博物馆中，同时结合博物馆专用分析工具，对网站流量、观众参观行为等进行统计，挖掘其潜在信息和关联，帮助观众提升学习效果，改善数字博物馆的服务质量。

参考文献

[1] 陈刚. 智慧博物馆——数字博物馆发展新趋势[J]. 中国博物馆，2013（4）：2-8.

［2］张剑平，夏文菁，余燕芳. 信息时代的博物馆学习及其研究论纲［J］. 开放教育研究，2017，23（1）：102-109.

［3］张剑平，夏文菁. 数字化博物馆与学校教育相结合的机制与策略研究［J］. 中国电化教育，2016（1）：79-85.

［4］Ramey-Gassert L，Walberg H J. Reexamining connections：Museums as science learning environments［J］. Science Education，1994，78（4）：345-363.

［5］夏文菁，张剑平. 文化传承中的场馆学习：特征、目标与模式［J］. 现代教育技术，2015，25（8）：5-11.

［6］Asunka S，Hui S C，Hughes B，et al. Understanding academic information seeking habits through analysis of web server log files：The case of the teachers college library website［J］. Journal of Academic Librarianship，2009，35（1）：33-45.

［7］［20］Loftus W. Demonstrating success：Web analytics and continuous improvement［J］. Journal of Web Librarianship，2012，6：45-55.

［8］黄晴珊，朱伟丽. 国外图书馆 Google analytics 应用研究述评［J］. 图书与情报，2013（6）：89-94.

［9］李祝启，陆和建，毛丹. 基于 Web 日志统计分析的公共图书馆用户行为研究［J］. 图书馆杂志，2014（7）：39-46.

［10］任立肖. 基于 Web 日志的三大类型图书馆用户信息行为比较研究［J］. 图书情报知识，2006（6）：28-32.

［11］周义刚，聂华，廖三三. 北京大学资源发现服务推广探析——以未名学术搜索为例［J］. 图书情报工作，2014（20）：67-72.

［12］Crutzen R，Roosjen J L，Poelman J. Using Google Analytics as a process evalution method for Internet-delivered interventions：An example on sexual health［J］. Health Promotion International，2013，28（1）：36-42.

［13］Nicholas D，Clark D. Information Seeking Behaviour and Usage on a Multi-media Platform：Case Study Europeana［C］. Berlin：Springer，2014：57-78.

［14］马红亮，孟庆喜. Google Analytics 在教育网站评价中的应用研究［J］. 中国医学教育技术，2012，26（4）：415-420.

［15］王玥. 利用 Google Analytics 追踪科技期刊门户网站流量数据［J］. 中国科技期刊研究，2011（7）：150-152.

［16］旷芸，梁宗经，刘海燕. 网站访问者行为的影响因素分析［J］. 情报科学，2013，31（4）：96-100.

［17］翁畅平. 基于 Web 日志的高校图书馆用户信息行为研究［D］. 合肥：安徽大学，2010.

［18］彭吉练. 利用百度统计的图书馆网站读者访问行为研究［J］. 四川图书馆学报，2015（3）：84-88.

基于数字化场馆的构建及乡村文化遗产保护的研究

——以莫干山镇乡村数字博物馆为例[*]

陈 默 杨玉辉 柴惠芳

（浙江大学 信息技术中心，浙江 杭州 310028）

摘 要： 随着城镇化建设和社会经济的快速发展，农村乡土文化受到冲击，文化遗产破坏严重。如何通过数字化手段，有效地保护农村文化遗产，传承优秀文化，加强精神文明建设，是当前急需重视的热点问题。通过对农村数字博物馆模式的研究，将传统的文化遗产从实体模式、电子档案和数据库中解放出来，有助于形成文化与民众之间的双向流通，促进优秀乡土文化的传播与传承。基于数字化场馆，针对不同农村群体，开展 "线上线下""随时随地" 的泛在学习，将会为农村的文化遗产传承提供新方法，促进其有效传承。

关键词： 数字博物馆 乡村文化遗产

一、数字博物馆及乡村文化遗产概述

（一）数字博物馆的基本概念界定

目前，对于数字博物馆，学术界还没有一个完整的、公认的定义，随着博物馆的信息化、数字化的推进，出现了许多相似的概念，如数字博物馆（digital museum）、数字化博物馆（numerical control museum）、博物馆的数字化（digitization of museum）、虚拟博物馆（virtual museum）、网络博物馆（web museum）、数字空间博物馆（cyberspace museum）等。对于这些概念的内涵和外延是否一致，仍然处在讨论和摸索中。

（二）乡村文化遗产的概念

本文中所涉及的乡村文化遗产概念针对的是农村。中国是一个传统的农业化国家，我们的祖先创造了许多丰厚的农业文化遗产，克服了当时土地贫瘠、自然条件不是十分优越的不足，在数千年的时间里实现了稳定的发展。我们的祖先还在此期间创造了许多物质工具，帮助当时的人们提高了劳动生产力，为后来的现代化农业的发展奠定了坚实的

基础。如今当这一切渐渐逝去并远离我们的时候，对于乡村文化遗产的保护变得刻不容缓。

（三）乡村文化遗产的分类

乡村文化遗产是一种与农村生产生活密切相关的文化遗产，类型多样、特色鲜明，同时具有经济、文化和生态价值。基于乡村文化遗产的核心价值，可将其分为农业和乡村文化遗产、当地建筑传统和民间文化遗产。乡村文化遗产的主要特点是具有完整性、多样性、区域性和动态性。

二、数字博物馆的设计与开发

（一）开发流程

以乡村文化遗产为主题的数字博物馆的开发技术，目前主要是利用主流的网站设计语言、Web3D和虚拟现实技术作为支撑，结合图片、文字、多媒体和动画等手段，充实在线的信息。这是一个复杂的工程，因此笔者结合瀑布模型得出如图1所示的开发模型。

数字博物馆的开发必须经历四个阶段，分别是：需求分析阶段、原型开发阶段、成品开发阶段

＊本文为教育部人文社会科学青年基金项目 "新农村数字博物馆建设与文化传承策略研究"（项目编号：15YJCZH205）的研究成果。

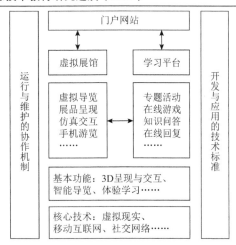

图1　数字博物馆开发模型图

和最终系统实现阶段。

1. 需求分析阶段

针对具体的数字博物馆项目，首先必须成立一个专门的制作团队。然后，对项目的可行性进行分析，包括人员配备、开发成本、制作周期、技术难度、后期维护等内容。最后，针对可行性报告，征求相关专家和教育人士的意见，根据计划和内容明确项目开发的目标。

2. 原型开发阶段

完成需求分析后，就进入了怎么做的具体实施阶段了，原型开发的目的是检测整个项目的可行性和成功的概率，进一步排除理论和技术上的错误。

3. 成品开发阶段

在原型的基础上经过测试，对其中的不足之处进行修改，增加或者删减模块，或者需要重新进行整个软件的发开与设计。

4. 最终系统实现阶段

这个阶段属于最后一步，在项目通过测试、修改之后，如果可以正常运行，即可以完成最后这个步骤。这个阶段需要注意发布的内容和页面的信息安全，有无不正当的攻击等，及时添加和更新新的内容。

（二）系统设计

1. 界面设计

数字博物馆承载着悠久的历史和灿烂的文化，但随着时代的变迁，传统博物馆不可避免地受到了

现代科学技术的冲击，很多传统场馆艰难度日，有的甚至消失不见。近年来，多感官设计与数字技术的发展使得博物馆的展品文物可以通过数字博物馆的虚拟展陈形式来传播古老的历史与文化，怎样应用多感官设计理念之中的界面设计来更好地增强数字博物馆的体验，是值得我们共同关注的重要课题。

网络技术的发展越来越快，使得用户对于美的追求也越来越高，传统的表达形式已经不能满足大多数用户的需求。就传统的表达形式而言，无非是静态的图片和动态的视频。静态图片就算是广角或者全景技术也不能有效地集成领域中的表现。动态的视频可以让用户比较全面地了解内容，但是仍旧属于图像范畴，表达还是比较有限。所以要想很好地表达数字博物馆的内容，对界面设计、UI图标等还是很有讲究的。

2. 数字博物馆用户界面的设计原则

数字博物馆用户界面设计的主要元素包含文字和图像、色彩、交互平台和版式设计。其中，文字和图像是基础元素，图像可以表现内容，用文字来展现细节，其共同作用于整个数字博物馆用户界面。色彩是营造氛围的主要手段之一，如今我国很多数字博物馆多以蓝色为主色调，蓝色代表着理性、智慧和沟通。但是不同的色彩可以使人产生不同的感觉，也要根据本身的内容而定，欧洲就比较喜欢用黑色来做首页，如图2所示。我们这次采用了黄色作为首页的主色调，就是考虑到了黄色与农村文化比较协调，在中国黄色代表了农业的丰收，也比较有历史感，交互平台主要是由计算和网络搭建的与用户沟通的桥梁，交互平台的主要设计原则包括易用性、开放性和功能性。版式设计即页面设计，是传达视觉效果的第一门户。现在更多的人用手机端上网，对设计师来说是一种挑战，相比传统的PC电脑，移动端的屏幕更小，用户对于打开速度、流量的控制都会比较在意。我们的设计无论是对于UI的设计、打开的速度还是用户体验，都做到了很好的兼顾。自适应技术主要是解决用户在PC

和移动端同时访问，在不增加工作量的同时保证用户有很好的体验。莫干山镇乡村数字博物馆 PC 端如图 3 所示。

图 2　大不列颠博物馆首页

图 3　莫干山镇乡村数字博物馆 PC 端截图

3. 数字博物馆图标 UI 设计

根据视觉平衡的原则，设计空间之间的关系用户界面时应注意：①没有使用的图像或对象和内容是不相关的，需要精心设计每个图标。图标是众所周知和熟悉的，易于记忆。笔者的目的是帮助用户理解数字博物馆形象所显示的内部功能的含义，所以容易记住、易于理解。②不要使用过多的图形来表达图标的含义。需要达到使用浏览与组合的最佳方式，形成视觉与功能的统一。图 4 中展现的是这次项目中部分 UI 的设计，仍旧沿用了主色调，配合相关农村文化的特点绘制了相对应的图标，整体上而言易懂、易记，还比较符合农村文化主题的风格。

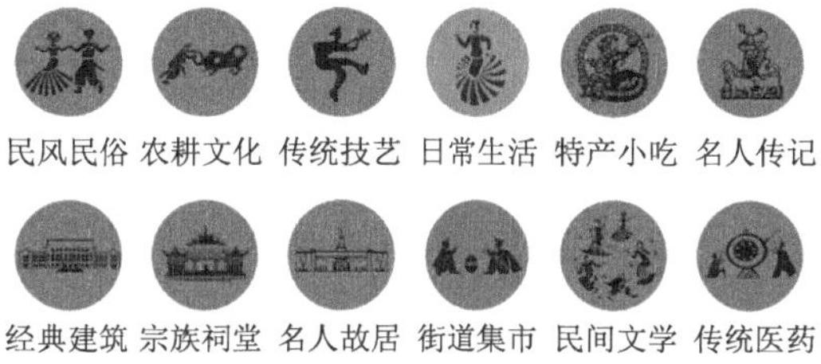

民风民俗　农耕文化　传统技艺　日常生活　特产小吃　名人传记

经典建筑　宗族祠堂　名人故居　街道集市　民间文学　传统医药

图 4　乡村数字博物馆部分 UI 设计

（三）功能设计

通过前期对理论和研究对象的分析，在农村社区数字博物馆功能设计原则的指导下，本文以德清县莫干山镇后坞村为例构建了莫干山镇乡村数字博物馆。馆藏内容主要分为 12 个部分。我们通过实地走访、拍摄、访谈、捐助等多种方式，进行农村经典文化遗产的资源建设。

莫干山镇乡村数字博物馆采用了通用性的架构和各种终端设备自适应的浏览方式，该模式可以在不同的村落进行复制，在内容上保留了该村的特色。后坞农村数字博物馆的前台可适用于各种 PC 和移动终端设备，显示内容自动排版以适应各种主流分辨率屏幕，且操作交互简单便捷。后台部分采用收展式菜单设计，可以灵活地分配多重管理员权限，对博物馆资源库的资源进行审核管理，如图 5 所示。

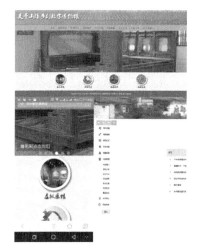

图 5　乡村数字博物馆前台适应性呈现与后台的通用架构

在资源的呈现上，莫干山镇乡村数字博物馆依据内容的抽象程度采用不同的呈现方式，如对农村空间环境的呈现采用 360 度全景环视技术；对传统技艺类的内容采用视频方式进行呈现；对经典的部分展品采用 3D 模型交互的方式进行呈现；对现实中难以再现的内容，采用建模和动画模拟的方式进行呈现，同时，还包括图片和文字的呈现方式，采用丰富的资源呈现方式，为不同的民众获取知识提供了便利。此外，针对每一项馆藏内容都设置了知识关联的扩展阅读，以便民众了解该展品的相关知识和背景，如图6所示。

图6　馆中360度全景环境与3D模型展品呈现

莫干山镇乡村数字博物馆采用了开放式的资源库建设思想，设置资源共建功能，使民众能够参与到博物馆的资源建设中来，发挥其主动性，拓展博物馆资源的更新渠道。此外，后台管理方面借助社会性软件火车头采集器，可以在互联网中自动采集与该博物馆内容相关的文化遗产资源，自动扩充资源库内容，从而实现农村数字博物馆资源的可持续增长，如图7所示。

图7　乡村数字博物馆中开放式资源共建功能

莫干山镇乡村数字博物馆还采用了知识接收的黏性机制，通过微信共享功能，将优秀的文化遗产内容分享到朋友圈及公众号中，从而实现馆藏内容的推送，使观众能够实时查看展馆的最新内容。

（四）系统实现

在莫干山镇乡村数字博物馆的开发实现过程中，核心的环节有资料的收集、网站框架的搭建、后台的开发与管理、虚拟馆的制作等几项内容。

1. 资料的收集

针对莫干山镇乡村数字博物馆的资料基本来自德清县宣传部和莫干山镇镇政府，还有一部分是通过笔者的实地考察、采访得到的，访问了德清县博物馆、德清县文化馆等。其主要内容涵盖了文字、视频、照片、录音等。

2. 网站框架的搭建

莫干山镇乡村数字博物馆门户网站的拟定栏目设计包括首页、镇史简介、资讯公告、虚拟展馆、乡土文化、文化创新、家乡之美、交流互动、教育改革、关于我们等。

首页是一个网站的脸面，也是给用户第一印象的关键，在首页栏目的设计上，笔者遵循简洁、易懂的原则，将虚拟展馆、展馆共建、馆藏经典和馆藏拓展四个重要栏目设置为窗口目录，便于用户快速进入，减少不必要的频繁点击。

3. 后台的开发与管理

莫干山镇乡村数字博物馆后台管理采用了Access数据技术，可以实现信息的发布与管理，包括文字、图片和视频的发布与管理。管理后台分为用户设置、导航链接、首页幻灯、互动共建、馆藏拓展、内容管理、关于我们、网站信息8个栏目（图8）。

图8　乡村数字博物馆后台管理界面

信息的发布和管理是后台管理的重要内容。管理员可以点击左侧的功能模块，进入编辑状态，修改和添加相关的内容，包括文字、图片和视频。

针对信息的管理，设有数据库对信息进行管理，包括了信息的增加、删除和修改。

4. 虚拟馆的制作

在数字博物馆中引入虚拟展厅是一个亮点。目前，流行的虚拟现实技术是VEML。莫干山镇乡村数字博物馆没有实体馆作为依据，所以可以充分发挥虚拟技术的特点，设计和规划展馆的空间和布局，不会受到现实因素的困扰，将场馆的特色和内容展现得淋漓尽致。

三、案列：莫干山镇乡村数字博物馆应用于莫干山镇中心学校

（一）调研对象分析

莫干山镇中心学校坐落于闻名中外的避暑胜地莫干山北麓，其前身是由黄郛先生创立的私立莫干小学，创办于1932年6月，尊师重教之风由来已久。学校在校学生600余人，教职工60余人。其中，中学高级教师1人；中学一级教师12人；小学高级教师18人；县教坛新秀2人；教学中坚2人；教学新苗一等奖1人。综合考虑，莫干山镇中心学校无论在学校建设环境、教学环境还是课程建设、师资配备上都比较适合应用数字博物馆，是比较理想的调研对象。

（二）效果分析

本次应用除了在定点学校进行授课之外，还在莫干山镇镇政府和莫干山镇中心学校的支持下，对全校范围包括教师、学生进行了访谈和问卷调查，反馈了许多有价值的数据和信息，对于笔者后期进一步完善数字博物馆和数字博物馆在中小学校中的教育应用积累了经验。此次访谈对象共50人，其中教师10人，五、六年级学生40人。问卷一共发放50份，回收48份，有效问卷为45份。

1. 参与对象分析

此次问卷调查男性占56%，女性占44%，在学生中，五年级学生占15%，六年级学生占85%，调

查主要面向高年级学生。

2. 课程效果评价

笔者设计了3个问题对整体授课效果进行评价，具体统计结果如表1～表3所示。

表1　Q1：您对于老师讲课的内容是否满意？

项目	比例/%
很满意	33
满意	56
一般	9
不满意	2

表2　Q2：您在理解乡村文化遗产的过程中觉得利用数字化博物馆会比直接讲有用吗？

项目	比例/%
很有用	66
有用	30
一般	4
没用	0

表3　Q3：如此的授课学习方式，是否有助于帮您提升学习兴趣？

项目	比例/%
很有用	35
有用	50
一般	13
没用	2

通过数据分析可看出，学生和教师对于利用数字博物馆作为工具进行相关知识的教学活动是持肯定态度的。有一半以上的人喜欢这样的授课内容，肯定这样的教学方式。这说明数字化博物馆对于教学的促进作用是显而易见的，可以激发学生的兴趣，提高教师教学的效果。

3. 对莫干山镇乡村数字博物馆设计的评价

问卷通过4个问题对莫干山镇中心学校的师生进行调查，具体统计结果如表4～表7所示。

表4 Q1：课后您会主动向您的朋友推荐"莫干山镇乡村数字博物馆"吗？

项目	比例/%
会	89
不会	11

表5 Q2：您觉得"莫干山镇乡村数字博物馆"的整体设计效果如何？

项目	比例/%
超级好	30
好	33
一般	23
不喜欢	14

表6 Q3：您觉得"莫干山乡村数字博物馆"的色彩设计如何？

项目	比例/%
超级好	30
好	33
一般	23
不喜欢	14

表7 Q4：课后您会一直关注"莫干山镇乡村数字博物馆"吗？

项目	比例/%
肯定会	92
不会	8

从以上数据来看，学生和教师还是很愿意一直关注莫干山镇乡村数字博物馆的，对于它的版式设计、色调、UI都比较认可。整体上大家认同用黄色主色调来代表农村，网站的整体风格简洁大方，用户使用起来也很方便和直观。同时，推荐的栏目也具有代表性，用户也很有兴趣点击浏览。

4. 学生和教师对乡村数字博物馆的评价

此次问卷设计了3个问题来调查人们对于数字博物馆这个新概念的认识，具体统计结果如表8～表10所示。

表8 Q1：在此次课程之前，您有听说过"数字博物馆"吗？

项目	比例/%
有	34
没有	66

表9 Q2：在这次体验过"数字博物馆"后，您对它的未来发展持什么态度？

项目	比例/%
前途光明	68
应该不错	20
无法预测	10
昙花一现	2

表10 Q3：您觉得"数字博物馆"最应该具备的特点是什么？

项目	比例/%
科技感	12
教育功能	55
咨询功能	10
文化传承	12
研究性	6
公益性	5

从以上数据可以看出，处在农村的人基本没听过"数字博物馆"，通过这次课程认识了数字博物馆并且亲自体验过了之后，近一半以上的人对其持肯定态度，这也充分体现了笔者此次研究的重要性和迫切性。对于数字博物馆的特点，给出的答案顺序依次是：教育功能、科技感、文化传承、资讯信息、公益性和研究性。可以看出，教育功能还是人们最在意的，这也让笔者更加坚定数字博物馆可以促进素质教育科学的发展。

四、总结

通过以上结论可以看出，基于数字化场馆的乡村文化遗产保护与传承，关系着民众知识的获取、情感上的归宿、群体认同感的形成、社会价值导向的发展，以及地域文化的融合与创新发展。当前乡村数字化展馆及其文化传承研究处于初级阶段，需要协同多学科人员进行系统的实践研究。

参考文献

[1] 佚名.数字博物馆之路：国内外数字博物馆的历史和现状[J].紫禁城，2013（1）：25-29.

[2] 周梅，王金才.基于软件工程理论的网络课件研发[J].中国医学教育技术，2006，20（4）：324-326.

[3] 朱润.多感官设计在数字博物馆中的应用[D].北京：北京印刷学院，2011.

[4] 李楠楠.界面设计在数字博物馆中的应用研究[J].艺术科技，2014（5）：69.

[5] 张娜.数字博物馆艺术设计的应用研究[D].西安：西安美术学院，2014.

[6] 闵春华.基于J2EE的零售业管理信息系统的设计与实现[D].成都：电子科技大学，2011.

混合学习研究的量化分析*

杨永旭　李高祥　刘　军

（贵州师范大学教育科学学院，贵州　贵阳　550001）

摘　要： 教育界对混合学习领域的研究已经过十多年的探索，笔者站在理性的角度审思与回顾其发展历程，运用 CiteSpace 分析工具，基于共词分析理论，对中国知网中收录的有关混合学习研究领域的核心高被引文献，从样本文献发文概况、科研合作网络、关键词共现图谱、关键词突现值等维度进行梳理及可视化分析，研究认为：对混合学习领域的研究大致分三个阶段（2004—2006 年的探索起步阶段、2007—2012 年的初步发展阶段、2013 年以后的快速发展阶段）。该领域的高频关键词主要有 MOOC、教学模式、网络教育、教育技术培训、在线学习、翻转课堂、教师继续教育、教学设计、混合式教学等；该领域的前沿关注点是 MOOC 和翻转课堂。笔者认为，混合学习不仅仅是混合的形式与内容，而且是全新教育理念的融合，在这个理念之下，让学生的个性与心智充分发展。

关键词： 混合学习　知识图谱　可视化分析

一、引言

在教育领域，混合学习并非新事物，早期的观摩与讲授的结合、问答与阅读的结合、讲授与实验的结合等，可谓是混合学习的雏形，但这种混合主要是学习环境与学习方式的混合。随着社会的进步及信息技术的发展，新的学习环境开始形成，伴随而来的还有新的学习理论及新的教学模式。新时代背景下，混合学习也被赋予了新的内涵，这一内涵超越了时空的限制，赋予了学习者更大的主体性，更是引发了新的教学方式。

在国内，较早提及混合学习的学者是祝智庭和何克抗等。新形势下的混合学习研究经过了十多年的探索与发展，已初步涌现出一定数量的研究文献，在混合学习研究发展的同时，我们也应站在理性的角度对其进行梳理与回顾。在中国知网进行文献检索，笔者发现此类型的文献共有 6 篇，其中，3 篇是基于 Web of Science 数据库对国际上混合学习领域研究现状的分析；另外 3 篇是相关学者对国内混合学习领域研究现状的分析。笔者对该领域进行初步文献检索，发现近年来文献量呈显著增长态势，2016 年为该领域的发文量高峰，因此笔者基于最新的数据，运用可视化引文分析工具，对国内混合学习研究领域的现状与趋势进行梳理与分析，以期为该领域研究者提供参考和借鉴。

二、研究工具与样本

笔者基于中国知网，采用"主题"检索方式，以"混合学习"和"混合式学习"为主题词进行检索，对时间节点不做限制，将期刊来源类别限定为：SCI 来源期刊、EI 来源期刊、核心期刊、CSSCI 来源期刊，检索到有效文献 754 篇，将被引量在 9 以上的文献作为相对高质量的样本文献，共 200 篇。选用 CiteSpace（5.0.R1）作为聚类分析工具。CiteSpace 是一款着眼于分析科学研究中所蕴含的潜在视点，在科学计量学和数据信息可视化背景下逐渐发展起来的引文可视化分析软件，通过可视化手段来呈现科学知识的结构、规律及分布情况，因此也将通过此种方法得到的可视化图形称为"科学

---

　* 本文为贵州师范大学 2016 年度项目"教育信息化背景下师范院校《现代教育技术》课程建构与创新研究"（项目编号：2016XJJG12）的阶段性研究成果。

知识图谱"[1]。另外，结合内容分析法，通过 CiteSpace 的探测，以及聚类图谱的呈现，来分析当前该领域研究的相关问题[2]。

三、量化分析

（一）发文概况探析

样本文献年度发文量统计如图 1 所示。可以看出，2007 年之前在混合学习研究领域中高质量的文献较少，这一时期国内外对该领域的研究基本处于探索发展阶段，其研究轨迹大致相同，2007 年后相关研究逐渐增多，对该领域的广泛深入研究开始于 2009 年。样本文献共来源于 42 种学术期刊，前 10 位期刊发文量（共刊发 158 篇）共占比约为 79%，且 70% 为教育技术类期刊，可以认为在教育技术领域，混合学习研究受到了较大的关注。从发文数量趋势来看，对于相关领域的研究将会持续一段时间，其研究的深度也将进一步拓展。以发文时间节点来看，对混合学习相关领域的研究大致分 3 个阶段。

1. 2004—2006 年的探索起步阶段

这一阶段对混合学习的研究主要集中在理论研究上，包括对基本理论的探索，如吕森林关于混合式学习对信息技术与课程整合的启示，田世生等关于混合式学习的初步研究等；也有一部分是对其应用模式和实践的先期探讨，如李克东等关于混合学习的原理与应用模式的研究，王莹关于混合学习理念指导下的英语教学的研究等。

2. 2007—2012 年的初步发展阶段

这一阶段对混合学习相关基础理论有了进一步的完善，并集中于应用模式和实践策略的探讨，如谢非等关于中学混合学习的教学实施模式的研究，叶荣荣等关于活动导向的多种教学模式的混合式教学研究，王佑镁关于精品课程网络资源支持下的高校混合学习策略研究与实践，黄纯国关于利用混合学习模式提升教师信息化教学能力的研究等。

3. 2013 年以后的快速发展阶段

这一阶段对混合学习的研究比较广泛，主要有应用模式研究、效用分析、理论审思、现状梳理等，如黄德群关于基于高校网络教学平台的混合学习模式应用研究，陈纯槿等关于混合学习与网上学习对学生学习效果影响的研究，俞显等关于混合学习

的研究现状和趋势分析等。下一阶段的方向将会是对新形势下混合学习理论与教育教学的深度融合进行研究。

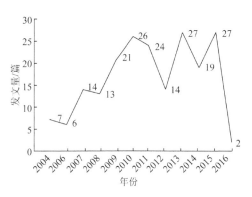

图 1　样本文献年度发文量

（二）科研合作网络图谱

图 2 所示为作者合作网络共现图谱（局部），通过提取数据，对核心作者进行判定。核心作者是在该研究领域发展中有较大贡献、具有较大影响的科研人员，其研究方向一般代表了该领域的研究重点及未来的研究趋势[3]。依据普赖斯定律进行核心作者判定，算法为：$M \approx 0.749\sqrt{N_{max}}$，其中，$N_{max}$ 为该领域内最高产作者的论文数，在该算法下发文 M 篇以上的即为核心作者[4]。样本文献中南国农先生发文量最高为 4 篇，通过计算得到 M=1.498，认定发文 2 篇以上（包含 2 篇）的作者为核心作者，共有 32 人，发文 3 篇（包含 3 篇）以上的核心作者依次为南国农（4）、祝智庭（3）、李文昊（3）、黄荣怀、（3）王佑镁（3）、余胜泉（3）、丁新（3）。从图谱来看，该领域的主要研究团队有：①祝智庭、李文昊、黄磊、郁晓华、杨九民等；②黄荣怀、张海森、郑兰琴、马丁、汪燕等；③李克东、赵建华、谢幼如等；④余胜泉、叶荣荣、陈琳、谢菲等；⑤张文兰、张思琦、俞显、李宝等；⑥孟召坤、徐梅丹、张一春、兰国帅、张杭等。

样本文献共有 112 个作者署名机构，前 10 位作者署名机构发文总量共占比 38%，从机构类型来看，多数为高等师范院校，其中以华南师范大学、北京师范大学、西北师范大学、华东师范大学等较为突出，对该领域关注较多的是高等院校，结合现有文

献分析，目前研究较多的是高等教育领域中混合学习的应用，作为教学改革的重要领域，未来对基础

教育领域中混合学习的研究应给予广泛关注。

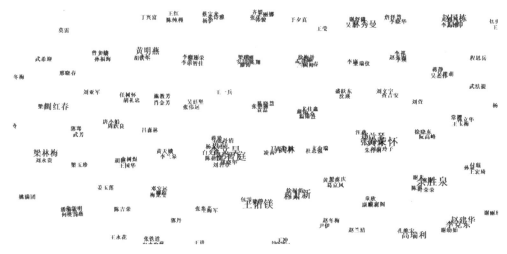

图2　作者合作网络共现图谱（局部）

（三）关键词共现网络图谱分析

共词分析法就是在文献信息中，将能够表述文献核心内容的关键词或主题词，以频次的高低进行排列，以此来研究该领域研究热点及发展动向的方法。共词分析的基本过程就是将一组词在同一组文

献中出现的次数两两统计，通过它们的共现次数来探测它们之间的关系度，这里选用 CiteSpace 直接分析作者的原始关键词和数据库中的补充关键词，即数据集中的原始字段[1]，对其进行共现进而得到关键词共现网络图谱，如图3所示。

图3　关键词共现网络图谱

对图谱中的关键词进行提取，共得到关键词366个，去重合并后，共得到282个。从图谱中关键词的分布来看，可以分为三层：第一层关键词主要有混合式教学、自主学习、信息技术与课程整合、翻转课堂、MOOC、网络课程、模式设计、学习模式等；第二层关键词主要有移动学习、数字化学习、网络学习、翻转课堂、教育技术、教学效果、学习动机、学习满意度、教师培训等；第三层关键词主要有建构主义、网络教学、远程教育、协作学习、教育应用、行动研究、教育技术培训、学信息化教育、教师专业发展、学习共同体、继续教育、中小学教师等。第一层也是中心层，代表着该领域的热点问题分布，第二层是次中心层，代表着该领域的热点问题延伸分布，第三层是次边缘层，代表着该领域的前沿问题分布。根据多诺霍（Donohue）在1973年提出的高频词低频词的界分公式进行高频词提取，公式如下：

$$T = \frac{-1+\sqrt{1+8I_1}}{2}$$

式中，T表示界分高低频词的阈值，I_1表示频次为1的关键词个数[5]。计算中，I_1=81，求得T值为6.6，符合高频关键词条件的共有9个（两个主题关键词去除），依次是MOOC、教学模式、网络教育、教育技术培训、在线学习、翻转课堂、教师继续教育、教学设计、混合式教学，可以认为其是该领域的热点研究问题，按主题类别大致可以分为三大模块：第一个是混合学习模式建构与设计；第二个是混合学习模式的实践应用；第三个是混合学习在教师培训与继续教育中的应用。

1. 混合学习模式建构与设计

自20世纪50年代后期以来，知识更新过程日益加快，在新的形势下，出现了许多新的模式，典型的有布鲁纳根据结构认识论提出的"发现学习"模式等[6]，伴随着混合学习在教学实践中的广泛应用，混合学习模式的种类与数量也随之增多，如何选择与设计最恰当的混合学习模式，也成了教师要应对的挑战之一。伯尔辛（Bersin）认为，混合学习的设计过程主要有4个基本环节：①识别与定义学习需求；②根据学习者的特征，制订学习计划和测量策略；③根据实施混合学习的设施（环境），选择学习内容；④执行计划，跟踪过程并对结果进行测量。伯尔辛的研究为教师设计混合式学习模式提供了基本的思路[7]。

2. 混合学习模式的实践应用

混合学习模式能够整合在线教育与面对面教学的优势，在提高教育教学效果方面是一种有力途径。混合学习实践性研究主要表现在与面对面教学或与在线学习效果两方面的对比。在应用混合学习模式的时候，如果整个教学大环境不改变、传统的人才培养模式不改变、评价体系不改变，混合学习模式在实践应用的过程中无疑会增加学习者的负担，因此，推广混合学习模式必须结合各个学段的特点，减轻学习者掌握关于纯记忆性内容的负担，降低对书本知识掌握程度的要求，突出培养学生主动探究知识、解决实际问题的能力，强调建构个人的知识体系而不是统一的知识体系[8]。

3. 混合学习在教师培训与继续教育中的应用

2016年《中国学生发展核心素养》发布，在科学精神与信息意识方面，要求学生具有数字化生存能力，主动适应"互联网+"等社会信息化发展趋势，对此我们的教师要为学生提供这些支持。教育技术能力等相关词在图谱中也出现多次，随着信息技术在教育领域的深入发展，教育技术能力已经成为信息时代教师的一项重要技能，并对教育理念、教育模式和教育走向产生了革命性的影响[9]。目前，我国各级各类学校教师的教育技术能力还未达到与时代发展相匹配的水平，这是制约教育改革的瓶颈之一。目前的教师培训或继续教育效果并不理想，问题主要在于重要求、轻需求，重对策、轻系统等方面[10]。目前，使用较为广泛的培训模式有集中式面授培训和e-Learning培训，两种培训模式各有优缺点，混合学习模式对其进行有机的整合，弥补了面对面培训成本过高和e-Learning中学习效果不好的缺陷[11]。

（四）关键词突发性探测

对关键词节点进行突发性探测，可以呈现其在该领域的活跃度或趋势。由于混合学习领域中关键词的活跃度总体较低，笔者调整突发性检测的参数，来增加突发性结果的数量，将参数 $f(x)=ae-ax$ 中的 a_1/a_0（α 值）值降低为 1.0，将参数值 [0，1]（γ 值）调整为 1.0，对突发结果进行计算，如图 4 所示。可以看出，该领域活跃度相对较高的关键词有两个：翻转课堂（突现值：3.52）和 MOOC（突现值：7.74），自 2011 年 MOOC 受到关注以来，很多研究者开始将混合学习理念与 MOOC 进行结合，特别是高校，这部分研究主要集中在教学模式变革和教学设计等方面。目前，MOOC 开始走向线上与线下结合的 SPOC（small private online course，小规模限制性在线课程）模式。翻转课堂被引入国内是在 2012 年，近年来其快速成为研究热点，其理念改变了传统课堂的教学形式，在其发展的同时也将混合学习研究推向了一个新高度，随着移动互联网的发展，数字化学习、移动学习将成为现实。基于突现值，笔者认为在混合学习研究领域中，MOOC 和翻转课堂是两个前沿领域，也是实施混合学习的重要模式与途径。

Top 20 Keywords with the Strongest Citation Bursts

Keywords	Year	Strength	Begin	End	2004－2016
翻转课堂	2004	3.5261	2013	2016	
MOOC	2004	7.7445	2014	2016	

图 4　关键词突现探测结果

四、结语

通过对国内混合学习研究领域高被引文的可视化分析，可得出以下结论：一是在研究混合学习的主要研究机构中，以华南师范大学、北京师范大学、西北师范大学、华东师范大学、北京大学等较为突出，是该领域的重要研究机构，对该领域的发展产生了有力的推动作用；从高被引文发文量来看，混合学习研究领域共有 7 位核心作者，即南国农、祝智庭、李文昊、黄荣怀、王佑镁、余胜泉、丁新。二是混合学习研究领域除涉及认知主义理论、发展性教学等理论之外，从图谱分析，占据关键性节点的主要是建构主义理论。三是混合学习研究领域的研究热点主要集中在混合学习模式建构与设计、混合学习模式的实践应用、混合学习在培训与继续教育中的应用等方面。

从研究方法来看，国内对于混合学习相关研究主要采用的方法为构建理论/模型及混合式研究方法，其次是描述性统计分析和质性研究法，而国外的研究则倾向于几种实证分析方法的混合[12]。从各个图谱及其呈现的数据来看，国内混合学习领域的研究深度与广度在不断增加，但该领域的研究总体上较为薄弱，关注概念界定与特征分析的文献较多，未来对混合学习领域更深层次的研究应逐步加强，特别是实际应用、有效性分析、远程教育、培训与继续教育、创新教育等方面。笔者认为，混合学习不仅是混合的形式与内容，而且是将能够充分构建学习认知的手段、技术、方法、内容、场景进行融合，是一种全新教育理念的融合，在这个理念之下，让学生的个性与心智得到充分发展。

参考文献

[1] 李杰，陈超美. CiteSpace：科技文本挖掘及可视化 [M]. 北京：首都经济贸易大学出版社，2016：3，194-196.

[2] 郑永安，刘敏. 我国高校学生事务管理研究热点及其演进的可视化分析 [J]. 未来与发展，2013（2）：48-54.

[3] 俞显，张文兰. 混合学习的研究现状和趋势分析 [J]. 现代教育技术，2013（7）：14-18.

[4] 蒋红星，代洪彬，肖宗娜. 国内混合式学习的文献计量和知识图谱分析——基于 CNKI 2003—2016 年数据 [J]. 广西师范大学学报（哲学社会科学版），2016（10）：43-53.

[5] 邱兆祥，安世友. 国内人民币国际化领域研究现状的统计分析 [J]. 金融发展研究，2013（12）：52-56.

[6] 黄甫全，王本陆. 现代教学论学程 [M]. 北京：教育科学出版社，1998：334，335.

[7] 曹传东，赵华新. 2005—2014 年国际混合式学习的知识图谱研究——基于 CiteSpace 的计量分析 [J]. 黑龙江高教研究，2016（5）：23.

[8] 王竹立. 如何看待混合学习模式下学生学习负担增加 [J]. 现代教育技术，2009（5）：27.

［9］李建珍，冯利珍，袁玉飞. 国内 TPACK 研究的分析与思考[J]. 电化教育研究，2015（11）：102-108.

［10］张兆芹，王海军. 内在学习需求：教师继续教育的切入点[J]. 教育发展研究，2008（22）：56-62.

［11］李琳，芮跃峰. 混合学习应用于高校教师教育技术能力培训的研究[J]. 现代教育技术,2008(12)：27-31.

［12］马志强，孔丽丽，曾宁. 国内近十年混合式学习研究趋势分析——基于2005—2015教育技术领域学位论文[J]. 现代远距离教育，2015（6）：73-81.

基于 Flash 动画的人脸拼图游戏在教育中的应用

王小玲　孟祥增

（山东师范大学传媒学院，山东　济南　250358）

摘　要： 在信息技术和动画技术不断发展和完善的背景下，Flash 游戏逐渐盛行。基于此，本文借助于 ActionScript3.0 脚本语言，设计并实现了基于 Flash 动画的人脸拼图游戏，通过插入并调整人脸、眼睛、眉毛、鼻子、嘴、头发等组成元素图像，合成人脸图像。同时，通过问卷调查，分析了基于 Flash 动画的人脸拼图游戏对培养儿童观察力的影响。

关键词： Flash　游戏　人脸拼图

一、引言

Flash 动画游戏是近年来新兴起的游戏形式，当前的 Flash 动画设计被广泛地渗透于动画制作、网络广告、游戏制作、教学课件制作、网络艺术等方面，同时受到了游戏开发者的广泛青睐[1]。很多游戏开发者基于 Flash 开发出了多个跨平台的网络游戏，并按照其游戏内容分为动作、体育、益智、射击、冒险、策略、休闲、换装等多种类型，数量丰富、种类繁多，基本能够满足各个年龄段、各类型游戏者的需求。当下最流行的当属智能手机游戏、电脑网页游戏及电脑客户端联机游戏。其中，电脑网页游戏更是以其方便快捷、不需要下载任何本地文件等优势受到许多人的青睐。这些网页游戏大部分都是基于 Flash 平台所设计开发的[2]。目前，已经出现了像"脸萌"这样的人脸拼图游戏软件，对于儿童来说，能够完成一张完整的拼图，需要细致地观察。由此可以推测，拼图游戏可以培养儿童的观察能力，同时有助于儿童理解整体与部分的关系。基于此，笔者将基于 Flash 动画设计并实现人脸拼图游戏，探究其对儿童观察力的影响。

目前，国内对于 Flash 网络游戏的设计开发距离深耕细作还相差甚远[3]，国内对于拼图游戏理论的研究起步比较晚，基本上是从 2000 年开始，才有学者尝试利用 Flash 做拼图游戏。随后，拼图软件的种类拓展，有 Flash、C+、VB、Authorware 等，应用领域也更广泛，开始逐步进入教育、互联网、计算机、艺术等领域。大多数研究者将研究的重点落在计算机或教育领域[4]。就研究者对基于 Flash 动画游戏的研究深度来看，从 2010 年开始，研究者对 Flash 游戏在各个领域的应用的重视度才提高。通过查阅文献发现，目前对 Flash 动画游戏的相关研究主要是针对游戏的设计和开发进行的[5]，2000—2005 年开始有少量的专家、教授及硕士和博士生开始刊登相关的文章，但内容基本上都是讨论关于 Flash 动画游戏的制作，也有学者开始尝试利用 Flash 制作简单的拼图游戏，这时 Flash 动画游戏还处于观察和探索的阶段，而基于 Flash 的拼图游戏理论研究明显匮乏[6]，近 10 年之内，总共有 20 篇左右。2006 年后，基于 Flash 平台开发的拼图游戏逐渐增多，如益智类、对战类等，使得 Flash 拼图游戏逐渐深入人心。尽管基于 Flash 动画的拼图游戏在中国的发展已经取得了一些进步，但鼎盛时期尚未到来，对于我国的 Flash 拼图游戏研究还需进一步深入和完善。

二、基于 Flash 动画的人脸拼图游戏的功能结构设计与实现

（一）基于 Flash 动画的人脸拼图游戏的设计

对 Flash 动画游戏的开发与设计，要明确目的

性，即本游戏是为了实现什么功能；还要考虑 Flash 动画的优势特点，充分发挥 Flash 动画的作用，使作品更具生动活泼性。同时，要遵循游戏的设计原则，游戏要具有娱乐性和艺术性，界面要具有观赏性，这样更容易吸引游戏者；也要做好拼图游戏素材的准备工作，主要是界面组成的图像设计和组成部件的图像设计。另外，要考虑 Flash 动画游戏的主要受众群体，设计易于使游戏者接受并产生兴趣的动画游戏，从而使得作品更有针对性。

1. 游戏功能设计

游戏开发者在设计游戏之前，要在头脑中呈现所设计游戏的界面及游戏实现的功能。通过界面设计和代码编写使游戏成为整体，使元件、按钮各司其职。本文中所提及制作的人脸拼图游戏，用户可以通过该游戏打造出一款属于自己的独特形象，只需要通过点击相应组件按钮，从本地文件夹上传素材，然后用鼠标点击进行拖动、缩放、旋转图片，就可使得每个部位的大小和位置最合适，游戏者可不断地尝试更换图片，直至找到最适合自己的素材。

2. 游戏规则制定

基于 Flash 动画的人脸拼图游戏在制作过程中首先需要明确游戏规则，根据人脸拼图游戏的制作目的和应用效果，该款游戏需要满足以下几个规则。

1）使用者可以根据自身意图选择不同性别的资源库，以制作不同性别的人脸。

2）游戏需要向用户提供各组件不同类型的缩略预览图，以供用户进行初次模糊的筛选。

3）游戏中，用户可以通过鼠标点击组件按钮，从本地文件夹上传组件图片，然后通过鼠标对组件图片进行拖动、缩放和旋转等，以此来拼成一张完整的人脸。

4）人脸组件须在舞台的某一位置，以避免用户将组件脱离舞台。

5）在一个组件按钮下，一次只能导入一张图片，多个人脸部件之间互不影响操作。

（二）Flash 动画的人脸拼图游戏的实现

1. 游戏的界面设计

游戏界面的设计要么生动活泼，要么严肃整

洁。对于儿童所接触的游戏，界面的设计应该力求可爱，最好使用明暗和阴影效果，绘制出生动形象的场景，以此来吸引儿童的注意力。利用图像处理软件 Adobe Photoshop 在背景图片上叠加"人脸拼图游戏"和"请点击选择人脸性别：BOY OR GIRL"文本，经美化处理后作为人脸拼图游戏开始的男女选择，其初始界面如图 1 所示。

图 1　人脸拼图游戏初始界面

要想游戏实现本地文件上传和对图片进行拖动、缩放及选装等，都需要对元件进行代码控制，因此元件的绘制极为复杂，同时又相当重要。游戏中需要创建的元件有场景跳转的按钮元件、游戏规则说明按钮元件、人脸各个部分的按钮元件、返回主界面的按钮元件等，制作的元件可以保证在游戏设计时能够为代码所控制和使用，如图 2 所示。

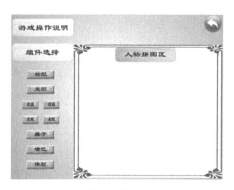

图 2　人脸拼图游戏界面截图

2. 人脸组件的制作

基于 Flash 的人脸拼图游戏是游戏者根据需要，从游戏提供的文件浏览器中选择合适的组件，通过鼠标点击或拖曳使得选中的部件被应用在整体之中。该游戏已经为用户提供了包括脸型、眉毛、眼睛、鼻子、嘴巴、发型等在内的多种组件，选择不同的组件会产生不同的效果。因此，如何制作人脸拼图游戏中的组件，是实现该游戏的基础。

在制作每种组件前，首先需要在网络上搜集各种典型人脸的图片，观察总结人脸各种组件的类型。其中，脸型主要有圆脸、方脸、尖脸、瓜子脸等类型；眉毛的划分，从日常经验来看，男性眉毛较粗，而女性眉毛则较细。因此，将眉毛分为男性和女性两类，再依据眉毛的长短、粗细等形态特征将其进一步划分，男性眉毛主要有北斗眉、大刀眉、吊丧眉、短促眉等，女性眉毛主要有嫦娥眉、黛玉眉、柳叶眉、一字眉、八字眉等。眼睛的制作需要更细致，因为人的眼睛的细微差异都能体现出一个人的精神风貌。根据眼睛的大或小等特征，将眼睛主要分为丹凤眼、桃花眼、狐狸眼、眯缝眼、三角眼、细长眼、桃花眼等17种类型。鼻子主要分为朝天鼻、蒜头鼻、努比亚鼻、罗马鼻等类型。嘴巴则主要分为四字口、弓字口、方口、樱桃口等类型。常见的发型有很多种，一般是根据脸型配发型，从长度和形状这两方面对男性和女性的发型进行分类，男性主要有长发、短发、中发、朝天发等，女性主要有披肩发、齐耳短发、直发和卷发等。

在确定组件类型和特征后，运用绘图软件按照搜集到的真人或绘画的人脸图像的组件形状，采用简笔画的方式将组件描绘出来，再将其转换为矢量图，以免图片放大带来的失真和便于以后平台的操作使用。准备好人脸拼图的组件矢量图像后，按组件类型建立文件夹，将准备好的组件矢量图像放置到相应的文件夹中，以随时添加和删除。在玩人脸拼图游戏时，玩家根据自己的人脸图像的构思，从资源管理器相应的文件夹中选择合适的组件放置到游戏平台的人物拼图区，如图3所示。然后，再调整位置、大小、角度和长宽比等。最后，再综合调整脸型、眼睛、眉毛、鼻子、嘴和发型等，直至完成玩家理想的人脸拼图。

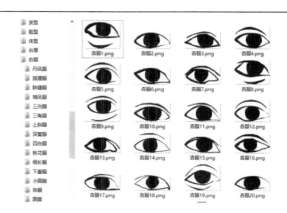

图3　组件选择

3. 游戏的功能实现

（1）场景跳转

为了使用户对不同性别的选择能跳转到相应的场景中，给按钮设置场景跳转的功能[7]。首先为按钮添加事件听帧器，然后设置函数进行跳转，同时要设置跳转场景。

（2）返回主场景按钮的设置

本游戏主要分为三个场景：封面、女生、男生。从封面可以分别跳转到女生或男生场景，为了操作更便捷，同时应该设置从女生或男生场景跳转到封面的按钮。部分代码如下：

gotoAndPlay（1，"封面"）；

this.setChildIndex（bg，this.numChildren-1）（置顶）；

this.setChildIndex（jump_cj2, this.numChildren -1）；

this.setChildIndex（jump_cj3，this.numChildren -1）。

（3）游戏操作说明按钮的隐藏或显示

为了使界面更美观，应当对游戏操作说明按钮进行设置，以使其能根据游戏者的需要显示或隐藏信息。

（4）从文件资源管理器上传文件

人脸拼图游戏需要人脸的各个组成部位，由于每个人的样貌特征不同，所需要的素材也不同，因此需要加载大量的素材。为了节省 Flash 占用的空间，也为了使游戏者选择的种类更广，需要将收集到的素材放在本地文件资源管理器中。此时，设置多个组件按钮，点击每个按钮，可以浏览图片并加载到舞台。

（5）将元件装在容器里，对容器进行拖动、缩放、旋转等

从文件资源管理器上传的图片是位图，不具有动态性，要想对元件进行拖动、缩放或旋转等，可以把元件装在容器里，然后对容器进行操作控制。建立一个容器 Sprite 函数，部分代码如下：

Importcom.senocular.display.transform.*（用于转换工具类的导入）；

import Flash.net.FileReference；

import Flash.display.Bitmap；

var box2：Sprite = new Sprite（）（新建一个容器）；

addChild（box2）；

var tool2：TransformTool = new TransformTool（new ControlSetStandard（））（创建转换工具）；

addChild（tool2）；

box2.addEventListener（MouseEvent.MOUSE_DOWN，tool2.select）（单击"转换工具"选择框）；

stage.addEventListener（MouseEvent.MOUSE_DOWN，tool2.deselect）（当点击"舞台"时取消）。

4. 游戏的功能测试

在完成对 Flash 动画游戏的界面设计和代码编写工作后，需要对已经成形的 Flash 动画游戏进行测试[8]。人脸拼图游戏测试分为两部分：第一部分是播放速度测试。通过反复测试，查看游戏过程中有无卡顿现象，游戏运行是否流畅。第二部分是游戏功能的实现测试。通过使用鼠标点击拖曳的方式，能拼出一个完整的人脸，如图 4 和图 5 所示，合成过程中并无问题存在。但这些测试还远远不够，对于游戏还需要在不断的使用过程中发现问题，从而继续维护和完善。

图 4　拼图男生

图 5　拼图女生

三、基于 Flash 动画的人脸拼图游戏在教育中的应用

本文所设计的人脸拼图游戏旨在探索是否能够培养儿童的观察力、想象力等。观察力的发展在儿童智力、心理发展中具有重要意义，是开发儿童智力的一个重要因素。通过动手操作，动脑思考，注意观察游戏的发展过程，可以满足儿童对游戏和求知的需求[9]。因此，笔者以山东临沂莒南县第三实验小学为样本，采用问卷调查法，探究基于 Flash 动画的人脸拼图游戏在教育中的应用。

（一）问卷设计

本问卷主要分为两大部分：第一部分为游戏对学生产生的直接影响，包括学生能够判断人脸五官的类型、特点及五官之间的搭配效果；通过使用该拼图游戏，调查学生是否能对自己的五官有一个正确的认识，以及能否完成一张人脸拼图。第二部分为对学生产生的间接影响，包括学生在日常生活中是否更愿意观察身边的环境，学生自身是否意识到了自己在学习过程中的变化，即自身能力的变化，如观察力、想象力、创新力等的变化。

（二）结果统计与分析

本次调查采取的是随机问卷调查，发放地点为山东临沂莒南县第三实验小学，采用现场回收的形式，发出 120 份，回收 120 份。通过对问题 4、5、6、8、9、10、11 的统计分析，发现大约 90%的学生能够很容易地辨别出五官的类型及特点。通过对问题 7、12、13、14 的统计分析可知，大约 60%的学生在观察五官的同时，能够根据各器官的特点进行不同的搭配并快速完成人脸拼图，时间一般为 0～20 分钟。通过对问题 15、16、17 的统计分析可知，大约 65%的学生在接触该游戏后，更容易观察身边的事物。对问题 18 的统计分析结果如图 6 所示。

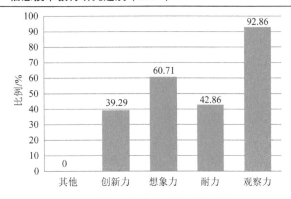

图6 学生对自身能力提高的认识

由此可知，大部分学生认为接触该游戏后，自身的观察能力有了极大的提升，部分学生认为对想象力、创新力、耐力等方面产生了一定的影响。因此，此游戏的设计能够培养学生的观察力，对小学生认识事物、增长知识有积极作用，为发展儿童智力奠定了基础。

四、结语

在"互联网+"的大数据时代背景下，计算机和网络技术的发展使得 Flash 游戏在网络中广泛传播，人们在利用这个机会的同时，也要考虑到设计游戏时所需担负的责任。近几年，游戏在商业领域的发展，使得各式各样的游戏问世，有些小学生沉迷于此，浪费了大好的时光。这就需要游戏设计者进行正确的引导，如何能够制作出真正有创意、有意义的游戏，是每个游戏开发者都需要思考的问题。同时，希望众多的游戏开发者在设计游戏时要有社会责任感，不应该单单为了追求利益而忽视了对游戏本身危害性的估量。

参考文献

[1] 朱卫华. Flash 动画设计的优势解析[J]. 产业与科技论坛，2013，8：188.

[2] 苏仰娜. 移动学习教学游戏积件平台的设计与实现[J]. 电化教育研究，2013，2：71-77.

[3] 王洁. Flash 无客户端网络游戏的设计与实现[D]. 厦门：厦门大学，2008.

[4] 蔡莉，陈永波，梁宇. 基于 Flash 的教育网络游戏的设计与开发[J]. 中国电化教育，2009，12：115-119.

[5] 陈银凤. 利用 Flash 制作拼图游戏[J]. 现代计算机（专业版），2012（16）：51-53，73.

[6] 陈雨婕. 基于 ActionScript3.0 的 Flash 游戏开发探讨[J]. 现代计算机（专业版），2015（1）：16-18.

[7] 顾凤梅. 基于 Flash 的幼儿教育游戏框架设计与实现[J]. 教育与教学研究，2013（1）：123-125.

[8] 李丽颖. 基于 FLASH 技术制作的拼图游戏[J]. 电脑知识与技术，2011（22）：5448-5452.

[9] 刘孝安，黄亚平. 基于 Flash 的幼儿益智游戏软件设计与开发[J]. 中国教育信息化，2011（16）：74-76.

智慧学习环境支持下小组合作学习研究

赵 琳 杨 鑫 解月光

（东北师范大学信息科学与技术学院，吉林　长春　130117）

摘　要： 智慧学习环境是信息化学习环境发展到现阶段的具体形态，智慧学习环境构建的目标取向在于智慧型人才的培养。合作学习是我国新课程改革比较推崇的学习方式，同时也是智慧学习环境支持下的具体学习形态。笔者首先通过对课堂小组合作学习现状的调查，发现小组合作学习并没有达到应有的实践效果，实践应用存在一定的问题；其次，进一步分析问题存在的原因，为智慧学习环境支持下小组合作学习指明了方向；最后，明确智慧学习环境支持下小组合作学习的方法。

关键词： 智慧学习环境　合作学习　个人知识建构

一、问题的提出

学习方式的变革是基础教育课程改革和《国家中长期教育改革和发展规划纲要（2010—2020 年）》的要求。合作学习旨在让学生在合作学习任务完成的过程中获得知识和合作技能。目前，课堂小组合作学习在应用过程中存在一些低效现象，极大地阻碍了小组合作学习目标的达成。随着信息化时代对人才培养的新需求的产生，学习的目标不仅指向新知识的学习，还要在学习过程中培养学生的发现问题、探究问题和解决问题的能力，使学生的高阶思维在分析和解决问题的过程中得到培养。

智慧学习环境是目前研究与应用试验的热点，许多学校投资建设智慧校园、智慧教室，如何利用智慧学习环境的各种智能和智化要素支持合作学习的有效开展，是关乎智慧教室实际应用的重要问题。本文首先阐述智慧学习环境与合作学习的内涵，然后，对课堂小组合作学习现状进行调查与分析，最后在调查结果的基础上，深入探讨智慧学习环境支持下合作学习有效开展的方法。

二、相关概念分析

（一）智慧学习环境

学习环境是指支持学习发生和持续下去的一切条件，智慧学习环境相对于学习环境多了"智慧"一词，说明了其目的指向是智慧学习、学生智慧的培养。从学习环境构成要素的角度，可以将智慧学习环境理解为支持智慧学习发生和持续下去的一切条件，包括智能化的物化要素和智慧化的智化要素。智能化要素强调物理环境的智能化，主要指硬件设备、技术支持服务等的智能化；智慧化要素是指教师如何利用并设计智能化的条件，包括任务的设计、策略的选择、评价的设计等。

（二）小组合作学习

斯莱文从教学论的角度出发，将合作学习表征为一种课堂教学技术，约翰逊兄弟等研究人员从教学方法的角度把合作学习视为一系列方法的总称或策略。不过这些界定的共同点也是显而易见的，即都认为合作学习的内含涉及三方面内容，那就是强调课堂教学的组织构成是"学习小组"，小组成员的人际关系是"合作"，教学活动的最基本形式是"合作学习"。

由此，可以将合作学习定义为：以现代社会心理学、教学社会学、认知心理学、现代教育教学技术学等为理论基础，以班级授课为前导结构，以小组活动为基本教学形式，以团体成绩为评价标准，以互动评价为基本手段，以改善班级内的社会心理气氛，使学生形成良好的心理品质和社会技能为根本目标，以短时、高效、低耗、愉快为基本品质而进行的一系列教学活动。

三、信息技术环境下小组合作学习现状调查与分析

（一）问卷设计

问卷紧紧围绕着合作学习开展的过程进行设计，并将合作学习的5个关键要素融合在了各个维度的问题设计中，问卷共分5个维度、22个问题，调查问卷的具体设计内容如表1所示。

表1　问卷说明

维度	要素（变量）
学生对合作学习的态度及合作学习在课堂的应用频率（对应1~4题）	对合作学习的喜欢程度；认为合作学习对自己学习的影响；频繁程度；持续时间
合作小组的构建（对应5~9题）	分组人数；如何分组；角色划分；任务划分
合作学习进行情况（对应10~14题）	小组讨论中发表自己的见解吗？会认真倾听他人的发言吗？与别人意见不一致时自己的做法？教师会指导小组讨论吗？
合作成果汇报及评价（对应15~19题）	是否能够在规定时间内完成任务？合作过程中发言次数谁最多，还是均等？合作成果汇报人通常是谁（还是机会均等）？教师会进行评价吗？如何评价？
合作学习中的技术运用（对应20~22题）	合作学习资料来源；合作成果展示方式；合作过程中电脑的使用情况等

（二）调查实施

为了使本次的调查问卷具有普遍意义，本文并未刻意对研究样本进行筛选，选取了长春市103中学七年级3个班级共140名学生进行问卷调查，其中男生73人，女生67人，每间教室配有1台电脑和投影仪。共发放问卷140份，回收问卷140份，其中有效问卷136份。

（三）数据统计与分析

1. 学生对合作学习的态度及合作学习在课堂的应用频率

这一维度主要是为了了解学生对在课堂上运用合作学习这种学习方式的态度和合作学习在课堂上的具体运用频率。图1和图2的数据说明，大部分学生对于利用合作学习这种学习方式进行学习很感兴趣，并持有积极、乐观的学习态度，认为在合作互助的过程中，小组的其他成员对自己的学习有积极的影响。

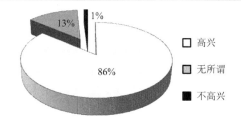

图1　学生在小组合作过程中的心情

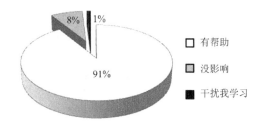

图2　小组其他成员对自己学习的影响

图3和图4的数据说明，很多学生认为他们经常利用合作学习，合作学习持续时间为5~20分钟的占78%，时间较为合理。另外，持续时间少于5分钟的合作学习不是真正的合作学习，而小组合作时间过长，小组成员可能会因已经完成任务而溜号，也会导致后续的成果汇报时间很紧张。

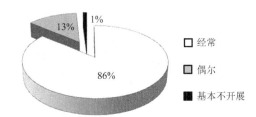

图3　合作学习开展的频率

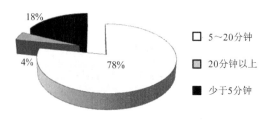

图4　合作学习持续时间

2. 合作小组的构建

这一维度主要是为了了解小组合作学习顺利开展的重要基础——合作小组的构建情况，包括小组组建的方式、构成人数、小组长的选定等要素。

图5和图6的数据说明，分组过程由教师主导，多数按照座位顺序划分小组，仅有部分学生认为他们的小组分组是按照性别、个性和学习成绩等多方面因素综合搭配的，这说明绝大多数教师不了解分组原则。图7的数据说明，小组长的任命，很大一部分由教师确定，大多数教师都倾向于任命一些学习成绩较好的学生做小组长，相对于教师直接任命学生而言，学生推选和自愿承担的自主性大大提高，但对于一些在学习活动中表现不积极的学生来说，又要有一定的机制保障他们的参与，使每个学生都能得到应有的锻炼。

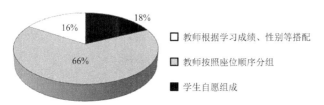

图 5　合作小组构建

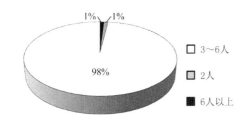

图 6　小组合作成员人数

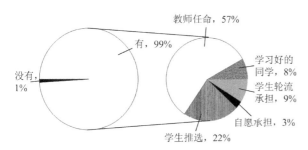

图 7　合作学习的小组长任命

图8的数据说明，大部分学生表示偶尔会有自己的学习任务，这说明在小组合作的过程中存在任务合理分配的问题，在合作学习过程中有一部分学生始终没有被分配到任务，而有些学生可能主动或被动地包揽了整个任务，这样的合作学习不是真正意义上的合作学习，学生可能连知识层面的目标都

没有办法完成，合作技能等能力更是无法得到很好的锻炼。

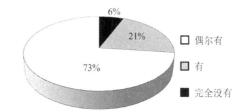

图 8　是否有自己的学习任务

3. 合作学习进行情况

在这一维度，主要调查了学生的合作表现和教师监控情况。学生认知能力的提升都是在这一过程中发生的，这一过程是关键环节之一，学生在完成知识学习的同时，在与同学之间的互动过程中，自身的合作技能、认知能力都会随之得到锻炼。

图9～图12的数据说明，学生发表个人观点的积极性欠缺，讨论只能局限在少部分学生之间，没发表观点的学生会对讨论没有积极性。综合个人观点的发表情况来看，学生即使能仔细聆听他人的观点，但在讨论时从不将自己的见解、意见发表出来，因此这种仔细聆听也是惰性的。在小组合作过程中，绝大部分学生表示，在其他同学对自己的观点提出建议或异议时，会综合考量各方观点，最终讨论得到小组观点，在小组讨论意见出现分歧时，很多学生选择少数服从多数，这样的做法对讨论本身来说很消极，使小组讨论失去了应有的意义。

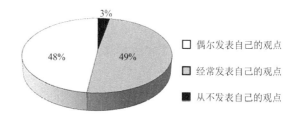

图 9　合作过程中个人观点的发表情况

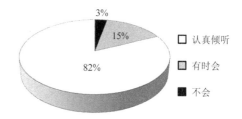

图 10　合作过程中聆听他人观点的情况

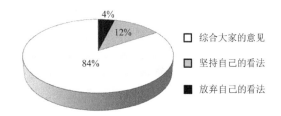

图11　合作过程中面对其他成员不同观点时的做法

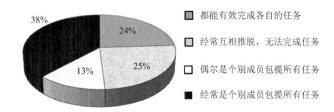

图14　合作任务的完成情况

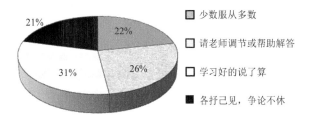

图12　小组讨论出现争议时的做法

图15和图16的数据说明，在小组合作学习成果汇报后，组间对彼此的小组成果进行讨论和评价的比例并不是特别高，每个小组的关注点都集中在各自小组的内部任务完成情况上，对其他小组合作的情况关注不够，组间没有积极的互动和竞争；教师缺少对学生个人表现的评价，更关注对小组成果的评价。

教师在小组合作过程中对小组学习的监控和指导很重要，教师不能只简单地把学习任务布置下去，还要在学生学习遇到问题时给予及时的帮助与指导。图13的数据表明，只有37%的学生认为教师经常进行指导，62%的学生反映教师只是偶尔指导。由此可见，教师对合作过程的监控与指导是远远不够的。

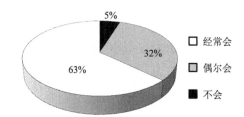

图15　合作成果的互评情况

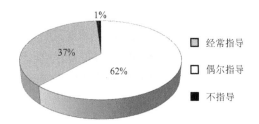

图13　合作过程中教师对小组合作的指导情况

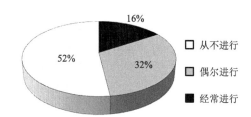

图16　合作成果汇报后教师对个人表现的评价情况

4.合作成果汇报及评价

这一维度主要是为了了解学生合作成果的汇报和小组合作评价情况，其中包括合作任务的完成情况、合作成果汇报人选和合作成果的评价状况。图14的数据说明，学生小组合作任务的完成情况并不理想，仅有少部分学生表示能够在小组合作过程中完成各自的合作任务，很多时候会出现个别学生包揽全部任务的情况，不是真实意义上的小组合作学习。

5.合作学习中的技术运用

这一维度主要是为了了解合作学习过程中的信息技术运用情况，调查小组合作过程中学生学习资料的来源，合作成果汇报的形式，以及整个过程中电脑的运用情况。目前，随着"三通两平台"政策的逐步落实和完善，信息技术的硬件资源在普通课堂上得到了基本的普及，普通教室都配有电脑和投影设备，教室还配有无线网络，在许多学校还出现了专门的智慧教室，硬件、软件配备齐全。本文调查的是一般教室环境，技术条件并不是十分富足。

图17～图19的数据显示，学生资料的获取来

源主要是教师，学生成果汇报多采取口头汇报的形式，教室中电脑的使用频率并不高。可以看出，学生还是局限于传统课堂的小组合作形式，对电脑的使用需求并不高，学生的信息素养有待于进一步提高。

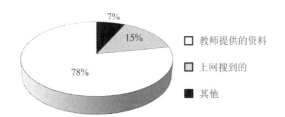

图 17　合作过程中学习资料的获取

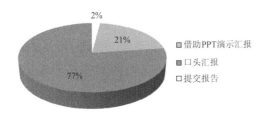

图 18　合作成果汇报的形式

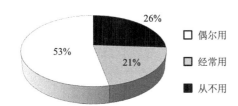

图 19　合作学习过程中电脑利用的频率

（四）调查结论

1. 小组构建不科学

我们在调查中发现，很少有小组组建时从各项综合因素的角度去划分，这导致出现了小组之间学生的学习能力差距大，任务完成进度相差大等问题。多数教师选择按照学生的座位顺序简单地组建合作小组，这样组建合作小组缺乏科学性。从学生在合作过程中的互动情况来看，生生之间的互动不够积极，大部分学生都表示偶尔会发表自己的观点，从小组任务完成情况来看，有25%的学生表示他们所在的小组总能够在规定时间内完成任务，18%的学生表示他们所在的小组不仅能在规定时间内完成合作任务，还有部分时间剩余，而57%的学

生表示他们所在的小组经常没办法在规定时间内完成合作学习任务，组间任务完成进度差距大。

2. 小组合作任务安排不当

合作任务是小组合作的基础，合作学习过程中要使每一个学生都参与进来，这样才能使每个学生在合作的过程中都获得相应的知识和技能。笔者在调查过程中发现，合作过程中小组长的选定57%由教师任命，只有9%的学生表示会轮流担任小组长的角色；合作学习还会出现个别学生包揽全部任务的情况。合作学习任务的划分可以使每个学生都拥有各自的学习任务，每个学生完成任务的情况会影响到整个小组合作任务的完成情况，所以小组成员各自完成任务后，应对每个小任务进行讨论、分析，最终对小组合作任务进行总结。

3. 合作过程监控缺失

教师对合作过程的监控，有助于了解学生任务完成的进度，也能使教师发现学生合作过程中存在的问题，教师可以就出现的问题给予及时指导。笔者在调查过程中发现，教师只是偶尔指导学生的小组合作学习，在学生合作学习出现问题时，不能及时发现和纠正错误，没办法及时调整合作学习时间。

4. 信息技术运用低效

目前的课堂基本上都配有电脑、投影等基本硬件设备，这些简单的设备可以支持学生对学习成果进行清晰的展示。经调查发现，电脑在合作学习中很少被使用，学生的学习资料主要来源于教师提供的资料或教学参考书，学生在成果汇报时主要是口头汇报，组间互动很少。其部分原因是有的小组在进行口头汇报时，有时会表述不清或表述过快，其他小组同学无法及时反应，阻碍了小组之间的积极互动。

由以上分析可见，在目前的课堂中，每个学生并没有公平地参与其中，在这个过程中还出现了争议无法解决、个别学生不参与等低效现象，小组合作学习的知识和合作技能目标没有办法很好地达成，还不是真正意义上的小组合作学习。

四、智慧学习环境支持下小组合作学习的方式

笔者经过调查和分析发现，目前的课堂小组合作学习空有合作之形而无合作之实。有效的小组合

作学习过程既要完成个体知识的建构，又要参与合作知识的建构，在这一过程中，学生需要与学习内容、合作学习中的其他成员之间进行深度互动，而不是简单意义上的知识交流。学生合作学习的最后一定要有学习成果的呈现，这一过程既是对学生学习成果的展示，也是学生经过抽象概括得出的结论，这一过程和呈现方式对学生的总结、概括能力有较大的考验，一方面能增强学生利用小组合作学习的信心和改掉合作过程中的一些错误，另一方面也会引发学生对个体知识建构过程和合作知识建构过程的反思，整个合作过程如图20所示。

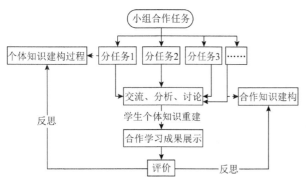

图20　合作知识建构过程

　　小组合作学习包含两个关键环节，分别是个体知识建构和合作知识建构。小组合作知识的建构阶段包含了小组内成员的个体知识重构。智慧学习环境所提供的学习工具能够在小组合作学习这两个关键环节提供有效的支撑。在个体知识建构阶段，信息搜索工具和认知工具能够提供有效支撑，并能使学生的个体隐性知识显性化地表示出来；在合作知识建构阶段，信息工具、认知工具、交流工具和评价工具能使小组内成员就合作任务进行有效的互动，通过归纳、分析等环节完成个体知识构建，通过评价环节也可以反思互动，反思个体的表现，重构个体知识等（图21）。

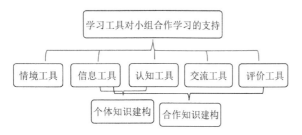

图21　学习工具对合作知识建构的支持

（一）合作情境创设——激发学习内驱力

　　相较于一般的导课而言，情境创设所具有的意义更丰富，要求所创设的情境与所学知识紧密相连的同时，又不能脱离学生的生活实际，要能激发学生的学习动机并维持这一学习动机，还要激发学生的积极性和创造性，使学生沉浸在任务情境中，探索如何完成合作任务。好的情境能够贯穿整堂课，如创设的任务情境、问题情境等，但不是所有课程、知识都能创设贯穿整堂课的学习情境，可以根据具体的教学内容考量创设大情境或小情境。

　　智慧学习环境中可以借助移动终端即平板电脑的可手写和触摸功能，在课前创设一定的情境，以教师课件的形式上传到班级资源平台，课上学生利用联网的平板电脑轻松下载课前教师传到班级资源平台的课件，课上可以选择让学生亲自动手操作的方式完成教师提出的引导性任务，增强学生的体验。在课堂教学过程中，教师在讲解较为抽象的知识（如原子、分子等）或距离学生生活实际较远的知识（如古诗词等）时，对于理科的抽象知识，教师可以采用直观、形象化的图片、视频等进行展示，而对于文科知识则可以用相关的故事性视频进行展示，使学生感受文本所传达的人文内涵。在课堂练习环节，可以灵活创设情境，如创设小的任务情境或是游戏情境等，寓教于乐，让学生在轻松的氛围中练习所学知识。另外，对于一些探究性较强的课程，可以利用虚拟现实技术，类似于大型游戏一样，仿真出一定的真实场景，整个学习过程沉浸在这样的情境中，很明显这种方式更好，但是技术操作可能更复杂。

（二）合作学习互动——"深化互动"机制

　　互动是合作学习过程中的关键环节，合作学习中的互动是指生生之间的讨论、交流等，小组成员阐述各自的观点并评论他人观点，达到组员之间思想、观点的碰撞，使学生打破固化思维，形成对事物的多角度认知。笔者认为合作学习过程中学生的知识建构主要有三个阶段，如图22所示。第一阶段是学生个体知识建构，是指合作任务分配到小组后，小组成员各自承担分任务，在这一过程中，小组每个成员都有各自的小任务，需要学习者和学习内容（或学习资源）进行互动以完成个体知识的建构。每个成员进行个体知识建构后，通过成员之间的互动完成整体合作任务的建构，在这一过程中，小组成员会因为观点的不同而讨论、交流，最后解决认知冲突而达成共识。这一过程与第三阶段（个人知识的重构）紧密联系在一起，小组成员在达成共识的过程中，同时完成对自己个体知识建构的补充、修正和完善。

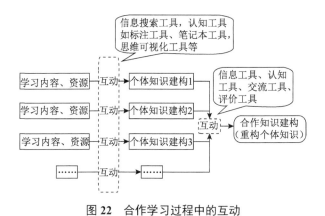

图 22　合作学习过程中的互动

学习者与学习内容的互动，在传统教学条件下表现为对纸质知识的浏览、批注等，学习者只能依据已有知识与学习内容进行单项互动，对于学习者不了解的信息，只能等待教师或同学的解答，极有可能遗漏未知问题，影响学习效果，达不到拓宽学生知识视野的效果。祝智庭教授在谈到学习技术系统的缺陷时说："在交互层面，缺乏学习者与内容的深度互动。"[1]学习者与内容的深度交互应涉及信息加工层面[2]。目前，基于个人学习终端的电子课本的设计可以达到学习者与学习内容的有效互动。首先，电子课本提供了大量的标注工具，学生可以对学习内容进行批注、修改、共享等操作，学生还可以创造性地利用标注工具根据自己的喜好进行标注，可以利用文字编辑工具修改字体大小、颜色，为字体加下划线，也可以用一些表情符号等，学生可选择的标注工具较为丰富。其次，面对学习者在学习过程中可能遇到的问题，电子课本有一定的预设，如学习内容中可能会出现一些不懂的字、词、句等，学生只要将其选中，如果电子课本中有预设，就会自动弹出对其的全面解释，对于较为抽

象的内容还配有图片、声音、视频帮助学生加深理解，如果所选内容不在预设中，学习终端会自动跳转到网页，以供学生及时搜索不懂的内容。最后，利用电子课本学习时，还可以做电子笔记，教师可以要求学生上传学习笔记，在督促学生学习的同时，还可以检查学生的学习质量，学生在这一过程中也会形成自己对知识的某些见解（表 2）。小组合作学习过程中学生与学习内容互动时，学生会形成各自的观点，完成对所学内容的个体知识建构。

表 2　互动过程中的技术支持和行为分析

学习者与学习内容的互动	新知识、新内容的获取	对内容进行批注、修改、共享等操作	个人学习笔记
信息加工行为	知道、领会	分析、评价	归纳、总结
技术支持	信息搜索工具	批注工具	记事本工具等

合作建构的前提是学习者认知结构的差异，对于同一个问题，每个学习者都可能会有不同的观点和看法，由此可能会产生合作成员之间的认知冲突，这也是合作建构的契机。建构主义认为，知识不是通过教师直接传授得到的，而是学习者在一定的情景下，借助其他人（教师和学习伙伴）的帮助，利用必要的学习资源，通过意义建构的方式获得的[2]。学者 Barron 在对合作建构进行定义时认为，群体成员观念产物的联合，任何单个成员自己都产生不了，Barron 认为合作建构所能达到的学习效果不是个体建构所能迄及的。学者 Kneser、Ploetzner 和 McGregor 分别用实证研究的方法，证明合作学习的学习效果好于学生单独学习。相对于个别化学习，合作学习能够让学生更全面地理解知识，在理解他人的思想、学习方式的同时，能锻炼学生的人际交往能力，而且在合作建构过程中，学生能够给出建议并反思自己对知识的理解，学生的批判性思维得到训练。

在合作建构的过程中，学生会用到的信息技术有标注工具、思维可视化工具和建构工具。标注工具的使用与个人建构时的使用类似；思维的可视化工具能够促进学生的深度学习，是学生学习过程中一种重要的认知工具。一般来说，个体思维具有个

体化、单一化、隐含化、主观化等特点，在合作建构的交流过程中，教师可以借用思维可视化工具，促使学生将隐含的隐性知识或想法显性化地表示出来（图23），将学习者个体知识建构的结果展示给其他组员，方便学生彼此了解不同观点，以达到深度互动，同时还能提升学生个体的思维深度和层次，使学生就合作任务进行有效的探究、讨论、整合，最终在合作学习任务完成结果方面达成共识。

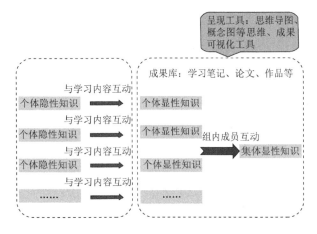

图23　合作学习过程中知识显隐转化

（三）合作学习结果呈现——思维结果表征

个体知识建构成果呈现的是小组个人任务完成的阶段性成果，可以检查个人学习情况；合作知识建构结果呈现是检查合作学习完成质量的重要依据，一方面，可以考查学生合作学习是否完成，另一方面又可以查看学生完成的质量。传统课堂结果呈现环节有几种表达方式，如学生口头表述、完成实验报告、形成书面总结等。建构主义学习观强调对知识意义的再组织，即知识是"意义"和"组织结构"，而思维表征即是用视觉符号的形式将头脑中的知识（或信息）及彼此之间的结构组织形象化地展示出来。朱永海博士认为表征可以分为两种：一种是客体/属性表征，是指对事物的基本属性进行表征；另一种是空间/关系表征，是指用空间结构关系表征事物之间的关系，它又包括空间表征和关系表征[3]。何克抗等认为，"创造性思维是人脑对客观事物的本质和事物之间内在联系的规律性做出概括的、间接的与能动的反应，是通过空间结构思维和时间逻辑思维这样两种基本形式实现的"[4]。

在对知识及组织关系进行深入理解与剖析的过程中，学习者需要经过分析、综合、抽象、概括、比较、分类和想象等心理操作，学习者会对自己的思维过程重新审视，有利于加深原有认识，也能发现、修正原有认识的不足。

合作学习成果的展示阶段，智慧学习环境可以提供大量表征工具。乔纳森提到过几种常用的建模工具，如数据库、语义网络、电子表格、专家系统、系统建模工具、超媒体、可视化工具和微世界等[5]。学生在利用思维表征工具展示学习成果的过程中，小组成员首先要就合作任务的结果形成一个一致性的观点或结论，在表征学习结果的过程中，小组成员贡献自己的智慧，利用集体思维将合作学习结论的得出过程或知识意义的建构过程，利用可视化的思维软件，将彼此之间的关联、结构清晰地展示出来，学生合作完成后可以在平板电脑的学生端将合作结果上传到教师端，教师利用平板电脑将合作结果放到投影上，供全班学生分析、讨论，也促进了组间的有效互动。

（四）合作学习监控与评价——促进反思

合作学习缺少有效监管的课堂可能会出现混乱、讨论偏离主题等状况，影响合作学习效果。教师可以列出合作学习的基本行为规范，在一定程度上约束学生的合作学习行为，但对合作学习过程中合作程度和合作质量的把握只靠规范来约束，则很难达到预期效果。在合作学习过程中，也需要教师和学生（或合作小组）之间的互动，学生将遇到的阻碍合作学习进行的问题及时反馈给教师，教师给予适当的启发或帮助。目前，很多教育软件公司开发的支持学生课上学习的学习平台能够支持师生的一对一互动，学生可以将问题通过平板电脑的学生端发送给教师，教师可以看到学生的提问，给予个别化指导，对于很多学生的共性问题，教师也可以集体辅导。另外，教师还能利用学科平台查看学生学习资源等的上传情况，了解学生的学习进程。教师在利用平板电脑辅助学生学习的同时，也不能忽视传统的课堂监督，不能完全依赖于技术。

小组合作学习评价重视对合作学习过程和结果的评价，包括学习过程中的合作技能的反馈，帮助学习者对合作学习过程及结果进行反思。英国教育家洛克说："反思是人们对获得观念之心灵的反观自照，反思是思想的反刍，是对思维的思维。"[6]通过评价，学生一方面可以反思自己的个体知识建构，另一方面也能对合作建构的过程进行反思，包括对任务完成质量和合作技能的反思。这样的反思过程有利于学生的有意义学习，只有当评价能够引起学生反思时，评价才真正发挥了效用。智慧学习环境提供了多种评价工具，如电子学档、电子绩效评估系统（electronic performance support system, EPSS）。这些工具能利用跟踪和存储功能，记录学生的学习轨迹，包括学生的互动交流、资源上传与分享、资源搜索、单元测试等情况，利用数据分析技术，可以有效地对学生的学习过程进行评价。同时，将评价及时反馈给学生，可以促进学生对学习的反思，有利于学生后续小组合作学习的有效进行。

参考文献

[1] 转引自：吴永和，何超，王腊梅，等. CELTS-43 学习平台体系结构与服务接口测试的研究[J]. 现代教育技术，2009（3）：102-106.

[2] 王佑镁. 协同学习系统的建构与应用研究[D]. 上海：华东师范大学，2009.

[3] 朱永海. 基于知识分类的视觉表征研究[D]. 南京：南京师范大学，2013.

[4] 何克抗，郑永柏，谢幼如. 教学系统设计[M]. 北京：北京师范大学出版社，2002.

[5] Jonassen D H. Computers as Mindtools for Schools：Engaging Critical Thinking. Upper Saddle River[M]. New Jersey：Prentice-Hall，2000.

[6] 洛克. 人类理解论[M]. 谭善明，徐文秀，译. 西安：陕西人民出版社，2007.

智慧教学法在教学中的实践研究*

周欣彦　张　玲

（宁夏大学教育学院，宁夏　银川　750000）

摘　要：智慧教育是教育信息化发展的新阶段，智慧教学法是教师适应智慧教育趋势必须掌握的能力。本文通过阐述智慧教学法的提出背景及智慧教学法的概念，具体说明了 5 种智慧教学法，以一节示范课为例分析了智慧教学法的实施环境、实施过程及实施的效果，总结了智慧教学法在实践中应用的必要性及实施途径。

关键词：智慧教学法　案例　应用

教育信息化的发展催生了智慧教育，教师面临着思想观念转变和技术应用的双重挑战。如何发展传统的教学法以适应培养智慧人才的要求，成为每一位教师必须思考的问题。

一、智慧教学法的提出背景

2016 年 9 月 13 日教育部出台了《中国学生发展核心素养》，指出文化基础、自主发展和社会参与是中国学生发展的核心素养。这就说明教育的目标绝不仅是让学生掌握文化知识，更重要的是让学生得到个性化的发展、全面的发展。2015 年 11 月，刘延东副总理在第二次全国教育信息化工作电视电话会议上的讲话中指出要加快信息技术推动教育创新步伐，鼓励学生个性化学习、自主学习和协作学习[1]。促使学生发展的关键人物就是教师，这就要求教师不能只局限于使用传统的教学方法，应使用旨在培养智慧人才的智慧教学法。

《2016 年教育信息化工作要点》中明确提出，"引导各级各类学校开展利用信息技术转变教学模式、改进教学管理的数字校园/智慧校园应用"[2]，这是在国家层面首次正式提出智慧校园的概念。祝智庭教授的智慧教育图示[3]指出，智慧教学法是智慧校园的一个重要组成因素，是传统教育在方法创新上的体现。

二、智慧教学法概念

（一）教学法

整合技术的学科教学法知识（technological pedagogical content knowledge，TPACK）是科勒和米什拉于 2005 年在舒尔曼提出的学科教学知识（pedagogical content knowledge, PCK）的基础上提出的，是教师进行有效教学所必需的知识。教学法知识是关于教与学的过程、实践或方法的深层次知识，包括（除过程、实践和方法之外）所有的教育目的、价值观和目标[4]。教学法知识要求的是对学习的认知、社会和发展理论的理解，以及这些理论如何用于课堂中的学生身上。

常见的教学法有九段教学法、五环节教学法、情境—陶冶教学法、示范—模仿教学法、协作学习教学法、研究性学习教学法等。这些教学法在传统的课堂中以传授知识为最终目标，随着教育信息化的发展，智慧课堂已经趋于常态化，而培养智慧人才已经成为教育的新目标。这些传统课堂中教师的教学法已经不能适应智慧教育阶段的要求。

（二）智慧教学法

智慧教学法并不是新创的教学方法，而是在原有教学法的基础上进行的改进，它是教育信息化发展在方法层面的改革创新，是智慧教育背景下教师

---

* 本文为国家自然科学基金项目"西部地区基础教育信息化绩效评估与路径探索"（项目编号：71463044）的研究成果。

培养智慧人才的教学法。其也就是在原来的教学法中选择适合培养智慧人才的教学法，在此基础上整合技术手段。一般每一节课主要采用一种教学法，也可以穿插使用其他教学法。

从图1中我们可以看出，在智慧教育的环境下，

教师采用智慧教学法从而培养出智慧人才，便是智慧教育的核心。智慧教学法主要包括差异化教学、个性化学习、协作学习、群智学习、入境学习、泛在学习等。下面我们将重点介绍前5种智慧教学法。

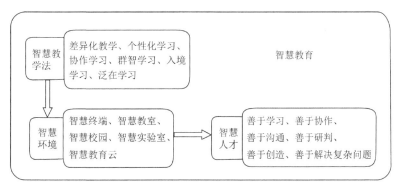

图1　智慧教育图示

1. 差异化教学

差异化教学是教育者有目的、有计划、有组织地引导学生积极自觉地学习，促进学生特殊才能迅速提高，使他们成为社会所需要的专业人才的一种教学方式[5]。

从定义中可以看出，差异化教学注重的是培养学生的特殊才能，如绘画、演讲等，最终目的是培养专业化人才。加德纳的多元智能理论认为，我们每个人都有9种智能，所以教师要能够对学生的差异作出比较精确的诊断，通过大数据对学习者进行分析即可获得此方面的信息，然后根据学生的差异进行教学策略整体设计。

2. 个性化学习

我们把祝智庭教授智慧教育图示中的个性学习等同于个性化学习。

个性化学习是指针对学习者个性特点和发展潜能而采取恰当的方法、手段、内容、起点、进程、评价方式，促使学习者各方面都获得充分、自由、和谐发展的过程[6]。

从定义中可以看出，个性化学习强调的是学生各方面充分、自由、和谐的发展。实施此教学法的核心就是教师要采用适合学习者的教学，而不是让学生去适应教师。智慧环境中的智能设备、大数据、云计算等新兴软硬件技术的引入，为灵活的个性化学习提供了条件。

3. 协作学习

协作学习是一种通过小组或团队的形式组织学生进行学习的一种教学方法。协作学习的基本模式主要有7种，分别是竞争、辩论、合作、问题解决、伙伴、设计和角色扮演[7]。

从定义中可以看出，协作学习强调小组或团队，团队精神正是当代学生应必备的，也是必须要培养的精神。智慧人才的标准中也明确提出了要善于协作和善于沟通。

4. 群智学习

我们将群智等同于学习共同体，学习共同体是指一个由学习者及其助学者（包括教师、专家、辅导者等）共同构成的团体，他们彼此之间经常在学习过程中进行沟通、交流，分享各种学习资源，共同完成一定的学习任务，因而在成员之间形成了相互影响、相互促进的人际联系[8]。

可以看出，群智学习强调的是学习共同体之间的相互学习和相互影响。当教师以学生之间相互学习为目的时，采用的便是群智学习教学法。

5. 入境学习

进入课堂，要积极思考。入境学习中的"境"便是情境，情境学习已成为一种能提供有意义学习并促进知识向真实生活情境转化的重要学习理论[9]。在情境中的学习是高效的，教师要为学习者

提供满足情境学习的必要支撑，智慧教育的环境便可提供各种学习的情境，为学生提供最佳的学习服务。所以，入境学习便是智慧教育阶段的一种重要的教学法。

三、案例分析

（一）案例介绍

笔者观摩了台北市林欣枚老师以五年级"数形规律"为教学案例演示的示范课。该节课可以分为4个阶段：第一，引发思考，复习已学过的图形规律问题，应用 IRS（即时反馈系统，interactive response system）统计分析，了解学生已有知识。第二，重点讲解，利用电子白板工具引导学生观察问题、简化问题，再归纳出结果。第三，协作学习，利用白板推送教材和回传作品。首先是分组合作，学生利用学习到的解题方法，先试着自行解题，再进行小组讨论。之后，进行小组竞赛，设计有两道关卡的闯关活动，让学生能在小组内一起合作，赢得小组间的胜利。第四，归纳总结，教师利用"挑人"功能随机选择学生进行总结，之后师生共同归纳课堂所学，引导学生将所学运用于日常生活之中。第五，公布团队合作成绩，颁发小组合作奖项。

（二）采用的智慧教学法

在智慧环境中教师方可采用智慧教学法，本案例的智慧环境是智慧教室，采用的是电子白板和 Hi Teach 系统。Hi Teach 是教师端，可以推送教材资料、随机挑人及给小组评分。每组学生一台平板电脑，安装有 Hi Learning 电子书包系统，电子书包上会显示组名。小组可以通过 Hi Learning 电子书包回传小组作品至教师端，作品工作区都将以小组为单位进行画面呈现。每个学生一个 IRS 遥控器，可以进行课堂即时作答和抢答。

本案例主要采用的是协作学习的教学法，也包含群智学习教学法。单从时间上来看，本节课共 40 分钟，有 26 分钟的时间是属于学生协作学习的。前面我们提到过，协作学习有 7 种模式，分别是竞争、辩论、合作、问题解决、伙伴、设计和角色扮演，在本案例中教师主要采用的是合作和竞争的模式。采用协作学习教学法的目的是培养智慧人才，即善于学习、善于协作、善于沟通、善于研判、善于创造、善于解决复杂问题的人。

协作学习也是最常用的智慧教学法，所以我们在这里重点分析一下。对于案例中协作学习部分的合作学习模式，教师是这样安排的：首先是给出不同的解题方法，让学生在小组内进行分析和探讨，这时用 Hi Teach 系统将材料下发到各小组的平板电脑上。学生在组内分析和探讨的时候，就可以在某种程度上提升自己学习、协作、沟通、研判、创造的能力。然后，随机挑选数名学生分享讨论的结果，学生可以将结果用平板电脑回传到电子白板上。学生在分享结果时，能够提升自己沟通、解决复杂问题的能力。最后，师生共同归纳。案例中协作学习部分的竞争学习模式，教师安排的是闯关活动，设计两道关卡，看哪个小组最先完成，这样小组间就形成了竞争。

图2和图3是从以上案例归纳出的智慧环境下协作学习教学法中两种模式的应用流程。

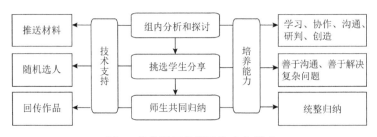

图2　协作学习教学法的合作模式

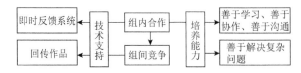

图3　协作学习教学法的竞争模式

（三）实施效果

我们看到，教学设计的教学评量部分大多涉及能专心聆听、能思考作出回答及能与组员合作完成任务，评价标准已经不再单单是学生对于知识本身的掌握。这正是《中国学生发展核心素养》的要求，也是刘延东同志鼓励学生进行个性化学习、自主学习和协作学习的体现。课堂上学生不仅掌握了课程的内容知识，如察觉数列的样式（等差数列）、描述数列样式的特性、描述图形数量样式的特性，而且协作沟通能力及研判创造能力都得到了提升。除了以上案例，笔者还观看了7个智慧课堂创新奖特等奖视频课例，这些课例与上面的案例相似，它们与传统课堂最大的区别就是学生的表现。智慧课堂中教师使用智慧教学法，所有的学生都能够参与到活动中来，学生相互讨论，积极思考，勇敢作答，与传统课堂中死气沉沉的气氛是截然不同的，学生能够进行深度的学习，达到发展自身智慧的目标。

四、小结

智慧教学法是对传统教学方法的发展和创新，在教育信息化一路高歌猛进的势头下，智慧教育已经成为教育信息化的新境界，而智慧教学法也成为智慧教育中教师必须掌握的方法。我们相信未来的教师都能熟练地掌握智慧教学法，为适应智慧教育环境及培养智慧学生助力。

参考文献

［1］巩固成果 开拓创新 以教育信息化全面推动教育现代化——刘延东副总理在第二次全国教育信息化工作电视电话会议上的讲话［J］.中国教育信息化，2016（3）：1-4.

［2］教育部办公厅.2016年教育信息化工作要点［EB/OL］.http://www.moe.edu.cn/srcsite/A16/s3342/201602/t20160219 229804.html[2018-04-18].

［3］祝智庭.以智慧教育引领教育信息化创新发展［J］.中国教育信息化，2014（9）：4-8

［4］任友群.整合技术的学科教学知识：教育者手册［M］.北京：教育科学出版社，2011.

［5］黄莹.中国国内差异化教学的相关研究［J］.文教资料，2010（10）：5-6.

［6］刘美玲.基于数据挖掘技术的个性化学习系统研究［D］.扬州：扬州大学，2009.

［7］赵建华，李克东.协作学习及其协作学习模式［J］.中国电化教育，2000（10）：5-6.

［8］百度百科.学习共同体［EB/OL］.http://baike.so.com/doc/5014518-5239924.html[2017-06-11].

［9］高文.情境学习与情境认知［J］.教育发展研究，2001（8）：30-35.

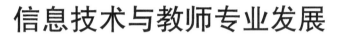

信息技术与教师专业发展

基于教师工作坊的社会交互性特征研究*

王亚如　刘清堂

（华中师范大学教育信息技术学院，湖北　武汉　430079）

摘　要：本文以"国培计划2015"典型教师工作坊中研修主题为"在小学语文教学中怎样做到有效提问？"的发帖记录为研究对象，以参与研修讨论的 79 名教师为研究主体，采用社会网络分析法分析参与者的交互程度，确定积极参与者和消极参与者；参考 Mazzolini 和 Maddison 的网络教师帖子分类标准，统计他们的交互时间段，发现"积极争先"和"消极滞后"两种不同的发帖方式；用新版布鲁姆目标分类体系，分析其不同交互内容的比例。研究发现，与消极参与者相比，积极参与者的交互多是较高层次的认知行为，但这两种类型的参与者交互层次都不是特别高，均存在互动不深、层次较浅的现象。同时，本文在此基础上提出了相关改进意见，以期更好地促进教师工作坊的发展。

关键词：教师工作坊　社会性交互　内容分析

一、引言

教师队伍建设是提高教育质量的关键。2013年10月，我国开始实施全国中小学教师信息技术应用能力提升工程[1]。该工程明确指出，要通过提供共建培训平台等方式，扩大优质资源辐射范围。于是，教师培训的新方式——教师工作坊应运而生。社会性交互作为教师工作坊中的关键要素，是提升教师培训质量，促进教师专业发展的基本保障。然而，研究表明，在教师工作坊活动中，社会性交互很少能够有效开展，普遍存在参与度不平衡、交互内容不深入、交互动机不强烈等问题[2]。如何从培训教师的大量交互数据中提取有价值的信息，进而及时地反映并客观地评价其学习行为，对于进行教师工作坊相关活动决策、促进高质量的网络研修具有重要的现实意义。本文采用社会网络分析法和内容分析法，重点研究教师工作坊活动中不同学习者的社会性交互特征，以期更好地促进教师工作坊的发展，进而有效提升教师的信息技术应用能力。

二、教师工作坊及社会性交互文献研究

（一）教师工作坊

工作坊最早源于德国的包豪斯学院，是指建筑学和工程设计专业学生日常实践的操作空间，由此形成的实践模式被称为"工作坊教学"[3]。本文中的教师工作坊实际上是利用信息技术搭建的网络平台，是教师研修的一种新方式，一般是以学科为标准形成的教师学习共同体，采用坊主引领、同伴互助、专家指导、助学者辅助和自主研修相结合的方式，依托学习平台，集中开展专题研修活动，以提高教师专业能力发展的一种网络研修模式[4]。教师工作坊具备以下特征：小群体、特定学科主题、强调用户参与和体验及形成问题解决方案等。学术界关于教师在工作坊的研究主要集中在两方面，第一，在初步发展阶段，学者的研究主要集中在对这种新的研修模式的探索上，如林志淼和蒋凤春对工作坊式教师培训模式进行了研究[5]；李德燕探讨了特级教师工作坊的建设[6]；张思等研究了教师工作坊的教师研修模式[7]。第二，当基于教师工作坊的

---

* 本文为国家科技支撑计划项目"土家音乐文化数字化保护与展示关键技术研究及示范"（项目编号：2015BAK03B03）、教育部新世纪优秀人才计划项目（项目编号：NCET-13-0818）、华中师范大学基本科研业务费专项资金项目（项目编号：CCNU16A05023，CCNU15A02020）的研究成果。

培训模式逐渐成熟后，研究者开始关注如何提高教师工作坊的研修质量，张思等从互动的角度探究了教师工作坊知识共享行为[8]；刘伟菁从工作坊学习环境的角度，关注教师工作坊研修的运作方式及活动的主题选择[9]；李立君等站在工作坊成员构成的立场，将"重要他人"概念引入教师工作坊网络研修中[10]；黄庆玲等从在线讨论深度的角度出发，探究了目前教师工作坊的讨论现状及影响教师工作坊在线讨论深度的因素[11]。然而，国内目前对教师工作坊的社会性交互特征的研究还处于初步阶段，没有引起足够的关注。

（二）社会性交互

"交互"在社会学理论中又称为社会互动、社会交往，是指社会上个人与个人、个人与群体、群体与群体之间通过信息的传播而发生的具有互相依赖性的社会交往活动[12]。在工作坊活动中，社会性交互主要是培训教师之间的信息互动，即培训教师通过教师工作坊中的在线讨论，就某一主题，发帖互动、交流沟通的过程。接受培训的教师来自不同的地方，空间上的隔离使得彼此之间"交互"的需求更加强烈，更重要的是，在线讨论中的社会性互动不仅能够促进培训教师对课程内容的深层次理解，促进学用结合的转化，还可以锻炼其批判性思维能力，引发深度学习，从而保证教师培训的质量。关于社会交互的研究，理论层面上主要聚焦于交互的分类与层次及交互模型与结构等；在实践层面上，结合不同的研究对象，关于交互深度、交互有效性等交互质量的问题引起了学者的高度重视。陈丽针对网络环境中远程教师培训在线讨论过程，对学习者的参与度、核心参与者和交互质量开展了研究[13]。魏顺平以中央广播电视大学网络课程为例，对在线学习网络日志进行深入分析，探索了在线学习行为的内在影响因素[14]。戴心来等基于Moodle平台的一门大学网络课程，以学习分析工具和社会网络分析法对网络论坛讨论区中的交互数据进行了分析，提取了学习者的社会网络结构特征[15]。本文将基于教师工作坊，以在线讨论的帖子内容为研究对象，探究培训教师之间的社会交互特征，以期更好地发挥教师工作坊的作用，提升教师培训质量。

三、研究方法

（一）研究对象

本文以"国培计划2015"典型工作坊中研修主题为"在小学语文教学中怎样做到有效提问？"的发帖记录为研究对象，以参与研修的79名培训教师为研究群体，其中组长7名，时间为2015年11月18日—2016年5月31日。共获得数据记录352条，剔除1个小时之内的重复记录、表情记录等与本文内容不相关的记录，最后确定获得有效记录321条。

（二）研究工具

本文采取定量和定性相结合的研究方法，首先采用社会网络分析法，借助UCINET软件，计算教师工作坊中参与者的交互程度，确定积极参与者和消极参与者；然后，参考Mazzolini和Maddison的网络教师帖子分类标准，依照发帖时间将积极参与者和消极参与者的讨论帖进行分类，并统计各时间段的发帖数量；最后运用内容分析法，借鉴新版布鲁姆目标分类体系，深度分析积极参与者和消极参与者的交互内容，进而总结得出积极参与者和消极参与者不同的社会性交互特征。

1. 社会网络分析

社会网络分析是"被用来建立社会关系的模型，发现群体内行动者之间的社会关系，描述社会关系的结构，研究这种结构对群体功能或者群体内部个体的影响"[16]。个体网、局域网和整体网是社会网络分析研究的三个层面，教师工作坊中基于主题的研修讨论本质上是一个社会性交互网络，因此本文选取整体网分析法来量化所有参与者之间的关系，并借助于UCINET软件测量在研修主题讨论区的整体网密度和参与者的中心性，从而确定参与者的类别。

2. 发帖时间分布统计

Mazzolini和Maddison的"网络教师帖子分类标准"按发帖时间将教师帖子分成期间帖和期末贴两类。本文选取的工作坊主题研修时间跨度为7个月，从2015年11月到2016年5月，除去中间春节放假的 2 月份，培训教师无发帖行为，所以总的发帖时间为 6 个月。参考 Mazzolini 和 Maddison 的分类标准并结合实际情况，我们将前 3 个月即 2015 年 11 月—2016 年 1 月发的帖子定义为期间贴，将后 3 个月即 2016 年 3 月—2016 年 5 月发的帖子定义为期末贴，并分别统计了积极参与者和消极参与者在这两个时间段发帖的数量。

3. 内容分析法

内容分析法是对传播的内容进行客观而系统的量化并加以描述，其关键环节是对所需要分析的内容进行编码。本文以教师工作作坊平台中参与主题研修的讨论帖为研究对象，选取新版布鲁姆目标分类体系中的认知历程向度作为内容分析的基准，对学习者交互的内容进行分析，相关的编码类目和规则如表 1 所示。

表 1　在线讨论编码类目和规则

主类别（次类别）	定义
记忆（事实）	从长期记忆提取相关事实
记忆（知识）	从长期记忆或资料中提取相关知识
领会（诠释、举例、分类、总结、推论、比较、说明）	将新知识与以往经历相结合，建构意义
运用（执行、实施）	在特定情境中完成任务或解决问题
分析（区分、组织、归征化）	将知识分解为各组成部分，并指出部分与整体之间的关系
评鉴（检查、评论）	根据原则或标准作出判断
创造（通则化、规划、创作）	将各要素加以组织，形成具有整合性和功能性的整体；通过思维过程重组各要素形成新的模式
其他	与主题无关的讨论

表 1 的认知历程向度由记忆、领会、运用、分析、评鉴、创造等 6 个渐进的目标层次和 19 个次类别构成[17]。鉴于一些讨论帖内容较多，传递的信息庞杂，因此需要对各个帖子合理地分解与筛选，本文以表 1 界定的认知特征语句作为意义单元进行内容分析，并进行样本的信度检验。两位评判员对确定出来的积极参与者和消极参与者类型的培训教师的 164 条发帖记录进行筛选和整理，得到 327 个意义单元，选取 100 个意义单元（占总数的约 30%）进行样本的信度分析，应用 SPSS 软件中的 Kappa 功能来检验编码的一致性，获得 Kappa 系数为 0.862，表明评判信度良好。

四、数据分析

（一）研修教师交互程度测算

我们从 3 个指标来分析教师工作坊中培训教师的交互程度：点出度、点入度和中间中心度。点出度即回复帖数，表示参与者在网络中寻求互动的程度；点入度即收到帖数，表明网络中其他参与者与该参与者建立联系的程度。参与者的点出度越高，说明该参与者接触别人的能力越强；而点入度越高，说明该参与者在网络中的声望越高[18]。中间中心度测量的是"单独的一个行动者的控制优势"，较高的中间中心度反映了参与者有较强的控制程度[19]。

该工作坊内共 79 名培训教师，其中有 8 名教师未参与讨论，没有发布或者回复任何内容，其中包括 5 名组长教师。参与讨论的 71 名培训教师的相关统计数据如表 2 所示。其点出度为 0～14 不等，其中参与者 T41、T5、T40、T50 的点出度较高，分别为 14、13、12、11 条；点入度也分布在 0～14，其中，T44、T40、T28、T16（T35 与 T16 相同）最多，依次为 14、11、9 和 8 条；T1、T18、T17 及 T11 等的点出度和点入度均为 0，是最低的数值。通过进一步计算所有参与者的中间中心度，我们可以看出 T40、T5 及 T60 等的中间中心度较高，分别为 23.962、13.968 和 12.684，而 T1、T18、T11 等相当一部分参与者的中间中心度较低，均为 0。

如表 2 中所示，T 代表普通教师，L 代表组长。通过比较培训教师的点出度（回复帖数）、点入度（收到帖数）和中间中心度，我们最终确定了 15 名积极参与者（T5、T40、T50、T15、T24、T43、T60、L1、T35、T45、T27、T64、T66、T59 和 T28）和 15 名消极参与者（T1、T18、T17、T11、T2、T10、T12、T54、T46、L2、T3、T6、T21、T34、T13），并将对他们的交互时间和交互内容做进一步分析。其中，有 1 名组长 L1 属于积极参与者，1 名组长 L2 属于消极参与者。

表 2　参与者交互情况统计

参与者	点出度	点入度	中间中心度	参与者	点出度	点入度	中间中心度
T41	14	1	0.445	T65	2	3	0.033
T5	13	6	13.968	T55	2	2	2.227
T40	12	11	23.962	T22	2	1	0.041
T50	11	2	7.164	T48	2	4	0.198
T15	7	1	8.957	T61	2	2	1.053
T30	7	1	1.396	T33	2	3	1.514
T24	7	2	3.911	T67	2	2	0.270
T43	6	5	10.857	T56	2	3	0.854
T25	6	2	2.094	T28	1	9	5.096
T60	5	2	12.684	T68	1	6	1.666
T39	5	0	0	T54	1	0	0
L1	5	0	7.143	T46	1	0	0
T9	5	2	0.292	T58	1	2	3.586
T32	5	2	0.490	L2	1	0	0
T35	4	8	8.495	T29	1	2	0.010
T27	4	2	5.334	T53	1	3	2.737
T49	4	0	0	T36	1	3	0.280
T64	4	2	4.841	T12	0	0	0
T38	3	0	0	T10	0	0	0
T45	3	5	2.994	T37	0	7	0
T66	3	6	4.938	T2	0	0	0
T70	3	5	0.511	T23	0	2	0
T59	3	4	4.497	T3	0	1	0
T20	3	1	5.611	T44	0	14	0
T31	3	5	2.870	T26	0	5	0
T42	3	0	0	T62	0	5	0
T7	3	7	0.315	T11	0	0	0
T21	2	0	0	T47	0	6	0
T34	2	0	0	T6	0	1	0
T13	2	0	0	T14	0	2	0
T63	2	3	0.454	T17	0	0	0
T8	2	1	0.072	T16	0	8	0
T51	2	2	0.820	T52	0	4	0
T69	2	2	0.027	T18	0	0	0
T19	2	1	6.646	T1	0	0	0
T57	2	3	2.062				

（二）积极参与者和消极参与者交互时间分析

表 3 显示，积极参与者共发帖 127 条，其中期间帖 105 条，期末帖 22 条；消极参与者共发帖 37 条，其中，期间帖 13 条，期末帖 24 条。从比值可

以看出，积极参与者有 83%的帖子发布在讨论前期，17%的帖子发布在讨论后期。与之相比，消极参与者有 35%的帖子发布在讨论前期，而高达 65%的帖子发布在讨论后期（表 3）。通过统计积极参与者和消极参与者的交互时间段，我们可以明显看出积极参与者和消极参与者分别采用"主动争先"和"被动滞后"两种不同的发帖方式。积极参与者大部分的帖子都是发布在讨论前期，说明他们乐于参与这种在线研讨，有着强大的主动性，他们发帖的动机来自自身的内动力。反之，消极参与者"滞后"发帖可能是因为他们对在线主题研讨不感兴趣，他们的发帖行为多来自考核的外部动力，是为完成任务而完成任务。

表 3　培训教师交互时间统计表

发帖类型	积极参与者		消极参与者	
	数量/条	比例/%	数量/条	比例/%
期间贴	105	83	13	35
期末贴	22	17	24	65
合计	127	100	37	100

（三）积极参与者和消极参与者交互内容分析

表 4 显示，积极参与者共发布 254 个意义单元，其中评鉴类目的内容比例最高，为 25%；其次是记忆（知识）和运用类目的内容，分别占 17%和 15%；而领会、分析、创造和其他 4 个类目的意义单元数量最少，仅分别占 10%、10%、5%和 6%。消极参与者共发布 73 个意义单元，其中领会和记忆（知识）类目的内容比例最高，分别为 20%和 18%，其次是记忆（事实）和其他类目的内容，为 17%和 16%，而分析、评鉴、创造三个类目最少，分别为 7%、9%和 0%。

对于积极参与者而言，其帖子的意义单元数量为人均 17 条，其中评鉴类最多，评鉴是社会性交互的一个重要环节，通过参与者所表达的评价性的观点，可以了解培训教师对研修主题的看法和态度，也能够反映出参与者的交互意识，有利于学习者批判性思维的形成。积极参与者评鉴类的帖子最多，也正是说明了这类参与者能够对其他人发的帖子根据自我的原则和标准作出判断并给出深度回复，

表 4　参与者意义单元归类表

编码类目	积极参与者		消极参与者	
	意义单元数量/个	意义单元比例/%	意义单元数量/个	意义单元比例/%
记忆（事实）	30	12	12	17
记忆（知识）	43	17	13	18
领会	25	10	15	20
运用	38	15	9	13
分析	25	10	5	7
评鉴	65	25	7	9
创造	13	5	0	0
其他	15	6	12	16
总计	254	100	73	100

而不是简单地认同或反对。此外，记忆（知识）和运用类目的内容也较多，可以判断积极参与者既注重客观知识的表述，也善于联系课堂实际情境去运用通过思考所获得的知识。

与之对应的消极参与者，其帖子的意义单元数量为人均 5 条，其中大部分帖子内容都是对客观事实和知识的记忆、陈述及领会。研究发现，这类培训教师参与交互讨论的主动性较差，大多是根据已有的知识和经验对帖子进行简单诠释，很少主动提出问题，所发帖子也难以引起共鸣。参与者在交互过程中更多地倚重于信息的确认和回忆，通常是对教材、资料内容的复述，在整个交互过程中未能进行深度思索，处于较低的认知目标层次。同时，其他类目的帖子内容也较多，说明消极参与者在讨论过程中容易偏离主题，进行一些无关话题的陈述。

综上所述，通过分析积极参与者和消极参与者的讨论内容可以得出如下结论：首先，积极参与者和消极参与者都偏重于记忆类知识的阐述和引用；其次，与消极参与者相比，积极参与者的交互内容更侧重于评鉴，即根据原则和标准去对别人的帖子进行深度的回复和评论，而消极参与者只是对帖子进行简单诠释，未能引发深入思考；最后，参与者普遍缺乏较高目标层次的交互行为，讨论内容更多停留在记忆、领会等较低的交互层面上。

五、总结与建议

本文以"国培计划 2015"典型工作坊中研修主题为"在小学语文教学中怎样做到有效提问？"的

帖子讨论为研究对象，通过统计比较参与者帖子点出度（即回复帖数）、点入度（即收到帖数）和中间中心度，确定了 15 名积极参与者和 15 名消极参与者。通过统计他们的交互时间段，发现了积极参与者"主动争先"和消极参与者"被动滞后"两种不同的发帖方式。通过内容分析法，编码统计两种类型参与者不同交互内容的比例，分析得出相比消极参与者而言，积极参与者的交互多是较高层次的认知行为，但这两种类型的参与者交互层次都不是特别高，均存在互动不深、层次较浅的现象。

这些分析有利于坊主或者管理者实时监测教师工作坊内培训教师的学习行为，及时发现潜在问题，并据此作出干预。对于消极参与者，坊主应及时查明原因，制定合理的解决策略，如对其发表的帖子及时跟帖，激发其参与交流的积极性；对于积极参与者，要给予及时鼓励使其充分发挥其学习领袖的作用，带动整个集体的互动氛围。另外，对于组长，坊主要给予更多的监督和鞭策，使其发挥积极的带头作用，避免由组长带头不参与讨论而引起的消极懈怠影响。最后，坊主可以尝试设置不同层次的开放性或案例式讨论的主题，这将有助于引起不同类型学习者进行有的放矢的讨论，提高学习者的社会性交互深度。

参考文献

[1] 教育部关于实施全国中小学教师信息技术应用能力提升工程的意见[EB/OL]. http://www.gov.cn/gzdt/2013-11/06/content_2522685.htm[2017-04-05].
[2] 李良, 乔海英. 国内社会性交互研究文献综述[J]. 山西广播电视大学学报, 2012（1）: 19-21.
[3] 林书兵. 基于工作坊的实践教学模式的应用与探析[J]. 现代教育论丛, 2014（3）: 67-71.
[4] 王文君, 杨永亮. 基于微课资源的教师网络研修模式构建与活动设计[J]. 电化教育研究, 2016（1）: 2.
[5] 林志淼, 蒋凤春. 工作坊式教师培训模式初探[J]. 中小学教师培训, 2014（8）: 14-16.
[6] 李德燕. 特级教师工作坊的建设实践与启示[J]. 广西教育, 2013（18）: 5-6.
[7] 张思, 刘清堂, 熊久明. 认知学徒制视域下教师工作坊研修模式研究[J]. 中国电化教育, 2015（2）: 84-89.
[8] 张思, 刘清堂, 朱姣姣, 等. 教师工作坊中的知识共享行为研究[J]. 现代远距离教育, 2015（5）: 49-55.
[9] 刘伟菁. 教师工作坊研修的主题选择与运作方式[J]. 中小学教师培训, 2015（8）: 11-14.
[10] 李立君, 丁新, 武丽志. 教师工作坊网络研修的"重要他人"研究——人类发展生态学的视角[J]. 中国电化教育, 2015（2）: 90-95.
[11] 黄庆玲, 李宝敏, 任友群. 教师工作坊在线讨论深度实证研究——以信息技术应用能力提升工程教师工作坊为例[J]. 电化教育研究, 2016（12）: 121-128.
[12] 郑杭生. 社会学概论新修. 第 3 版[M]. 北京: 中国人民大学出版社, 2003.
[13] 陈丽. 网络异步交互环境中学生间社会性交互的质量——远程教师培训在线讨论的案例研究[J]. 中国远程教育, 2004（13）: 19-22.
[14] 魏顺平. 在线学习行为特点及其影响因素分析研究[J]. 开放教育研究, 2012, 18（4）: 81-90.
[15] 戴心来, 王丽红, 崔春阳, 等. 基于学习分析的虚拟学习社区社会性交互研究[J]. 电化教育研究, 2015（12）: 59-64.
[16] 刘军. 社会网络分析导论[M]. 北京: 社会科学文献出版社, 2004.
[17] 李良, 乔海英, 王淑平. 基于 Moodle 平台的学习者社会性交互特征研究[J]. 电化教育研究, 2012（7）: 48-53.
[18] 王陆. 虚拟学习社区的社会网络分析[J]. 中国电化教育, 2009（2）: 5-11.
[19] 刘军. 整体网分析讲义: UCINET 软件实用指南[M]. 上海: 格致出版社, 2009.

教师工作坊在线讨论互动深度研究*

雷诗捷　刘清堂

（华中师范大学教育信息技术学院，湖北　武汉　430079）

摘　要： 随着对教师培训力度的不断加大，基于工作坊的教师研修成为一种新的教师研修模式，教师工作坊中的在线讨论是促进教师知识共享、提升培训质量的重要手段。为探究目前工作坊中教师的在线讨论现状，本文选取一典型工作坊，从交互频度和交互深度两个方面对教师的讨论交流进行分析，以发现教师工作坊讨论的特点及存在的问题，提出促进教师在线讨论深度的建议，对于提升工作坊研修质量、促进教师学习与发展具有重要意义。

关键词： 教师工作坊　在线讨论　交互深度

一、引言

为解决教师培训中存在的针对性不强、方式单一等问题，教育部在 2013 年下发《教育部关于实施全国中小学教师信息技术应用能力提升工程的意见》[1]，要求按照教师的实际需求实施培训，推行符合信息技术特点的培训新模式，全面提升教师的信息技术应用能力。为指导各地在教师培训工作中开展网络研修与校本研修整合培训，教育部于2014 年 3 月颁布文件《网络研修与校本研修整合培训实施指南》，文件指出"依托教师网络研修社区，实施网络研修与校本研修整合培训，创新教师网络研修模式，建立校本研修常态化运行机制"[2]。

教师工作坊是一种教师研修的新方式，教师在工作坊中聚焦于教学问题，共同探讨，提升自我。教师工作坊中的成员包括坊主、辅导教师、观察教师和被观察教师。坊主由特级教师、教研员或教学能力强的骨干教师担当，其他研修学员是来自区、县不同学校相同学科的教师。研修教师在坊主的带领与指导下，针对教学问题或主题开展多种研修活动，通过分享、协作、交流等方式相互促进，共同提高。

目前，国内已有不少学者对教师工作坊这一研修模式进行了探索。林志淼和蒋凤春对工作坊式教师培训模式进行了研究[3]；李德燕等对特级教师工作坊的建设进行了探讨[4]；刘伟菁从工作坊学习环境的角度，关注教师工作坊研修的运作方式及活动的主题选择[5]；李立君等将"重要他人"概念引入教师工作坊网络研修，并对其角色来源进行了分析，认为坊主、学伴、管理者等是学员"重要他人"的主要可能来源[6]；张思等采用社会网络分析法、内容分析法、统计分析方法研究教师工作坊中的知识共享行为[7]。随着教师工作坊的广泛应用，研究者也开始关注更深层次的教师交互行为，以期提高教师工作坊的研修质量，如刘清堂等以词频分析法和时间序列分析法等为主要研究方法，对研修教师的认知行为与情感进行了分析[8]；黄庆玲等对研修教师的在线讨论深度进行了研究[9]。

互动是教师工作坊活动的灵魂，教师通过在其所在的学习共同体与他人进行对话而产生观点或知识，这些观点或知识是影响教师进行深度学习的关键因素[10]。因此，为了增强研修教师在培训过程中的交流与互动，促进新知识的建构，获得更好的教师培训效果，在线讨论往往成为基于工作坊的研修模式中不可缺少的组成部分。在线讨论是工作坊

---

*本文为华中师范大学基本科研业务费专项资金项目（项目编号：CCNU16A05023，CCNU15A02020）的研究成果。

研修活动开展的重要环节，对于完善教师的认知结构，提高批判性思维能力，共同探索找到问题的解决方案，促进教师的知行合一与深度学习，起着重要的作用[9]。深度的在线讨论是教师研修质量的保障，了解目前教师工作坊在线讨论深度，探究在线讨论的影响因素，对促进教师专业发展具有重要意义。但是，目前各大平台的交互仍存在不少问题，Balaji 和 Chakrabarti 研究发现，学习者感到难以聚焦于讨论话题[11]，并且难以坚持去参加讨论。Hew 等在研究中发现，在讨论区中有许多学习者的参与停留在表面，未进行深层交互[12]。严亚利和黎加厚对海盐教师博客群体的互动深度进行分析后发现，互动大多停留在浅度互动[13]。黄庆玲等的研究发现，学员在线讨论缺少对问题的发现与关联性分析的探讨，无效讨论占很大一部分比例[9]。

本文对教师工作坊中的交互频度进行量化分析，同时从内容分析的角度分析交互深度，从而了解工作坊在线互动深度，了解目前教师工作坊在线讨论开展的现状及不足，在此基础之上提出提高在线讨论互动深度的合理化建议。

二、互动深度相关研究

网络群体的深度学习（deep learning online）是指在理解学习的基础上，学习者能够批判性地学习新的思想和事实，并将其融入原有的认知结构中，能对众多思想进行分析和联系，能够将已有的知识迁移到新的情境中，作出决策，并进行解决问题的学习。教师工作坊中的在线讨论，指研修教师就坊主提出的主题在讨论区进行发言，提出自己的困惑，分享自己的心得，探讨更多、更好的解决办法。深度的在线讨论表现为教师在讨论时能以回复的方式对他人的发帖进行评论，提出自己的建议、主张或进行深入反思，与发帖者产生深度交互。著名学者 Ramsden 认为，浅层学习最多是没有质量的数量，而深度学习却是质量加数量。因此，对互动深度的考量应从数量和质量两个方面出发，包含交互频度和交互内容的深度。交互数量是定量的，指回复或评论帖子的数量，从内容上解释，交互深度指讨论者所发表的评论或回复在内容上所达到的深度。

三、研究设计

本文选取"国培计划 2014"典型工作坊中以"如何上好枯燥乏味的拼音教学"为主题的讨论为研究对象，共有 73 位学员参与，其中男性 19 人，女性 54 人，学员均为贵州地区的小学教师，该工作坊讨论持续时间为 28 天。在对交互数据的处理过程中，剔除 1 个小时之内的重复记录，获得有效记录。根据研究的需要，我们统计教师工作坊中研修教师的回复帖子的总数和总长度，记录量化数据，并采用内容分析法分析回复的交互质量，确定交互深度。

（一）交互频度

Kim 等认为交互应包含给他人的回复、他人给自己的回复[14]。依据教师工作坊中的交互数据的特性，本文选取了给他人的回复总数、给他人的回复总长度、所发帖获得他人的回复总数、所发帖获得他人的回复总长度、所发帖获得他人的点赞总数 5 个指标，如表 1 所示。

表 1　交互频度评判指标

维度	指标	指标说明
交互频度	给他人的回复总数	学习者回复他人帖子的总数
	给他人的回复总长度	学习者回复他人帖子的总字数
	所发帖获得他人的回复总数	学习者在平台上的发帖获得同伴的回复总数
	所发帖获得他人的回复总长度	学习者在平台上的发帖获得同伴回复的总字数
	所发帖获得他人的点赞总数	学习者所发帖获得的同伴点赞总数

（二）交互深度

在线学习交流的内容分析框架中经典的有 Henri 的五维分析模型，是 Gunawardena 在 Henri 五维分析模型的基础上提出的基于建构主义理论的交互分析模型，以及 Stacey 的协作学习框架等。Järvelä 等认为在线交互的讨论深度可以分为三个层次：第一类是深度讨论，讨论是基于理论的；第二类是渐进的讨论，讨论是基于经验的；第三类是浅层次讨论，讨论是相互分离的，与其他人的帖子不相关[15]。严亚利和黎加厚将互动程度分为浅层互动、中度互动、深度互动 3 层，浅层互动包含简单回应、观点再认、浅层领会 3 个子类；中度互动包含比较分享、归纳整合两个子类；深度互动包含分析质疑、深入思考、内化迁移 3 个子类[13]。马秀峰等将交互深度分为情感交流类、分享资源类、简单分析类、探讨问题类[16]。王美静认为交互深度应包含情感响应、浅度互动、中度互动、深度互动 4 层[17]。本文主要以严亚利等提出的互动程度框架为依据，综合考虑教师工作坊中交互的特征，针对性地设计了教师工作坊交互深度内容分析框架，如表 2 所示。

表 2   交互深度评判指标

维度	一级指标	二级指标	指标说明	举例
交互深度	浅度互动	简单表态（s1）	少量文字简单回复	"赞""说得好"
		摘录表态（s2）	摘录其他人的观点，表明自己的态度	用好信息技术，精心制作多媒体课件，对拼音教学有很大的益处
		浅层领会（s3）	评价文章主题时给出个人简单的理由或简单描述个人行为或观点	猜谜语是个好主意
	中度互动	归纳整合（m1）	结合文章主题总结个人看法，简要评论作者的写作和观点，并表明态度	说得有道理，借助新手段，采用新方法，追求新理念
		比较分享（m2）	将个人看法与文章观点做简单比较，分享对主题或博客作者的感受、交流心得和体会	我对潘老师的看法非常支持，组织一些游戏活动最能激发学生的学习兴趣
	深度互动	提问质疑（d1）	发现问题，提出质疑，说明自己的观点	1）我有一个问题，和大家讨论一下…… 2）我的观点恰恰相反……
		反思解决（d2）	反思问题，或提出解决办法	我认为在游戏中，在活动中进行拼音教学比较符合学生的特点

四、研究过程

（一）交互频度与交互深度描述性统计结果

依据交互频度评判指标表，我们对工作坊中教师交互的数量进行统计，共计 344 条，统计数据显示，研修教师给他人的回复数范围为 0～46，均值

为 4.71；给他人的回复长度平均为 74.1；收到的回复数范围为 0～21，平均值为 4.71；收到回复数长度范围为 0～371，平均值为 74.1；收到"赞"数范围为 0～11，平均值为 2.06。结果表明，在长达 28 天的工作坊讨论中，平均回复数仅为 4.71，约为 5 条，所有回复总字数仅为 74 字，可以认为该工作坊中研修教师的交互频度较低，交互积极性不高。

根据教师交互深度评判指标表，逐条分析各类型的回复内容，统计结果如图 1 所示。

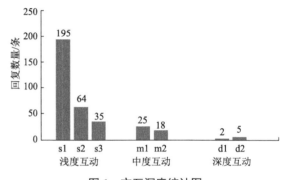

图 1   交互深度统计图

统计结果表明，有 294 条回复集中在浅度互动，其中有 195 条属于简单表态，其内容主要是"说得好""学习"等之类的表示对发帖者观点的赞同。而摘录表态和浅层领会所占比例比较低。43 条回复处于中度互动，其中 25 条回复对发帖者的观点进行了整合，总结出要点，发表自己的评论。18 条回复比较并分享了自己的观点和看法。仅有 7 条回复属于深度互动，其中仅有 2 条质疑发帖者的观点，提出了不同的看法，5 条回复对当前所讨论的问题进行了反思，提出了可以应用于实践的解决方法。

（二）交互频度与交互深度的关系

1. 相关性分析

依据相关分析结果发现，交互深度中的浅度互动与交互频度中的 5 个指标都有显著相关性，中度互动与收到的回复长度、给他人的回复字数有显著相关性，深度互动与给他人的回复字数有显著相关性，结果如表 3 所示。

2. 回归分析

将中度交互及深度交互分别作为自变量，对交互频度进行线性回归分析，发现交互频度中给他人

表3 交互频度与交互深度的相关分析

项目	收到回复数	收到回复长度	收到的"赞"数	给他人回复数	给他人回复长度
浅度交互	0.516**	0.444**	0.545**	0.982*	0.716**
中度交互	0.159	0.318**	0.055	0.197	0.432*
深度交互	0.134	0.196	0.045	0.198	0.476*

*$p<0.05$，**$p<0.01$

的回复字数会影响教师的中度交互及深度交互，结果如表4所示。

表4 交互频度与中度、深度互动的回归分析

项目	非标准化系数		标准化系数	t
	B	标准误差	B	
中度互动	0.009	0.002	0.603	3.496**
深度互动	0.004	0.001	0.834	4.825**

**$p<0.01$

五、结论与建议

依据以上研究结果，可以得出以下结论。

1）教师工作坊中研修教师互动深度较浅，表现为交互频度较低，交互内容深度较浅，主要集中在浅层交互，浅层交互中的简单回应占了很大比例。分析其原因具体如下：①用户因素，即研修主题不能引起教师的兴趣[18]；②工作坊内的成员教师仅在网络上交流，相互之间较为陌生，缺乏情感交流；③团队成员教师在工作坊的讨论交流没有强制要求，未将工作坊内的发帖数、回帖数等纳入评价体系，教师缺乏外在动机；④教师工作坊中有 73 位教师，但仅有 1 位坊主，因此坊主没有太多时间主动引导成员教师参与讨论交流[19]；⑤参与者没有充裕的时间参与到工作坊当中，同时由于个人习惯或未充分感受到教师工作坊的作用而缺少参与的积极性，因此无法实现深度的学习和交流。

2）给他人的回复字数与交互深度显著相关，并且影响深度交互与中度交互

本文认为，给他人的回复长度是研修教师是否认真思考、回复的表现之一，这也表明回复的字数越多，越有可能达到更深层次的交互。

依据以上研究结果及分析，为了提高教师工作坊中的互动深度，笔者提出以下建议。

1）选取合适的讨论主题。工作坊的坊主对研修教师所在区域、学校的教学实际情况不一定十分了解，因此，在发布讨论主题前，可以先对参与研修的教师进行需求调查，了解他们在教学中遇到的问题与困惑，针对他们的实际问题提出主题，使研修教师有话可说，从而引发批判性思考。反思性的话题设计也很重要，通过对反思性话题的讨论，能够给予学习者自我反思与自我评估的机会，发现学习与教学中存在的问题，从而提高学习效果，改进教学策略，需结合教师需求，发布高质量的主题，吸引研修教师参与讨论[9]。

2）改进平台功能。工作坊平台可以将研修教师在工作坊中的讨论情况计入考核，以提升研修教师参与讨论的外在动机。在评价维度上，平台需考虑学习者在交互平台的发帖和回帖数量，以提升学习者的外在动机，促进学习者的讨论交流。但是，不应盲从于回帖数量，也应看重回帖质量，以防部分学习者为了达标而发内容重复、单一、缺乏思考的帖子。而依据本文的研究结果，给他人的回复数量就可以成为判定回帖质量的指标之一。在平台功能上，平台需能自动计算学习者的回帖数和发帖数，计入评价维度。但为了避免部分学习者发大量重复内容的帖子，平台也应能剔除掉内容单一、无意义的帖子，这样才能促使学习者真正地从内容出发，提升讨论交流的深度。

3）给予及时的反馈。工作坊坊主在讨论中需给予研修教师及时的反馈，研究表明，坊主的参与会影响研修教师的讨论深度，例如，黄庆玲等发现，坊主对学员讨论的引导与反馈的即时性会直接影响讨论深度[9]。坊主肯定研修教师的观点或发表意见，能够促进成员的学习理解，同时能增强研修教师的社区归属感，促进反馈。

参考文献

[1] 教育部. 教育部关于实施全国中小学教师信息技术应用能力提升工程的意见[J]. 基础教育论坛（文摘版），2014（2）：85-88.

[2] 网络研修与校本研修整合培训实施指南[EB/OL]. http：//guopei.ncet.edu.cn/detail-announcement-10590. html[2013-03-26].

[3] 林志淼，蒋凤春. 工作坊式教师培训模式初探[J]. 中小学教师培训，2014（8）：14-16.

[4] 李德燕. 特级教师工作坊的建设实践与启示[J]. 广西教育，2013（18）：5-6.

[5] 刘伟菁. 教师工作坊研修的主题选择与运作方式[J]. 中小学教师培训，2015（8）：11-14.

[6] 李立君，丁新，武丽志. 教师工作坊网络研修的"重要他人"研究——人类发展生态学的视角[J]. 中国电化教育，2015（2）：90-95.

[7] 张思，刘清堂，朱姣姣，等. 教师工作坊中的知识共享行为研究[J]. 现代远距离教育，2015（5）：49-55.

[8] 刘清堂，武鹏，张思，等. 教师工作坊中的用户参与行为研究[J]. 中国电化教育，2016（1）：103-108.

[9] 黄庆玲，李宝敏，任友群. 教师工作坊在线讨论深度实证研究[J]. 电化教育研究，2016（12）：121-128.

[10] 丁卫泽，熊秋娥. 定量的内容分析：评价在线讨论质量的有效方法[J]. 中国远程教育，2009（2）：42-45.

[11] Balaji M S，Chakrabarti D. Student interactions in online discussion forum：Empirical research from "media richness theory" perspective. Journal of Interactive Online Learning，2000，9（9）：1-22.

[12] Hew K F，Cheung W S，Ng C S L. Student contribution in asynchronous online discussion：A review of the research and empirical exploration. Instructional Science，2010，38（6）：571-606.

[13] 严亚利，黎加厚. 教师在线交流与深度互动的能力评估研究——以海盐教师博客群体的互动深度分析为例[J]. 远程教育杂志，2010，28（2）：68-71.

[14] Kim D，Park Y，Yoon M，et al. Toward evidence-based learning analytics：Using proxy variables to improve asynchronous online discussion environments[J]. The Internet and Higher Education，2016，30：30-43.

[15] Järvelä S，Häkkinen P. Levels of Web-Based Discussion：Theory of Perspective-Taking as a Tool for Analyzing Interaction[R]. Fourth International Conference of the Learning Sciences，2000，22-26.

[16] 马秀峰，李彤彤，刘冬. 学习风格对在线学习交互程度影响的实验研究[J]. 开放教育研究，2011,17（4）:96-101.

[17] 王美静. 课程论坛中教学互动深度的评价研究[D]. 西安：陕西师范大学，2013.

[18] 傅钢善，王改花. 基于数据挖掘的网络学习行为与学习效果研究[J]. 电化教育研究，2014（9）：53-57.

[19] 关中客. 博客与"李克东难题"[J]. 远程教育杂志，2009（4）：80.

"互联网+"背景下网络教研方式的发展趋势分析*

王丽珍　任　玉

（山西大同大学教育科学与技术学院，山西　大同　037009）

摘　要： "互联网+"时代的来临，带动了一系列新的信息技术（云计算、物联网、大数据）的发展，这些新技术在教育领域中不断渗透，为网络教研的发展带来了机遇和挑战。本文针对信息时代对教师专业发展的新要求，并结合网络教研方式发展的现状及所存在的问题，提出了"互联网+"时代新的网络教研发展趋势，以为提高教师的专业水平提供参考和借鉴。

关键词： "互联网+"　网络教研　发展趋势

一、引言

随着"互联网+"时代的来临，我们处在一个知识和数据爆炸的环境下，大数据、云计算、泛在网络等技术逐步深入实践，移动学习、个性化学习等不断发展，这些均对教师的专业能力提出了新的要求。而网络教研作为教师提高专业水平的重要途径，可以有效地改善传统教研相对单一、封闭的局限性，是教师教研活动发展的必然走向。但是目前存在的网络教研方式仍然有缺陷，为应对新的发展要求，顺应时代潮流，需要对其进行新的改革。本文通过分析网络教研在"互联网+"背景下新的发展思路，搭建新的网络教研平台，并阐述各种新技术对网络教研平台的支持作用，逐步归纳出网络教研方式新的发展趋势。

二、信息时代对教师提出的挑战

"互联网+"时代下，大数据、云计算等新一代信息技术的广泛应用，使人类社会积累了大量的数据，而且这些数据呈爆发式增长趋势。教育大数据、学习分析技术及各种形式的移动学习终端及泛在学习环境的出现，使个性化学习也越来越引人注目，并被提到一个新的高度。教师作为学生学习的引领者，需要不断提高自己的教学水平和自学能力，以适应发展需求，这就要求教师必须具备整合技术的学科教学知识（technological pedagogical content knowledge，TPACK）。教师 TPACK 专业技能的培养与发展，一方面要求教师从自身角度出发"接受"和"学会"使用信息技术，另一方面也要求教师能将 TPACK 知识与具体学科进行"融合"，在教学的实践经历中提高自身的 TPACK 水平，从而达到提高教育教学效果、效率和效益的目标。

三、网络教研发展现状综述

本文主要从国内网络教研现状方面开展研究，希望借助前人的研究成果来完成本次研究。笔者利用中国知网全文数据库，依次以"虚拟教研""网络教研"为关键词进行高级检索，得到 363 篇有效论文。同时，通过搜索引擎百度得到约 5 990 000 个结果，但多数相关度较低，相关的内容多是关于教研平台、教研活动的。

本文通过中国知网学术趋势图来分析网络教研的研究历程。由图 1 可知，2005 年之前网络教研处于发展的初步阶段，2005 年之后网络教研论文收录量明显上升，说明网络教研逐渐被更多的人认可。其中，在 2005—2007 年发展迅速，在 2010 年和 2013 年又达到峰值，之后持续得到关注。

* 本文受山西省"1331"工程 2017 年重点学科建设项目"互联网+背景下区域特色资源建设研究"和山西省 2016 年度教育科学"十三五"规划课题"互联网+背景下区域特色资源建设研究"（项目编号：GH-16070）资助。

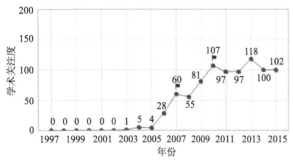

表示标识点数值高于前后两点，且与前一数值点相比
增长率大于30%

图1　网络教研学术关注度

在了解网络教研的学术关注度后，笔者接着利用万方数据知识服务平台，得到网络教研研究趋势图。从图2可知，网络教研在发展初期主要研究网络教研的理论基础，之后着重研究网络教研对教师专业发展的影响，目前的研究更注重回归网络教研的根本，探讨网络教研的优势、功能及找出网络教研存在的问题及改进的策略等。

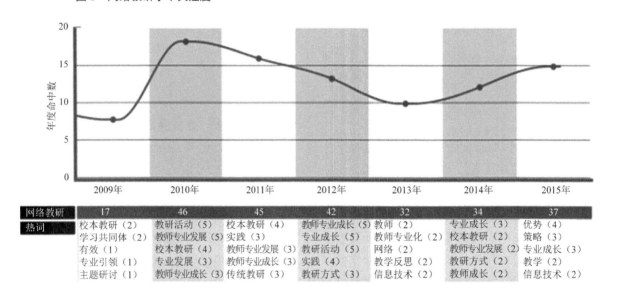

图2　网络教研研究趋势

（一）网络教研的概念

基于网络的教研最初被称为"虚拟教研"，随着人们对这种教研方式的不断实践和研究，逐渐出现了许多称谓，如"网上教研""网络教研""数字教研""e教研""网上研修"等，但是因为网络教研方便人们对这种教研方式进行理解，大多数专家和学者都直接以"网络教研"进行研究。"网络教研"的概念也随着时代的发展发生了变化，下面介绍一些主要的概念。

2002年，刘观武和王立教授提出"网上数字教研"，强调网络环境和这种环境所提供的资源，以网上交流互动、学习的方式来进行教研活动。

2003年，焦建利和桑新民教授提出"虚拟教研"，强调两点：一种是区别于传统教研，依托网络搭建的虚拟社区进行的教研活动；另一种是跨时

空的教研活动。

2005年，罗蓉和罗亮提出"网上教研"，更注重网络资源的交流与共享。

2007年，李艺提出的"网络教研"，是在肯定罗蓉和罗亮提出的"网上教研"的基础上，同时强调网络教研对教师发展的重要性。

2007年，肖正德提出"网络教研"，更强调网络教研的目的，即促进教师的发展、解决实际问题和提高教学质量，强调网络技术的辅助作用。

2008年，张成昆和管永娟提出"网络教研"，强调数字化，通过网络教研搭建虚拟社区，进行民主的、满足每个人独特要求的教研活动，其中网络是载体，信息技术是手段。

2010年，吴徐兵提出"网络教研"，强调发挥网络技术的作用，搭建数字化平台，提供有效的教

研工具；加大教研的力度，使其从本质上得到提高，是新时代下对传统教研的完善和补充。

从以上专家和学者对网络教研的定义可以看出，信息技术在教研中发挥着非常重要的作用，网络教研的实现依赖于信息技术。与以往的面对面教研相比，网络教研具有三大特点：第一，在组织形式上，不管是内容、形式还是教研时间和空间，都不再是教研活动开展面临的问题，使教研更加民主和开放，更便于教研活动的开展；第二，在参与人员方面，不再只有一线教师，各个地区的教师和教育专家均能参与，集体构建一个学习共同体，进行同步或异步的交流；第三，教研目标由解决教学问题走向研教并举，注重通过利用网络技术搭建的网络教研平台进行教研内容的存储，可供教研员和专家进行深入研究，加大了教研的深度和广度。

（二）网络教研方式

随着时代的发展，各种新型技术出现，网络教研方式也变得多样化，每个阶段都有其主打的方式。

2008年以前比较流行的是教育主题网站、教育博客和网络教育论坛这3种方式，其在教师专业发展中发挥着不同的作用：教育主题网站为教师的终身学习提供丰富的资源库，使教师在职业生涯吸收知识、提高技能、提升素养的需求得到满足；教育博客的产生推动了新时代记录方式的变革，为教师工作方式和生活方式的改变提供了选择，为教师专业发展记录、整理和反思形成档案袋；网络教育论坛越加成熟的交流方式得到了教师的欢迎和认可，将具有个别性特征、随机性的教育问题变成具体的话题，并为教师展开及时、多向交流和分享提供新的网络聊天室。在介绍上述3种网络教研方式的同时，还应该了解依托新浪UC、ICQ、MSN等即时通信平台进行网络教研活动的方式。

2009年，张龙在肯定上述三大主要方式的前提下，重新对网络教研方式进行归类：第一类是E-mail（电子邮件）方式；第二类是通过即时通信软件（如MSN、UC聊天室、QQ群等）来实现网络教研；第三类是专题虚拟空间（如博客、专题网站、学科论坛等）。

2010年，秦莹对电子邮件、BBS、博客、即时通信软件进行了归纳，因为之前对BBS和博客已经进行过归纳，此处不进行赘述，主要讲电子邮件和及时通信软件在网络教研中的作用。电子邮件突破了时空的限制，使教师的教研材料可通过网络进行传送，让教师更加容易就能实现材料的异地分享，同时，利用设立列表和邮件群发功能等技术，便于在特定人群中进行教研活动；即时通信软件操作简单、功能强大，如群公告、群分享等功能，这些可为教师提供4个平台：教研信息发布的平台、教师进行同步或异步交流讨论的平台、教师之间共享数字化资源的平台、教师自我反思平台。

2011年，刘春利在肯定前人总结的教研方式的基础上，又提出了WIKI和Moodle。同年，谌亮论述了WIKI对网络教研的影响：可以作为教师资源库，教师可以对其进行编辑和处理，允许改动其中的内容，进行完善和补充；可以作为活动交流平台，完成知识的交流和传递，为教师参与教研提供方便，并且可以发挥教研群体的优势，在教研中，通过解决问题，学会合作，提高参研教师的反思能力；还能作为学科知识建设的工具，教师能够随时添加、修改相关学科内容，实现学科资源的整合及管理。

近几年，又出现了基于微信的网络教研平台，其尤其关注微信公众平台的资源分享功能，该平台有助于教师从中快速获取教研资讯，还有助于教师进行个性化学习，更可以帮助教师进行网络教研。

综上所述，网络教研的方式多种多样，有主题网站、论坛、博客、即时通信软件、WIKI、Moodle和微信等，每种方式都有自己的发展历史，它们随着网络教研的发展也在不断被发掘和完善，在此期间发挥着各自的独特作用。当然，未来会出现更多、更好的教研方式，会不断促进教师的专业发展。

（三）目前网络教研方式的优劣分析

随着时代的发展，不断有新的网络教研方式诞生，就目前的网络教研方式而言，它们提高了网络教研的民主程度和开放程度，突破了时空的限制，使身处不同地区的教师可以同时互动，呈现出更灵活、开放的状态。但不可否认的是，运用时还缺乏得心应手的经验，在网络教研的实践中伴随着一些问题：一是目前网络教研平台相对复杂，不能满足教研员随时随地开展教研活动和进行学习的需求；二是停留在定性分析上，缺少数据的支撑，决策过程过于依赖经验，同时，没有数据支撑，也无法通过学习分析了解教师的学习重点和需求，无法满足教师的个性化学习需求；三是教研活动参与度低，教师之间的深层交互不够，其对教师的实用性有待继续关注；四是目前视频资源时间长、数据量大而难以用于移动学习，不利于及时获取。

四、"互联网+"背景下网络教研方式的发展

经过上述文献研究，不难发现网络教研已经实现了跨时空的异地交流，相对于传统教研而言更加开放和民主。但是，其仍然存在许多问题：平台复杂，没有达到智能化；评价停留在定性评价，没有数据支撑；教师之间的互动较少；视频资源不能及时获取。

"互联网+"背景下，各项网络技术的发展为网络教研的发展提供了机遇：智能终端的普及为网络教研平台智能化提供了可能；云计算可以实现资源的随时随地共享；大数据技术可以实现数据的统计分析功能，为教研中定量评价和学习分析提供了数据支撑。那么，在网络教研新的发展趋势中，大致工作流程是：利用移动设备作为接收终端，不同地区的教师均可以同时在线参与教研活动，在新的平台中可以记录数据。在教研活动以外的时间，教师可以从云网端随时随地获取自己所需资源，其中视频资源更偏向于微视频，方便及时获取，并通过定量分析和评价，对教师进行学习分析，为教师提供个性化学习，以提高教师的专业能力。

综上，在"互联网+"背景下，随着各项网络技术的实践深入，网络教研的发展进入一个全新的发展阶段。尤其是随着大数据技术、云计算、移动学习技术等的发展，网络教研方式应更偏向于平台智能化、资源共享度提高、移动化、资源碎片化、评价定量化、个性化。为了实现多种"化"的网络教研，需要对各项网络技术进行深刻了解，掌握各项技术对网络教研的影响和作用。在了解技术支持之前，我们先梳理一下网络教研平台的功能构建。

（一）"互联网+"背景下网络教研平台功能架构趋势

教研平台是网络教研开展的前提。基于前文对网络教研的分析，此处要充分利用互联网中的亮点技术，重新搭建网络教研工作平台，而对于平台的功能，应在以往的基础上进行完善和补充，而不是完全改革。那么，除去之前网络教研平台的功能，新的平台还应具备的功能有以下四点。

1. 课堂评价定量化

以往的网络教研同样有课堂评价功能，但是并没有对数据进行量化评价，以至于活动中作出的决策太过依赖专家和教师的经验，在新的平台中评课功能应可以采集各种课堂数据（这些数据包括教师的教学活动、学生的学习活动及其他专家和教师的反馈信息等），并对数据进行量化分析，最后的评价结果是可靠的，有数据作为支撑。

在评课中，不同地区的教师和专家可以利用自己的移动设备观看远在其他城市的教师课堂，并加入教研团体，还可以看到教研活动中教师和专家对授课教师的教学行为、教学设计等的评价，在此期间能为授课教师提供一些教学方面的反馈信息。通过评课，所有参与教研活动的教师和专家的能力均可以得到提高，尤其是授课教师能够从量化的数据统计中获得这些反馈信息，从而提高授课教师本人的教学质量，同时，参与教研的人员也可将这些信息作为自己未来发展的借鉴。

2. 资源分享高度化

"互联网+"时代是一个知识爆炸的时代，网络教研活动产生了很多网络资源，如优秀文章、教育资讯、教育教学观点和体会、教学实录及课件等，但是这些资源没有经过科学的筛选和优化，导致对其的使用率低。在新的网络教研方式中，能够对这些资源进行细致管理，包括资源的筛选和优化处理，供教师随时随地进行资源的收集、分类、上传和下载，使得教师在获取资源的时候，有更多选择，视野更加开阔，提高了资源的共享度和利用率。

3. 教师学习移动化

以往的网络教研中，教师获取资源的平台多趋向于计算机，不能满足"互联网+"时代下泛在学习的要求。随着智能终端的普及，学习支持平台搭建应向简便化发展，逐渐从相对复杂的计算机终端转向移动设备，教师可以利用自己的流动装置（即

智能终端）满足时时学、处处学的要求，也就是利用自己零散的时间进行学习行为，并且可以记录教师的学习行为。这样的平台功能能够激发教师的学习积极性，便于提供个性化的服务。

4. 数据处理科学化

目前，网络教研存在的最突出问题就是没有数据支撑，使得评价不够客观，太过主观。在"互联网+"背景下，大数据技术的发展为数据统计分析提供了新的发展契机。对于评课系统记录的数据，可以通过数据统计分析功能对所记录的数据进行整理，通过分析可以得到各个教师的反馈信息，从而准确地对授课教师进行公平、民主的评价，进而提出改进建议。此外，还可以对教师的学习行为进行数据分析，了解每位教师的学习重点，根据教师的能力提升需求，为其推送个性化的学习资源。

综上，"互联网+"背景下网络教研平台的功能趋势包括：课堂评价定量化、资源分享高度化、教师学习移动化、数据处理科学化。这4种功能趋势更能适应数字化时代的发展需求。

（二）"互联网+"背景下网络教研平台功能搭建需要的理论支撑和关键技术

"互联网+"背景下，网络教研平台搭建需要一定的理论支撑和多种关键技术，这里仅介绍课堂观察、云计算、泛在网络技术、大数据技术等比较重要的技术，主要介绍它们对上述平台功能趋势的影响和作用。

1. 课堂观察为课堂评价定量化提供了理论支撑和技术支持

当前网络教研的课堂评价太过依赖经验，多是定性评价，缺少数据支撑，而课堂观察中的观察点和系列量表能够为网络教研中课堂评价定量提供理论支撑和技术支持。

课堂观察是将量化的科学方法引入观察环节，让评课的教师根据提前设计的量表评价教师和学生的课堂行为，增强观察和资料收集的客观性。采用课堂观察对课堂的整体情况进行观察，在此期间将课堂中反馈的数据记录下来，然后对数据进行分析，最终得出可靠结果。课堂观察可以提升教师的教学质量和学生的学习效率，旨在提升教师的专业

能力。课堂观察采用量化的科学方法，包括观察评价量表的设计、制作，符合的相关教育教学规律、理论；量表数据（信息）的获取可借助设备、仪器进行准确、客观的采集、记录；对量表数据的分析和处理要符合逻辑。课堂观察的3个主要程序如图3所示。

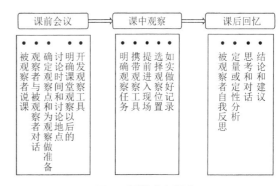

图3　课堂观察程序

2. 云计算为资源分享高度化提供了理论支撑和技术支持

目前，网络教研资源的使用率还不高，分享度还不够高，而云计算能够增强教育资源与教育服务的共享性。

云计算的主要思想是达到资源的最大化共享和分享。"云"实际上是一种网络架构，任何两个点上的资源都可以进行连接，区别于传统网络的是，在"云计算法则"的引导下，所有的资源都能被分享到各个地区。

云计算主要提供以下3种模式的服务。

1）IaaS（infrastructure as a service）——基础设置即服务，所谓基础设置包括存储、计算和网络等，也可称为"资源"，例如，《纽约时报》使用成百上千台Amazon EC2虚拟机实现了在36小时内处理TB级文档数据的目标。

2）PaaS（platform as a service）——平台即服务，所谓"平台"主要包括开发平台、运营管理平台等，如Google提供的PaaS服务Google App Engine，可以提供搜索引擎及Gmail等服务。

3）SaaS（software as a service）——软件即服务，也就是可供云用户直接使用的各种软件，最简单的如Google Docs等在线文档编辑软件。

通过云计算能实现资源有效整合，并实现多种资源快速有效地调配，提高资源的分享度，为教师提供一种更迅速、更多元的学习途径。

3. 泛在网络技术为教师学习移动化提供了理论支撑和技术支持

目前，网络教研平台大多还停留在将计算机作为接收终端，没有充分发挥教师的学习积极性，而泛在网络技术可以增强教育网络与多终端的连通，有助于实现教师学习的移动化。

泛在网络是通信网、互联网、物联网的高度协同和融合，将实现跨网络、跨行业、跨应用等的融合和协同。泛在学习作为无时不在的沟通方式和无处不在的学习方式，在为人们提供便捷的同时，也体现了个性化，引领着今天的学习趋向个性化。于是，适合于每位教师自身需求的个性化移动学习的学习方式出现在人们视野当中。在个性化移动学习环境下，学习者不仅可以自主选择有意思的学习主题，可以及时下载满足自身学习需求和学习情境的各类资源，还可以与专家及其他教师进行移动式的协作学习与交流。

4. 大数据技术为数据处理科学化提供了理论支撑和技术支持

目前，网络教研平台对数据的处理还不够成熟，而基于大数据的一系列技术能够实现处理数据的科学化，为数据处理科学化提供了理论支撑和技术支持。

所谓的大数据技术不是指一项具体的技术，而是指大数据时代下产生的同一个体系的技术总称，从技术方面可以看出大数据处理的一般过程是：数据采集、数据处理、数据分析与展示。下面对每个流程进行简单介绍。

第一，数据采集。随着网络的飞速发展，网络上充斥着各种资源，也就是各种数据，这些数据形式多样，造成了很多数据都不真实、不可靠，所以数据的采集尤为重要，采集的数据应该规范，同时要初步对其进行预处理，便于后期进行深度处理。

第二，数据处理。数据处理包括数据整合和数据存储两方面。数据整合是将采集回来的数据进行加工、整合，在保留原义的基础上删除无用的内容，从全局出发，确保数据的一致性和相关性。数据存储是将数据进行集中存放。

第三，数据分析与展示。数据分析与展示是从大堆数据中提取有效知识的基础，可避免决策者因为经验的影响作出错误的判断，同时要将数据的分析结果以直观的方式呈现给教师。

对以上4项技术进行阐述后，我们不难发现，课堂观察中的观察点及多种量表为课堂评价定量化提供了理论基础和技术支撑；云计算拓展教育资源与教育服务的共享性的特点，有助于提高资源的分享度；泛在网络能够增强教育网络与多终端的连通性的特点，为教师学习移动化提供了理论基础和技术支撑；以大数据为中心的一系列技术为数据处理的科学化提供了理论基础和技术支撑。

（三）基于真实课堂的微视频成为网络教研资源建设的基础

目前的网络教研存在资源过大，不能满足及时获取的需求等方面的问题。在新的网络教研方式中需要建立一批碎片化的资源，更加"微小"，更适合教师的移动化学习。下面谈一下基于真实课堂的微视频资源建设。

随着智能手机、PAD等移动设备的快速普及，碎片化学习正在成为教师专业发展中的一种重要学习方式，以往视频资源由于时间长、数据量大而难以用于移动学习。因此，在教师教育不断深化与教育信息化不断发展的背景下，基于真实课堂的微视频案例资源建设应遵循以下几方面的要求。

1）基于真实课堂的微视频的时间长度不能过长，存储容量不宜过大，以方便教师对视频案例资源的获取、传输、存储及在智能终端设备（如智能手机、PAD等）上使用，以满足移动学习环境下教师碎片化与个性化学习的需求。

2）除去基于真实课堂的微视频以外，视频案例资源还应该包含与微视频对应的教学设计，以及教学中所使用的各种素材、教学反思、专家点评、同行评价及学生反馈等相关内容，以有效引发教师个体在经验方面的交流与碰撞，为教师实践性知识的生成与进化提供全面支持。

3）基于真实课堂的微视频必须要形成较为完整的资源系列，以产生资源聚集的规模化效应，满足教师专业发展的个性化需求与持续性需求。

4）基于真实课堂的微视频的主旨或内容要具有一定的针对性，要能够体现教师在授课中频繁遇到的难题，能找出解决难题所采用的方法，并能够引导教师在教学实践中创造性地运用与发展。

5）基于真实课堂的微视频资源还需具有一定的启发性与示范性。启发性主要表现在能够帮助参训教师理解真实课堂案例所表征的原理性知识或领悟案例所呈现的策略性知识，并将学到的知识与能力迁移到自身的教学中；示范性主要表现在教师能够从微视频中受到启发，将学到的方法等运用于自己的教学中，从而提升自己的教学质量。

五、结论

经过十几年的发展，网络教研具有其特点，在教研中占有重要地位，但是不能否认的是，网络教研在其发展过程中仍然存在许多问题，"互联网+"时代的来临，为网络教研的新发展带来了新的发展机遇。在这样一个知识和数据爆炸的时代，应该运用大数据、云计算、泛在网络等这些新型技术，构建一个更加先进的平台，来满足教师的时代发展需求，更好地为教师提供服务。本文在网络教研新的发展趋势分析中，运用先进的课堂观察、大数据、云计算等技术作为技术支持，进行视频案例资源建设，旨在弥补网络教研目前存在的不足，使得网络教研更加完善，趋向智能化，资源分享度高，同时，

定量评价、个性化学习促进了互联网与教研的深度融合，进一步提升了教师的专业能力。

参考文献

[1] 李建珍，冯利珍，袁玉飞. 国内 TPACK 研究的分析与思考[J]. 电化教育研究，2015（11）：102-108.

[2] 郭莹. 网络教研的采纳行为与教师教学能力提升的关系研究[D]. 沈阳：辽宁师范大学，2013.

[3] Lynch C. Big data：How do your data grow?[J]. Nature，2008，455（7209）：28.

[4] 孔晶，郭玉翠，郭光武. 技术支持的个性化学习：促进学生发展的新趋势[J]. 中国电化教育，2016，（4）：88-94.

[5] 刘观武，王立. 网上数字教研模式的设计与实现[EB/OL]. http://hp.tjjy.com.cn/hpitc/1yweb/wlweb/z3jinri/7wshshzjy.htm.

[6] 成佳梁. 虚拟教研在中职教育中的应用研究[D]. 金华：浙江师范大学，2006.

[7] 焦建利，桑新民. 虚拟教研的几点思考[EB/OL]. http://xd.nsjy.com/zhongqi/jiao/VIR.files/frame.htm.

[8] 罗蓉，罗亮. 走进网上教研[J]. 信息技术教育，2004（10）：5-7.

[9] 李艺. 面向基础教育教师专业发展的网络教研观察[J]. 中小学信息技术教育，2007（5）：9-12.

幼儿园园长信息化领导力案例研究

颜荆京　　汪基德

（河南大学教育科学学院，河南　开封　475004）

摘　要： 本文采用半结构性访谈，对6所幼儿园园长信息化领导力案例进行了分析。幼儿园园长信息化领导力产生的起点："问题—方法"取向、建立在个人见识基础之上的隐性知识。幼儿园园长信息化领导力可持续成长的动力在于，幼儿园园长在信息化建设过程中获得积极的情绪和体验，幼儿园园长具有自觉践行的自主学习心态，幼儿园园长的"互联网思维"造就不同的未来。造成幼儿园园长信息化领导力成长过程中出现"高原现象"的原因如下：区域幼儿教育信息化的氛围尚未形成，朴素的应用取向暴露出了系统规划能力的不足，幼儿园园长对教育信息化的核心价值的理解不够深刻。

关键词： 幼儿园园长　信息化领导力　起点　成长动力　高原现象

为了了解幼儿园园长信息化领导力的真实情况，走进他们的生活世界，笔者先后对来自市区、城乡接合部、农村的共6位幼儿园园长进行了半结构性访谈。为了恪守学术道德，我们在此隐去了访谈对象的真实姓名，分别用大写英文字母A、B、C、D、E、F代替，为了方便起见，我们也将这些幼儿园园长所领导的园所，分别简称为A园、B园、C园、D园、E园、F园。这6位幼儿园园长的性别、年龄、文化程度等基本情况如表1所示。研究根据访谈笔记和录音材料，将访谈内容转换成文本，

以下所展示的文本主要是我们根据访谈笔记和现场录音进行整理的，为保留文本的鲜活性，也包括一些由访谈录音直接转录形成的文本。"管中窥豹，略见一斑"，希望通过对这6个个案的呈现，揭示鲜活的幼儿园园长信息化领导力的发展轨迹。

一、幼儿园园长信息化领导力案例的呈现

（一）案例A

A园创建于1983年，A园长是经过职位轮换从另一所幼儿园到A园的。A园长接触教育信息化纯属偶然，她是在大学攻读教育管理专业硕士学位时，一次偶然的机会，旁听了关于教育信息化建设的讲座。

那次讲座对我的影响很大，应该说当时在全国，幼儿园信息化建设还是新鲜事物。听了讲座之后，我围着教授问这问那，但由于时间关系，感觉很不尽兴。我当时就想，信息技术的发展这么快，幼儿园也应该发展这个东西，这应该是幼儿园发展的一个方向吧。从那时以后，我就开始有意识地留意幼儿园的信息化建设，包括看一些文章和书，学习参观其他幼儿园的时候，也有意识地留意他们的园所信息化建设，遇到好的，我就借鉴过来。

A园长虽然所学专业是教育管理，但却是一位技术达人，关于这一点，A园长很是得意，特意打

表1　访谈对象基本情况一览表

姓名（园所）	性别	年龄/岁	最高学历	所学专业	幼儿园所在地	幼儿园属性
A园长（A园）	女	47	专业硕士	教育管理	市区	公立，独立
B园长（B园）	女	32	本科	教育管理	老城区	公立，独立
C园长（C园）	女	40	本科	教育管理	城镇	公立，独立
D园长（D园）	男	42	自考本科	汉语言文学	城镇	公立，独立
E园长（E园）	男	36	大专	汉语言文学	城镇	公立，依附于小学
F园长（F园）	女	40	进修大专	学前教育	农村	公办民营

开笔记本，让笔者欣赏她自己制作的一些作品。

刚开始的时候，我虽然觉得信息化是一个方向，但由于我自己的技术水平不行，认为信息化是特别高深的一个东西，同时也觉得自己很难掌握这些技术。但是，在接受过三四次信息化培训之后，我的自信心提高了，感觉并没有想象得那么难。上手以后，我经常在网上找一些素材，也越来越喜欢自己制作一些东西。后来我发现，我们幼儿园有一些年轻老师掌握技术比我还快，经常是我提出来以后，我还没有掌握，她们已经掌握了。我就向她们学习，这样也带动了大家对信息技术的热情。

A园长拥有自己的信息化发展理念，对自己的幼儿园信息化建设有一个宏伟的规划。

我觉得幼儿园园长信息化领导力和中小学校长信息化领导力不一样，主要区别在于教育对象的低龄化。作为园长，自己首先要懂得基本的信息技术，并能引进和运用信息化手段指导幼儿园工作，逐步形成信息化和幼儿园日常教育工作有机交融的良好局面……这样来说，幼儿园信息化建设工作的重心主要在于教师的现代化教育理念和合理发挥家长的作用，形成教育合力。信息化建设的阻力主要来自设备更新的速度、师资培训的力度和推广的坚持性等。我对我所在的幼儿园发展信息化有这样的一个思路：一是依靠上级，不断提出信息化规划建设的建议；二是依靠同级，不断学习姐妹园的长处，并学以致用；三是依靠教师和家长，为教师中有特长的、家长中有热情的提供平台，互助学习和提高，以示范班级、试点班级为契机，以点带面地开展信息化推广工作；四是坚持和优化，不断坚持用网络化管理的方式进行幼儿园各项工作管理，并不断坚持优化，实现螺旋式上升和进步。

（二）案例B

B园位于河南豫东地区某市老城区，建于1966年，是该市开办的第一所幼儿园，占地面积仅5亩[①]，是省级示范幼儿园，在当地属于优质幼儿园。B园长是一位很爱学习的人，在与笔者交流的过程中，B园长总是喜欢就自己不太了解的问题进行追问。当谈起如何接触教育信息化时，B园长苦笑了一下

说："是被逼出来的。"

由于是省级示范幼儿园，我们会接受很多检查，上个星期接了四拨检查，我们被监管的力度也很大，因为我们园所的孩子基本上都是独生子女。2015年，我们接了一个全国的"两纲"检查，就是对妇女和儿童的权益保障的一个落实，省里和市里都非常重视，仅仅选了一所幼儿园，就是我们幼儿园。国家领导组下来12个人（检查），他们来之前，我们省和市领导组来了8次，过来督导。他们要检查5年的东西，从2011年一直到2015年，把我们折腾坏了。很多老师都在搬档案，我们仅档案室就有两间屋子。在档案方面，我们做得很细致，平常就在手写积累。我们要做的就是按照检查的要求把档案再抽出来整理，这件事折腾了很长时间。我后来发现，为了快速准确地找到档案资料，电子化是一个好办法。应该说，当时我们已经意识到了借助信息技术实现档案管理的重要性，这一方面使得我们的管理更加便捷，另一方面使得相关部门来园检查时可以更加快捷地按需抽调档案。

还有一个情况是，"二胎"放开以后，幼儿园老师怀孕的增多了，2016年，我们就有12位老师怀孕，这给教学带来了诸多不便，我们也招了十多个实习生来配班。但是，这些实习生毕竟比正式的老师在经验上差很多，也是"临时抱佛脚"吧，我们让紧急招的这些实习老师借助信息技术平台接受培训，边学边教。这些实习老师的接受能力和学习能力还是很强的。

当然，从目前来看，我们幼儿园的信息化建设应该说是刚刚起步，但是从以上两件事情，我们尝到了信息化的甜头，这也确实省了很多力气，大家在日常工作中开始有意识地使用信息技术。现在应该说，我们幼儿园在全市幼儿园信息化建设方面还是比较有特色的。

由于B园办园历史较长，在硬件基础设施上存在"短板"，市里面对信息化建设的重视程度不够，拨付的相关经费也较少，这也是令B园长颇为头疼的事情。

我们幼儿园压力大是因为受到社会的关注过

---

① 1亩≈666.7平方米。

多。我们市里面还有一个实验幼儿园，就是第一幼儿园，我们是第二幼儿园。我们在硬件方面没有办法跟第一幼儿园相比。如果 2016 年能够把这件事（在市开发区另建一所较大的幼儿园）定下来的话，我想将新建园定位高一些——将一些信息技术手段都用上，加上我们的理念、师资与管理，新建园肯定会比现在的这所幼儿园更好。

（三）案例 C

C 园长所领导的幼儿园于 2012 年 9 月开园招生，在短短的 4 年时间内，由于成绩突出，应上级要求管理 3 所幼儿园。在她的领导下，目前 3 所园所中有一所省级示范幼儿园、两所市级示范幼儿园。对于 C 园长来说，同时管理 3 所幼儿园，具有一定的挑战性，因为这 3 所幼儿园在地域上相距较远，管理队伍紧缺，而且发展水平也有差异。

好了，问题产生了。现在我要寻找解决问题的工具与方法。找来找去，最后，我找到了信息技术。当我找到它的时候，我心里敞亮了很多，非常开心！而事实证明，信息技术确实使得我园的教学与工作简单易行、事半功倍，而且我们做到了"人无我有、人有我优"。

由于 C 园长在学前教育信息化建设方面成绩突出，她受邀在第十六届中国教育信息化创新与发展论坛暨首届全国幼教信息化高峰论坛（2016 年 10 月 26—27 日在郑州召开）介绍自己在推进园所信息化建设方面的经验。相对而言，C 园长是一个更善于学习、反思和总结的人。她对自己在幼儿园信息化建设方面的经验做了以下几点总结。

小软件促使后勤管理精细化。目前 C 园已经引入易耗品、财物、固定资产、食堂进出库、膳食营养等管理系统，并借助这些平台使得后勤管理精细化（该园最初引入的是易耗品管理系统，而且纯属偶然，属于触发性事件——C 园长偶然听到园医务室一位从地方医院到 C 园工作的护士说，"医院的就诊系统非常便捷"。易耗品管理系统带来的诸多便捷使 C 园长萌生了引入其他管理系统的想法，而这些想法随后便一一变成现实）。

小工具促使日常工作高效化。目前，我们 3 所幼儿园均实现了无纸化办公，全园教职工借助

Windows 自带的免费软件"OneNote"在同一时间进行园务笔记，实现会议的开展与记录，借助免费软件思维导图实现短中长期工作的规划。

小平台使得孩子成长可视化、家园交流畅通化。我们园借助微信公众平台（C 园的 APP）、班级 QQ 群、班级微信群、幼儿园的网站（孩子的电子成长档案、教师与园长的个人空间等）及微家园等平台实现了孩子成长可视化、家园交流畅通化。

微课程促使教师成长专业化、可视化。将网上的优质资源及以教师为主讲人的微课程上传至幼儿园网站，供教师（外园教师可以看到部分资源）研讨、学习，在一定程度上促进了教师成长的专业化与可视化。

打造数字化幼儿园所需环境。借助无线网络进园和计算机、电子白板、实物投影仪、照相机、摄像机、手机、3D 打印机等设备，采用"园长导向、中层引领、教师追随"的办园方式，打造数字化幼儿园所需环境。

值得一提的是，C 园长还是一个善于钻研的人，与周围姐妹园所相比，她在自己所领导的园所在信息化发展方面处于遥遥领先地位的情况下，仍然不满足，积极申报并获批了省级课题"数字化故事促进教师团队的专业发展"。对于信息技术促进幼儿园发展所取得的成绩，C 园长很自豪，而且信心十足。

这些举措受到各级领导、教师、家长的高度关注和一致好评，目前已经成为省内外姐妹园所竞相效仿的对象。自从我上次到郑州参加"首届全国幼教信息化论坛"，做了"借助信息技术实现精细化管理"的报告之后，省内外更多的姐妹园到我园进行考察、交流与学习。财务管理系统、固定资产易耗品管理系统让各级领导都很放心；膳食营养管理系统告诉家长和厨师，孩子缺什么、需要补什么，厨师会按照此管理系统进行营养的搭配，这让家长对于幼儿园的饮食非常放心。借助一些免费软件，我们实现了无纸化办公、网络会议，这使得我们的教职员工有更多的时间与精力投入实质性的工作当中。幼儿园网站上有众多的优质资源供教师学习与交流，降低了新教师走弯路的概率，在一定程度

上缩短了她们成为"熟手"的时间。每个教室都有360度无死角监控设备，这让家长随时随地都能够通过手机或者电脑终端观看到孩子在园的表现，这在一定程度上也减轻了教师的压力，为教师的"清白"提供了证据。园所及班级的各种家园共育平台提高了家园共育的效果，同时我们也会通过各种信息交流平台调动家长参与幼儿园的管理、教学及活动的策划与录制过程当中（园所的很多"亲子活动""晚会"等，都是由家长策划并组织的），在极大程度上实现了"家园共育"。我本人也多次受邀对省内外姐妹园所的现状进行评审与"把脉"。在信息化这一领域，我是越干越有劲儿！

（四）案例D

D园长原本是一位中学语文教师，2012年，市教育局要求在城乡接合部（该处行政村较多）建立一所幼儿园，一次偶然的机会，极其热爱教育事业并对教育有自己独特见解与看法的他（D园长）被抽调过去参与这所幼儿园的基建工作。2014年，幼儿园建成之后，他便毛遂自荐当该所幼儿园的园长。

可能是我之前在中学教学时就比较重视信息技术和语文学科教学融合，在筹建这所幼儿园之初，我便充分预见到信息技术对于教育的积极变革性影响和作用。既然要建，那就要建一所高标准的与信息化接轨的幼儿园，因此，我也就积极自觉地参与园所设计与筹建的全过程，将全网络覆盖、教学一体机、打印机、计算机等统一纳入建园的规划体制，使得这些硬件设备在建园初期便得以落实，这使得园所的起点较高，并为园所的发展奠定了良好的基础。

然而，当这些硬件设施进入以后，如何让教师用起来并且"用好"，是一个非常关键的问题。由于是一所新建幼儿园，教师绝大多数都是新招聘的年轻教师，经验不足，但好的地方是她们都很有热情，而且对新事物接受得比较快。说实话，一开始我只是觉得信息化肯定对幼儿园发展有好处，而且现在大多数幼儿园都还没有关注，我也想在建园之初就能办出其他幼儿园不具备的特色，但是我自己并不太清楚怎么来做一所幼儿园的整体信息化规划。于是，我就主动参与各种信息化方面的会议和

培训，在这里面我有了一些提升，但是说实话，现在的各种培训很多，但信息化方面的关注还很少，尤其是针对幼儿园的更少。信息化培训对微观技术方面关注得多一些，对学校信息化建设宏观方面的关注还较少。有些培训涉及一些数字化或者是智慧校园的规划方案，但太专业了，我又听不太懂。很多时候，我都是"摸着石头过河"，但信息化是一件既"烧钱"又"烧心"的事，我常常感觉压力很大。这次能够有幸跟着您的团队到C园进行考察、学习、交流，我觉得收益很大，因为我和C园长同为园长，我们有更多的共同话语，也希望以后能够有更多的机会到她们幼儿园进行考察、学习。

经过这几年的实践，我逐渐认识到，幼儿园的信息化建设和中小学的信息化建设在很多方面是不一样的，很多中小学的信息化示范学校的做法是不能完全照搬的，否则幼儿园小学化就是不可避免的。这也就要求我们这些幼教人必须自己探索出一条独特的发展道路，需要我们在宏观规划方面认真而且要慎重。但是，我做我们幼儿园的信息化规划并不是采用我自己制订、教师执行的模式，而是会多借鉴其他幼儿园或者是中小学好的经验，先大致提出一个框架，然后和教师一起共同讨论制订规划方案。目前，我们幼儿园的"信息化十三五规划书"已经弄得差不多了，希望再找个专家帮我们把把关。

（五）案例E

E园长所在的幼儿园位于豫北某小镇，是镇中心小学附属幼儿园，E园长兼任该中心小学的副校长。作为乡镇幼儿园，虽然在当地算是不错的幼儿园，但是相对于城市的幼儿园来说，E园在某些方面还是比较薄弱的，最困扰E园长的就是师资短缺问题。

教师上岗有一定的条件与要求，每一位上岗人员都须要持有幼师资格证。这使得幼儿教育在保证了质量的同时，也会在一定程度上造成师资的匮乏（很多持有幼儿教师资格证的准教师不愿意到乡镇上的幼儿园）。方圆5千米，有近20所幼儿园（多为私立幼儿园），但是宁缺毋滥是我们幼儿园在招聘幼儿教师时必须坚守的准则。为了缓解师资短缺

的问题，我多次向上级部门、领导打报告，最终使得每个教室的电子白板得以配置，这为优质资源得以呈现提供了前提保障。我兼任中心小学副校长，并善于与中心小学校长等上级部门的领导进行沟通与交流，这为这所幼儿园得以发展提供了"人和"条件。幼儿园与中心小学在很多资源上是可以共享的，幼儿园教师可以到中心小学机房查阅、收集资料，并打印相关的资料。虽然没有建立专门的教师专业发展平台，但是大家可以共同分享网络上现有的优质教育资源与平台。依附于中心小学使得我们幼儿园具有一定的"地利"发展优势，为很多工作的开展提供了巨大的便利。教育信息化的发展为孩子们获取优质的教育、教师获得优质的资源提供了便利的"天时"条件。每个月月底、每个学期结束后，我都会带领大家进行教学总结；每个学期开学之前，我都会带领大家一起研讨一个学期的教学内容，并进行规划与部署。为了缓解师资紧缺的问题，我与教师研讨，借鉴网络优质资源，比如说一个带有分解动作的非常好的舞蹈，我们选定后，根据课时安排，该舞蹈就会在课堂上进行播放，孩子们跟着分解动作，并进行学习，这也使得孩子们在艺术领域有所发展。

（六）案例F

F园长所在的幼儿园是一所农村幼儿园，校舍是依托农村小学（因为管理不善和其他一些原因濒临撤销）的闲置校舍改建而成的。该园所于2014年9月组建。农村幼儿园，无论是硬件条件还是软件条件都是非常薄弱的。但是在F园长的带领下，这所薄弱的农村幼儿园根据自身实际，利用信息化手段解决了不少问题。这些年来，F园在社会上的口碑不断提升。

我从园所的大环境入手逐步改善，加强师资队伍的建设，教学质量逐步提高，关注留守儿童的发展，成立了留守儿童爱之家。园所新增了两台计算机（这两台计算机是2015年冬季某大学捐赠的二手电脑，配置比较落后，其中一台目前已经没有使用价值了）。在幼儿园重组之前，我走访了每个家庭，收集了孩子们和家长的一些情况和信息，了解到村里的留守儿童居多。打工在外的父母非常牵挂

家里的孩子和老人，希望能够随时关注到孩子的一些状况，因此，为了让在外打工的父母放心，也为了让家园共育达到一个新的高度，我们幼儿园引进了"360宝贝卫士"这款软件，教师和家长之间建立了班级互动群，让在外打工的父母能及时地了解孩子在家、在校的生活和学习状态。同时，我们也借助这个平台向家长推送一些教育理念和教育方法。我希望我们幼儿园能够通过信息化建设，把一些我们没有接触过的知识通过更直观的方法带给家长、孩子和教师。家长能通过我们建立的一些平台和评估系统，更深入地了解我们幼儿园的文化和特色，凸显我们的专业性。孩子们能通过信息化平台开阔视野。教师能通过网络接触到更多的优秀学习资源来学习，提升自己的专业素养。我知道慕课是一个好的学习和提升自己的平台。在幼儿园信息化建设过程中，我自己常常感到很迷茫，幼儿园的信息化建设一直没有得到更进一步的改善，这与资金和教师自身知识匮乏有很大的关系。由此看来，借助信息技术能够在一定程度上解决留守儿童的教育问题。据统计，我国约有6100万留守儿童[1]，共同关注留守儿童已经迫在眉睫。

二、幼儿园园长信息化领导力成长案例分析

从6个鲜活的个案来看，在6位幼儿园园长的带领下，6所幼儿园的信息化建设都较本地周边幼儿园起步要早一些。虽然这6所幼儿园的信息化建设水平并不完全一样，但这6位幼儿园园长均表现出了较好的信息化领导力。这里，我们希望根据6个个案的呈现，重点分析如下几个问题：这6位幼儿园园长的信息化领导力是如何发展起来的？推动他们信息化领导力可持续发展的动力是什么？他们的信息化领导力是否存在"高原现象"？存在"高原现象"的瓶颈是什么？通过这种质性的研究，我们期望能够更好地把握和理解幼儿园园长信息化领导力产生与发展的轨迹。

（一）幼儿园园长信息化领导力产生的起点

幼儿园园长的信息化领导力不是自然生成的。从这6个个案来看，我们发现除了A和D两位园长外，其他园长都是在本园日常工作中遇到了问题（海量档案的管理问题、多校区管理问题、师资短

缺问题、留守儿童的家园共育问题等）之后，在寻求问题解决的路径时，意识到信息技术的重要性并开始引入信息技术的。应该说，大部分幼儿园园长开始步入信息化领域时，其所领导园所出现的实际问题与信息技术的功能耦合有着重要的关系。因此，由于所要解决的具体问题不同，这些园长在刚一开始所关注的解决问题的具体信息技术也会各不相同。可以说，这部分幼儿园园长最初产生信息化行为是在本园所发展的内在需求和外在条件的诱因相互作用的结果。这种内在需求就是幼儿园存在的实际问题，外在条件的诱因就是当前社会的信息化环境及他们可以通过便捷的方式即可获取到的信息化资源。这种朴素的"问题—方法"取向是目前大多数幼儿园园长信息化领导力得以产生的起点。

相较而言，A和D两位园长的情况比较特殊。这两位园长有一个共同的特点，就是他们首先在思想上意识到了信息技术对幼儿园发展可能具有的价值，并且以极大的热情践行。A园长长期工作在幼儿园一线，她在在职攻读教育管理专业硕士学位期间偶尔听取的一次教育信息化讲座，让她对将信息技术引入幼儿园产生了浓厚的兴趣。D园长之前是一位中学语文教师，在中学工作期间，在信息技术与课程融合方面积累了实践经验，到幼儿园任园长后，他对信息技术同样非常重视。A和D两位园长信息化领导力产生的起点不同，可能与他们的特殊经历有关。这些特殊经历使得A和D两位园长具有与其他园长不同的建立在个人见识基础之上的隐性知识。这种隐性知识让他们产生了在本园发展信息化的动机。

（二）幼儿园园长信息化领导力可持续成长的动力

幼儿园园长信息化领导力不是一蹴而就的。幼儿园园长信息化领导力可持续发展的动力因素应该是多方面的、复杂的。这里，我们仅就这6个个案进行讨论。

1. 幼儿园园长在信息化建设过程中获得积极的情绪和体验

无论哪种动机促使这6位幼儿园园长关注并涉足信息化，在幼儿园开展信息化建设所带来的"甜头"，无疑是让这些幼儿园园长感到兴奋并对之产生积极的情绪的原因。这6位幼儿园园长所在的幼儿园的信息化建设在当地小有名气，C园长更是受邀在全国性会议（"第十六届中国教育信息化创新与发展论坛暨首届全国幼教信息化高峰论坛"）上介绍自己的信息化建设经验，而且随后她的这些经验成为姐妹园所争相学习的典范，而她个人也因为在信息化建设与信息化领导力方面具有较为突出的表现而受邀参与姐妹园所信息化建设的评审活动。这种积极的情绪与体验进一步驱动着这些幼儿园园长探索本园的信息化建设，并在信息化建设过程中不断提升自身的信息化领导力。

2. 幼儿园园长具有自觉践行的自主学习心态

法国著名哲学家、社会学家埃德加·莫兰（Edgar Morin）曾深刻地指出："没有思想的变革就没有其他变革。思想的变革是发生于思想结构本身中的革命。"[2]从这6位幼儿园园长信息化领导力成长过程来看，他们有一个共同的特点，那就是他们既是园所信息化建设的推动者和组织者，也是园所信息化建设的践行者。他们都能身体力行地使用信息技术，在应用驱动中提升自身的信息素养，并在园所管理中自觉修炼，以实际行动引领全园教职工开展各种信息化活动。可以说，目前幼儿园园长的信息化领导力发展大多从实践中来，而且在本园信息化建设中能够自觉学习、不断提升。在笔者与这些幼儿园园长互动的过程中，几乎每一位园长都趁机询问关于本园所信息化建设的一些问题，这些学习型的幼儿园园长始终能保持着一种学习的心态，并且能够在"干中学"，在"学中干"，在理论与实践之间形成了一个良性的循环系统。可以说，这种在学习中得到的知识，在实践中得到的经验，经过转换，逐渐形成幼儿园园长的信息化领导力。美国著名的成人教育学者达肯沃德（Darkenwald）和梅里安（Merriam）曾经深刻地指出："成人就是这样一个人，他已经离开了全日制学生的责任（童年和青年的主要社会责任）而承担了劳动者、配偶或父母的责任。"[3,4]对于幼儿园园长来说亦是如此，但是他们仍然能够严格要求自己、以身作则、持续不断地学习，的确非常可贵。

3.幼儿园园长的"互联网思维"造就不同的未来

任何一所幼儿园在管理上或多或少地都会存在这样或者那样的问题，令我们感兴趣的是，为什么这些幼儿园园长会选择借助信息技术手段呢？这仅仅是偶然吗？事实上，我们发现，这绝不是偶然。在与这6位幼儿园园长互动的过程中，我们也发现他们都具有较好的"互联网思维"。简单地说，虽然他们所面临的问题并非关于互联网的问题，但他们都能从互联网的角度去思考问题解决的方案，而且通过实践后他们一般都会产生积极的情绪，甚至像C园长那样的高峰体验。随后，他们的"互联网思维"自然而然会得到进一步强化。

（三）阻碍幼儿园园长信息化领导力发展的因素

相较之下，这6所幼儿园在本地的众多幼儿园中信息化建设算是起步较早的，而且这6所幼儿园由于信息化建设而使得办园质量得到很大提升。应该说，这6所幼儿园信息化建设的水平在一定程度上反映了这些幼儿园园长信息化领导力的水平。然而，在与他们交流的过程当中，我们也发现一些直接或间接阻碍他们信息化领导力发展的因素。

1.前期必要的硬件设备不到位，后续必要的资金注入匮乏

"必要的硬件设施不完善""后续资金不足"是幼儿园园长普遍反映的问题。目前，很多幼儿园的信息化建设可谓是举步维艰，幼儿园园长需要施展"十八般武艺"去"化缘"。谋求园所发展的F园长就是较为典型的案例，从接手并领导F园开始，F园长便投入几乎所有的时间与精力，以谋求F园的发展。从刚一开始便"利用第一个暑假，创建F园的信息文化环境"，到后来的抓住各种各样的机会（"外出到高校参加培训或者关注各级部门出台资助儿童计划并积极申请"等），绞尽脑汁，为幼儿园的硬件建设"添砖加瓦"，甚是辛苦。由于"F园的留守儿童居多"，F园长便以此为由，"多次向救助机构申请资金"，最终她将审批下来的5000元资金全部用于园所的信息化平台建设，"使得外出打工的父母能够及时了解孩子的学习、生活状况"。然而，"这些做法仅仅使得目前的窘境在一

定程度上有所缓解，然而并没有能够从根本上解决面临的困境"。"如此疲惫与奔波"耽误了园长（尤其是同时兼任幼儿园保教工作的园长）进行必要的实质性工作的宝贵时间，同时也让这些园长感到身心俱疲。因此，前期必要的硬件设备不到位和后续必要的资金注入不足，在极大程度上制约了幼儿园园长信息化领导力的发展。

2.幼儿园园长信息化领导力培训效果欠佳，优质数字资源匮乏

"缺乏专业培训"或"优质网络学习资源匮乏"是这6位园长集中表达的观点。第一，幼儿园园长主体性在幼儿园园长信息化领导力培训中一直处于缺失状态，正如拉塞克等所说："数十年以来，培训者都一直喜欢强调一个经典公式，该公式认为教师是一种特殊的人，这种特殊性不是由其人身而是由其使命所决定的。"[5]直到今天，这种状况仍未发生质的改变：①幼儿园园长与中小学校长一起参加信息化领导力相关培训，幼儿园园长仿佛是"附属品"；②以幼儿园园长为主体进行的相关培训，信息化领导力并未受到足够的重视；③幼儿园园长的具体需求并没有被征询并纳入培训课程（"大多数的培训内容属于微观层面的，而这些微观层面的培训对于一些园长来说是必要的，但是对于我们来说却是过时的"）。这在一定程度上表明，培训的针对性不强、效果欠佳。幼儿园园长信息化领导力的培训效果欠缺，在一定程度上造成了幼儿园园长信息化领导力的欠缺。在幼儿园教师问卷的主观题回答中，一些幼儿园教师同样表达了幼儿园园长的信息化领导力水平不高的观点，如"幼儿园园长个人的信息素养低下""幼儿园园长掌握信息的知识和技能不够""幼儿园园长的沟通意识不强""幼儿园园长的前瞻性不足"等。因此，征求幼儿园园长意见继而确定培训内容，是有意义培训得以开展的前提，同时分组进行个性化培训成为必需。第二，"优质数字资源匮乏"是普遍存在的问题。这6位幼儿园园长"好学"而且能够"自主学习"是有目共睹的，但是正如E园长所说：

对于外出学习，我确实感到"分身乏术"，包括我们园的教师（原本我们园就存在师资匮乏的问

题）同样有这样的感受，因此，我们就希望能够借助数字资源进行学习，但是，事实表明，优质数字资源极其匮乏，这在很大程度上影响了幼儿园的教育质量，也在一定程度上阻碍了教师的专业发展，同时也为我们的信息化领导力的提升带来了诸多不便。

3. 幼儿园园长之间的交流沟通不够

当我们在肯定这6位园长在园所信息化建设方面取得的成就时，我们同时也发现，他们几乎都是在"孤军奋战"。当问及原因时，C园长的回答具有一定的代表性，她说：

我这三所幼儿园信息化建设方面在全区乃至全市都是比较好的，然而，目前仍有很多幼儿园的园长对信息化这方面没有注意到或者是不太感兴趣。

这些领导园所在信息化建设方面走在前列的园长们内心深处是非常想与志同道合的同行进行交流的，但实际情况往往却是"孤掌难鸣"。他们在时间非常宝贵的情况下，仍然寻找机会外出参观、学习并与其他信息化建设较好的同行进行交流。D园长说道：

说实在的，我对培训中的一些讲座并不感兴趣，但对组织参观幼儿园感兴趣，尤其是当我听说哪所幼儿园在信息化建设与应用方面做得非常好的时候，我便按捺不住心中的激动，而且往往会在去参观前查阅一些关于这所幼儿园的资料、做做功课，参观的时候也是非常认真的，生怕漏了人家好的经验和做法。

对于这些所带园所在信息化建设方面起步较早的园长来说，目前可供他们学习的有价值的资料实在有限，与有"共同语言"的同行进行交流成了他们获取知识的重要渠道。但从整体来看，他们的这种交流数量与质量仍然不够，而且缺乏专门的平台为他们提供交流与学习的机会。

三、幼儿园园长信息化领导力成长个案"高原现象"反思

虽然我们在选择个案的时候尽量选择了所带领园所在同类幼儿园中信息化建设程度较好的幼儿园园长，但是就整体而言，这6位幼儿园园长的信息化领导力整体水平并不像我们预期的那样好，

而且我们也由衷地感觉到这些园长的信息化领导力在进一步发展的道路上似乎存在着一个"高原期"——这些园长在领导本园信息化发展的道路上停滞于某一个阶段而且长期无法获得更大的突破。对于这个问题，我们进行了几点反思。

（一）区域幼儿教育信息化的氛围尚未形成

正如我国第一部教育专著《学记》中所说："独学而无友，则孤陋而寡闻。"学前教育信息化对于众多幼儿园园长来说，是一个新生事物，大多数幼儿园园长在试图弄清楚或者尚未弄清楚该如何去做的时候，而那些先知先觉的园长却已经带领自己的园所在信息化建设与发展方面遥遥领先，并尝到了信息化带来的"甜头"。然而，由于各种主观或者客观原因，示范性园所的榜样作用并没有能够辐射并影响到姐妹园所。但是，这从另一个侧面反映出当前幼儿园园长已经意识到了自身问题所在，同时也表达了他们想要改变现状的意愿。因此，幼儿园园长在推进园所信息化建设过程当中需要建立合作与交流，才能不断拓宽视野。无论是在政策环境还是硬件建设方面，这6所幼儿园所在区域的幼儿信息化氛围尚未形成，主要体现在：教育行政部门对学前教育信息化建设的重视程度不够，也没有出台相关的规章制度激励幼儿园发展信息化；这6位园长向教育行政部门申请发展信息化的经费支持，其过程可谓"历尽艰辛"；在当地组织的各种幼儿园园长会议上，幼儿园园长之间交流的热情很高，但关于信息化的主题很少。因此，缺乏学前教育信息化氛围，幼儿园园长的信息化领导力犹如缺乏茁壮成长的肥沃土壤。

（二）朴素的应用取向暴露出了系统规划能力的不足

幼儿园园长在涉足信息化时，大多是基于本园在管理中出现的实际问题，逐渐形成借助信息技术手段解决问题的路径。这种路径要比简单地引入某种信息技术在园所推行有更大的优势，因为这种路径在一定程度上解决了园所面临的一些问题，而且也在激励教师更积极地使用信息技术，在更有效地发挥幼儿园园长信息化领导力的作用方面起到了很好的效果。但是，这种以"问题点"为单位的单

纯的应用取向很容易形成对全园信息化建设缺乏系统思考的后果。从个案来看，除了 D 园长明确提出幼儿园信息化规划问题，并能激励全园教师共同构建本园的信息化规划之外，其他园长在信息化领导力的四大构成模块中，信息化系统规划存在的问题相对突出。这同时也表明，幼儿园园长在领导本园信息化建设的过程中，由于只关注问题解决的短期目标和处理危机，而忽视了对愿景的分享，进而忽略了愿景在释放教师团队信息化建设动力上的作用。这种"只见星星不见天空"的信息化建设在运行到一定程度后，往往会出现"高原现象"，正如"学习型组织之父"彼得·圣吉（Peter M. Senge）所言："许多短期不错的对策往往会产生长期的恶果，采取消除症状的对策，或许会导致舍本逐末的结果。"[6]

（三）幼儿园园长对教育信息化的核心价值的理解不够深刻

教育信息化的核心价值是创新与变革[7]。《教育信息化十年发展规划（2011—2020）》在指导思想和工作方针中明确提出，推进教育信息化要"以学习方式和教育模式创新为核心"[8]。从这 6 个个案来看，这些幼儿园园长中很少有人能够把推进本园信息化建设的核心放在幼儿园班级教学上（几乎没有人提及信息环境下幼儿园活动设计相关问题），这与幼儿园园长信息化领导力现状研究的结果之一——"（幼儿园园长）在幼儿园信息化教学与管理方面却略显疏忽"[9]是相吻合的。换句话说，幼儿园园长目前大多停留在拿一些技术应用于幼儿园中，或者是解决一些具体的问题，还没有将信息技术上升到文化高度思考对幼儿园进行重构，尤其是没有抓住促进幼儿更好地"活动"与"游戏"这一核心问题。

幼儿园园长推动信息化建设，不是也没有必要要求他们都成为信息技术方面的专家。但是，幼儿园园长需要认识到幼儿园的本质属性是育人机构，幼儿园园长只有懂得在不同的教育环境下对信息技术应用的侧重点不同，并适时地将信息技术应用于幼儿园的核心业务上，使得幼儿园业务流程实现创新变革，才能展现其信息化领导力对幼儿园发展的作用，并在此过程中不断提升自身的信息化领导力。

参考文献

[1] 徐爱芳.据统计：我国约有 6100 万留守儿童[EB/OL]. http://health. huanqiu. com/health_news/2015-06/6725532. html，2015-06-19[2017-01-23].

[2] 埃德加·莫兰.复杂思想：自觉的科学[M].陈一壮，译. 北京：北京大学出版社，2001：7.

[3] 陈维华，李文静.成人学习挫折成因及其调控研究[J].职教论坛，2013（3）：53-56.

[4] 刘奉越，冯琳.学习化社会视野下成人学习共同体构建研究[J].职教论坛，2016（12）：47-52.

[5] S. 拉塞克，G. 维迪努.从现在到 2000 年教育内容发展的全球展望[M].马胜利，等，译. 北京：教育科学出版社，1996：263.

[6] [美]彼得·圣吉. 第五项修炼——学习型组织的艺术与实务[M].郭进隆，译，杨硕英，审校. 上海：上海三联书店，1998：233.

[7] 黄荣怀，江新，张进宝.创新与变革：教育信息化的核心价值[M].北京：科学出版社，2007：172.

[8] 中华人民共和国教育部. 教育信息化十年发展规划（2011－2020）[EB/OL]. http://www.chinanews. com/edu/2012/ 03-30/3785498_6. shtml，2012-03-30[2016-04-10].

[9] 颜荆京，汪基德，蔡建东.幼儿园园长信息化领导力现状与提高策略[J].学前教育研究，2015（10）：41-49.

基于要素教育理论的教育游戏设计研究

——以教育游戏"宝贝去哪了"为例*

刘清堂　孙丁辉　吴林静　黄景修

（华中师范大学教育信息技术学院，湖北　武汉　430000）

摘　要： 当前教育游戏研究领域中的众多研究依据不同的教育理论，从设计、开发、应用、评价等多个角度探索了教育游戏对于学习的促进作用，但基于要素教育理论的教育游戏研究较为少见。要素教育理论的基本思想是教育应该从最基本的要素学习开始，且智育最基本的要素是数目、形状和语言。这类研究着眼于要素教育理论的基本思想，聚焦于教育游戏内容设计本身，探寻该理论和教育游戏的结合方式，设计并开发一款幼儿教育游戏，以趣味性十足的游戏方式对学习者在数、形、词方面进行训练，从而达到智育的目的。本文主要以教育游戏"宝贝去哪了"为例，论述游戏的设计开发理念和技术要点及后期的工作。

关键词： 智育　教育游戏　要素教育　游戏设计

一、引言

游戏是一种放松的智慧，游戏状态是人的潜能得以"喷涌"的状态，是人最具有创造性的状态，是人身心最健康的状态，是一种最佳的学习状态[1]。正因为游戏具有这种独特优势，20 世纪 50 年代中期便出现了教育游戏的雏形。而从 20 世纪 80 年代开始，专家和学者开始关注教育游戏的价值，并尝试将游戏应用于教学[2]。近年来，中国对教育游戏的关注度越来越高，专家从不同的视角研究了教育游戏的设计、开发、管理和应用等环节。李海峰和王炜基于人本主义构建了基于人本主义理论的教育游戏设计框架（educational game for learner，EGL），即以教育（education）、游戏（game）、学习者（learner）三因素为核心的开发框架，详细阐述了教育、游戏、学习者的关系，提出了教育游戏就是将游戏作为实现教育目的的载体，以符合学习者心理特征和满足其心理需求的娱乐方式，实现对教育内容的愉悦学习[3]。陈俊翰和郑燕林从相关

性、注意、满足、自信心 4 个角度提出了游戏动机激发和维持的条件及策略，并且对教育游戏的需求分析、情境设计、互动规则设计等提出了指导意见[4]。安福杰强调了教育游戏的激励机制对于教育游戏的重要性，并建构了以马斯洛需要层次理论为核心的教育游戏激励机制，定义了体现各层次需要的库与指数，并论证了各层次库与指数的共存性和彼此之间的关系[5]。李振亭和陈会杰基于多元智能（multiple intelligence，MI）理论提出了调控困难度来解决教育游戏平衡性设计的问题[6]。通过教育游戏的相关文献研究可知，国内教育游戏研究主要包括以下几个方面：游戏设计框架模型的研究，如 EGL 框架、EFM（environment flow motivation）教学游戏设计模型等；教育游戏环境设计研究，如情景式、抛锚式等；教育游戏具体环节和内容的研究，如基于需要层次理论的教育游戏激励机制、基于 MI 理论的教育游戏平衡性设计等。

评判教育游戏的核心标准在于其是否具有教

＊本文为教育部新世纪优秀人才计划项目（项目编号：NCET-13-0818）、国家"十二五"科技支撑计划课题（项目编号：2015BAK27B02）、华中师范大学基本科研业务费专项资金项目（项目编号：CCNU16A05023，CCNU15A02020）的研究成果。

育性，即该教育游戏是否能促进玩家的学习。而决定教育游戏教育性的核心因素是游戏内容本身，但目前却很少有直接聚焦于游戏内容本身的研究。要素理论强调教育的起点是学习者能接受的最基本的要素，然后再渐渐学习复杂的要素，从而促进学习者的全面发展。例如，它直接规定了智育最基本的要素为数目、形状、语言。如果将该理论作为教育游戏的设计基础，就意味着要素教育理论直接规定了教育游戏内容的直接目的，即训练玩家的数目、形状、语言方面的相关能力。要素教育的科学性是毋庸置疑的，裴斯泰洛齐根据要素教育理论研究了小学各科教学法。其范围几乎囊括了现今初等教育的所有教学科目，奠定了小学各科教学法的基础[7]，但是目前从要素教育视角对教育游戏进行的设计和研究还鲜有出现。因此，本文基于要素教育理论设计开发了一款教育游戏，目的在于探究该理论和教育游戏设计开发的契合点。

二、要素教育理论与教育游戏

（一）要素教育理论的内涵

要素教育理论的提出是建立在教育心理学理论的基础上的，是制定初等教育领域内容和方法的重要基础理论。要素教育理论的中心理念是，教育始于最基本的、为儿童所能接受的"要素"，然后再慢慢转到更为高级的"要素"学习上去。因此，要素教育理论认为教育儿童的过程应该是一个从最基本要素出发，然后逐步扩大、加深的过程。

在其认识论的基础上，裴斯泰洛齐提出了智育领域的要素教育。他认为人类学习的过程是一个始于感性认识，然后再借助于先验的观念对感性认识加以改造的过程。因此，他提出："使从感觉印象得来的一切知识清楚起来的手段是数目、形状和语言。"[8]他认为数目、形状和语言智育领域的基本要素，即做好数目、形状、语言三要素的训练，有利于促进幼儿的智力发展，并且这三方面的要素学习还可以拆分成更基本的要素。

（二）教育游戏

柏拉图认为，"游戏是一切幼子（动物和人）生活和能力跳跃需要而产生有意识的模拟活动"[9]。游戏作为一种天性使然的活动，具有自发性、自主性、虚幻性、体验性、非功利性等特点[10]。

教育游戏同样具备游戏的基本特性，主要包括自发性、自主性、虚幻性、体验性、非功利性等。而教育游戏和普通游戏相比，最大的区别在于其强调教育性，即将游戏作为一种学习的方式和学习内容的载体。教育游戏的游戏特性使得学习者可以以一种更愉快的方式学习[11]，极大地增强了他们的学习动力。与其他教育方式相比，教育游戏更容易给学习者带来极大的沉浸感，让学习者全身心投入到游戏中，达到一种极致的愉悦状态的心理状态——心流。当发生心流体验时，学习者的学习效率将会得到极大提升[12]。

（三）要素教育理论与教育游戏

要素教育理论强调学习是从最基本的要素出发。而智育的基本要素是数目、形状、语言，因此通过对学习者数目、形状、语言三方面的训练，将有助于儿童的智力发展，从而达到智育的目的。另外，要素教育理论还指出数目、形状和言语各自可被拆分成更基础的要素，这为教育游戏的设计提供了更大可能的空间。

因此，本文将智育中的三个基本要素拆分成多个更简单的前提要素，设计出一款教育游戏，实现对这些前提要素的训练，从而达到智育的目的。结合教育游戏的特性及目前教育游戏的主流技术水平，本文的前提要素分为以下3类：数目的前提要素包括识数、数数、简单的计算；图形的前提要素包括图形的辨别；语言的前提要素包括名词识记。

三、教育游戏"宝贝去哪了"的设计

（一）学习者分析

本游戏的玩家定位是 4～8 岁的学习者，原因如下：①此年龄段的学习者已基本具有对数目、形状、语言的基本认识，但并不能熟练快速地进行相关的操作，如数字的简单计算、形状的快速辨认、名词的熟练理解等。②此年龄段的学习者的认知水平处于形象思维阶段，还需要获取大量直观的感性认识。③此年龄阶段的学习者已经基本掌握了计算机、手持媒体的最基本操作，因此在游戏过程中不会有操作负担。

（二）游戏规则设计

游戏会从库中随机提取 3 个所对应训练领域的

名词作为特征词，并排列出 18 个物品图片。玩家需要在限定时间内选出尽可能多的具有给定特征词特征的物品，选错扣时间，选对加时间，并更新特征词和物品图片。时间结束后，显示最终得分。此年龄段的学习者具有极强的附属内驱力，因此游戏在显示得分的同时，会根据不同的分数解锁不同的评价给予鼓励，以提高学习者的积极性。

（三）游戏内容设计

本教育游戏内容设计是以要素教育为直接依据，意在对学习者数、形、词等方面的相关能力进行训练，从而达到智育的目的。本游戏总共分为 4 个关卡，前 3 个关卡分别是对数目、形状、语言的学习，而第四个关卡则是对前三者的综合训练。在关卡 1 中，游戏会随机抽取 3 个数字作为特征词，所排列的物品可能是数字本身、算数式子或者一定数目的任意物品（图 1）。为了达到更高的分数，学习者会不断重复进行数字辨别、数数、算数的过程，从而强化对数目元素的训练。在关卡 2 中，游戏会随机抽取 3 个几何名词作为特征词，所排列的物品都具备一定的几何特征（图 2）。在游戏过程中，学习者会不断重复几何辨别的过程，从而强化对几何元素的训练。关卡 3 和关卡 2 相似，只是特征词换成了范围更广的一般名词，从而增加了学习者的词汇量。

图 1　数目元素游戏界面

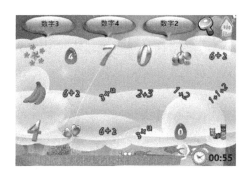

图 2　几何元素游戏界面

本游戏的具体设计，如表 1 所示。

表 1　"宝贝去哪了"游戏设计细目表

一级指标	二级指标	游戏设计细目
学习者分析	知识基础	学习者已基本具有对数目、形状、语言的感性认识，但并不能熟练快速地进行相关的操作，如数字的简单计算、形状的快速辨认、名词的熟练理解
	认知水平	4~8 岁的学习者还处于形象思维阶段
	操作能力	此年龄段的学习者已掌握了如点击按钮等基本多媒体操作
学习内容与理论方法	学习内容	数字的辨认、数数、简单算术；形状的辨别；名词的辨认
	学习理论	要素教育理论：智育应该从最基本的要素开始，即数目、形状、语言的训练；行为主义理论：通过对数目、形状、语言相关内容的反复训练实现相关能力的提高；心流理论：学习者沉浸于游戏之中，产生心流体验，为高效学习创造心理条件
游戏设计	游戏规则	限时计分制：在限定时间内，玩家通过选择具有特征词特征的物品赚取分数；评价奖励制：不同的游戏分数将得到不同的评价，越高的分数将得到越好的评价
	游戏关卡	共分为 4 个关卡，前 3 个关卡分别对应数目、形状、语言的训练，第四个关卡为对前三者的综合训练
	游戏界面	通过 Flash 制作的平面卡通游戏界面，内含游戏对象喜欢的卡通人物，符合其审美观
	交互设计	游戏操作仅包括点击等几个最基本的操作，不会对低年龄段学习者造成操作负担
	学习内容	所需学习内容通过特征词的方式呈现，内容训练蕴含在根据特征找对象物品的过程中

四、教育游戏"宝贝去哪了"的开发

（一）物品名称及其特征的分类存储

本游戏从网上选取 153 个物品图片素材，以"类别+序号"的形式命名。所有图片名称存储于 IconNameArray 数组中，素材本身存储在库中。根据每个物品的外形特征，人工定义其特征，并将其特征存储于 IconTypeArray 数组中，并且物品的名称和特征在数组中的序列必须一致。例如，物品图片名称为"Flag01"，人工定义其特征为"旗帜、月亮、五角星、矩形"。如果名称"Flag01"储存在 IconNameArray 数组的第 1 个位置时，则其特征必须存储在 IconTypeArray 数组的第 1 个位置中，目的是方便根据特定名称在 IconNameArray 数组的位置序列号找出其对应的所有特征词。

将所有物品图片根据其特征类型进行分类，将所有带有数字特征的物品图片分为一类，将其名称及对应的特征分别存储至 IconNameArray1 数组和 IconTypeArray1 数组中，并将所有数字特征词存储至 TypeCountArray1 数组中。将所有带有几何特征的物品图片分为一类，将其名称及对应的特征分别存储至 IconNameArray2 数组和 IconTypeArray2 数组中，并将所有几何特征词存储至 TypeCountArray2 数组中。将带有其他特征词的物品名称和特征分别储存至 IconNameArray3 和 IconTypeArray3 数组中，并将所有其他特征词存储至 TypeCountArray3 数组中。不同序号的数组代表不同关卡时所需要调用的数组，如只需要调用 IconNameArray1、IconTypeArray1、TypeCountArray1 便可实现数字关卡。

（二）物品和特征词的随机出现

每个关卡所需要的物品名称及对应的特征词和所有特征词都将在关卡选择时存储在 IconNameArrayX、IconTypeArrayX、TypeCountArrayX 数组中。从 IconNameArrayX 数组中随机抽取 18 个名称，通过"getDefinitionByName（）语句"找到名称对应的图片素材，通过"addChild（）语句"添加到界面上，并将每个抽取的名称存储至 IconNameArr 数组中，如此便实现了物品的随机出现。从 IconNameArr 数组随机抽取一个名称，通过名称搜寻到该名称在 IconNameArrayX 数组中的位置序列号，并通过该序列号找到该名称对应的特征群，并从特征群中随机抽取一个存储于 TypeCountArrayX 数组中的特征作为特征词（为方便区分特征和特征词，特规定：特征是指物品所具有的特征，特征词是指游戏所给出的特征词），如此便实现了特征词的随机出现。

（三）交互判断

交互判断即判断玩家所选物品特征中是否含有游戏所给的特征词。当玩家选取某物品时，通过该物品名称在 IconNameArrayX 数组中的位置序列号找出该物品的所有特征和特征词进行匹配。若匹配到，则判断正确；否则，则判断错误。

（四）物品和特征词的更新

物品和特征词的更新是指当玩家选择正确的物品的时候，物品和特征词的更新。从 IconName 数组中剔除该物品，并从 IconNameArrayX 数组中随机抽取一个名称放入 IconName 数组中，并将该名称对应的图片放入界面。从 IconName 数组中随机抽取一个物品名称，并找到该名称对应的特征群，随机抽取一个存储于 TypeCountArrayX 数组中的特征作为更新后的特征词。

五、教育游戏"宝贝去哪了"预期应用效果

（一）改变传统的教学方式

不同于传统授课教学方式，学习者更乐于以游戏的方式学习知识。甚至只要添加合适的物品和特征词，本游戏就可以作为课堂预习和复习的手段供学习者使用。例如，数学老师可以将课堂所教数学公式和其特征放入游戏库中，学习者便可通过玩本游戏进行复习。在沉浸于游戏的过程中，学习者更容易产生心流体验，学习效率更高。

（二）促进学习者智力发育，为学习打下基础

要素教育认为数、形、词是智育的基础，学习者在游戏中得到了数、形、词方面能力的锻炼，不仅利于学习者的智力发育，而且使学习者学习到了数学和语言方面的基础知识，为今后的学习打下了智力和知识方面的基础。

（三）激发学习者的学习兴趣

教育游戏提供了一种愉快的学习氛围，学习者可以在游戏的过程中学习到相关知识，趣味化了学习过程，激发了学习者的学习兴趣，提高了其学习的主动性，让学习者更乐于学习，成为学习的主人。

六、结语和展望

要素教育理论的核心思想是教育要从一些最简单的、为学习者所能接受的最基本的"要素"开始，而智育最基本的要素是数目、形状、语言。本文的创新之处在于，从要素教育理论这一全新的视角出发，聚焦于游戏内容设计本身，设计并开发了一款教育游戏"宝贝去哪了"，意在以游戏的方式锻炼学习者数、形、词方面的相关能力，从而达到智育的目的。本文的不足之处在于，缺乏对游戏应

用效果进行系统的评价，缺乏数据的支持。在以后的研究工作中，我们会加强应用和评价方面的工作。

参考文献

[1] 陈益. 游戏——放松的智慧[D]. 南京：南京师范大学，2003.

[2] 尚俊杰，肖海明，贾楠. 国际教育游戏实证研究综述：2008 年—2012 年[J]. 电化教育研究，2014（1）：71-78.

[3] 李海峰，王炜. 基于人本主义理论的教育游戏设计研究——从 EGL 框架构建到"护林小熊" 3D 游戏开发概览[J]. 电化教育研究，2015（2）：58-64，70.

[4] 陈俊翰，郑燕林. ARCS 模型视角下小学单词教学游戏的设计研究[J]. 现代教育技术，2013（10）：92-96.

[5] 安福杰. 混沌理论视野下的教育游戏教育性与娱乐性平衡研究[J]. 中国电化教育，2011（11）：76-79.

[6] 李振亭，程会杰. 基于 MI 理论的教育游戏平衡性设计策略研究：调控困难度[J]. 电化教育研究，2011（5）：72-74，84.

[7] 隋文靓. 论述裴斯泰洛齐教育思想及对初等教育的启示[J]. 品牌研究，2014（6）：159.

[8] 裴斯泰洛齐. 裴斯泰洛齐教育论著选[M]. 夏之莲，等，译. 北京：人民教育出版社，2001.

[9] 张洁. 让每个孩子尽情享受游戏时光——从区域游戏活动说开去[J]. 考试周刊，2015（93）：189.

[10] 闫守轩. 游戏：本质、意义及其教学论启示[J]. 教育理论与实践，2002，5：53-55.

[11] Pedersen R E. Game Design Foundations [M]. Wordware Publishing，2003.

[12] 马颖峰，隋志华. 基于 Flow 理论的教育游戏沉浸性设计策略研究——教育游戏活动难度动态调控研究[J]. 电化教育研究，2010（3）：54-57，62.

信息技术与幼儿教学活动融合研究综述

王 丹 李会龙

（西北师范大学教育技术学院，甘肃 兰州 730070）

摘 要：信息技术的不断发展，推动了幼儿教育教学的发展，丰富了幼儿教学活动的表现形式，改变了幼儿教学的课堂组织形式，创造了多样的园本文化，为幼儿教育事业的发展开辟了新天地。信息技术与幼儿教学活动的融合就是要将信息技术有效地融入幼儿教育的大环境当中去，以促进幼儿的健康发展。本文通过文献研究法，对有关幼儿教育、信息技术在幼儿教育教学中应用的相关文献进行了分析，梳理了我国幼儿教育中存在的问题，信息技术如何应用于幼儿教育，以及信息技术对幼儿教育的影响，总结了信息技术在幼儿教育教学中应用的优势，为信息技术在幼儿教学活动中的合理应用提供了理论和案例方面的支撑。

关键词：信息技术 幼儿教育 多媒体技术 增强现实技术

一、引言

幼儿是一群特殊的受教育者，自从信息技术进入课堂教学，幼儿教学活动的开展便发生了翻天覆地的变化。近年来，信息技术在幼儿教学活动中的应用，使得学前教学效果明显，幼儿学习成效得到明显提升。可见，信息技术在幼儿教育教学活动中成效显著，影响深刻，具有一定的应用价值。因此，为改善我国目前幼儿教育存在的一些问题，使我国幼儿教育与国际接轨，笔者在此将对信息技术与幼儿教学活动的融合进行深入研究和探讨。

二、研究方法

本文基于文献调研，以"信息技术"与"幼儿教育/教学"为关键词，在中国知网数据库中检索到了62篇论文，手动排除与本文研究相关度较低的2篇，利用中国知网计量可视化分析功能得出与幼儿教育信息化相关的关键词，出现频数最高的包括"多媒体技术""现代教育技术""语言表达""系统方法"等。结合对本文的标题、摘要的梳理，笔者发现目前国内有关信息技术与幼儿教育融合的研究多集于多媒体课件、多媒体技术、电子白板、学科软件等在幼儿能力提升教育和语言教育中的应用，多为理论引介、研究综述、应用模式设计与

论证方面，实证性研究很少。笔者以"核心期刊"为筛选条件对61篇论文进行手动筛选，共得到2篇，可见，目前我国有关信息技术与幼儿教学活动融合方面的研究较少，并处于理论研究层面，少数的田野调查也未触及核心，属于基础研究。因此，本文尝试从以下几个方面对当前的研究进行梳理和总结。

三、幼儿教育的本质与理论基础

（一）幼儿教育的本质

近年来，随着社会经济和人们生活水平的提高，幼儿教育也受到家长和社会的极大关注，其中各种"天才宝贝""小小演说家"等幼儿培训班层出不穷，幼儿教育也正与幼儿的身心发展特征相背离。家长的期望、社会的舆论使得幼儿教育正发生本质性的变化，最基本的幼儿教育问题反而被弱化，导致幼儿学习压力加大，不利于幼儿的身心健康发展。

关于幼儿教育本质问题的研究，卢梭、爱弥儿等教育家都强调幼儿教育的自然天性，主张自然生长。国内学者也曾表示，幼儿阶段是想象力最为丰富的时期，这个时期的教育更多是为孩子创造自由的、多彩多样的空间，营造轻松愉悦而富含刺激的学习氛围，充分激发幼儿的想象力，引导幼儿多方

面的发展，提升幼儿的认知能力和想象力。

（二）幼儿教育的理论基础

谈起幼儿教育，人们自然就会想到学前教育学、学前心理学、学前卫生学这三大理论支柱[1]。学前教育学为我们讲述了"Why""What""How"等一系列教育实践活动中最基础的问题，学前心理学认为在开展幼儿教育教学活动的过程中，教育者必须遵守幼儿心理发展的特殊性；学前卫生学主要是研究保护和增进学龄前儿童的一门学科，尤其是3~6岁幼儿的生理和心理健康。

然而，在实际教学过程中，理论与实践教学往往存在偏差，"三学"是否能发挥应有的指导作用还有待深究。一方面，其理论无法解决实践教学过程中遇到的特殊性问题，也无法解决因区域特色所造成的一些问题；另一方面，国内目前从事幼儿教育的工作者大多都不具备扎实的理论基础，自身对"三学"的理解并不深入，无法应用科学的教学手段开展幼儿教学活动。

四、我国幼儿教育目前存在的问题

（一）幼儿教育发展不均衡

我国地域辽阔、地形复杂、人口分布不均、存在贫富差距，导致幼儿教育视野发展不均衡。信息技术的发展为缩小地区之间学前教育发展的差距提供了新的方向，可以利用远程多媒体、卫星电视、计算机网络等信息技术为一些不发达地区提供先进的教学资源、教学理念、教学模式，提升学前教育教师的信息技术水平，改变贫困地区缺资源、缺教师、开课不全的现状。

（二）幼儿教育体制不完善

随着社会的发展，大量的早教机构、学前教育机构涌现，国家目前并未将学前教育纳入义务教育行列，市面上幼儿教育机构层出不穷、良莠不齐，有些私人机构更是夸大其词，神化学前教育对幼儿教育的影响，误导家长，无形中为孩子和家长造成了压力，无法保障幼儿教育的科学、合理，随后各种家校问题、社会问题也随之而来。

五、信息技术在幼儿教学活动中的应用现状

随着计算机科学技术的发展，信息技术在教育教学活动中的应用也呈现出多样化，尤其是在幼儿

教育教学中的应用表现突出，主要以多媒体课件和教材的形式对幼儿教育产生深刻的影响。

（一）图像文本对幼儿教学活动的影响

信息技术最初在幼儿教学中的应用是以声音、图像、图片为主要内容的多媒体课件，多彩丰富的教学内容为幼儿提供了多感官通道、多表征形式的刺激[2]，幼儿获取信息的渠道多元化，包括言语信息类和非言语信息类，从情感体验上来看，是更为丰富多彩的，有助于3~6岁儿童认识世界的多样性。以图文、动画为主的多媒体课件主要应用于辅助教师的教育教学，教学过程中教师参与的程度较高，在开展以学生为主的自主学习方面存在短板，不利于幼儿的主动、积极思考。因此，多媒体课件最初的滥用也对儿童身心健康的发展产生了负面影响，这与教师自身的信息素养不高是无法割裂的。

（二）智能学伴对幼儿教学活动的影响

伴随着信息技术在教育教学中应用的加大，幼儿教育受到了社会和各界教育教学工作者的密切关注，这一时期以开发儿童智力、拓展儿童想象力的半智能化学习玩伴出现，如智能故事机。幼儿可以与故事机进行简单的交流对话，故事机也可以为幼儿讲故事、唱歌等，但从现状来看，其在教学活动中的应用并不多见，在家庭教育中有所应用，但反响不大。

（三）增强现实技术对幼儿教学活动的影响

将三维虚拟对象叠加到真实世界显示，达到"实中有虚"的表现效果的技术[3]，称为增强现实技术。增强现实技术借助真实场景及实物提高了用户的体验感和可信度。市面上近两年已经出现大量的增强现实读物，主要以幼儿的增强现实图册为主，用户只需要有一部智能手下载相关APP，利用APP扫描增强现实图册，就可以看到动态、立体的动画情景。

儿童科普读物是通过通俗易懂的语言、清晰明了的图画、生动有趣的案例，向儿童传播科学知识、阐释科学原理[4]。增强现实技术在儿童科普读物中的应用，可以把原本在书籍中很难体验到的实体信息，如声音、视觉动画、味道、触感等，通过计算机模拟仿真后，给读者真实情景的体验。目前，增

强现实技术在幼儿教育中的应用已取得一定的成果，为幼儿教育事业的发展提供了技术支持。

六、信息技术在幼儿教学中的优势

（一）信息技术能提升幼儿的认知能力

实验心理学家赤瑞特拉通过大量的实验证明，在人内在接受的信息中，通过视觉获得的占83%，通过听觉获得的占11%，通过嗅觉获得的占3.5%，通过触觉获得的占1.5%，通过味觉获得的占1%，这说明视觉是人们接受信息的主要通道[5]。俗话说"百闻不如一见""一图胜千言"，表达的就是这个意思。当代生活或文化中方方面都要求某种程度上的视觉效果，从大街小巷的广告到影视节目，从印刷图片到三维立体效果等，无处不在的视觉文化入侵，将视觉性凸显了出来，并影响到了各个领域的发展。

当今社会越来越关注幼儿教育，"教育要从娃娃抓起""孩子的教育不能输在起跑线上"等类似标语随处可见。如何提高幼儿教育的质量，是当前社会的热论话题。大量科学研究表明，3～6岁的幼儿观察事物带有很大的随意性，往往碰到什么就观察什么，顺序紊乱、前后重复，也多有遗漏，他们通常只观察到事物的轮廓，看到事物的表面现象。他们的记忆很难服从于某一有目的的活动，而是更多地服从于对事物外部特征的认识，形象鲜明、具体生动且能满足幼儿个体需要的事物，容易被幼儿自然而然地记住。所以，对于幼儿，我们不能只通过阅读图书、成人讲述，就让其对事物有深刻的认识。利用信息技术可以将枯燥、乏味、单调的文本和言语知识变得形象、生动，使知识的表达形式多样化，符合幼儿认识世界的心理特征，为幼儿教育创新发展提供了新的契机，提升了幼儿的认知能力。

（二）信息技术能优化课堂教育教学

幼儿教育可分为5大方面：语言课、健康课、社会课、科学课和艺术课[6]，不同的科目有不同的培养目标、教学内容及教学组织形式。传统的幼儿教育都是由不同科目教师通过语言、动作、板书或教具在课堂上为学生讲解教学内容，幼儿是被动地获取知识，加之幼儿的思维发育不健全，逻辑思维还未开始发展，对于言语类信息的获取存在一定的

障碍，教学效果并不理想，反而导致幼儿产生了厌学心理，而信息技术的出现大大改善了这种状况。例如，在语言课上，教师可采用视频多媒体进行教学设计，利用幼儿"拟人化"的心理模拟语言环境，构造虚拟学习玩伴，使教学内容具体化、情感化，一方面有利于幼儿对言语信息的理解和记忆，另一方面有利于幼儿将所学知识迁移到生活情境中。在艺术课程中，增强现实技术可以为幼儿创造一个美丽的童话世界，教师可以在"童话世界"中为儿童讲述著名艺术家的童年趣事，培养幼儿发现美的能力，鼓励幼儿向"小小艺术家们"学习，培养幼儿的兴趣和爱好。在科学课中，利用信息技术（增强现实、全息投影等技术）可以为幼儿创设一个虚拟的科学实验室，实验室里有声音、动画、有趣的小动物，甚至可以有来自不同地域和国家的小伙伴，大家一起去探索未知的世界。在探索过程中，可适当设置一些闯关游戏，只有同伴相互帮助才能够顺利闯关获得奖励，这种设计充分利用了幼儿对未知世界的好奇心，充分发挥了孩子的主动性，借此还能培养幼儿与他人交流的能力，有利于培养孩子活泼开朗的性格。

（三）信息技术可以营造多彩的园本文化

信息技术的发展带来的是海量的知识和多样化的校园文化，笔者认为可以充分利用校园网等信息资源，推进幼儿园园本文化的建设。在建设园本文化方面，可以充分发挥校园网、校园广播站等信息资源平台的优势，组织开展一系列有利于幼儿身心健康发展的教学活动或节目，营造舒适、愉悦的学习环境。比如，可以通过校园广播站播放轻松、愉快的音乐，让幼儿的学习和生活充满音符的律动，感受校园学习带来的快乐，使幼儿爱上学校、爱上学习；通过校园广播站播放一些幼儿启智节目（如"智慧树""知识王国"等），扩大幼儿的知识面；可以利用校园网站与本区域幼儿园进行合作交流，组织一些竞赛节目（如"小画家""金话筒宝贝"等），选拔优秀的幼儿节目予以奖励，有条件的可以与相关电视台进行合作，宣介幼儿教育方面的知识；可以定期邀请一些幼儿教育方面的专家进行访谈，也可以安排一些经验丰富的家长分享他

们的教育心得，帮助新晋的爸爸、妈妈更快融入家庭教育，在幼儿教育方面做得更加科学合理。

（四）信息技术可以提供多样化的幼儿学习资源

信息技术的发展还带动了教学资源的多样化，尤其是在幼儿教育领域，与传统读本相比较，增强现实读物更是独树一帜，各类幼儿教育信息化教学资源也相继涌现。如一本认识动物的增强现实读物，就是将不同动物制作在卡片上，在手机或平板电脑上安装相关APP，通过扫描卡片就可以呈现生动、活泼的小动物，并且呈现的动物基本信息都有相关音频文件进行讲解，用手触摸手机或平板电脑屏幕，还会有相关动物的声音发出，动画制作也很逼真，可以为幼儿展现活灵活现的动物世界，犹如处在一个神奇的动物世界，为拓展幼儿的视野创造了真实的情景。

七、总结

综上所述，幼儿是保证国家发展的新鲜血液，幼儿时期的启蒙教育是保障孩子健康成长的关键因素，学前教育在学生教育中具有不可替代的作用，无论作为家长、学校还是管理者都理应为学前教育创造一个健康、积极的教学环境，保障幼儿的身心健康发展。尤其是在信息技术发展的大潮中，幼儿教育更加多姿多彩，技术在带来发展机遇的同时，也将会带来一系列的挑战与困难。在信息技术发展的热潮中，教育工作者尤其是学前教育工作者理应迎难而上、抓住契机，为幼儿教育事业的发展努力。

参考文献

[1] 张曙光. 我国学前教育理论基础的缺失——现代脑科学与学前教育[J]. 学前教育研究，2001（2）：8-10.

[2] 周妮. 多媒体技术在幼儿英语教学中的应用研究[D]. 济南：山东师范大学，2009.

[3] 周忠，周颐，肖江剑. 虚拟现实增强技术综述[J]. 中国科学：信息科学，2015（2）：157-180.

[4] 萧冰，王茜. 增强现实技术在儿童科普读物中的应用研究[J]. 科技与出版，2014（12）：108-111.

[5] 转引自：张薇. 信息技术在幼儿园中的应用现状调查与分析[D]. 北京：首都师范大学，2012.

[6] 何磊，黄艳霞，金晓晓. 信息技术与幼儿教育的整合[J]. 学前教育研究，2009（1）：56-59.

其他相关研究

国际学习分析研究新进展（2015—2017年）

陈羽洁　张义兵

（南京师范大学教育科学学院，江苏　南京　210097）

摘　要： 近十几年来，在技术和理论的催化下，学习分析技术一直在不断革新和发展，持续、及时跟踪其新进展，不仅可以把握该研究领域的最新成果，更可以为本土化的应用找到新路径。本文以近3年（2015—2017年）Web of Science数据库中相关领域及近3届国际学习分析与知识会议作为研究对象，以其中的关键词作为聚焦点，运用相关知识图谱软件进行可视化表征。研究结果表明：学习分析正经历从理论向实践应用的转型，从不同维度看，其内容正不断地推进与革新。从研究对象来看，其对学习过程量化的重心开始从高等教育机构走向真实实践，在基础和职业教育中作为技术和理论的支持对学习者的学习行为进行监控与干预；从应用领域来看，学习分析触及基础教育的多个维度，包括课前、课中和课后学习及不同的基础课程；分析环境从网络平台到线下面对面的真实环境，同时兼容各种混合、具身学习环境；分析工具日益精确化、可视化、自然化和实时化，近年来的研究热点指向基于自然用户界面的设备，通过体感按压甚至传感器追踪，获取实时动态数据，实时反馈、实时调整和组织课堂；而数据来源也从过去仅依靠网络线上收集到如今多样化的数据采集，真正实现了对学习过程与学习行为的全程数据化记录，同时多样化的复杂算法作为学习分析的基础，也为学习分析的发展提供了重要支持。

关键词： 学习分析　趋势　统计分析

一、引言

在在线数据和大数据出现之前，就有教育机构或个人对学习过程中的数据进行了分析评估。1969年开始，英国开放大学对远程学习者每年的学习成绩进行记录和分析；廷托（Tinto）经过持续20年的数据收集和整理，于1997年发表了关于在学率影响因素的研究成果。当然，早期的研究没有确切地对学习分析进行统一的界定。

进入21世纪后，在计算机、网络兴起的大环境下，一方面形成了对信息爆炸的海量数据进行分析的需求；另一方面带来了显著增强的数据处理与计算能力，使得学习分析成为一种"显学"。该研究领域的形成有两个标志：其一是研究共同体学术制度的逐步形成，2011年，得克萨斯大学阿灵顿分校的Siemens、阿萨巴斯卡大学的Dragan和悉尼科技大学的Shum等国际知名学者成立了一个跨学科网络组织——学习分析研究协会（The Society for Learning Analytics Research，SoLAR）。其二是学术会议及杂志的创办，如学习分析研究协会创办了《学习分析杂志》（*The Journal of Learning Analytics*）。

伴随着信息技术日新月异的变化，学习分析研究呈现出与众多新兴的软硬件技术和前沿的教育理论相结合的特点，如将学习分析技术与体感装置、传感器相结合来捕获学习数据等。

二、研究过程与方法

"学习分析"的概念被提出后，在教育界引起了很大反响，"地平线项目"自2010年起连续数年预测学习分析技术将在未来成为主流。美国高等教育信息化协会提出了2017年的高等教育年度十大IT议题及战略技术，其中近一半的内容都依赖于有效地运用数据和预测进行分析。故本文将对近3年来的研究内容进行研究，以此发现未来的发展方向。

（一）研究对象的选择

本文样本数据主要有两大来源：Web of Science数据库（以下简称WOS）及2015—2017年（5月）国际学习分析与知识会议（Learning Analytics &

Knowledge Conference，LAK）发表的成果。

选取 WOS 数据库的原因如下。

1）WOS 核心合集收录了核心期刊与重要会议的文章，近 3 年 WOS 数据库中收录的与学习分析相关文章能涵盖国际学习分析领域的动态。

2）WOS 数据库内的数据方便运用 CiteSpace 自动化地分析当下的趋势与热点。

选用 LAK 发表成果及其关键词的原因如下。

1）每年学习分析研究协会都在各国组织国际学习分析与知识会议，这说明该会议影响力大，持续性强，能反映国际学习分析的发展方向。

2）该协会及其举办的会议和收录的文章影响力较大，会议上的研究成果往往相对更权威。

3）关键词代表一篇文章的重点与中心。

（二）研究方法

本文以知识图谱、聚类分析等对文献内容进行定量分析，主要用 CiteSpaceV、BDP 数据分析平台及手动整理会议论文关键词对所有数据进行处理分析。其中，CiteSpaceV 用来找出 3 年该领域核心的活跃作者及其研究趋势；BDP 数据分析平台用来制作 LAK 关键词词云，以此发现关注的热点；对会议论文关键词进行采集，再归类统计，归纳走势，继而进行整体分析。但在处理会议论文关键词时，会存在近义词，处理方法是将其译成中文并归为一类，如 writing 和 writing analytics 最终都归为"写作分析"；student retention、retention 和 learning retention 也都表示同一意思，即"在学率"。

三、数据统计与结果

本文参考信息计量学方法，以知识图谱与高频关键词表为主要可视化分析手段，运用 CiteSpace 收集文献信息，自动化处理关键词、被引文献、作者等之间的关系，形成知识图谱，通过共词共现分析可发现研究对象之间的亲疏关系，挖掘隐含或潜在的有用知识，揭示某一学科或学科群的研究热点、结构与范式。由于会议论文的收集是通过下载会议官网论文进行的，很难在 CiteSpace、Bicomb 等自动化形成图谱的工具中进行分析，加大了分析难度，故手动统计每篇论文的关键词，以期能得到高频关键词表。

（一）基于 CiteSpace 的分析

1. 基于共被引文献的领域代表人物分析

在 WOS 中，自定义检索式为：主题：（learning analytics）NOT 会议名称（LAK）AND 文献类型：（Article）时间跨度：2015-2017。索引：SCI-EXPANDED，SSCI，A&HCI，CPCI-S，CPCI-SSH，ESCI，CCR-EXPANDED，IC。共得到 600 条检索结果。将所有数据导入 CiteSpace V，"Time Slicing"设为 2015—2017，时间分区 1 年，"Node Types"选定"Cited Reference"。运行软件后得到包含 159 个节点和 417 条连线的关系图谱，如图 1 所示。该图中的每一个节点代表 1 篇文献，节点的半径表示该文献被引用的频次和年份，节点面积越大，表示该文献被引用频次越高，说明作者及其研究成果在该领域具有重要影响力。通过此关系图谱发现，Siemens、Rebecca、Macfadyen 这几位学者在学习分析领域相对较有影响力。

GRELLER W (2012)
AGUDO-PEREGRINA AF (2014)
BAKER RYAN SJD (2009)
GASEVIC D (2015)
MACFADYEN LP (2010)
SIEMENS G (2013)
SIEMENS G (2012)
REBECCAF (2012)
VERBERT K (2013)
SIEMENS G (2011)
ROMERO C (2010)

图1　领域代表人物关系图谱

2. 基于主题与关键词的共现分析

"Node Types"选定"Author"和"Term"运行软件得到 122 个节点和 371 条连线的关系图谱，如图 2 所示。由此可以看出，学习分析、机器学习、大数据、大数据分析、分类、模型、算法、框架、网络、绩效、教育、系统、分析、慕课、环境、可视化分析是目前所关注的热点与趋势，对学习分析的研究更注重分析方法及其应用。

图2　主题与关键词共现图谱

（二）基于词云的高频词分析

对3年的会议论文进行整理，LAK15共搜集到86篇可用文章，367个关键词，平均1篇4.27个关键词；LAK16共搜集到98篇文章，468个关键词，平均1篇4.78个关键词；LAK17共搜集到107篇文章，585个关键词，平均1篇5.47个关键词。通过BDP数据分析平台得到如图3～图5所示的3年LAK关键词的词云分析图，大致可看出当下学习分析研究的热点和现状。

图3　2015年LAK会议论文关键词云图

图4　2016年LAK会议论文关键词云图

图5　2017年LAK会议论文关键词云图

（三）基于关键词统计的整理与分析

对各年份所有关键词进一步整合与归类，筛选高频关键词，大致得到2015—2017年国际学者对学习分析关注点的大致分布，如表1所示。

3年会议论文关键词分别以研究对象、研究领域、分析模型及方法、学习方式、平台、分析工具、数据来源、评价、道德规范为切入点，抽取其中高频关键词，对未来学习分析研究发展的方向提供大致思路，也对近年专家学者研究的内容和重点有一定的了解。

四、分析与讨论

在过去，对实践而言，学习分析似乎遥不可及。然而通过上述数据统计发现，尤其是近些年，研究者将研究着力点放在K-12和职业教育，包括学科学习及非正式环境下的学习，以不同分析方法和工具对学生的学习进行把控。

（一）面向基础课程的多维度量化分析

笔者通过上述统计数据发现，学习分析应用广泛，集中在学生写作学习、阅读训练、教师教学等维度的应用研究。其原因之一是学习分析实际上是一种促进学生学习和教师教学的工具，带有很大的弹性和灵活性，对关键技术的掌控和学习过程的考量，能有机地将学习分析技术嵌入到学习过程的方方面面，包括学习前的准备工作，学习过程中的师生、生生互动，课后学习进展、反馈等无一例外地都可以运用学习分析。故未来学习分析的分析维度一定会走向广泛与细致化。

表1　2015—2017年LAK会议论文高频关键词统计

大类	子类	关键词
研究对象	研究层次	中等教育、职业教育、工程教育
		高等教育、本科教育
		基础教育、K-12
研究领域	学生写作	写作质量、叙事性、信息熵、学术文章写作、自动作文评分、智能字符识别、手写、学术写作分析、修辞解析、反思型写作、智能写作、修辞的、反思写作理论、词汇复杂性
	学生阅读	阅读理解、阅读策略、文本复杂度、元认知、阅读、语言学
	教师教学	学习设计、教学设计、教师辅助工具、教师反思、课堂分析、教师
分析模型及方法	预测	预测分析、预测模型、能力预估、预测学生绩效、未来成功预测、风险预测、在学率
	可视化	信息可视化、嵌入式可视化、教育过程可视化
	干预	早期干预、早期报警系统、干预措施、干预设计原则、推荐系统引擎、教育推荐系统
	模型	知识模型、协作的多元回归模型、话题模型、对话模型、主题模型、指数随机图形模型、知识组件模型、学习者行为模型、学习曲线、开放学习者模型、多层线性模型、协作模型
	数学分析/算法	教育数据挖掘、机器学习、逻辑回归、贝叶斯知识跟踪、数据跟踪聚类、过程挖掘、LDA、SLDA、Q矩阵、布尔矩阵分解、近似算法、聚类、关联规则挖掘、递归分割、贝叶斯模型、马尔科夫模型
	话语分析	自然语言处理、语料库、话语分析、基于文本的学习分析、文本挖掘、元话语、语义分析、文本分类、文本标签、内容分析、潜在语义分析
	社会分析	社会学习分析、社会网络分析、社交网络分析、社会文化理论、社会交互
	动态分析	眼动追踪、动态文本展示、手指追踪、人际互动、手势、鼠标轨迹、情绪分析、时域分析法、神经反馈、人机交互、面部表情识别、视频分析、可穿戴技术、自动语音识别
学习方式	群体协作学习	同伴互评、公共错误答案、连接学习、群体概念映射、协作学习、团队合作、会话、众包学习、在线讨论、协作问题解决、人际交往、人为因素、能力分组、同龄指导
	网络学习	远程学习、在线学习、在线论坛、在线远程教育、网络学习环境、社交网络、标签分析、CSCL、Wiki、在线学习设置、在线参与
	具身学习	基于游戏的学习、游戏化教学、视觉学习分析、人机交互、做中学、做的效应、探究性学习环境、基于实践的学习、虚拟现实、基于传感器的学习、xtable、生物传感器、增强学习、具身认知
	自适应学习	自主学习、主动学习、个性化学习、泛在学习分析、自我量化、自适应学习、个性化学习分析、自我选择偏差、自我反省
	混合学习	混合学习、面对面、正式学习、无缝学习、基于视频的学习、非正式学习、深度学习
平台	管理平台	学习管理平台、智能导师系统、在线导师系统
	学习平台	Moodle、MOOCs、iversity、网络公开课、cMOOC、可汗学院、Coursera、Open edX
	社区平台	探究社区、讨论论坛
分析工具		Coh-Metrix、仪表盘、视频注释软件、xAPI、学习分析仪表盘、实时分析、指导仪表盘、批量处理
数据来源		学习日志、时间日志、学习记录存储、噪声数据、点击流数据、多模型数据、情绪、开放数据、模拟仿真、数据流
评价		评估框架、教育评估、协作评估、参与协作评估、评估学习的分析工具、质量测量指标；制品评价、教育绩效、隐形评估、形成性评价、评价分析
道德规范		伦理、数据清理、隐私、法律、数据所有权、数据素养、数据孤岛、数据标准化、数据管理、教育政策、义务行为道德、个人信息、数据保护

就目前的研究情况来看，学习分析大多数被运用于学生的阅读与写作教学方面，例如，反思型写作。美国乔治城大学（Georgetown University）已在超过325门课程中运用反思型写作教学来增强学生的满足感和提高学术参与度。然而，对很多学生而言，反思型写作无从下手，教师也在评价学生反思

型写作方面缺乏经验，人力评阅所有学生的反思型写作耗费时间，故可以运用学习分析技术进行自动化处理，以自然语言处理技术来提供实时的形成性反馈。Shum 等于 2017 年基于学习分析及相关语料库等设计了写作分析的软件，运用施乐公司的增量解析器（Xerox Incremental Parser）作为语言分析引擎，根据学生文章中的词汇类别，如修辞手法、字符、情感表露等，自动化地进行反思型写作分析。

通过上文的分析与统计可知，未来写作教学将有可能是学习分析研究的一个切入口，通过相关技术发展、模型构建，根据学生写作的文字构造、修辞解析，智能化理解学生写作，从而挖掘出更深刻的信息。

（二）基于协作交互的混合分析环境

过去学习分析的研究大都集中在网络环境中，由于学习分析数据量大，以网络化方式收集能提高效率，当活动和交流以计算机为中介进行时，更易捕获学生的网络日志信息。然而，通过上述统计分析发现，现在更强调在面对面的环境中应用学习分析技术，尤其是学习分析的研究对象开始有向 K-12 学生迁移的趋势（如前文所述），由于这个年龄段的学生使用计算机不熟练，需要面对面互动式的交流，故在这样的情况下更需要学习分析技术在传统课堂环境中得到广泛的应用与发展。有效的面对面交流和协作技巧的发展，是 21 世纪就业力和学习力最重要的竞争和表现。故以此预测，在面对面情境下如何加强学习分析，如何促进学生面对面的交流，如何更好地运用学习分析，也是未来发展的一种趋势。

混合学习策略和大规模在线课程逐渐以学习分析技术作为解决问题的方案。在近些年的研究中，国际上涌现出许多与此相关的学术和实践研究成果。Navi Surface 是智慧教室研究的案例，在混合情境下，学生面对面地相互进行良性竞争和协作，以"勋章"的获取和其内容解析增强学生的成就意识。

（三）基于自然用户界面的实时分析工具

如今体感交互盛行，具身学习环境下的人机交互，包括基于笔触的自动计算、可穿戴设备、触摸式桌面等，在高频关键词中占了相当大的比例，也是未来的一大走向。

Martinez-Maldonado、Shum 于 2017 年运用自然用户界面（natural user interface，NUI）嵌入学习分析技术的设备，构建了智能化学习分析环境，与此相关的传感器能接收到学习数据，并可视化成相关图表传递到教师的仪表盘（dashboard），为教师提供反馈信息。例如，有的学校构建了 MTclassroom，即有多触摸板（multi-surface）教室环境，由 4～5 个大型连通的桌面显示屏和几个垂直悬挂的电子显示器组成。每个桌面显示屏都有 Kinect 体感传感器，每个学生都可以触碰，可以在每台设备上捕获学生行为的相关数据。所有设备都被教师的平板仪表盘控制，并提供可视化数据，为教学迭代设计提供证据，有助于提高学生的学习效率。在这里，自然用户界面相关技术和学习分析工具是关键，也是未来需进一步研究和加强的技术要点。

无论线上还是线下的学习，以前往往是在学生学习完成以后，收集齐所有数据再进一步分析。然而，如今很多研究都开始关注无延时实时分析，即学生产生学习数据的同时，教师就能立刻收到学习数据，并且通过相关的技术可马上生成可视化的展示板。如用上文提到的在自然用户界面运行 CoCoDes，教师能在第一时间得到学生的数字学习痕迹，从而帮助教师对教学作出判断。

（四）多样化的数据来源与模式分析

以上统计分析表明，学习分析数据来源多样化，包括学习日志、在自然用户界面上的触摸、运动数据，也可以对学生话语进行分析；自然语言处理技术对文本的分析也被广泛运用到写作教学中。此外，学生在网络学习中的鼠标点击流也作为数据的来源开始被一些专家和学者运用，甚至学生的一举一动都能被记录下来作为学习分析的数据。

然而，学生鼠标点击流数据仍有一定问题，由于噪声数据的影响和数据的复杂性，统计技术、学生点击模式如何才能被捕捉到清晰和有意义的内容，是我们面临的挑战。Park 等于 2017 年利用统计变化检测技术调查了学生的在线行为,通过面对面的课程和在线课程两种形式来应对这样的挑战。由于其数据的丰富性和真实性,对教学的塑造性很高,故不断有专家和学者探究如何纯正化数据,这也会是未来学习分析发展的一股潮流。

很多研究中都用到了多模型(multi-model)学习分析,如眼动追踪(mobile eye tracker)和联合视觉注意(joint visual attention,JVA)。很多实验研究发现,JVA 的作用是不仅可反映学生的协作学习质量,而且能反映学生问题解决的绩效水平和学习收获。这些数据能在实时交互中帮助教师决定哪个小组需要帮助。

对学习分析而言,其数据源越来越丰富,也表明其分析的方式也越来越多样,对学习的促进和改善也相应出现了更多的分析思路和方法。由此可见,学习分析也将向多数据源这一方向发展。

五、结语

以近年的整体研究情况看,关于学习分析的研究目前大部分关注点集中在学习分析工具、模型的创新与应用,以及在实践中如何高效地利用学习分析工具上,故目前该领域仍处在发展中,更多偏向于基础应用与发展创新。随着教育信息化和大数据处理技术的发展,关于学习分析的研究似乎越来越技术导向,各平台与工具层出不穷,并涵盖各类学习环境,真实再现无缝学习,但对实践者而言,其使用感和交互性是否友好仍是一个有待考量的问题。同时,学习分析所依靠的技术中涉及伦理道德和法律层面,也依旧是备受关注的问题。所以,未来学习分析,第一,需要在技术与传统之间找到平衡点;第二,硬件的发展、算法的精准并不意味着对学习分析的滥用,而是将其与教学有机结合;第三,在更大范围内推广开来,强化教师的实践培训。

参考文献

[1] Martinez-Maldonado R,Shum S B. Learning analytics for natural user interfaces[J]. Journal of Learning Analytics,2017,4(1):24-57.

[2] Tinto V. Classrooms as communities:Exploring the educational character of student persistence[J]. Journal of Higher Education,1997,68(6):599.

[3] Tan P L,Koh E,Jonathan C,et al. Learner dashboards a double-edged sword? Students' sense-making of a collaborative critical reading and learning analytics environment for fostering 21st century literacies[J]. Journal of Learning Analytics,2017,4(1):117-140.

[4] Shum S B,Sándor Á,Goldsmith R. Towards reflective writing analytics:Rationale,methodology,and preliminary results[J]. Journal of Learning Analytics,2017,4(1):58-84.

[5] Hecking T,Chounta I A,Hoppe H U. Role modelling in MOOC discussion forums[J]. Journal of Learning Analytics,2017,4(1):85-116.

[6] Papamitsiou Z,Economides A A. Learning analytics and educational data mining in practice:A systematic literature review of empirical evidence[J]. Educational Technology & Society,2014,17(4):49-64.

[7] Shum,Sándor S B,Goldsmith Á,et al. Towards reflective writing analytics:Rationale,methodology and preliminary results.[J]. Journal of Learning Analytics, 2017, 4.

[8] Martinez-Maldonado R,Shum S B. Learning analytics for natural user interfaces[J]. Journal of Learning Analytics, 2017, 4(1):24-57.

[9] Lee K,Tsai P S,Chai C S,et al. Students' perceptions of self-directed learning and collaborative learning with and without technology[J]. Journal of Computer Assisted Learning, 2014, 30(5):425-437.

[10] Park J,Denaro K,Rodriguez F,et al. Detecting changes in student behavior from clickstream data[J]. International Learning Analytics & Knowledge Conference,2017,ACM.

[11] 吴青,罗儒国. 学习分析:从源起到实践与研究[J]. 开放教育研究,2015(1):71-79.

［12］郭炯，郑晓俊.基于大数据的学习分析研究综述［J］.中国电化教育，2017（1）：121-130.

［13］李香勇，左明章，王志锋.学习分析的研究现状与未来展望——2016 年学习分析和知识国际会议述评［J］.开放教育研究，2017（1）：46-55.

［14］张刚要.基于共词分析的教育技术学学科结构可视化研究［J］.中国电化教育，2013（2）：6-11.

［15］钟伟金，李佳.共词分析法研究（一）——共词分析的过程与方式［J］.情报杂志，2008（5）：70-72.

学习分析的国际研究现状及其热点

——引文分析的视角*

胡 玥 姜友斌 董 榕 张剑平

（浙江大学数字化学习研究所，浙江 杭州 310028）

摘 要：随着大数据时代的到来，学习分析领域的研究被逐步重视。本文将在引文索引类数据库 WoS（Web of Science）核心文库中以"学习分析"为主题关键词检索到的相关文献进行引文分析后发现：2008 年之后学习分析相关研究才逐年增多；欧美国家是国际学习分析研究的主体，亚洲国家的相关研究相对薄弱；主要的研究人员、期刊和文献均来自国外；学习分析模型研究、学习分析系统的开发与应用研究、学习分析相关的数据研究和隐私与道德问题研究等是学习分析领域的研究热点。在学习分析领域，中国的研究应当在不断增加研究数量的同时提升研究的质量，并加强与国外学者的交流与合作，从而提高中国在学习分析研究领域的地位。

关键词：学习分析 研究现状 热点 引文分析

随着大数据、学习分析等技术的不断成熟，学习分析相关研究成功地吸引了政府、公司、研究机构、研究者的目光，成了互联网时代下一颗万众瞩目的新星。众多的研究者就学习分析领域的研究现状、热点和趋势展开了研究。相关研究多以"学习分析与知识"国际会议的文献为研究对象，主要是对学习分析领域研究内容的分析，并未从时间、国别、机构、著者、期刊、文献及研究热点等维度进行全面分析。因此，本文将采用引文分析法对 WoS 核心文库中检索到的所有文献从以上维度进行全面分析，以期描绘出学习分析的现状和热点，帮助从事研究学习分析工作的学者理清思路。

一、数据来源和研究工具

（一）数据来源

WoS 数据库是由美国 Thomson Scientific（汤姆森科技信息集团）开发的，是大型综合性核心期刊引文数据库。本文在 WoS 核心库中以 "learning analytics" 为主题检索关键词，类型为 "ARTICLE"，日期截止到 2017 年 4 月 28 日，将检索得到的 863 条文献以"全记录与引文的参考文献"的文本格式保存，并以此作为研究数据的来源。

（二）研究工具

引文分析（citation analysis）就是利用各种数学、统计学及比较、归纳、抽象、概括等逻辑方法，对科学期刊、论文、著者等研究对象的引用与被引用现象进行分析，以便揭示其数量特征和内在规律的一种文献计量分析方法[1]。

常见的引文分析软件有 HistCite、CiteSpace、RefViz 等，其中 HistCite 软件界面简洁、操作简单，分析结果较为明晰。因而，本文使用 HistCite 软件对研究数据进行分析。HistCite 中最为重要的两个参数是表述文献在当前所收集文献集中被引用次数总和的 TLCS（total local citation score）和表述文献在所检索数据库中被引用次数之和的 TGCS（total global citation score）。研究者普遍认为 TLCS 更能反映某一文献在特定研究领域的影响力，所以本文的分析多基于 TLCS 排序进行。

* 本文为浙江省科技厅公益技术应用项目（2016—2017 年）"虚实结合的小型智慧博物馆平台研究与开发"（项目编号：2016C33164）的研究成果。

二、文献的分布

（一）时间分布

在过去很长一段时间里，"学习分析"相关研究一直不愠不火。直到 2008 年大数据的概念被正式提出后，以数据为基础的"学习分析"才逐渐开始受到各领域研究者的广泛关注，相关主题的研究开始如火如荼地展开。2008 年的相关研究仅有 5 篇，但 2016 年发表的相关文献已有 329 篇，可见其研究热度之高。检索时间截止到 2017 年 4 月 28 日，此时 2017 年的相关研究也有 95 篇了（图1）。

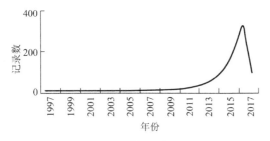

图1 时间分布图

（二）国家地区分布与研究机构

对文献分布的国别进行分析，能大体反映出不同的国家在特定研究领域的贡献。在学习分析领域，研究文献总量（Recs）排在前 10 名的国家如表1所示。

表1 国家分布图（Recs 排名）

序号	国家	Recs	TLCS	TGCS
1	美国	362	105	2119
2	英国	109	77	394
3	西班牙	100	25	315
4	加拿大	75	84	363
5	澳大利亚	73	43	288
6	中国	48	5	349
7	德国	37	25	476
8	荷兰	35	63	343
9	印度	22	0	49
10	韩国	20	6	27

但一般认为 TLCS 比 Recs 或 TLGS 更能体现某一群体在特定领域的影响力。学习分析领域中 TLCS 排名前 10 名的国家如表2所示。

表2 国家分布图（TLCS 排名）

序号	国家	Recs	TLCS	TGCS
1	美国	362	105	2119
2	加拿大	75	84	363
3	英国	109	77	394
4	荷兰	35	63	343
5	澳大利亚	73	43	288
6	比利时	17	38	209
7	瑞典	18	27	102
8	德国	37	25	476
9	西班牙	100	25	315
10	塞尔维亚	5	20	49

从 Recs 排名和 TLCS 排名可以看出，美国、英国、加拿大等国不管 Recs 排名还是 TLCS 排名都非常领先。中国虽然 Recs 排名第 6，但 TLCS 排名却位列第 14，说明中国在学习分析领域的研究数量并不少，但质量还应当进一步提高。

在学习分析领域 TLCS 排名前 10 名的研究机构，分别是加拿大阿萨巴斯卡大学、英国开放大学、比利时鲁汶大学、英国西门菲莎大学、瑞士洛桑联邦理工学院、荷兰埃因霍芬理工大学、荷兰开放大学、塞尔维亚贝尔格莱德大学、南非大学、加拿大不列颠哥伦比亚大学。美国虽然文献总量排第 1，但并没有研究机构进入前 10 名，可见美国在学习分析领域的研究整体较强，但单一机构并不突出，而中国的研究机构并未进入前 30 名。

三、主要研究人员和期刊

（一）主要研究人员

了解特定领域的主要研究人员有助于及时高效地掌握这一领域的研究情况，并且通过学习主要研究人员的研究方法和思路，能够提升对该领域的认知程度和研究深度。因此，对学习分析领域的主要研究人员进行分析是必要的，表3是在学习分析领域中 TLCS 排名前 10 名的著者及其所在国家。

（二）主要期刊

确立研究领域的主要期刊，并对这些核心期刊发表的相关研究进行跟踪和分析，有助于准确了解该领域的研究现状。经统计得到以下 10 种期刊

表3 主要研究人员（TLCS排名）

排名	著者	Recs	TLCS	TGCS	国家
1	Drachsler	6	37	104	荷兰
2	Duval	4	37	97	比利时
3	Verbert	4	37	97	比利时
4	Siemens	4	36	97	加拿大
5	Gasevic	14	34	126	加拿大
6	Hatala	7	27	67	加拿大
7	Klerkx	3	26	64	比利时
8	Santos	3	26	64	智利
9	Dawson	7	25	76	美国
10	Govaerts	2	25	62	比利时

（表4），这些期刊在学习分析领域总发文量为166，总TLCS为201，约占检索论文总数的53%。

表4 主要期刊（Recs排名）

序号	期刊
1	Computers in Human Behavior
2	Ieee Transactions on Visualization and Computer Graphics
3	Big Data
4	Journal of Universal Computer Science
5	Computers & Education
6	Educational Technology & Society
7	IBM Journal of Research and Development
8	International Journal of Engineering Education
9	Internet and Higher Education
10	British Journal of Educational Technology

其中，《计算机与教育》（Computers & Education）、《教育技术与社会》（Educational Technology & Society）、《英国教育技术杂志》（British Journal of Educational Technology）是教育技术领域的国际权威期刊。

四、核心文献及其研究热点

（一）核心文献

核心文献通常具有较大的影响力，有助于我们掌握研究领域的发展历史、现状和未来。一般认为文献引用频次越高，即影响力越大，就被认定为核心文献。表5是学习分析领域的12篇核心论文，下文将介绍这12篇核心论文的主要内容。

表5 学习分析领域核心论文（TLCS排序）

排名	著者/文章/期刊
1	Siemens G Learning analytics：The emergence of a discipline American Behavioral Scientist，2013，57（10）：1380-1400
2	Greller W，Drachsler H Translating learning into numbers：A generic framework for learning analytics Journal of Educational Technology & Society，2012，15（3）：42-57
3	Verbert K，Duval E，Klerkx J，Govaerts S，Santos J L Learning analytics dashboard applications American Behavioral Scientist，2013，57（10）：1500-1509
4	Ali L，Hatala M，Gašević D，Jovanovic J A qualitative evaluation of evolution of a learning analytics tool Computers & Education，2012，58（1）：470-489
5	Shum S B，Ferguson R Social learning analytics Journal of Educational Technology & Society，2012，15（3）：3-26
6	Slade S，Prinsloo P Learning analytics：Ethical issues and dilemmas American Behavioral Scientist，2013，57（10）：1510-1529
7	Macfadyen L P，Dawson S Numbers are not enough. Why e-Learning analytics failed to inform an institutional strategic plan Journal of Educational Technology & Society，2015，15（3）：149-163
8	Dyckhoff A L，Zielke D，Bultmann M，Chatti M A，Schroeder U Design and implementation of a learning analytics toolkit for teachers Journal of Educational Technology & Society，2012，15（3）：58-76
9	Verbert K，Manouselis N，Drachsler H，Duval E Dataset-driven research to support learning and knowledge analytics Journal of Educational Technology & Society，2012，15（3）：133-148
10	Clow D An overview of learning analytics Teaching in Higher Education，2013，18（6）：683-695
11	Pardo A，Siemens G Ethical and privacy principles for learning analytics British Journal of Educational Technology，2014，45（3）：438-450
12	Fritz J Classroom walls that talk：Using online course activity data of successful students to raise self-awareness of underperforming peers Internet and Higher Education，2011，14（2）：89-97

《学习分析：一门新兴学科的出现》（Learning analytics: The emergence of a discipline）[2]一文指出学习分析是一个新兴研究领域，全文分8个部分展开：①学习分析的定义和根源；②学习分析工具、技术和应用；③获取数据的范围；④知识领域模型；⑤学习分析项目的构成及学习分析模型；⑥学习分析领域面临的挑战，即数据质量与范围、隐私问题等；⑦个人反思；⑧结果。

《将学习转化为数字：学习分析的通用框架》（Translating learning into numbers: A generic framework for learning analytics）[3]一文探讨了学习分析的关键维度，即利益相关者、目标、数据、工具、外部局限、内部限制，并在此基础上设计了一个通用设计框架，这个框架将为学习分析服务的建立提供指导。此外，文中还探讨了学习分析的障碍和限制，包括隐私和伦理等问题。

《学习分析仪表盘应用》（Learning analytics dashboard applications）[4]一文介绍了为学习者和教师提供可视化学习路径的学习分析仪表盘，提出了一个概念上的学习分析应用框架，其中包括4个环节，即意识、反思、释意、影响，并根据模型对15种相关仪表盘进行了分析比较，发现前三个环节已基本实现，但只有极少数学习分析仪表盘具有"影响"环节，强调学习仪表盘应该更好地探索"影响"环节，促成行为变化，改善学习或教学。

《一个进化过程中学习分析工具的质性评价》（A qualitative evaluation of evolution of a learning analytics tool）[5]一文提到LOCO-Analyst是研究者所在团队开发的学习分析工具，该工具能为教育工作者提供有关学生学习活动和绩效的反馈。文中介绍了研究者两次评估的结果，并讨论了从两项研究比较中得到的重要经验和教训。结果表明，教育工具的成功强烈地依赖于系统的可视化。

《社会学习分析》（Social learning analytics）[6]一文主要澄清了社会学习的概念，提到了社会学习分析可分为两大类，即以集体为主的社交分析（社会网络分析、谈论分析）和以个人为主的社交分析（内容分析、态度分析、情境分析），最后对社会学习进行了反思。

《学习分析：伦理问题和困境》（Learning analytics: Ethical issues and dilemmas）[7]一文指出，数据收集及其使用面临着一些道德挑战，包括数据的位置和释意、知情同意书、隐私权及数据的分类和管理，并为高等教育机构提供了一个包含6个原则的伦理框架，以引导高等教育机构解决学习分析中的伦理问题。

《数字是不够的，为什么数字化学习分析无法影响机构战略计划》（Numbers are not enough. Why e-Learning analytics failed to inform an institutional strategic plan）[8]一文通过对学习管理系统使用现状的分析，提出在技术问题主导的现实中，制度规划过程并没有利用分析过程所揭示的情报。为了解释这一现象，文中还考虑了变革管理理论和对创新的抵制，并认为学习分析支持者必须深入社会技术领域，以确保将学习分析数据呈现给参与战略制度规划的且有能力激励组织采纳的人员。

《面向教师的学习分析工具设计和实现》（Design and implementation of a learning analytics toolkit for teachers）[9]一文介绍了学习分析工具eLAT的理论背景、设计、实现和评估细节，指出eLAT开发的主要目的是处理大量数据集，帮助教师自觉反思技术增强的教学和学习情景，并找出干预和改进的机会。

在《数据集驱动下支持学习和知识分析的研究》（Dataset-driven research to support learning and knowledge analytics）[10]一文中，研究者提供了可用于学习和知识分析研究数据集的分析框架，然后沿着该框架的维度分析了现有数据集，最后概述了教育数据集未来面临的一些挑战。

《学习分析概述》（An overview of learning analytics）[11]一文中描述并探讨了一系列学习分析的例子，来说明学习分析的巨大价值，指出教师可以并且应该参与学习分析，并以此来改进他们的教学。

《学习分析的伦理和隐私原则》（Ethical and privacy principles for learning analytics）[12]一文确定了一套原则来缩小学习分析伦理和隐私探讨的范围，并指出务实的方法来帮助设计和研究其中的道德与隐私问题。

《课堂的回声：使用成功学生的在线课程活动数据提高表现不佳同龄人的自我意识》（Classroom walls that talk: Using online course activity data of successful students to raise self-awareness of underperforming peers）[13]一文指出，已有研究表明，学生的学业表现和他们使用课程管理平台的在线活动数据呈现出正相关性，因此文献中介绍了一款新工具。利用这款工具，学生可以检查自己参与的活动和成绩并且查看匿名的同行的情况，这可能会唤醒他们的自我意识，使他们更倾向于寻求或接受支持和帮助。

（二）研究热点

从以上对学习分析领域研究的时间分布、国家分布、研究机构分布、研究人员、主要期刊、核心文献的梳理和对核心文献的阅读，本文总结了学术分析领域的几条研究热点。

1. 学习分析的模型研究

学习分析模型是学习分析的指导方略，对学习分析的高效实施具有重要作用。国内外学者提出了许多学习分析模型，基本可以分为反馈环状学习分析模型、交互网状学习分析模型和多因素学习分析模型[14]。反馈环状学习分析模型从理论角度出发，着重描述了数据处理过程和数据信息的环形流向，是一种面向过程的模型，如Siemens于2013年从系统化的视角出发提出的学习分析模型，模型中包含数据收集、存储、清理、整合、分析、呈现与可视化、行动7个步骤，这些步骤形成了一个循环的回路[2]。交互网状学习分析模型侧重于技术角度，着眼于在线学习环境中学习分析的应用，提出了分析引擎、干预引擎、学习适应和个性化引擎等，突出了学习分析的个性化和自适应等特点，为学习分析平台的构建提供了指导思路。多因素学习分析模型从人文角度进一步提出了影响学习分析的因素，体现了学习分析的整体性与完备性，如Greller等于2012年提出的学习分析框架，其中主要包括利益相关者、数据、工具、目标及内外部局限[3]。

2. 学习分析的数据及其相关研究

学习分析研究离不开数据。教育数据主要来源于集中式的网络学习系统和和分布式的网络学习环境。集中式的网络学习系统主要以学生信息系统、自适应学习系统为代表，如Blackboard、Moodle；分布式的网络学习环境主要由集体知识库、开放式网络社区等构成。整合集中式学习系统与分布式学习环境中的用户数据库，有助于更好地分析与理解学习的过程和结果，从而采取适宜的行动促进学生的学习。目前，不同平台尚未形成一个统一的数据标准，因此数据间的互通与共享是非常有难度的，打通数据、整合数据是学习分析的基础。

3. 学习分析系统的开发与应用研究

目前，国外有不少学者从事学习分析应用的研究及设计。学习分析应用中最为基础的功能是学习分析，如哈佛大学与麻省理工学院在2014年推出的交互式数据可视化分析平台edX Insights，该平台从学习者类型、学习者特征和学习者学习行为等多个角度，对教育数据进行挖掘和统计分析后，以可视化的效果呈现分析结果。在此功能基础上，有不少学习分析应用能够监控和预测学生的学习成绩，及早发现潜在问题，以便进行干预，如Desire2Learn的"学习成功系统"，普渡大学的"课程信号灯"，可汗学院的"学习仪表盘"，还有不少学习分析应用能够通过学习的分析推荐给学习者个性化的学习内容和路径，如著名的Knewton平台、ALEKS平台等。

4. 隐私与道德问题研究

在数据收集和使用的过程中，通常会涉及学生隐私权和对收集数据的使用问题，因此探讨和研制解决隐私和道德问题的伦理框架是必要的。Slade等于2013年从社会批判的视角出发，提出了解决隐私和道德问题的一个框架，其中包含6条原则：道德实践、学生代理、学生身份和性能的动态性、学习的复杂多维现象、透明度和教育大数据的使用规范[7]；Pardo和Siemens于2014年从法律角度出发确立了一个隐私伦理框架，包括透明度、学生控制数据、安全、问责与和评估[2]。

五、总结与反思

本文采用引文分析法对国际学习分析研究现

状及其热点进行了分析，从分析的结果我们可以得出：2008年之后，学习分析相关研究才得到广泛关注，相关研究逐年增多，呈现出蓬勃发展之势；欧美国家是国际学习分析研究的主体，亚洲国家的相关研究较为薄弱；主要研究人员、期刊和核心文献均来自国外；学习分析模型研究、学习分析系统的开发与应用研究、学习分析相关数据研究和隐私与道德问题研究，是学习分析领域的研究热点。

以上研究也引起了笔者的反思，中国学习分析领域的研究数量并不算少，按照国别排序其文献总量位居第6，但其TLCS排名跌出了前10，这也说明了中国学者应当在不断增加研究数量的同时，提升研究的质量，并加强与国外学者的交流与合作。另外，引文分析法为该领域研究现状和热点分析提供了便利，但也有其局限性，如发表时间越长的文献可能被引用的次数越多，这就需要对研究领域进行进一步的分析。

参考文献

[1] 邱均平. 信息计量学（九）　第九讲：文献信息引证规律和引文分析法[J]. 情报理论与实践，2001（3）：236-240.

[2] Siemens G. Learning analytics: The emergence of a discipline[J]. American Behavioral Scientist，2013，57（10）：1380-1400.

[3] Greller W，Drachsler H. Translating learning into numbers：A generic framework for learning analytics[J]. Journal of Educational Technology & Society，2012，15（3）：42-57.

[4] Verbert K，Duval E，Klerkx J，et al. Learning analytics dashboard applications[J]. American Behavioral Scientist，2013，57（10）：1500-1509.

[5] Ali L，Hatala M，Gašević D，et al. A qualitative evaluation of evolution of a learning analytics tool[J]. Computers & Education，2012，58（1）：470-489.

[6] Shum S B，Ferguson R. Social learning analytics[J]. Journal of Educational Technology & Society，2012，15（3）：3-26.

[7] Slade S，Prinsloo P. Learning analytics：Ethical issues and dilemmas[J]. American Behavioral Scientist，2013，57（10）：1510-1529.

[8] Macfadyen L P，Dawson S. Numbers are not enough. Why e-Learning analytics failed to inform an institutional strategic plan[J]. Journal of Educational Technology & Society，2012，15（3）：149-163.

[9] Dyckhoff A L，Zielke D，Bultmann M，et al. Design and implementation of a learning analytics toolkit for teachers[J]. Journal of Educational Technology & Society，2012，15（3）：58-76.

[10] Verbert K，Manouselis N，Drachsler H，et al. Dataset-driven research to support learning and knowledge analytics[J]. Journal of Educational Technology & Society，2012，15（3）：133-148.

[11] Clow D. An overview of learning analytics[J]. Teaching in Higher Education，2013，18（6）：683-695.

[12] Pardo A，Siemens G. Ethical and privacy principles for learning analytics[J]. British Journal of Educational Technology，2014，45（3）：438-450.

[13] Fritz J. Classroom walls that talk：Using online course activity data of successful students to raise self-awareness of underperforming peers[J]. Internet & Higher Education，2011，14（2）：89-97.

[14] 郑晓薇，刘静. 学习分析模型的分类与对比研究[J]. 现代教育技术，2016，26（8）：35-41.

大学生在线学习行为对学业表现的影响研究*

姚佳佳　李　艳

（浙江大学教育学院数字化学习研究所，浙江　杭州　310028）

摘　要：本文以浙江大学教育学院本科生双语课程"网络与远程教育"为例，对高校传统本科课堂进行重新设计，探究学生在混合学习模式下基于 Blackboard 的在线学习行为特征及其对学业表现的影响。研究发现：①大学生在线学习行为存在一定的规律和个体差异；②大学生在线学习目前主要以浏览课程内容资源为主，浏览度越高的学生，在线学习总体活跃度越高，但浏览兴趣总体上会逐渐下降；③大学生在线讨论和小组在线合作不够积极，但总体上其在线讨论兴趣逐渐增强；④大学生在线学习时间段主要偏向课程刚结束前后、课程当天下午两三点和晚上七八点等几个时间段，其余时间不易发生在线学习，周末发生在线学习的可能性最小；⑤大学生在线学习行为与学业表现显著相关，且在线学习行为表现较好的学生，其学业表现也相对较好；⑥大学生在线讨论行为和小组在线合作学习发生的越多，其对内容资源的浏览度会越高，总体活跃度也越高，学业表现会更好。基于以上结果，本文从教师在线反馈时间的选择、在线合作学习项目与在线讨论活动的设计、对学生在线学习兴趣的激发和维持这三个角度，对高校混合学习课程的设计与改进提出了建议。

关键词：混合学习　在线学习行为　Blackboard　学业表现

一、相关研究综述

混合学习如今在高校中已越来越普及，其强调传统学习方式和数字化学习的优势互补，以获得最佳的学习和教学效果。在最新发布的《2017 地平线报告（高等教育版）》中，混合学习更被认为是"未来一至两年推动中国高等教育技术应用的短期趋势之一"[1]。支持混合学习实现的一个关键要素，是可以衔接线上、线下教学活动的学习管理系统（learning management system，LMS），它可对学生的在线学习行为进行记录，一般包括学习者对资源的访问记录、发表的内容与交互记录、提交作业、考试成绩等。LMS 有商业型系统和开源系统两种，前者常见的是清华教育在线 Blackboard，后者包括 Moodle、Sakai、Drupal 等。其中 Blackboard 在国际上应用最广，尤其是在国外名校较受欢迎。

诸多研究显示，在 Blackboard 等学习管理平台的支持下，好的混合学习课程设计可以有效提升各专业大学生各类课程的学习效果[2, 3, 4]，且学生的在线学习行为在一定程度上可以预测其学习成绩[5, 6]。Spivey 和 McMillan[7]以学生访问 Blackboard 平台资源次数代表努力程度，探究了努力和学习绩效的关系，发现学习绩效确实受访问频率的影响。张向民[8]以美国学生对 Blackboard 教学材料的访问数据和讨论区发帖数据，研究了其与学习绩效的关系，发现学生推迟访问每周教学材料的天数与期末成绩呈显著负相关，讨论区发帖数量增加与期末成绩呈正相关。Ransdell[9]基于 Blackboard 成人在线学习课程实践研究发现，学生在线讨论参与度可较大程度地预测其学习效果，且学习绩效表现较好的学生在线讨论的积极性和质量都更高（发表内容与学习材料、资源密切结合），即越积极参与在线讨论的学习者，对课程内容、资源的投入与学习会更多，其总的学习绩效也会更好。

王佳利和李斌峰[10]基于清华教育在线校本混

---

* 本文受浙江大学高校科研业务费专项资金项目"教学设计与课堂学习研究"（项目编号：DCL001）资助。

合课程实践研究发现，学生在线学习行为会正向影响其学习质量，且在线阅读教学材料行为与其他行为高度相关，并正向影响学生阶段性成果的优劣。李小娟等[11]将学生的学习行为分为课程阅读、总结反思、互动交流和研究协作4类，探究了其与学习绩效的相关模型，发现学生在线学习行为会正向促进其网络学习自主效能感、自主学习能力和知识构建水平的提升，从而正向促进学习绩效的提高，且课程阅读行为对学习绩效的影响最大，由此认为混合式教学设计的重点是要精心设计好教学材料，促使学生阅读教学材料的行为频繁发生。马婧等[12]将师生在线行为分为教师备课行为、学生阅读行为、教学指导与协助、学生学习反馈行为、师生交互5种，探究了各行为之间的关系，发现教师在课程平台的备课行为显著影响学生对在线课程内容的阅读行为，教师的指导行为越多，学生的反馈行为也越多，而学生的阅读行为越多，其反馈行为才会更多，且仅有学生阅读行为不足以产生师生交互，只有学生进行学习反馈和反思之后，才会有较深入的师生交互。

李爽等[13]将在线学习行为投入分为参与、坚持、专注、交互、学术挑战、学习自我监控6类，结合 Moodle 的特点构建了在线学习行为投入分析框架，并通过 2268 名学生的案例课程数据检验出36 项与课程成绩显著相关的具体在线行为投入指标，发现课程内容资源浏览量、论坛发帖量均与成绩呈正相关，时间投入只与成绩呈中低度相关，与相似研究对比发现部分实证结果存在差异，由此认为各行为指标对学习绩效的影响作用还需在更多在线教学情境中进行检验。魏顺平[14]基于中央广播电视大学（现更名为"国家开放大学"）在线平台的9369 名远程学习者在线学习网络日志研究发现，远程学习者在线学习时间较分散，下午和周日的登录率最高，性别、年龄和专业层次均会影响在线学习时间的投入。社会网络分析专家王陆老师的团队[15,16]更是较早地基于首都师范大学虚拟学习社区多门网络课程实践数据，利用社会网络分析工具和方法，专注性、累积性地研究了师生在讨论区的交互行为和社会网络特点，证明教师线上交流的提

问方式、发帖数量和质量、对学生的回复率及学生对等交互而形成的高互惠性交互网络，均有利于学生在线学习高水平知识的建构。

综上所述，现有对学生在线学习行为的分析研究及其对学习绩效的影响研究，主要涉及学生在线学习总投入、资源内容浏览、在线讨论参与等几方面的行为特点及其对学习绩效的影响，研究之间的差异主要体现在各研究者对在线学习行为的分类不同、对行为特点的分析角度不同及对行为分析的深度不同几个方面。

二、研究目的

本文旨在对高校传统本科课堂重新设计，让学生基于 Blackboard 体验多项混合学习活动，并利用 Blackboard 在线学习行为统计分析报告功能，探究学生在混合学习模式下的在线学习行为特征及其对学业表现的影响，试图在检验现有部分实证研究结果的基础上，探究更多新的分析视角。因此，本文探究的问题主要包括：①混合学习模式下高校学生的 Blackboard 在线学习行为有何特征？②学生在 Blackboard 上的在线学习行为对其学业表现有何影响？

三、课程教学设计

（一）课程内容与形式

本文所选课程为浙江大学 2016 年冬季学期本科生双语课程"网络与远程教育"，授课时间为每周三、周五上午 9：50—12：15，授课内容主要为国际视野下的远程教育理论及其实践，教材、课件为英文版，共 10 个章节。此外，教师还安排学生体验一门慕课课程。课程平台为浙大版 Blackboard（"学在浙里"），教师和助教会提前上传 Wiki 版教材章节、课件、测验和推荐资源。

课程共持续 8 周，第 9 周为考试周（主要完成作业的提交），其中前 5 周为慕课体验期，第 6～8 周为作业准备期，教材章节的学习与改编贯穿整个学期。每次课均采用混合学习模式，第一课时让学生自主在线学习，第二课时用于师生、生生面对面交流、讨论与答疑，第三课时要求学生结合讨论后的收获进一步完成各阶段相应的任务和作业（具体安排见表 1）。

表 1 课程活动安排表

活动	2016 年 11 月			2016 年 12 月				2017 年 1 月	
	第 1 周	第 2 周	第 3 周	第 4 周	第 5 周	第 6 周	第 7 周	第 8 周	第 9 周
第一节	浏览慕课内容/教材章节内容					浏览教材章节内容/课程作业 OER 资源			
第二节	面对面答疑、讨论、交流					面对面答疑、讨论、交流			
第三节	完成慕课学习任务/协作改编教材章节					协作改编教材章节/完成课程作业			
慕课体验									
教材章节学习									
教材协作改编									
课程作业									

注：不同颜色的横条代表相应活动起始、持续时间不同，其中慕课体验起止时间为第 1~5 周；教材章节学习和协作改编均覆盖第 1~8 周；课程作业覆盖第 6~9 周

其中，被 Blackboard 记录的学习活动主要涵盖三个区域：①内容区行为，包括浏览教材章节与课件、改编 Wiki 版教材、浏览各章推荐资源、参与各章小测验等；②讨论区行为，包括在讨论板提问、与教师/助教或同伴互相交流与答疑；③小组区行为，包括小组进行在线合作学习时对 Blackboard 小组区各模块的使用，如用小组博客、小组 Wiki、小组讨论板等开展小组在线讨论、撰写阶段性成果、记录合作进展等，将小组合作过程在线化、可视化。

（二）课程活动与评价

学生要想取得较好的学业成就，需完成以下几个任务：①完整体验慕课并获得证书；②两人一组选取某个国家或国际 OER/MOOC 项目与国内进行比较，为中国或浙大 OER/MOOC 的发展撰写 2~3 页的建议信，要求观点明确、写作规范，并在期末进行课堂展示；③两人一组选择一个教材章节，利用 Wiki 进行建议性的协作修改，小组与个人表现均取决于贡献内容的数量和质量；④每次教材章节学习结束后，完成对应的测验题；⑤积极参与课程，包括线上、线下的混合学习活动及课程日志的撰写，个人表现取决于参与的活跃度和质量（具体要求见表 2）。

表 2 课程活动评价表

活动	内容	要求	形式	截止时间	评分
任务 1：MOOC 体验	MOOC：混合学习——学生的个性化教育	完成课程学习，获得证书	个人	第 5 周	30
任务 2：比较研究作业与展示	选择一个国家或国际 OER/MOOC 项目与国内进行比较，就中国如何发展与应用 OER 或 MOOC 为教育部或浙江大学写一封建议信	篇幅 2~3 页，观点明确，写作规范，有参考文献	小组	第 8 周	20
	期末课堂展示	内容清晰，语言流畅，用时合理，答疑较好			10
任务 3：教材改编	协作改编 Wiki 版教材章节	内容贡献率和贡献质量	小组	第 8 周	20
小测验	每个章节 5 道判断题	完成所有测验题	个人	第 8 周	10
课程参与	参与线上、线下课堂学习与讨论；撰写在线学习日志	参与的活跃度与质量	个人	第 8 周	10

四、研究数据收集与分析

该课程参与人员共 20 人，其中教师、助教各 1 人，学生 18 人。研究数据主要来源于 Blackboard 在线学习行为统计报告，包括不同功能区（讨论区、内容区、小组区）的用户活动和平台总体活动情况。

课程于 2016 年 11 月 16 日开始，2017 年 1 月 6 日结束，期间 18 位学生的在线学习行为均由 Blackboard 记录。收集的数据主要通过软件 SPSS20.0 进行描述性统计和相关分析。

五、研究结果与发现

（一）在线学习行为特征

Blackboard 统计报告显示，学生在线学习行为特征主要体现在以下几个方面：①学生使用 Blackboard 最多的功能区主要为日志区和内容区，其次是讨论区、博客区和小组区；②学生在 Blackboard 的活跃行为存在一定的周期性，每次上课日（每周三、周五）是在线学习的高峰期，周末普遍为低谷期，其余工作日也会发生适当的在线学习，活跃度介于两者之间；③学生在线学习行为主要发生于每天上午 10～11 点和下午 2～3 点，晚上 7～8 点也是发生概率较高的时间段；④不同小组在 Blackboard 小组区的活跃度存在较大差异，第 10 组活跃度最高，第 8 组最低；⑤学生对内容区不同学习内容、资源的学习率存在较大差异，其中学习最多的是课程介绍部分和教材第一章，其次是慕课体验部分和教材第二、三、四章，对教材后半部分的学习率普遍较低；⑥在整个课程进行期间，小组区使用率最低（学生只在一两次课上偶尔使用过），内容区使用率最高，其次是讨论区，且内容区在初期使用较频繁，讨论区在后期使用较频繁，学生在内容区和讨论区的活跃规律与其在平台上的总体活跃规律基本一致（均存在周期性）。

（二）学习行为对学业表现的影响

首先，从图 1 我们可以较为直观地看到，学生在线学习行为和学业表现均存在较明显的个体差异，在线学习行为表现较好的学生，其学业表现也相对较好，其中 4 号学生在线学习最活跃，其学业表现也最好，而 7 号学生在线学习最不活跃，其学业表现则最差。

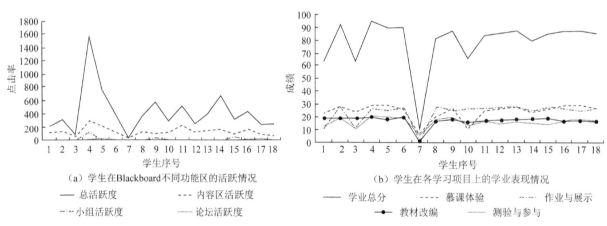

（a）学生在Blackboard不同功能区的活跃情况　　（b）学生在各学习项目上的学业表现情况

—— 总活跃度　　--- 内容区活跃度　　—·— 小组活跃度　　······ 论坛活跃度

—— 学业总分　　---- 慕课体验　　—·— 作业与展示　　—●— 教材改编　　······ 测验与参与

图1　学生的在线活跃与学业表现情况

其次，由表 3 可知：①学生总成绩与总活跃度、内容区活动显著相关（$p<0.05$）；②学生研究性作业及展示成绩与内容区活动显著相关（$p<0.05$）；③学生章节测验及参与度与总活跃度、内容区活动显著相关（$p<0.01$），也与论坛活动显著相关（$p<0.05$）。

表3　在线学习行为与各项学业表现的相关分析结果

项目	总活跃度	小组	内容区	论坛
总成绩	0.49*	0.27	0.56*	0.40
慕课体验	0.40	0.23	0.46	0.44
研究性作业及展示	0.40	0.22	0.50*	0.25
教材改编	0.36	0.23	0.45	0.23
章节测验及参与度	0.63**	0.33	0.61**	0.56*

*$p<0.05$，**$p<0.01$

六、总结与讨论

根据提出的研究问题及以上研究结果，我们将研究结论总结为以下两个方面。

1）在混合学习下，大学生 Blackboard 在线学习行为存在规律性和个体差异性。研究发现，大学生在线学习倾向于对课程内容资源的浏览，浏览越多的学生在课程平台上整体的活跃度越高，不过学生在课程初期对内容资源的学习兴趣最高，到后期学习兴趣逐渐下降，在线讨论和小组在线合作发生频率较低，但随着课程的进行和对学习内容的熟悉，学生在线讨论欲望逐渐增强。学生更倾向于上课当天进行在线学习，课内主要集中在二、三节课的时间，课后主要集中在下午两三点和晚上七八点，其余日子和时间段存在较少学习行为，周末进行在线学习的可能性最小。这一结果与上述已有研究中远程学习者的特征有所不同。

2）大学生 Blackboard 在线学习行为对其学业表现存在显著影响。尽管不同学生在线学习行为和学业表现存在较明显的个体差异，但总体而言，在线学习行为表现较好的学生学业表现也相对较好。其中，小组和论坛活动发生得越多，学生对内容区的学习率会越高，Blackboard 总体参与度也越高，从而学业表现会更好，且各项学习子任务的表现也更好。这一结果与上述多项已有研究结果相符。这说明，在混合学习活动设计与组织中，充分调动学生对课程内容资源的学习、利用和挖掘，是决定混合学习成效的关键，而在线讨论与小组在线合作则是提高学生对内容资源利用率的重要途径。好的混合学习活动应以充分发挥资源价值为目标，设计与资源密切相关且要求充分利用资源的在线讨论和小组在线合作任务，以激发学生的深度学习。

基于以上结论，我们对高校混合学习的教学实践提出以下三点改进建议。

1）教师可根据学生在线学习时间倾向，选择每次上课日刚下课、下午两三点或当晚七八点这三个时间段登录平台，浏览学生动态并给予反馈。

2）结合课程资源设计有挑战性的在线合作学习项目，提供具体、全面的评价标准，并严格执行和对待学习过程与结果，重视小组合作任务与过程的在线化、可视化及对资源的利用度。

3）根据学生不同阶段的学习兴趣设计多个不同风格、不同内容的话题，引导学生进行思考和在线讨论，尽早激发其在线讨论的热情，讨论主题要与不同阶段的内容资源相关，注重引导学生对内容资源的持续关注、思考和利用。

总之，现有研究证明，混合学习并不会降低学习的深度和难度，在把握好混合学习的内涵，掌握好大数据等学习分析技术，利用好各类学习辅助技术与资源，积累好混合学习课堂实践经验与智慧的基础上，设计精良的混合学习应是实现传统教学走向深度学习的有效途径。

参考文献

[1] NMC, 北京开放大学. 2017 地平线报告（高等教育版）[R]. 北京，2017：4-8.

[2] Liu H. An analysis on blended learning pattern based on Blackboard network platform: A case study on the course of recruitment and employment management[J]. International Journal of Emerging Technologies in Learning, 2016, 11（9）：4-8.

[3] Deperlioglu O, Kose U. The effectiveness and experiences of blended learning approaches to computer programming education[J]. Computer Applications in Engineering Education, 2013, 21（2）：328-342.

[4] Hoic-Bozic N, Dlab M H, Mornar V. Recommender System and Web 2.0 tools to enhance a blended learning model[J]. IEEE Transactions on Education, 2016, 59（1）：39-44.

[5] Il-Hyun J O, Park Y, Kim J H, et al. Analysis of online behavior and prediction of learning performance in blended learning environments[J]. Educational Technology International, 2014, 15（2）：71-88.

[6] Zacharis N Z. A multivariate approach to predicting student outcomes in web-enabled blended learning courses[J]. Internet and Higher Education, 2015, 27：44-53.

[7] Spivey M F, McMillan J J. Using the Blackboard course management system to analyze student effort and performance[J]. Journal of Financial Education, 2013, 39（1/2）：19-28.

[8] 张向民. 美国学生在线行为及其对学习绩效影响的分析[J]. 开放学习研究，2017，（1）：37-45.

[9] Ransdell S. Meaningful posts and online learning in Blackboard across four cohorts of adult learners[J]. Computers in Human Behavior, 2013, 29（6）：2730-2732.

[10] 王佳利，李斌峰. 基于网络教学平台校本混合课程教学效果的实证研究[J]. 电化教育研究，2016（3）：101-107.

［11］李小娟，梁中锋，赵楠.在线学习行为对混合学习绩效的影响研究［J］.现代教育技术,2017, 27（2）：79-85.

［12］马婧，韩锡斌，周潜，等.基于学习分析的高校师生在线教学群体行为的实证研究［J］.电化教育研究，2014（2）：13-18.

［13］李爽，王增贤，喻忱，等.在线学习行为投入分析框架与测量指标研究——基于 LMS 数据的学习分析［J］.开放教育研究,2016,22（2）：77-88.

［14］魏顺平.在线学习行为特点及其影响因素分析研究［J］.开放教育研究，2012,18（4）：81-90.

［15］杨惠，吕圣娟，王陆，等.CSCL 中教师的教学组织行为对学习者高水平知识建构的影响研究［J］.中国电化教育，2009（1）：64-68.

［16］杨惠，吕圣娟，王陆，等.CSCL 中学习者人际交往对高水平知识建构的影响［J］.开放教育研究，2009，15（1）：81-86.

基于在线学习的多维数据分析

张 晖 王 炜

（新疆师范大学教育科学学院，新疆 乌鲁木齐 830000）

摘 要： 由于独特的地理因素，新疆的教育公平和资源分布不均衡。为了推动"一带一路"倡议和创新驱动教育发展，利用在线教育资源平台实现教育资源的共享。在线学习平台可以对学习者在整个学习过程中产生的众多数据进行记录，通过技术手段分析和挖掘这些学习大数据，对学习者的学习效果进行精准定位，有助于学习者自己进行个性化学习，而且也有助于教师根据学习者的实际情况进行针对性教学。

关键词： 在线学习 学习大数据 挖掘

一、前言

伴随着我国整体教育信息化的不断推进，教育资源公共服务平台的建设不断完善，同时其他各类在线学习平台也在不断建成，汇集了大量的教学资源和学习者及教育者，构成了我国在线学习平台的教育大数据。通过记录学习者和教育者在整个教学过程中的各类动态数据，可以记录真实的教学过程。利用大数据的分析技术，能够准确地分析目前的教育教学实际情况，对学习者推送合适的学习资源和个性化学习建议，也可以帮助教育者了解每一个学习者，进行针对性教学，有助于促进整个教育的个性化和可量化。大数据给在线学习平台带来了一种全新的视角和全新的教育理念，当前的在线学习平台对整个学习过程的监测不够，笔者认为大数据概念和技术的引入，可以给整个在线学习平台带来革命性的改变。面对在线学习平台上如此庞大且复杂的数据，我们应该如何去收集、分析，如何充分使用这些数据？显而易见，在现有的在线学习平台引入大数据的技术变得十分迫切。如何对这些数据进行采集、分类，最终提高在线学习的整体学习效果，成了一个新问题。

二、在线学习的数据内容和数据的分类

（一）数据内容

在线学习平台中主要是采集学习者的动态学习过程的数据。其中，包括学习者的个人身份信息（学习者的学历、年纪、工作、性别、爱好等方面的信息），还有学习者学习的数据（包括学习者所选课程的数目、课程的名称），学习者的行为数据（学习者在进入论坛区当中的发帖和讨论，回复他人帖子的数据，学习者浏览视频的次数、频率，鼠标点击及时间停留的数据；学习者搜索的关键词、浏览内容及次数、课程学习实践、练习时间、翻看讨论内容时间、下载文件、拖动滚动条次数、视频暂停次数、课程各个章节视频播放时间、各个章节视频使用情况、浏览器收藏记录、单个学员日均在线时间、登录的频率、日均浏览视频的次数、日均浏览互动论坛区的频率、发帖数量和回帖数量等）。

（二）数据的分类

根据其自身的储存类型，数据可以划分为结构化数据、半结构化数据、非结构化数据[1]。结构化数据就是行数据，可以用二维表结构来逻辑表达实现的数据，通常储存在数据库里面，其数据长度和结构是事先设定好的，比如，学习者的姓名等。相对于结构化数据，非结构化数据无法用数字或者统一的结构来表示，没有固定的长度，每个字段的记录又可以重复构成数据库，如文本、图像、视频、声音、网页数据等。半结构化数据主要是介于结构化数据（关系型数据库，面向对象数据库的数据）和非结构化数据（如声音、图像文件）之间的一种数据，其中 HTML 文档就属于典型的半结构化数

据。它一般是自描述的，数据的结构和内容混在一起，没有明显的区分。

在变化状态上，可以将数据分为静态数据和动态数据。静态数据是指在整个在线学习过程中基本保持稳定且不随时间变化而变化的数据（如学习者的姓名、性别、学历、学习结果，学习者选择的课程，论坛区的发帖等）。动态数据则是在整个在线学习过程中动态变化的数据（学习者搜索的关键词、浏览内容及次数、课程学习实践、练习时间、翻看讨论内容时间、下载文件、拖动滚动条次数、视频暂停次数、课程各个章节视频播放时间、各个章节视频使用情况、浏览器收藏记录等，单个学习者日均在线时间、登录的频率、日均浏览视频的次数、日均浏览互动论坛区的频率）。

从在线学习数据的来源上，又可以将数据分为学习数据、教学方面的数据、平台管理类数据、服务类数据。从数据产生来划分，又可以将数据分为学习过程性数据和学习结果类数据。学习过程性数据是在整个在线学习过程中一直采集的动态的、很难量化的数据，如论坛互动、在线搜索。学习结果类数据通常可以以某种量化的结果出现，如学生的最终考试成绩、学完的科目数量等。

三、多维数据的分析

在线学习平台上的数据慢慢地也表现出大数据的一些特征，如数据量十分庞大，结构化数据、半结构化数据和分结构化数据大量并存，数据的价值密度底，数据的不断产生一直处于动态状态下，这就需要利用各种数据分析方法来进行数据的挖掘和分析。针对在线学习平台里面的结构化数据，半结构化数据和非结构化数据共存的特点可以采用文本挖掘、信息抽取、应用恰当的自然语言处理工具，如大数据搜索与挖掘开发平台。针对平台内学习动态数据价值密度低的情况，可以采用聚类和关系分析等方法，充分借用 SQL 和 SPSS 工具等。在新工具方面，主要是采用 Hadoop 技术存储和分析在线平台上的海量数据，一般大型云平台或者公司会购买并使用此类工具。不同于结构化数据（储存在数据库当中，可以使用二维表结构逻辑表达实现的数据），非结构化数据是不能使用数据库中的

二维逻辑表来表现的。在整个在线学习平台上，各类数据报表和图像包括音频、视频之类的信息的加速积累，使非结构化的数据存储量越来越大，呈现出一种井喷式的增长，非结构化的数据里面蕴含的信息量是极其庞大的，如果能够充分挖掘，可以获得很多影响学习者学习过程的因素信息。非结构化数据的储存由于其数据类型比结构化数据复杂，储存十分麻烦。目前，主要是将非结构化数据直接以二进制的方式保存在数据库当中，这样虽然可以快速地调用和维护，但是随着数据量的积累，会给数据库带来巨大压力。另一种方式是用 FTP 上传，把非结构化数据保存到文件服务器当中。对非结构化数据的分析，主要是使用文本挖掘的方式。

对结构化数据和半结构化数据的处理有如下 3 种方式。

1）统计处理分析。对于结构化数据，一直以来常用的数据统计分析工具主要是 Excel。在整个在线学习数据的分析中，Excel 是最常用的，在 Excel 当中，选取某些类型数据进行一些简单的求和、平均数和标准差计算，也可以最终生成折线图、饼图等可视化的量表来展现整个结果。比如，我们可以采集一份学习者每周在平台上所花学习时间的数据，以折线图的形式展现每周学习时间，可以直观地看出每周学习时间的长短。

2）聚类分析。聚类分析是将所有数据划分成不同的类，每个类里面的数据有着高度的相似性[2]，不同类之间的数据差异性比较大。聚类是一种不需要监督学习，不需要高昂的代价进行收集和标记大量元组集的方式。其主要是基于数据的相似度把数据集合划分成组，然后给这些数量不是很多的组进行标号。聚类分析一般借用 SPSS 工具进行分析，可以对平台内的学生进行聚类分析，比如，学习者每天在什么时间段进行学习，通过聚类分析，可以将学习者进行分类，第一类是早上学习者数量，第二类是下午学习者数量，第三类是晚上学习者数量，可直观地看出各个时间段学生的数量，得出学习者在平台中经常学习的时间段。

3）关系挖掘。关系挖掘主要是对某一环境下产生的共同关系进行挖掘或者对某一个时间段下

出现事件的序列关系进行挖掘。比如，通过在线平台学习行为的数据，我们可以分析学习者某天这个时间段内访问平台的哪些模块（论坛区、作业区、资源视频区），生成学习者某段时间访问哪些模块的配对关系，采用关系分析算法，可以得出学习者备考或者写作业时会经常点击哪些模块，包括在这些模块上所花时间的长短。

非结构化数据处理方式如下。

1）社会网络分析法。简单来说，在平台内每个学习者和教学者都是一个点，这些点的连接形成的连线组成的集合称为社会网络图。社会网络图里面各个节点代表学习者和教学者，箭头代表传送信息量的方向，连线的粗细代表传递信息的频率，全图主要反映各成员之间的信息传播特征。在平台内，通过社会网络分析可以直观地看出学习者之间的交流，学习者和教学之间的反馈交互情况，全体成员的网络密度越大，成员的互动关系就越密切，交换的资源和信息就越多，整个群体的知识建构就越庞大；各个成员在社会网络图中的中心度越高，在整个学习群体的影响力就越大。常用的社会网络分析工具主要有 UCINET、SNAPP、Gephi。UCINET 网络分析集成软件包括一维与二维数据分析的 NetDraw，还有正在发展应用的三维展示分析软件 Mage 等，同时集成了 Pajek 用于大型网络分析的 Free 应用软件程序。利用 UCINET 软件可以读取文本文件及 KrackPlot、Pajek、Negopy、VNA 等格式的文件，它能处理 32 767 个网络节点。

2）文本分析。传统的自然语言理解是对文本进行较低层次的理解，主要是基于词、语法和语义等信息进行分析，并通过词在句子中出现的次序发现有价值的信息。将数据挖掘的技术成果用于分析以自然语言描述的文本的方法，被称为文本挖掘方法。文本挖掘的对象（文档）本身就是以非结构化或者半结构化的数据为主，利用关系表等储存结构来挖掘信息。文本分析的技术主要包括中文分词、信息提取、术语提取、文本聚类等。中文分词主要是将一整句的汉语切分成一个一个的字或者词语，在整个文本挖掘中是最基础的。信息提取主要是应用计算机的程序系统，通过输入指定的某类信息，

在整个非结构化的文本当中提取所需的结构化的信息。术语一般分成单词术语和多词术语。术语提取就是通过计算机程序来检测一句话内词与词的结合紧密度来进行筛选和提取。文本聚类主要是借助北京理工大学大数据实验室张华平博士开发的大数据搜索与挖掘开发平台，对在线学习平台上学习者经常输入的文本词语进行提取和频率分析，可以得出学习者在平台上经常搜索的词语和交流的词语，这些往往是学习者关注的重难点。

3）大数据分析方法和工具。它主要包括深度神经网络分析和深度学习算法。其中，深度学习算法是关于自动学习要建模的数据的潜在（隐含）分布的多层（复杂）表达的算法。换句话说，深度学习算法自动地提取分类，需要具有低层次或者高层次的特征。高层次特征，一是指该特征可以分级（层次）地依赖其他特征，例如，对于机器视觉，深度学习算法从原始图像中去学习，得到它的一个低层次表达，如边缘检测器、小波滤波器等，然后在这些低层次表达的基础上再建立表达，如这些低层次表达的线性或者非线性组合，然后重复这个过程，最后得到一个高层次的表达。深度学习算法可以自动从数据中提取知识，在分析非结构化和模式多变的大数据方面具有很大的优势。

四、数据结果呈现

对数据进行分析之后，为了更直观形象地了解分析结果和数据的本质，需要对其进行可视化。数据可视化就是利用计算机技术，借助各种各样的图形、图像，将复杂的、难以理解的数据形象简洁地表达出来的一种数据加工方式。相比枯燥的文字阅读，学习者对图形、图像的数据呈现方式更感兴趣，理解能力也更强。通过对学习者方方面面的数据进行收集和分析，可以实时记录学习者对知识点的掌握情况及花费的时间。根据这些信息可以更加真实地了解学习者的学习状况，从而进行个性化辅导，最终的结果也可以从不同方面体现出来[3]，如学习成绩的展现、学习习惯的展现，通过结果呈现使得学习者更加了解自己，平台通过对所有学习者自身信息、具体的学习内容、形成性的学习情况等数据的收集和挖掘、分析、分类，进行反馈，并提出个

性化教学策略。同以往的传统教学相比，通过对在线学习平台上学习者动态学习情况数据的分析，教师可以更好地掌握学习者具体的学习情况，包括对知识点的掌握程度、习题的解答正确率等。教师可以根据这些具体问题进行有针对性的备课，帮助学习者更好地学习。

教师更加了解学习者的实际学习兴趣、方向和习惯等，可以根据学习者在论坛和课堂的表现对学习者进行分类和分级。根据学习者学习过程中对习题、测验和实验等的完成情况，总结学习者自身的学习弱点，知道自身和别人的差距在哪里，是什么原因导致这些差距的，从而为其推荐相关课程，以激励学习者发表有价值和有趣的观点，进而促进交流，提升学习效率。教师根据学习者的呈现结果为其推送相关建议和资源。同时，还可以辅助教师优化教学方法，改进教学设计，从而制定更加合理的教学大纲，探究学习规律，并预测学习者未来的发展，为选拔和发掘不同领域的人才提供更加便捷和可靠的途径，有利于辅助教师进行针对性教学，又能优化整个平台的教学资源建设。

五、结语

面向在线学习平台的多维数据的分析，目的是对在线学习平台中的各种数据进行归类，以便更好地分析各类数据的价值。随着大数据技术的发展，我们可以将大数据的分析方法应用到在线学习平台的学习数据分析中。同时，由于人们对在线教育理解的加深，会有越来越多的组织及个人参与到在线学习的相关研究中。因此，未来在线学习平台的发展，要充分搜集和重视教育数据的基础作用和价值，探索与大数据分析相匹配的教育技术，并逐步形成发现、掌握、应用大数据的教育思维，更好地获知大规模在线教育的发展趋势和规律，借助大数据，我们可以了解每个学习者的真实学习情况，从而更好地实现对学习个体的个性化教学。

参考文献

[1]刘三妺，彭眼，刘智，等.基于文本挖掘的学习分析应用研究[J].电化教育研究，2016（2）：23-30.

[2]邢蓓蓓，杨现民，李勤生.教育大数据的来源与采集技术[J].现代教育技术，2016（8）：14-21.

[3]杨现民，田雪松.中国基础教育大数据[M]北京：电子工业出版社，2016.

基于知识共享的开放教育资源共享行为影响因素探究

苏 珊 陈明选

（江南大学教育信息化研究中心，江苏　无锡　214122）

摘　要：探究知识共享的影响因素是促进有效共享的前提和基础。本文研究了基于知识共享的理论构建开放教育资源共享的影响因素模型，要素包括感知易用性、预期互惠关系、主观规范、满意度、资源平台支持、共享态度和共享意向等。通过调查研究和回归分析的方法，得出要素间的关系：①主观规范、资源平台支持和满意度对开放教育资源的共享态度有显著正向的影响；②主观规范和满意度以共享态度为中介变量进而影响共享意向；③预期互惠关系对开放教育资源的共享意向有显著正向的影响。

关键词：开放教育资源　影响因素　共享行为　知识共享　计划行为理论

一、引言

开放教育资源包括 3 个方面的内容：一是通过网络或信息技术获取的开放的教与学材料，如全球名校视频公开课、非营利性组织 TED（technology，entertainment，design）教育栏目"TED-ED"的课程视频、可汗学院微视频、MOOC、我国的精品课程、精品资源共享课等；二是开放的技术工具，如用于制作和传播学习内容的工具软件和学习平台等；三是开放的学习社区，如网络课程的平台支持及在虚拟社区中进行的资源共享等[1,2]。也就是说，基于网络环境的开放教育资源在强调学习资料本身的同时，还应该强调基于资源的学习网络或学习路径。

正如企业中进行知识共享可以提高其知识的利用价值并且产生经济效益[3,4]一样，促进开放教育资源的共享，也是实现自身价值最大化的有效途径，对提高高等教育参与程度、实现全民学习和终身学习及提高教育公平等有重要的影响[5,6]。促进共享还可以改善目前存在海量开放教育资源但实际利用率很低的现状[7,8]，进而促进开放教育资源的可持续发展的实现。

目前，关于开放教育资源共享行为影响因素的研究主要有 3 个方面：学习者自身因素、资源平台相关因素和社会环境因素。这些研究主要在于提出相关影响因素和进行实证研究。其主要依据计划行为理论，从个体层面来分析影响开放教育资源共享的机制，依据社会认知理论、社会交换理论和社会资本理论等知识共享的相关理论，从社会环境层面来分析影响开放教育资源共享的机制。学习者自身因素包括个人意愿、个人兴趣、使用动机、名誉和自我效能感等[5]。资源平台相关因素包括知识资源内容的质量（资源的正确性、来源的可靠性）、内容是否及时更新、技术是否足够简单、内容是否容易获得[9]、资源的本土化程度如何及有无相关培训和质量监控等[6]、资源平台提供的整合、沟通和分享能力[10]、资源平台提供的使用方法策略[11]等。社会环境因素涉及文化、语言、法律、资金、价格、技术、外部奖励、他人的认可和批评[12]、期望报酬、声誉和地位、利他主义、主观规范、对团体的归属感、社会认同和部分外部控制等。

态度是影响行为意愿的重要变量，但是目前尚缺少较为完善的对于共享态度前因变量的研究[13]。因此，本文拟从知识共享的角度，将共享态度作为中介变量，提出本文的研究问题：开放教育资源在向社会开放的过程中，哪些因素会影响共享行为及影响的程度如何？哪些因素会影响共享态度及影响的程度如何？是否会有以共享态度为中介变量的因素影响共享意向？

二、理论依据及假设关系

研究开放教育资源的共享可以从知识共享的角度出发，以知识共享理论为基础。知识共享是指组织内或组织间在一定的内、外部条件下，个体通过各种渠道进行沟通和交流，从而达到知识传递、增长或创新的效应[14]。在知识共享的相关理论中，计划行为理论和社会交换理论等对于解释知识共享有着重要的作用。

计划行为理论表明了影响行为的重要因素，研究的前提假设是行为意向对行为有强影响。该理论认为，行为意向是影响行为最直接的因素，行为意向反过来受态度、主观规范和感知行为控制的影响。基于计划行为理论，本文使用行为意向表示行为，认为学习者拥有行为意向就会做出相应的行为。社会认知理论从个体、行为和环境3个方面出发，认为三者既相互独立，又相互作用。环境即对应计划行为理论中的感知行为控制，偏重于外部环境的影响。本文认为，外部环境通过影响学习者的态度进而影响行为意向，而不是直接影响行为意向。基于以上分析，我们提出以下假设。

H1：共享态度对共享意向有显著正向的影响。

H2：主观规范对开放教育资源的共享态度有显著正向的影响。

H3：主观规范对开放教育资源的共享意向有显著正向的影响。

研究使用两个变量表示"感知的行为控制"，感知易用性主要用来表示学习者本身的能力即内部行为控制，具体表现为资源是否易获取、易使用和资源课程内容是否易理解；资源平台支持表示外部因素的限制，它具体指资源平台对学习者的学习内容、方法和技术等方面的支持。基于以上分析，我们提出以下假设。

H4：感知易用性对开放教育资源的共享态度有显著正向的影响。

H5：感知易用性对开放教育资源的共享意向有显著正向的影响。

H6：资源平台支持对开放教育资源的共享态度有显著正向的影响。

H7：资源平台支持对开放教育资源的共享意向有显著正向的影响。

社会交换理论认为，交换的价值在于对声誉和长期关系的维持[15]，其核心是"互惠原则"。互惠是一种收益，它导致个体产生有责任、感激和信任的感觉，人们共享知识的目的是期望将来的互惠和获得他人的认可。在企业知识共享的研究中，知识产权被认为是影响学习者进行知识分享的一个重要变量。当组织员工认为他们拥有知识的所有权时，更愿意传播知识、共享知识[16]，此结果可能来自组织员工与他人共享知识所获得的满足感。员工对工作的满意度和组织承诺也有助于知识共享。基于以上分析，我们提出以下假设。

H8：预期互惠关系对开放教育资源的共享态度有显著正向的影响。

H9：预期互惠关系对开放教育资源的共享意向有显著正向的影响。

H10：满意度对开放教育资源的共享态度有显著正向的影响。

H11：满意度对开放教育资源的共享意向有显著正向的影响。

三、研究设计

（一）研究对象

本文对贵州、四川、江苏、山西、山东等21个省（自治区、直辖市）的在读大学生展开关于"开放教育资源共享行为影响因素"这一主题的调查。共发放问卷450份，回收有效问卷272份，有效回收率为60.4%。调查对象的年龄为18~25岁，他们对信息技术较为敏感且对网络环境下技术支持的学习较为熟悉。其中43%为男性，57%为女性，男女比例较为合适。研究对象的专业背景分布在文科、理科、社科、工科和医学等多个领域。在发放问卷之前，研究者先向研究对象解释开放教育资源的内涵及其类型，以排除研究对象在回答问题时的概念迷思。

（二）研究方法与工具

本文采用线上和线下发放调查问卷的形式进行调查，旨在收集研究对象共享开放网络学习资源的影响因素的数据。问卷共35题，其中3题为学习者个人信息，具体为性别、专业类别和每天使用开放教育资源的时长，另外32题包括感知易用性3题、资源平台支持6题、预期互惠关系5题、主观规范 4 题、满意度 6 题、共享态度 4 题、共享意向 4 题。使用李克特五点量表进行测量，1～5 分别表示"非常同意""同意""中立""不同意""非常不同意"。各变量维度、数据收集方法和主要参考依据如表 1 所示。

表 1　各变量维度、收集方法和主要参考依据表

变量维度	收集方法	主要参考依据
主观规范	线上、线下发放问卷	马凌等（2014）
预期互惠关系		Bock 等（2005）
感知易用性		Davis（1985）
资源平台支持		袁新瑞（2006），李宝等（2016），孟霁雨（2013），蒋卓轩等（2015）
满意度		杨文正等（2014），马凌等（2014）
共享态度		Bock 等（2005）
共享意向		

四、数据分析

（一）问卷的信度和效度检验

研究对所用工具的信度和效度进行检验，以保证其可靠性和有效性。通过数据分析可以得出该问卷的变量各个维度的信度系数（Cronbach's α）均大于 0.7，整体信度系数为 0.926，可知问卷的信度较高，即问卷的题目具有一致性和可靠性。进行因子分析，得到 KMO 值为 0.895，说明适合做因子分析。因子分析结果表明，问卷题目能够解释总的方差变异量为 61.946%。问卷的问题均落在相应的维度上，且问卷中每个题目载荷因子均大于指标值 0.4，这说明问卷题目的有效性较好。

（二）学习者特征数据的描述性分析

研究对象基本分布在文科、理科、社科、工科和医学等学科（无农学）。文科（文、史、哲）占比 31.3%，理科（数、理、化）占比 17.6%，社科（经济、管理、教育、社会学）占比 14%，工科占比 28.5%，医学占比 8.6%，且文科和工科背景的学习者相对较多，而医学背景的学习者相对少。

学习者每天使用开放教育资源时间长度的分布情况为：每天使用时间在 1 小时以内的最多，占比高于 40%（为 41.7%），1～3 小时的学习者比例居于第二，为 31.3%，而每天使用时间大于 3 小时的

与 1～3 小时的学习者比例相差不多（其中，3～5 小时的为 17.3%，5 小时以上的为 9.7%）。

（三）相关性分析

关于性别对各变量的影响，使用独立样本 t 检验方法进行检验，结果如表 2 所示。可以发现，男性与女性在感知易用性上存在显著的区别。女性的感知易用性均值显著大于男性，可以说明女性认为使用开放教育资源更加困难，而男性感觉使用起来相对容易。女性的满意度均值显著大于男性的满意度均值，说明女性对于使用开放教育资源的满意度小于男性使用开放教育资源的满意度。男性和女性在共享态度和共享意愿方面无显著差异。

表 2　性别与各变量的 t 检验结果

项目	性别（1为男，2为女）	均值	方差方程的 Levene 检验		均值方差的 t 检验	
			F	p	p	标准误差值
感知易用性	1	2.1307	0.296	0.587	0.001***	0.083 46
	2	2.4242				
资源平台支持	1	2.2141	0.299	0.585	0.058	0.080 19
	2	2.0616				
预期互惠关系	1	2.4059	1.019	0.314	0.544	0.083 74
	2	2.4568				
主观规范	1	2.6373	0.014	0.905	0.925	0.096 00
	2	2.6463				
满意度	1	2.2990	0.076	0.782	0.037**	0.078 37
	2	2.4631				
共享态度	1	2.2525	0.599	0.440	0.150	0.091 18
	2	2.1207				
共享意愿	1	2.2941	0.314	0.575	0.624	0.086 60
	2	2.3366				

***$p<0.0001$，**$p<0.01$

本文对其他变量之间的相关性进行了分析，结果如表 3 所示。结果表明，在 0.01 的显著水平上相关程度较高的（即相关系数大于 0.4 的）如下：与共享态度呈显著正相关的自变量为感知易用性、资源平台支持、预期互惠关系、主观规范和满意度；与共享意向呈显著正相关的自变量为感知易用性、资源平台支持、预期互惠关系、主观规范、满意度和共享态度。专业类别在各变量上无显著差异（单

因素方差检验图省略）。每天使用开放教育资源的时长与共享态度和共享意向无显著的相关，但与感知易用性和满意度呈低度的负相关。

表3　各影响因素和共享态度、共享意向之间的相关性关系分析

项目	使用开放教育资源时长	感知易用性	资源平台支持	预期互惠关系	主观规范	满意度	共享态度	共享意向
使用开放教育资源时长	1	−0.147*	−0.059	−0.097	−0.028	−0.173**	−0.106	−0.007
感知易用性		1	0.294**	0.335**	0.270**	0.476**	0.246**	0.238**
资源平台支持			1	0.471**	0.365**	0.466**	0.489**	0.438**
预期互惠关系				1	0.522**	0.491**	0.421**	0.539**
主观规范					1	0.423**	0.461**	0.556**
满意度						1	0.462**	0.473**
共享态度							1	0.584**
共享意向								1

**$p<0.01$，*$p<0.05$

（四）回归性分析

从上面的相关分析中选择与共享态度、共享意向两个变量相关性高的自变量进行回归分析，探索其因果关系。由表4、表5可以汇总出如图1所示的结果。

表4　自变量对共享态度的逐步回归结果表

模型	自变量	因变量	B	标准误	β	调整后 R^2	p
1	资源平台支持		0.561	0.059	0.494	0.242	0.000
2	资源平台支持		0.437	0.059	0.385	0.340	0.000
	主观规范	共享态度	0.320	0.049	0.335		0.000
3	资源平台支持		0.353	0.062	0.312		0.000
	主观规范		0.262	0.051	0.275	0.366	0.000
	满意度		0.232	0.066	0.200		0.001

表5　自变量对共享意向的逐步回归结果表

模型	自变量	因变量	B	标准误	β	调整后 R^2	p
1	共享态度		0.552	0.046	0.584	0.338	0.000
2	共享态度		0.394	0.048	0.416	0.441	0.000
	主观规范		0.329	0.046	0.364		0.000
3	共享态度		0.339	0.047	0.358		0.000
	主观规范	共享意向	0.234	0.048	0.259	0.483	0.000
	预期互惠关系		0.261	0.054	0.253		0.000
4	共享态度		0.310	0.049	0.328		0.000
	主观规范		0.219	0.048	0.243	0.490	0.000
	预期互惠关系		0.226	0.056	0.219		0.000
	满意度		0.123	0.058	0.112		0.034

1）资源平台支持、主观规范和满意度都对共享态度有显著的正向影响，回归系数分别是 0.312、0.275 和 0.200。逐步回归结果（表 4）显示，三个变量中资源平台支持对于共享态度的影响程度最大，且随着变量数目的增加，对于共享态度的影响解释程度增加。

2）如表 5 所示，共享态度、主观规范、预期互惠关系对共享意向有显著的正向影响，回归系数分别是 0.328、0.243、0.219，其中共享态度对共享意向的影响程度最大。其余两个自变量对于共享意向的影响程度较小。总的变量解释程度为 0.490。结果汇总如图 1 所示。

3）由上面的结果可知，主观规范和满意度通过影响共享态度间接影响共享意愿。

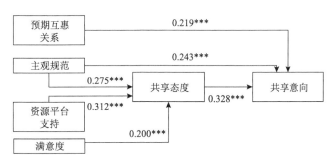

图 1　基于知识共享的开放学习资源影响因素关系模型
***$p<0.001$

五、研究结论及展望

1）资源平台支持直接影响学习者的开放教育资源共享态度，与共享意向无直接相关。感知易用性与共享态度和共享意向均无显著相关。

该结果与宝贡敏和徐碧祥的研究结果不同，他们认为信息和沟通技术会减少知识共享间的时空障碍，使员工易于获得知识的信息，从而有助于知识共享[17]。而本文认为资源平台支持直接影响共享态度而非共享意向，因此，得出结论：资源平台支持通过影响共享态度来影响共享意向。

感知易用性与知识共享的意愿无关，这与之前的研究结果不同。Jarvenpaa 和 Staples 的研究认为员工使用电脑的舒适度、能力可能会影响信息交流的电子媒介的使用[18]。这可能是由于本文的研究对象均为"90 后"大学生，在信息技术使用上不存在显著的困难，因此不会对共享态度或者共享意愿产生显著的影响。

2）主观规范和满意度直接影响开放教育资源的共享态度，且通过影响共享态度间接影响共享意向。主观规范影响共享态度揭示了主观规范和行为态度之间的关联，也使得计划行为理论内容更加丰富。该结果在一定程度上说明了组织氛围对知识共享的重要影响。具体来说，如果一个人所在集体或组织中的成员普遍认为知识共享有较高的效用回报，但是出于对个体差异的担心，其他成员对知识共享的效用预期远比自己低，从而其他成员"锁定"不共享的概率很大，成员自己采取共享后将出现负效用，于是成员采取知识共享的动力越小，从而决定采取知识共享的比例越低[19]。对于共享态度和共享意向的关系，本文研究结果与 Bock 和 Kim 对在企业组织情境下员工知识共享研究的结论相一致，即共享态度对知识共享意愿有正向影响[20]。研究验证了满意度对共享态度和共享意愿的正向影响，可能与开放教育资源知识产权保护较好相关。

3）预期互惠关系直接影响共享意愿。研究结果与 Bock 和 Kim 的研究结果相似，他们的研究认为预期互惠关系对知识共享有显著影响，人们普遍将与人共享知识作为扩展人际关系、维持人际关系、加强人际关系的一种有效手段，并且预期了从这些人际关系中获得知识共享带来的益处。互惠规范与员工的知识共享呈正相关[21]，且员工间的互惠措施比企业共享规定更有助于参与者的知识共享[22]。同时，也有研究表明，虚拟社区如果没有外界鼓励，隐性知识共享必须建立在共享双方互惠的基础上，企业内部知识拥有者和知识需求者的互惠程度同知识共享效率呈正相关[23]。

然而，本文的研究也存在一定的不足，如研究群体均为大学生，年龄在 18～25 岁，研究群体年轻化且比较单一。另外，未探索其他年龄段中影响开放教育资源共享行为的因素。而且研究对象的学习背景几乎均为大学本科生，缺少对职业院校学习者、特殊院校学习者和不同职业的成人学习者共享行为的研究。

参考文献

[1] 赵国栋，姜中皎. 高校"开放教育资源"建设模式与发展趋势[J]. 北京大学教育评论，2009（3）：123-134.

[2] 焦建利，贾义敏. 国际开放教育资源典型案例：一个研究计划[J]. 现代教育技术，2011（1）：9-13.

[3] 夏瑞卿，杨忠. 社会认知视角的知识共享行为研究[J]. 情报杂志，2013（11）：196-201.

[4] 王言峰，杨忠. 知识共享研究理论述评[J]. 南京社会科学，2010（6）：37-43.

[5] 张婧婧，郑勤华，陈丽，等. 开放教育资源共享行为及其影响因素的实证研究——以学习元为例[J]. 中国电化教育，2014（8）：73-81.

[6] 翁朱华. 开放教育资源：实现全民教育的有效手段——2007 国际开放与远程教育理事会常设校长会议综述[J]. 开放教育研究，2007（4）：27-31.

[7] 庄瑜. 上海青年使用开放教育资源的现状及分析——以 440 个上海青年样本为例[J]. 现代远距离教育，2013（2）：21-26.

[8] 黄耕，曾珍香，石晓英. 开放教育资源采纳与使用分析[J]. 中国教育学刊，2015（S1）：53-54.

[9] 白丽霞，刘建设. 在线学习者知识共享影响因素实证研究[J]. 北京邮电大学学报（社会科学版），2010，12（5）：15-19.

[10] 张德成，王植青. 开放教育资源的智能聚合与个性化建构——基于 Web 3.0 的开放教育资源建设[J]. 现代教育技术，2008，8：89-92.

[11] 李亚婉，李莹. 开放教育资源（oer）使用现状调查[J]. 现代远程教育研究，2012（2）：74-81.

[12] Hylen J，Van Damme D，Mulder F. Open educational resources：Analysis of responses to the oecd country questionnaire[J]. OECD Education Working Papers，2012，33（2）：110-113.

[13] 叶璐，潘宏亮，刘晓农. 国外知识共享影响因素研究述评[J]. 情报杂志，2010，29（7）：79-82.

[14] 陈世平，胡艳军. 高校教师知识共享的影响因素和应对策略[J]. 广州大学学报（社会科学版），2012，11（8）：69-72.

[15] 李金阳. 社会交换理论视角下虚拟社区知识共享行为研究[J]. 情报科学，2013（4）：119-123.

[16] Nonaka I. A dynamic theory of organizational knowledge creation[J]. Organization Science，1994，5（1）：14-37.

[17] 宝贡敏，徐碧祥. 国外知识共享理论研究述评[J]. 重庆大学学报（社会科学版），2007（2）：43-49.

[18] Jarvenpaa S L，Staples D S. The use of collaborative electronic media for information sharing：an exploratory study of determinants[J]. The Journal of Strategic Information Systems，2000，9（2）：129-154.

[19] 李雪松，司有和，谭红成. 基于网络外部性的虚拟社区知识共享模型分析[J]. 科技管理研究，2008（4）：250-252.

[20] Bock G W，Kim Y G. 2002. Breaking the myths of rewards：An exploratory study of attitudes about knowledge sharing[J]. Information Resources Management Journal，2002，15（2）：14-21.

[21] Chiu C M，Hsu M H，Wang E T G. Understanding knowledge sharing in virtual communities：An integration of social capital and social cognitive theories[J]. Decision Support Systems，2007，42（3）：1872-1888.

[22] Kankanhalli A，Tan B，Wei K K. Contributing knowledge to electronic knowledge repositories：An empirical investigation[J]. MIS Quarterly，2005，29（1）：113-143.

[23] 宋建元，陈劲. 企业隐性知识的共享方法与组织文化研究[J]. 技术经济，2005（4）：27-30.

高等教育资源区域共享的"供给侧改革"探究

沈霞娟 1　　高东怀 2　　宁玉文 2

（1 陕西师范大学教育学院，陕西　西安　710062；2 空军军医大学网络中心，陕西　西安　710032）

摘　要："供给侧改革"为解决高校教育资源共享中的突出问题提供了新的思路和方法。为了探索科学有效的高等教育资源供给模式，本文通过分析高等教育资源共享系统的供给关系，提出了供给侧的关键要素，包括共享内容、共享技术、共享机制和共享模式。在此基础上，以军队院校 X 协作区为例，根据协作区资源共享的现状、需求和问题，提出了供给侧视角下的区域资源共享系统解决方案，包括"一核多元"的教育资源共享内容结构，基于云服务的资源共享服务平台，管理、运行、激励"三位一体"的协同共享机制和面向联教联训的教育资源共享模式，旨在提升高等教育资源共享的质量和效益。

关键词：高等教育　资源共享　供给侧改革　系统结构

一、研究背景

2015 年，我国高等教育在校生总规模达到 3647 万人，毛入学率达到 40.0%[1]，教育资源的供需矛盾愈加凸显。因此，加大教育资源共享力度，提升教育资源配置效率，成为深化高等教育改革的重要方向[2]。然而，教育资源共享是一个极其复杂的开放系统，就全国范围而言，各高校间受到发展水平、管理体制、技术手段、知识产权等因素的制约，高等教育资源共享程度较低，存在共享动力不足、共享平台功能有限、共享管理机制不畅、资源规模效应不明显、资源浪费现象普遍等突出问题[3, 4]。

2015 年 11 月，中央财经领导小组会议提出"供给侧改革"，将经济改革的重点从关注需求拉动转移到关注供给质量和结构，主要手段包括供给制度改革、调整资源配置结构、提高供给质量及提高劳动者素质等[5]。"供给侧改革"的核心思想为解决教育资源共享中的突出问题提供了崭新的思路和视角。因此，本文以军队院校 X 协作区（以下简称 X 协作区）为例，尝试开展"供给侧改革"引领下的高等教育资源区域共享方案的研究，并以此为依据提出切实可行的资源共享改革措施。

二、高等教育资源共享系统的供给侧要素分析

从经济学的角度看，投资、消费、出口则是需求侧的三驾马车，而供给侧的核心要素则包括劳动力、土地、资本、技术等。那么在教育资源共享系统中，供给侧要素又是什么呢？钱东明等[6]从建设和共享的角度提出"数字教育资源共享系统的构成要素包括资源供方、资源需方、外部技术环境支撑因素和内部动力机制等四个因素"。任友群等[7]从系统科学的视角提出"优质教育资源共享系统的核心要素主要包括共享内容对象和共享行为主体"。王炜和李海峰[8]从传播学的角度提出"优质资源共享是一个传播过程，由资源的供方、需方、优质资源、共享途径和共享效果五个要素构成"。

本文对这些系统要素进行整合梳理、职能定位和供需关系分析，发现教育资源共享系统中供给侧要素主要包括共享内容、共享技术、共享机制和共享模式，如图 1 所示。其中，共享内容即教育资源本身，通常表现为课程资源、教师资源、学科资源等形式，解决共享什么的问题；共享技术作用于资源共享的全过程，通常以技术支持平台的形式集中体现，解决如何共享的问题；共享机制是资源供给过程中的管理机制、运行机制、激励机制等因素的综合，解决资源供需行为主体如何分工协作的问题；共享模式是指在供给端的规划和指导下形成有效的资源服务模式，解决共享资源如何应用的问

题。在 4 个供给侧要素中，共享内容和共享技术是影响共享效果的典型显性因素，但是共享机制是否顺畅，共享模式是否有效，则会深刻影响资源供需双方的参与意愿、积极程度和和协作效率，已经成为资源共享能否顺利实施的关键的隐性因素。同时，共享机制和共享模式也会反作用于共享资源的建设和共享技术的选择。

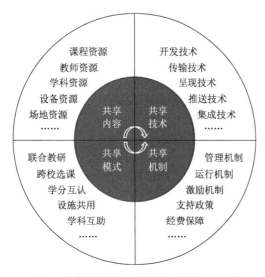

图 1　高等教育资源共享系统供给侧要素

三、X 协作区教育资源共享现状及问题

"供给侧改革"在教育资源领域的延伸应用，需要充分考虑教育资源的供给关系与特征。因此，为了厘清 X 协作区教育资源共享的现状、问题和需求，2016 年 1 月笔者运用立意抽样，对 8 所院校的资源建设和管理人员进行了问卷调查，共发放问卷 40 份，回收有效问卷 37 份。

调查结果显示，协作区具有良好的资源共享网络条件和网络课程、开放课程、期刊图书、学科网站[9]、训练场地等丰富的资源共享内容。8 所院校均同意开放优质在线课程资源，希望能够实现跨校选课与学分互认，其中 6 所学校愿意共享学科专业网站，5 所院校愿意开放实验场地与仪器设备。但是目前协作区资源共享水平偏低，主要表现在 4 个方面：一是优质资源供给总量有限。军队院校教育资源多以自主开发形式为主，资源"引进"的代价较大，更新不够及时，用于共享的优质资源总量有限。二是资源供给途径不畅。院校之间通过网络实

现了校际互联，但是设置了多重资源应用权限，不少单位对优质教育资源设立严格的身份认证机制，校际共享困难。三是资源供给缺乏高效实用的技术支持平台。各院校现有的资源服务系统，主要用于校内教学和科研，其服务功能、部署方式、承载能力均无法满足大规模校际资源共享的需求。四是资源供给政策与机制不健全。协作区资源共享缺乏明确有效的配套政策、管理机构和激励措施，院校资源"供出"动力不足，校际工作量互认、学分互认难度较大，师生资源共享的积极性不高。

四、供给侧视角下的区域教育资源共享系统设计

由上述分析可知，X 协作区资源共享中存在的问题是内容、技术、机制等多种因素造成的，要从根源上解决这些问题，就必须综合考虑供给侧的核心要素，按照"供给侧改革"的要求，调整优化资源供给结构，并重点提升资源供给质量和供给效率。

（一）"一核多元"的教育资源共享内容结构

作为教育系统的基本构成因素，教育资源是指"教育系统中支持整个教育过程达到一定的教育目的，实现一定的教育和教学功能的各种资源，通常是指课程资源、教师资源和物质资源"[10]。这 3 类资源在高等教育中均有着不可替代的重要作用。然而，目前高校之间的资源共享主要以课程资源和教师资源为主，对物质资源的共享重视不足。因此，应打破原有单一的资源共享的设计思路，形成以课程资源为核心，教师资源、学科资源、条件设施资源协同共享的新型资源供给结构。

1. 课程资源

2011 年 11 月，联合国教育、科学及文化组织和英联邦学习共同体联合发布《高等教育开放教育资源政策指导》[11]，世界各国纷纷开始建设开放课程，主要包括视频公开课、资源共享课和大规模在线开放课程，并成为高校优质资源共享的典型示范。因此，针对课程资源，重点共享以培养大学生人文情怀和科学精神为主要目标的通识教育核心课程，具有普适性的必修课程和学科基础课程，以及院校特色课程，最大限度地满足了 X 协作区内各类学员的选课需求。

2.教师资源

高校教师资源的质量提升和结构优化主要通过自主培养、对外引进和师资共享三种途径实现。其中师资共享"能够在低代价的前提下，打破师资管理中的自我封闭状态，改变教师分布不均匀、结构不合理、人员不流动、余缺不互补的现状，是建设高层次教师队伍的最佳途径"[12]。因此，应重点实现 X 协作区内两院院士、长江学者、名师名家和青年教学骨干的共享，通过在线填报、自动采集等方式建立优秀师资信息库，并随着课程共享的不断深入动态扩展，鼓励上述师资在共享平台中积极开设课程，并以专业协作组为纽带，开展教学经验交流、网络协作教研、同步课堂与跨校辅导答疑等师资共享活动。

3.学科资源

学科网站军队院校信息资源建设的重要成果，能够打破单一课程的限制，实现学科资源的整合，为教学和科研工作提供双重资源支持。因此，重点共享 X 协作区内国家、军队、省、市四级重点学科和院校特色学科的信息资源，通过在线填报、自动采集等方式建立优势学科信息库，并链接已有的学科网站，鼓励各学科共享建设成果、教学资源和科研项目，逐步形成跨学科联合教学与科研平台，为建设"一流学科"做好资源储备和支持服务。

4.条件设施资源

军队院校承担大量的军事训练任务，条件设施资源是 X 协作区的一项重要共享业务。从 2014 年起，军队采取"全军统筹与区域协作相结合、定期计划与动态调整相结合、逐级申报与自主协调相结合的方式推进部队训练基地场地和院校实验室的开放使用"[13]。因此，重点共享已经建成且服务能力有余的部队训练场地和院校实验室逐步开放校际使用授权，并开展在线共享业务办理，提升了共享服务效率和管理水平。

（二）基于云服务的教育资源共享平台

良好的技术支持环境能够优化资源供给途径，提升资源供给效率。因此，针对 4 类核心资源的不同应用需求、资源属性和共享方式，协作区资源共享服务平台将依托网络教学和设施管理两类业务

系统，形成以门户网站为共享窗口，以课程、师资、学科、设施为共享主体，以云数据中心为共享支撑的三层服务架构（图2）。

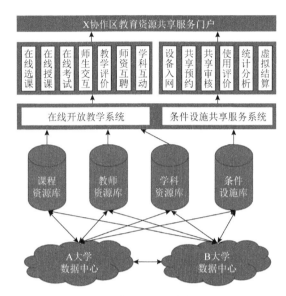

图2　X协作区资源共享技术平台

1.资源共享门户网站

资源共享门户网站既是优质资源的集散地，同时也是 X 协作区官方网站，具有 4 项职能，即优质资源在线展示与访问入口、区域协作工作动态与成果展示窗口、区域协作业务在线处理平台和协作人员交流互动平台。

2.资源共享服务系统

如图2所示，一方面，在线开放教学系统将为课程、教师和学科 3 类关联性较强的资源提供共享服务环境。针对协作区学员，提供跨校选课、在线学习、电子测评、师生互动等服务；针对协作区教师，提供在线教学、远程互动、跨校直播、课程管理等服务；针对学科发展，提供学科信息查询、成果展示和交流协作等服务。最后，系统还将为协作区管理者提供资源共享统计报告，以便为共享效果评价提供科学依据。另一方面，条件设施共享服务系统将建立协作区教育训练条件资源基础数据库，实现实验仪器和训练场地的区域共享，提供条件设施在线入网、动态展示、无纸化预约、管理审核、资产统计分析等服务功能，有效提高协作区内条件设施的管理水平和共享效率。

3.资源共享云数据中心

Aljebreen 等指出"教育系统中采用云服务,不仅能够为多样化终端提供便捷的资源获取服务,而且能够有效减低资源部署时间和花费,推动知识共享"[14]。因此,平台整体部署采取云服务架构,设立两个数据中心实现数据容灾和备份,并通过虚拟化技术将服务器和存储资源转化为同构的资源池,增强硬件资源的可用性和可扩展性。各协作院校拥有独立账户和虚拟服务空间,可根据权限灵活设定共享资源的多级访问范围(校内、区内、全军、公开等)。

(三)"三位一体"的教育资源共享机制

高校教育资源共享是一个长期的需要跨部门合作并相互协调的过程,它需要"通过有效的管理体制协调各个共享主体间的利益关系,并要根据区域教育发展情况统一做好自上而下的指挥和协调"[15]。因此,协作区教育资源共享的顺利实施需要管理、运行、激励"三位一体"的协同共享机制。

1.管理机制

X 协作区各院校分布在不同城市,隶属不同的管理部门,为了实现顺畅的资源共享,本文依托军队院校现有的协作机构,建立了"区域-院校"两级共享管理体制,并明确了 6 类资源供需行为主体和责任分工。如图 3 所示,X 协作区资源共享系统中供需双方各包含 3 类行为主体。其中,资源供给方中的协作中心办公室是共享资源管理行为主体,院校专业协作组是资源供给行为主体,院校网络与信息中心是技术支持行为主体;而教师、学生和院校教务处则是资源需求方的行为主体,分别负责应用共享资源进行联教联训、在线学习和教学管理。

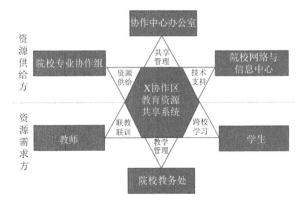

图3 X 协作区教育资源共享供需主体及责任分工

2.运行机制

X 协作区教育资源的有效共享离不开管理者、建设者和运行者的密切协作。首先,依托协作中心办公室,负责院校之间资源共享的业务管理、政策制定和实施指导,并形成顺畅的资源提供、分享、使用和反馈机制。其次,开展深度校企合作,充分利用协作区院校,与学堂在线、智慧树等资源开发公司建立良好合作关系,发挥专业人员在资源制作方面的技术优势,辅助院校教师开发优质教学资源。最后,依托院校网络与信息中心,负责协作区教育资源共享服务平台的设计、开发、运行和维护,为师生提供平台使用指导和技术支持。

3.激励机制

为了充分调动资源共享利益相关主体的积极性,协作中心办公室将制定院校、教师、学生、管理人员 4 类激励机制,形成"院校乐意共享,师生积极应用"的政策驱动环境。①组织相关院校按年度制订资源共享计划,并开展资源共享专项建设和评比活动,对资源供给多、质量高、应用广的院校给予奖励;②将共享资源制作、跨校授课等教学活动纳入教师教学工作量,成为工作绩效的有机组成部分,提高教师参与资源共享和应用的积极性;③为学生提供丰富的优质在线开放课程,鼓励学生积极利用共享资源进行学习,认可学生跨校选课取得的学分;④对作出贡献的院校信息网络与教育技术工作者进行表彰奖励,鼓励其积极协助教师开展信息技术与教育教学融合的改革实践。

(四)面向联教联训的教育资源共享模式

共享模式是将供给资源和师生需求有效连接的"最后一公里"。根据 X 协作区的独特资源类型和应用需求,本文参照国内外比较成熟的资源共享方案,设计了 5 类资源共享应用模式。①联合教研。教师在共享服务平台的支持下在线分享自己的教学理念、教学素材、课件、教案等资源供同类教师借鉴共用,亦可邀请外校教师在线协同备课,优化课程设计,提升教学质量。②跨校培养。增加优质资源供给,积极鼓励学员跨校选修,实现区域学分互认。③师资互聘。充分发挥协作区的地缘优势,采用客座教授、兼职教师、联合聘任等多种形式将教学名师、科研能手聘请到院校内部开展学术讲座、联合教学、经验交流等师资共享活动，充分发挥优质师资的引领与示范作用。④设施共用。由协作中心办公室组织各院校将资源信息发布到共享平台上。资源需求方在线提出预约申请，区域协作中心和设施管理单位对共享申请进行两级审核后，将符合使用要求的资源推送给预约者。最后，资源需求方在规定时间内到达现场，利用共享设施开展教育训练活动。⑤学科互助。在共享平台中建立区域学科信息共享栏目，并将协作区内的"新老学科""强弱学科""对口学科"结成帮扶对子，培育跨学科协作研究项目，增强学科之间的协作交流，逐步提升整体学科的竞争力。

五、结语

《教育信息化"十三五"规划》要求加快探索数字教育资源服务供给模式，有效提升数字教育资源服务水平与能力。本文在分析高等教育资源共享系统供给侧要素的基础上，以军队院校X协作区为例，提出了以丰富资源供给结构为核心，以建立资源共享平台为基础，以健全资源共享机制为保障，以创新资源共享模式为抓手的区域资源共享方案，旨在提高教育资源供给端的质量和效率，形成优质、多元、可选择的教育资源服务环境。

参考文献

[1] 教育部. 2015 年全国教育事业发展统计公报[EB/OL]. http://www.moe.edu.cn/srcsite/A03/s180/moe_633/201607/t20160706_270976.html[2017-03-26].

[2] 陈荣生. 供给侧改革背景下高等教育资源配置优化路径研究[J]. 福建论坛（人文社会科学版），2016（11）：196-201.

[3] 刘宇航，张宏伟. 高等教育资源共享建设存在问题及对策探析[J]. 继续教育研究，2015（5）：15-17.

[4] 林凌敏，俞鸣晖. 高校教育资源共享的现状分析及路径选择[J]. 教育与职业，2016（9）：30-32.

[5] 邱海平. 供给侧结构性改革必须坚持以马克思主义政治经济学为指导[J]. 政治经济学评论，2016，7（2）：204-207.

[6] 钱冬明，管珏琪，祝智庭. 数字教育资源共建共享的系统分析框架研究[J]. 电化教育研究，2013（7）：53-58.

[7] 任友群，徐光涛，王美. 信息化促进优质教育资源共享——系统科学的视角[J]. 开放教育研究，2013（5）：104-111.

[8] 王炜，李海峰. 中美信息化促进优质教育资源共享的对比分析——信息化促进优质教育资源共享研究（三）[J]. 电化教育研究，2015（3）：107-113.

[9] 宁玉文，沈霞娟，高东怀. 基于知识管理的医学学科网站设计[J]. 信息技术，2012（3）：150-153.

[10] 顾明远. 教育大辞典（第一卷）[M]. 上海：上海教育出版社，1990.

[11] 转引自：胡永斌，黄荣怀. 精品资源共享课的资源建设和开放共享现状调查——信息化促进优质教育资源共享研究（一）[J]. 电化教育研究，2015（2）：65-70.

[12] 陈剑峰，陈凤光. 高校教师资源共享及流动体制研究[J]. 人力资源管理，2013（4）：123-125.

[13] 梁蓬飞，李玉明. 部队训练基地场地和院校实验室向全军开放[EB/OL]. 中国军网，http://www.81.cn/jwzb/2014-02-10/content_5804268.htm[2017-04-10].

[14] Aljebreen B，Dahanayake A，Syed L. Advances in higher educational resource sharing and cloud services for KSA[J]. International Journal of Computer Science & Engineering Survey（IJCSES），2015，6（3）：25-40.

[15] 孙照辉，陈少武. 高校校际教育资源共享的体制机制困境及对策——以辽宁省为例[J]. 高等农业教育，2013（4）：20-23.

目前教育技术研究问题的哲学深思：纠结与矛盾*

兰国帅1　李　艺2

（1 河南大学教育科学学院，河南　开封　475004；2 南京师范大学教育科学学院，江苏　南京　210097）

摘　要： 目前，教育技术研究存在 4 种"研究事实"：一是教育技术理论和教育技术实践存在尖锐的矛盾，它们之间各自为政、相互指责；二是与其他研究相比，教育技术研究没有形成一套属于自己的独特话语逻辑体系，学科立场不明确，缺乏可积累、持续性的教育技术知识；三是教育技术研究系统内部缺乏一种研究的基础，即哲学深思，教育技术研究者缺乏在哲学深思上对教育技术研究问题的剖析、把控与决断能力；四是教育技术研究"引进"丰富，但"原创性"不足，亦缺乏"创新性"。对此，教育技术研究者需充分"把控"教育技术研究的"特殊性"，深刻认识教育技术理论和教育技术实践关系的复杂性，努力建构教育技术研究自身独特的话语逻辑体系，敢于形成"中国模式"的中国教育技术学派，从认识论、本体论、价值论、方法论等维度对教育技术研究重新进行系统的哲学深思，构建教育技术研究哲学，从而揭示与理解教育技术研究新的价值使命，以形成正确的"行动观念"，这是教育技术研究哲学论证的基本课题。

关键词： 教育技术理论　教育技术实践　教育技术研究　教育技术研究哲学

一、问题的提出

对教育技术研究问题的探究，目前相关研究多表现为对诸如学科发展、专业建设等层面的探讨，缺少了从哲学层面尤其是从实践哲学的层面对教育技术研究自身的深思与把控，更缺少了对诸如教育技术研究的概念、类型、价值、历史和伦理等作为前提性、基础性的系列问题之追问。理论上，关于教育技术到底是什么、教育技术何以如此和教育技术如何改进的抽象讨论，目前仅限于教育技术学界，一线教师并不关心教育技术的"概念、类型、价值、定位"等问题。实践中，往往又回到了"教育技术即教育媒体技术"的望文生义的误解。尽管如此，教育技术学界仍在不断努力建构对教育技术的"认识"，试图以此引领或引导人们走出教育技术实践和教育实践的困境。然而，这种努力不但在教育技术理论研究者那里惹下了诸多抱怨、批评与质疑，而且在教育技术或教育实践者那里也显得如此苍白无力。教育技术研究正走在一个面临变革的

"十字路口"，这种变革并非仅体现在紧紧追随新技术的研究潮流，而是基于对教育技术核心理论体系的追寻，对教育技术研究是否是"无根研究"的反思上[1]。如今，向教育技术研究者追问"教育技术到底是什么？教育技术到底应该探究哪些问题？教育技术的研究边界是什么？教育技术研究何以如此？教育技术研究如何改进？"等问题，可以说是比较纠结与矛盾的事情[2]。教育技术理论研究者面对多方批评与质疑，是否可以考虑从教育技术研究中的问题出发，把握教育技术研究的"特殊性"，认识教育技术理论和教育技术实践的适切性，以寻求建构一种"教育技术研究哲学"，在教育技术研究哲学问题的深思中，探寻教育问题解决之"道"和教育问题消解之"器"？

二、教育技术研究的"主要问题"之追问

（一）教育技术研究陷入"争论"之深思

我们不能否认教育技术研究总是得不到其应有之"尊重"，一直以来，人们对教育技术研究存

---

　　* 本文为教育部人文社会科学研究一般项目"高职教师信息化教学能力发展研究"（项目编号：15YJA880108）的阶段性成果之一。

在普遍的"不信任"，教育技术研究者甚至与它所依托的教育技术学科、专业一起，均受到极为不公的"指责"与"质疑"，以至于再没有别的学科领域比教育技术研究受过更多的"责难"与"抱怨"了。人们往往认为教育技术研究忽略了对教育"实然""应然"等重要问题的探究，致使"学术成果多，起到的实质性作用少"[3]。教育技术作为一个学科领域，抑或一个专业，其内在表现一直是支离破碎的。从外部环境看，教育技术学科领域外部的人对教育技术的研究过程并不关心，只关注教育技术研究的结论是否奏效，是否能够提升学习绩效和催生教育变革。从内部环境看，教育技术研究的内部环境往往也并不平静，人们对很多诸如教育技术的基本假设和知识基础是什么，教育技术解决和看待教育问题的独特思维方式、方法是什么，教育技术专业学生的核心竞争力在哪里，教育技术能够为教育领域乃至整个社会贡献出什么不可替代的服务与力量等"是什么"的问题，尚未达成一致。对这些问题的回答，关乎每个教育技术研究者的"专业归属感"，并且在长远意义上涉及教育技术的专业发展，这些问题的产生可归结为核心理论体系的缺失[1]。这导致在实践层面该以何种方式、方法和过程进行，则成了人们普遍"争论"的焦点。因而，一套"不确定"的教育技术理论知识体系、一套"不科学"的研究方法与过程体系、一个"不独立"的教育技术学学科，足以导致教育技术研究陷入"争论"，足以为教育技术研究的"不充分"提供足够的佐证。然而，即使人们对于教育技术研究的质量存有诸多"质疑"，但也有很多好的教育技术研究，它们确实为教育技术专业建设、学科发展和教育教学实践提供了许多"有效处方"和"真知灼见"。

总之，我们可将目前教育技术研究存在的"主要问题"归结为两大方面：第一，从教育技术研究内部因素看，教育技术研究共同体内部对于教育技术研究工作的价值等类似问题，不断发出"质疑"与"批评"之声。因为对教育技术研究的批评和认为教育技术研究毫无价值的观点，已成为有些教育技术研究者、教育技术实践者，以及许多学校教育工作者的"老生常谈"之话题。更有甚者，相当多

的人支持"大多数教育技术研究专门机构——电教馆、学院和大学教育技术学系，均可以取消"这样极端的观点。第二，从教育技术研究外部因素看，投入大量资金的一些教育技术研究课题项目之所以没能产生应有的效果，是因为研究者在进行研究时，并不刻意关注抑或考虑政策制定问题，就政策行为方面而言，教育技术研究往往表现得过于松散，是局部的，或者是不全面的。

这很可能是教育技术研究自身两方面的问题所导致的。一是作为微观视角的教育技术研究，它往往不能够在真实的教学情境中"精细入微"地对教师专业发展及教学实践的过程提供切实可行的有效帮助，研究成果大多数"游离"于教师专业发展和教学实践的过程之外，导致大多数教师面对日新月异的技术形态、日益复杂的师生关系及复杂多变的教学实践时，仍旧显得"束手无策"。二是作为宏观视角的教育技术研究，对于教学实践和教育改革中涌现的教育问题尤其是一些迫切需要解决的现实问题，教育技术研究给出的那些依据与对策，往往显得并不充分。教育技术研究往往没能有效地"回应"社会层面的问题。教育技术研究成果往往以一些支离破碎的"研究片段"的形态呈现，这些"研究片段"还不能够组成一个有机的研究系统，在一个相对较为稳定的立场上，为教育技术实践者抑或教育实践者提供有效可行的对策路径。然而，那些被标准化与量化甚至被技术化的教育教学模式，在实践层面往往又缺乏灵活性、针对性和独特性等特征，从而导致这些教育教学模式在面对复杂多变的教学实践时，要么成为教条，要么无用。源于不同哲学背景间的争论，致使一种教育实践还未成型就遭到"质疑"和"批判"。这种教育技术研究本身哲学基础间的矛盾和冲突，没能有效地为教育技术实践提供一个既可靠又稳定的理论基础。因而，教育技术研究者哲学倾向之间的矛盾和冲突，导致教育技术实践者面对诸多的理论形态时显得"无所适从"，甚至有些迷茫。

我们认为，对教育技术研究的上述"批判"，主要源于如下4种"研究事实"。

1) 在很大程度上，教育技术研究没能很好地

关照教育技术实践，并未充分着眼于教育技术实践抑或教育实践开展探究，对教育技术实践价值和教育实践价值之"藐视"，致使抽象的教育技术理论和真实的教育技术实践之间存在较大的冲突和矛盾。

2）教育技术研究的"知识结构"往往表现得支离破碎，教育技术研究不能很好地在已有研究的基础上继续进行深化和拓展。因而，教育技术研究的问题呈现出零散样态，形不成"理论硬核"[4]。倘若仔细翻阅和通览有关教育技术的学术论文、相关著作等研究文献，不难发现，在种种新的技术术语的"翻炒""鼓动"之下，似乎一个"全新"的学科面貌样态已呈现在学术界。因为我们昨天还在阔论诸如"云""教育云""教育资源存储在云端"等类似问题，今天就又开始转向探讨"慕课（MOOC）""私播课（SPOC）""大数据""教育大数据""微课""智慧教育""创客教育""STEM教育"等所谓"新的问题"。教育技术研究这种对问题的"浅尝辄止"式的描述，不但会阻碍对真理的发现，而且教育技术研究所表现出的这种"游击习气"也不利于对理论硬核体系的系统探索和完善[1]。我们不得不去重新深思，教育技术学科的"常"究竟表现在哪里？教育技术研究所产生的上述"游击习气"问题，也许与有研究者认为教育技术研究中一直存在着"不求甚解"的现象有很大关系。因为大部分人误以为，教育技术就是媒体技术在教育中的应用，因为技术是在时刻发生变化的，技术一旦改变了，就立马带动了我们的研究问题追踪之改变，因此，我们就变成了"跟风者"[1]。这种"刻板式"的误解，导致教育技术研究的知识结构变得支离破碎，因此，研究结论的差别较大。总之，缺乏核心理论体系指导下的教育技术研究致使其与媒体技术产生了密不可分的惯性，导致每当一种新的媒体技术诞生时，便会引起教育技术研究的无限"繁荣"之景象，一旦该新的媒体技术进入了公众领域和公众视野，则研究"热点"便会消失，研究就会又陷入低谷期[5]。总之，核心理论体系的缺失在教育技术研究上所折射的一个现象便是，研究主题紧紧追着当时的"技术潮流"，但当这股技术浪潮过后，研究成果往往并不能留下多少理论上的痕迹与沉淀，与其他研究（典型的社会科学研究、人文科学研究、自然科学研究等）相比，教育技术研究没能形成一套属于自己独特的话语逻辑体系，学科立场表现得不明确，研究质量相对较低，研究结果往往会显得非常不充分。

3）教育技术研究系统内部缺乏一种研究的基础，即哲学深思。因为技术在变、世界在变，教育技术亦必然在变，如果我们持续用"媒体技术工具应用"的旧视点来审视今天的教育技术发展及其所涌现的教育问题，势必会产生各种各样的"分歧"和"矛盾"[6]。因此，今天的教育技术学界需要有一种"主体自觉"之意识，而这种"主体自觉"之意识，需从建构教育技术研究哲学（哲学深思）出发，从重新认识教育技术问题出发。因为哲学深思的缺乏，致使教育技术研究者缺少在哲学思考的基础上对教育技术研究问题进行深刻分析、把控与决策的能力。研究方法论的薄弱，限制了对研究方法的选择与研究者的视野。所以，倘若我们的理念不改变，其得不到升华与提炼，即便有再多的解决策略，做的都只是无用功，教育技术仅仅是一种操作性工具而已。这种理念上的改变，同时也是对传统思维的一种超越，持有这种超越观则需要足够的勇气，这也正是目前教育技术研究者所普遍缺失的一种责任、担当和使命[6]。

4）教育技术理论研究"引进"丰富，但"原创性"不足，即缺乏"创新性"，且教育技术研究没有形成一套统一的属于自己独特的话语逻辑体系。教育技术研究的现状就是"引进多，原创少；问题多，思想少；成果多，精品少"[4]。

目前，国内教育技术领域存有为数不少的研究学派或学术研究共同体，但目前依然缺乏"研究合力"，"散沙式"的教育技术研究难以形成统一和独特的话语逻辑体系。总之，上述4种"研究事实"揭示了"教育技术理论"和"教育技术实践"之间的矛盾本质，即教育技术研究者所运用的抽象的、专门的话语体系和日常生活中教育世界的话语体系产生了"割裂"，这种抽象的、模糊的和笼统的教育技术研究文本往往不能被教育技术实践者和教育实践者所把握和理解，研究文本从日常生活的教育世界中游离出来，游离于教育实践者的经验和生活世界之外，因此，它只能作为一种封闭性、独立性的思索而存在。

（二）教育技术研究应聚焦"哪些问题"之反思

我们认为，教育技术研究之所以受到诸多"批评"与"责难"，主要是因为对教育技术问题的分析、把控与选择存在偏颇，主要存在"炒概念的多，深入研究概念的少；关注媒体技术的多，关注人本身价值的少；有学科情结的多，追问研究本意的少；讴歌与评论的多，批评与解决问题的少；注重'形而下'的多，关注'形而上'的少；学术成果多，起到实质性作用的少"[3]等研究问题。教育技术作为一门关注特殊领域、专门学科的研究领域，教育技术研究并不是主要仅仅只探究"教育技术是什么？""教育技术的逻辑起点是什么？"等类似的一个个孤立问题的过程，而是对"教育技术何以如此？""教育技术何以可能？""现实应当如何？""具体如何改进？"等教育技术的"问题类型集合"进行系列的不断"追问"的过程，从这些不同的"问题类型集合"出发，并从不同的研究侧面对"教育技术研究自身"进行不断"追问"。如此一来，教育技术研究所阐释和探究的就不再仅仅是某一种观点、某一个情节抑或某一种现象，而是其研究背后所展现的一个完整的"研究问题框架体系"。进一步而言，教育技术研究所反映的是诸如一系列"教育技术问题集合"与"教育问题集合"的一种"问题类型集合"，它们并不是孤立、自在的，而是与教育事实和教育实践相适切的。就研究范畴而言，教育技术研究不仅应该包括对教育技术永恒性问题的现实性阐释，而且应该包括对教育技术历史性问题的动态性把握，更应该包括对教育技术现实性问题的真实性关切。也就是说，我们不仅需要探讨"教育技术是什么"等永恒性问题，还要知道"教育技术何以如此"等历史性问题，更应该聚焦"教育技术要怎么做？教育要怎么做？教育如何具体改进？"等现实性问题。所以，教育技术研究不能仅仅停留在探究永恒性问题的研究层面，还需要继续拓展和关照在现实中"教育技术是怎样的？""教育技术具体如何改进？""教育技术如何催生教学变革"，以及与之相关联的事实理解和价值判断等系列问题。

教育技术研究问题的集合具体都包含哪些内容？单单从研究范畴角度来理解，"教育技术研究"囊括了所有的教育技术知识的范畴（教育技术理论）与教育技术实践的过程（教育技术实践），它们之间遵循着一个客观的关系法则，即所有的教育技术知识都必须用来直接抑或间接地改善教育技术实践。因而，教育技术研究就有了教育技术知识与教育技术实践这两个基本研究对象，它们分别处于教育技术理论与教育技术实践这两大阵营。教育技术理论与教育技术实践之间是互为条件、相互依托和并行交叉的，并不是相互独立、互不关联的。在教育技术知识维度，我们需要对教育技术学科、教育技术研究自身、教育技术实践、教育技术技能、教育技术经验、教育技术规律及教育技术理论等[7]进行系统的深思，以此构建有关教育技术知识的完整的理论框架体系；在教育技术实践维度，我们需要凸显"以人为本"，聚焦学生的全面发展、教师专业发展和教学实践的过程。聚焦学生的全面发展，即在对学生的全面系统认识的基础之上，确立一个"全面发展的人"的实践路线之图景，进而进一步深入关切学生的教学活动、学习活动和师生交互活动等，以及与教育技术实践紧密相关的教育教学活动。总之，当教育技术研究面向"自身"的时候，首先，需要不断追问教育技术自身，反思与彰显教育技术得以存在的教育技术实践及教育实践的质量。教育技术研究只有首先走进现实性、真实性的教育问题，才能适时地创造抑或改善教育技术实践，切实地丰富教育技术知识。只有在教育技术实践中产生的问题，才是教育技术研究所追求的真问题，而那些游离于教育技术实践之外的研究，只能是站在个人立场上的自圆其说，它在本质上是解决不了教育技术的任何真问题的。因此，教育技术研究的过程就不能仅仅只限于对教育技术知识的系统探究，还应对真实的教育技术实践所面临的困境作出应有的回应。也就是说，教育技术研究者必须批判性地走进教育技术实践，使之在研究问题得以具体化的同时，采取适切的教育技术行动。一旦远离教育技术实践，教育技术研究将无法对客观的教育技术实践进行改变，它所追求的真问题亦会被遮蔽。换句话说，只有在主观与客观、理论与实践、历史与逻辑的相互依存关系中，真正的教育技术研究之效能才有可能得以凸显。因而，总体上，教育技术研究的问题可归纳为：教育技术研究的质量和研究对象适切性的问题，更进一步说，即如何构建一种可积累的、持续性的教育技术知识，能够推动我们的教育技术实践成为以教育技术研究为基础、以教育技术知识体系来支持运行的专业性教育技术实践，在如此的思维框架关照之下，教育技术研究和教育技术实践才能统一、和谐，成为一体。

三、教育技术研究的"特殊性"之立场

（一）教育技术研究的技术性、实践性和依附性：为何没有形成一套属于自己的独特的"话语逻辑体系"？

教育技术研究作为社会科学研究中教育学领域的一个重要分支，很显然它必然有着一般社会科学研究的基本属性。倘若我们仅仅按照社会科学研究的一般范式来探究教育技术问题，从事教育技术研究，很可能在效率上也许会更高一些，也可能更具有科学性和精准性，但是在一般社会科学研究的基础之上，所获取的教育技术知识与教育技术实践者（即一线教师）所必须掌握的知识很可能毫不相关。但是教育技术研究更具有自身的特殊性，这种特殊性便是教育技术研究对象的"技术性"、教育技术的"实践性"和教育技术学学科自身的"依附性"，可以说它们是教育技术研究最根本、最直接的价值旨趣。

目前，教育学研究可大致划分为3种类型：①教育哲学领域的研究，即哲学思维领域，主要面向教育学研究中的"为什么"层面的研究领域及其思维方式，研究目的在于解释教育之本质。②科学思维领域，即教育科学（如教育社会学、教育人类学、教育心理学等）领域的研究，主要指向教育学研究中的"是什么"层面的研究领域及其思维方式，研究目的在于解释教育现象，描述教育现象背后折射出的教育规律，并预测教育的未来发展趋势。③技

术思维领域，即构建一种教育的技术思维之领域，这便是教育技术研究领域所追求的价值旨趣及要完成的学科领域工作任务，研究目的在于促进和优化教育教学过程[8]。因此，技术思维领域与哲学思维领域及科学思维领域的区别，是教育技术研究与教育学等其他学科研究领域的根本区别。所以，通过此分析视角来进行推演，不难发现，技术性是教育技术研究的"特殊性"之维。

此外，教育技术实践亦可大致划分为3种类型：①行为操作，其客体主要指向实践主体自己的身体器官等，基本属性主要是指对骨骼、肌肉的控制，基本功能强调动作的连贯性、流畅性，并适时地与环境保持和谐统一。②工具操作，其客体主要指向各种教学设备、教育媒体等，基本属性主要是指对工具的控制与驾驭，基本功能是指利用工具来延伸个体器官的功能与作用，以及外化主观意识。③思维操作，其客体主要指向意识对象，基本属性主要是指对形象化的操作对象的关系进行重新构造与驾驭，在意识层面遍历操作之序列，基本功能是超越现有的人与世界的关系之状态，趋向一种对外部客体未来发展的理想状态之"观念预设"，以及对客体关系之重构[9]。因此，教育技术实践不但具有自身的内在结构与知识逻辑，还有自身独特的行动视角。所以，从这一视角来看，亦不难发现，实践性也是教育技术研究的"特殊性"之维。

另外，因为教育技术学学科自身的"寄生性"，即"依附性"或"交叉性"，所以大多数时候，不难发现教育技术研究是无孔不入、无所不及的。依附性也是教育技术研究的"特殊性"之维。各学科领域的研究者好像都可以站在不同的学科立场，运用不同的思维视角，采用不同的话语逻辑体系来任意阔论教育技术研究问题。这些来自不同学科领域的研究者的研究，通常与教育技术问题或教育问题有着紧密的关联，通过当前多学科研究领域渗透到教育技术研究的事实，我们不难发现，教育技术问题（教育问题）并非教育技术学研究的独特领域和研究阵地，人类学、社会学、文化学、哲学、心理学、计算机科学等均可以介入。正因为如此，我们便不加怀疑地将这些领域的研究成果拿来作为教

育技术研究（教育研究）的成果，此乃是教育技术研究的视角多样化之体现。甚至有人认为，凡是与教育技术（研究聚焦于问题、现象和本质等）相关联的研究，均可归为教育技术研究的范畴之列。如此一来，便致使教育技术研究被一个无限扩大的、纷繁复杂的"边界领域知识"所充斥，这些知识可能和教育技术研究相关，亦可能和其他社会科学研究所积累的知识彼此关联。笔者以为，此乃教育技术研究成果的"丰硕性"之体现。

面对教育技术研究被无限扩大的知识范畴与知识边界，我们不由自主地便有了诸如教育技术哲学主要是哲学家做的事情，但教育技术理论和教育理论在哲学家的视界之外，哲学家在建构教育技术哲学时，对教育技术学家和教育学家的哲学构思往往是不感兴趣的等深层次之担忧。总之，在多学科广泛介入与知识边界被无限扩大的教育技术学学科发展的今天，在教育技术研究面对这种"被殖民化"的学科生存危机时，我们有必要为教育技术研究划分出一个基本的问题域抑或研究之场域，有必要对教育技术研究的话语体系的表达方式作出必要的澄清，即哪一个可以归类为教育技术学科类别，哪一个不能归类为教育技术学科类别，划分一下，哪一个属于教育技术，哪一个属于非教育技术。倘若对此不加以区分，就不可避免地会造成"虽然规模上浩浩荡荡，质量上却良莠不齐"。如若每位教育技术研究者都强调自身话语的独特性，并主张自己的话语权，教育技术理论之追求和教育技术实践之真实需求分割而行，学术理论之卓越和教育技术实践之困境却各自为政、互不相干，势必会造成教育技术研究的内在知识结构变得支离破碎，教育技术实践便会越加无所适从。

面对上述窘境，我们有必要重提教育技术学学科的独立性问题，有必要重构教育技术学学科的基本立场，有必要进行教育技术研究问题的哲学深思，也就是说，反思与叩问教育技术研究与其他学科研究领域的分界点在哪里？基于教育技术学学科立场的教育技术研究应聚焦哪些问题？进而进一步明确教育技术研究之特殊性，即技术性、依附性和实践性是教育技术研究的特殊性之维，更进一

步说，只有教育技术研究与教育技术实践相关联，亦即与教育者（即一线教师）开展的具有教育性特点的教育教学活动相关联的时候，它才被赋予了教育技术性，进而才能真正走进教育技术研究的视野范畴，在真实地凸显以人为旨趣的教育教学活动中，以教育技术学的研究范式去思索，并尝试解决关于教育技术的现实、本质等可能存在的诸多问题。因此，教育技术实践（教育实践）是教育技术研究的基点和根源。所以，无论在何种情况下，教育技术研究均应该把诸如"学习活动""教学活动""教学设计活动""师生交互活动""信息技术与课程融合活动""人的发展""教育技术伦理实践研究"等这些深刻影响教育技术实践本质的因素，作为教育技术研究具有核心研究价值的切入点，进行必要的澄明与深刻的反思。教育技术研究所诠释的必须是生活中的教育世界，否则教育技术研究就是在研究别的东西，而不是在研究教育技术问题抑或教育问题。

（二）教育技术理论和实践转化的症结：为何"理论"不能直接改善与创造"实践"？

教育技术研究有教育技术的研究主体、研究文本和研究对象等3个核心要素。就研究文本而言，它实际上反映了教育技术的研究主体对教育技术的研究对象的基本认识的过程。但是，研究文本作为研究成果的呈现方式，仅仅是一种符号的显现，无论描述多么生动，也只能以理论的形态进行表述与呈现。也就是说，教育技术研究抑或教育技术理论不能直接地改善与创造教育实践，它需要一种研究文本的个体化和内化的改造和转化的过程，而不是直接照搬的过程。此外，研究文本的功用性之一就在于解释世界和认识世界，并具有改善与创造世界之潜能，但改善与创造世界之潜能是否能够真正发生，并不在于研究文本之本身，而在于教育技术实践者在实践过程中对研究文本的理解、运用和转化，即在于教育实践之本身。现实中存在一种危险倾向，即有学者试图在研究结论和成功实践的专门规则之间寻求教育技术理论与教育技术实践的某种直接联系[10]。其竟没有想到，倘若从为教育实践创造一种有成效的、可靠的影响这一角度来讲，在

进行教育技术研究时常会令那些教育者（一线教师）感到有些失落。教育技术专家和一线教师之间存在某种程度的矛盾，因为教育技术研究不会直接影响教育技术实践甚至教育政策。大多数时候，它只是丰实了指向破解教育技术问题、教育现象的一些知识，这些关于教育技术问题或教育现象的知识便成为教育技术学科的基础知识，并会在适当的时候，以不同的方式影响与干预教育技术实践及教育政策。诚如美国心理学家威廉·詹姆斯（William James）所言：“倘若你们认为，心理学是作为一门关于心理法则的科学，能帮助你们推导出关于课堂教学的一般方法与规律，那将是一个极大的错误。因为，心理学是一门科学，而教学是一门艺术。科学本身从来不能直接产生艺术。而只有用富有创造性的头脑，才能运用科学创造出艺术。”[11]同理，实际上，教育技术研究所能提供的其实是一种思考问题与解决问题的思维方式，以及提供了一种对于价值与事实的判断标准。然而，具体该怎样去做，采取何种方式，则是教育技术实践者自己需要思考的问题，没有一个具体的可参照的理论标准。

教育技术理论和教育技术实践之间的关系问题，是教育技术研究历程中一个历史性的理论难题。教育技术学的学科地位屡遭责难与质疑的一个重要原因之一，便是源于其建构的教育技术知识体系，对教育技术实践解释之乏力，对教育技术实践中所产生的现实问题，还没有足够的能力进行有力度的回应及科学的解释等。现实中，我们时常会遇到如下两种境况：①当一个理论无法完全解释一个普遍的教育现象时，一个新的理论便会取代这个所谓的“落后”理论，并向实践重新允诺美好之愿景。②当一个实践在那些被公认的所谓“合理”的理论体系指导下做得很糟糕时，便会发出“你没有按理论办事”之责难。于是，实践就这样被理论无辜地批判与简单地牵制[12]。也就是说，在现实中，教育技术知识也时常与教育技术实践相脱离，不具有实践之效用，无法为教育技术实践提供有效的问题解决之“处方”。诚如杨开城教授所言，教育技术试图“直通”教育技术实践，却引发了“技术至上主义”“唯媒体论”的思潮。目前，教育技术所面临

的现实困境，也是教育技术自身理论体系的解释功能与教育实践的理论需求之间的“矛盾”抑或“脱节”导致的[2]。同时，我国教育技术研究并不注重将具体实践经验上升到更具一般化的理论进行推广，导致在学科理论建设上属于我国本土化的教育技术专有理论显得匮乏，其中的研究前沿和创新的话语权往往是引介国外的相关研究[1]。因而教育技术理论和教育技术实践各自为政，均站在各自的立场上，相互对峙，以至于成为教育技术研究领域中一对难以消解的矛盾关系体。如此，在现实中便产生了只要是正确的教育技术理论，必然是能够对教育技术实践产生应有之效力这样一种教育技术理论作用于教育技术实践的一个前提性预设，进而产生了教育技术理论对教育技术实践的“指导观”的主导性观点，认为教育技术理论必须指导教育技术实践。不难看出，此观点持有的是一种“理论实践化”的“技术理性”之观点。以此为前提条件，人们就普遍关切：如何建立一种“教育技术实践中的理论”？如何将“公共的教育技术知识”转化为“个体性的教育技术知识”，以搭建普遍性教育技术知识和特殊性教育技术实践之间的桥梁，以此来探寻知识的特殊性？但是，教育技术知识的多样性、理论性与复杂性决定了教育技术知识（教育技术理论）在认识上的丰富性，并不能完全确保教育技术实践的有效性。然而，真实的研究事实为：教育技术实践常常对教育技术理论研究存在的“理论脱离实践”“理论空洞”等充满了“批评”与“抱怨”，教育技术实践与教育技术理论之间仍然有距离感[13]。不但教育技术理论和教育技术实践之间存在某种距离感，且这种距离感又会因理论类型的不同（如价值的、科学的、技术的、规范的理论等）显现出层次上的差异。因而教育技术理论时常不能走进与直通教育技术实践，其必须凭借某种转化抑或中介的过程才可能得以实现。

教育技术理论和教育技术实践之间关系的复杂性，与教育技术实践的多变性、教育技术理论的多样性等因素密切相关，所以，在理论上，以教育技术实践为根基的教育技术研究，便力求解决如何建立指向教育技术实践的教育技术理论，如何将这

些教育技术理论指向教育技术实践这两大问题。前者是对于教育技术知识（教育技术理论）的选择，后者则是对于教育技术知识（教育技术理论）的应用。于是，这便要求我们在真理性的纯粹知识之上，即理论教育技术学之上，建构一种关乎教育技术实践的运行法则，即构建一种实践教育技术学。因为教育技术实践发现的问题均是经验性问题，作为学术研究，不可能仅仅就止于这些经验性问题，而需要将这些经验性问题转化为相关的学科理论问题，并以相应的严谨的概念体系来表达、陈述这些学科理论问题。譬如，探讨"何为一节好课"的标准问题，便可转化为：关于"人的发展与学习质量"的理论问题[14]。但是建构何种教育技术实践知识，取决于不同教育技术理论的性质。倘若模糊地将教育技术理论直接指向教育技术实践，我们势必无法真正地掌握教育技术实践之本质。于是，我们便不得不去区分每种教育技术理论的特征，进而使其在不同层面与教育技术实践进行适切的、合理的匹配，进而使教育技术理论能以恰当的方式作用于教育技术实践。于是，就二者的关系而言，我们便得出了什么样的理论能够向教育技术实践提供更多的帮助，这是一个"真问题"，而教育技术理论是否能够向教育技术实践提供帮助，这只是一个"假问题"。

教育技术知识系统（教育技术理论）的不断构建、完善与更新升级，有利于为教育技术实践提供足够的、更完备的理论基础，从而促进教育技术实践的进步。倘若教育技术知识系统（教育技术理论）始终处于无序发展之中，它便不能有效、适切地引导教育技术实践。所以，发展和完善教育技术理论自身，便是在为教育技术实践积蓄力量和做好前提性准备。因此，教育技术理论和教育技术实践之间关系相互作用的前提性条件便是：进一步理解教育技术理论的深刻内涵，明确教育技术理论的多维性质，承认教育技术理论的多样性。以此为认识前提，我们往往将问题聚焦于教育技术理论（研究文本本身），但时常忽略了对教育技术理论（研究文本本身）与教育技术实践之间适切性和关联性的系统考察。我们认为，正是在这两者之间，恰恰存有3种

值得注意与探究的矛盾。

1）教育技术研究的客观性和教育技术实践的主观性之矛盾。也就是说，教育技术研究作为一项静态的研究成果，其被开发之程度，不仅取决于教育技术研究成果本身，更取决于具体教育技术实践者（开发者）对研究成果文本的挖掘程度，以及使之与自身教育实践理念的吻合与切合程度。从某种程度上说，教育技术研究形成的研究成果文本是一种主观性之实在，即一种客观性。然而，教育技术实践者的认识过程却是一种主观性的，它是一种包含对研究成果文本的理解、领悟，以及改造的主观性认识及其实践运用的过程。进一步说，将研究成果文本转化为教育实践策略带有非常鲜明的主观性。

2）教育技术研究和教育技术实践的条件性之矛盾。一般情况下，教育技术研究多数是基于群体性的研究样本所进行的群体性研究行为。教育技术的研究成果多数指向的是群体性的教育技术实践活动，映射的不是研究个案，也就是说，教育技术研究本身的存在是无条件的，然而，教育技术实践对于教育技术研究成果的实践应用却是有条件的，必须做到因地制宜和具体问题具体分析。例如，在某些发达国家进行的教育技术研究所取得的教育技术经验，倘若生搬硬套地移植与嫁接到中国的教育环境，极有可能导致中国教育技术实践的混乱甚至失败。因为国情不同，所应用的条件亦不同。同理，依据不同教育群体、不同学校的特征之不同，所有教育技术理论的应用都是有条件限制的，均要符合真实的教育技术实践情景或活动场景，不能将教育技术理论进行生搬硬套和盲目地移植与嫁接。

3）教育技术研究的一般性、抽象性和教育技术实践的特殊性、具体性之矛盾。教育技术研究的研究对象多数指向教育技术活动和教育技术的普遍性问题，并将这些普遍性的问题加以概括、凝练、提升和抽象，以揭示问题的普遍意义。然而，教育技术实践的问题则是一个个生动与生成的具体问题，充满了特殊性。从一般到特殊、从抽象到具体、从普遍到个别是一个充满矛盾的不断建构统一体的过程，一旦忽略了这一过程，必将致使这些研究

成果文本成为一句空洞的口号，倘若生搬硬套，则必然会导致教条主义的恶果。

此外，从另一角度看，应用理论可大致划分为一般性应用理论和专门性应用理论。对于性质相同的不同实践领域来讲，一般性应用理论对它们具有普遍性的理论指导意义。然而，对某一具体实践领域中的具体问题进行深入探究，从而形成解决这个具体问题的设计、开发与方法体系的过程，则是专门性应用理论的职责。因而，专门性应用理论并不具备普遍性的指导作用，倘若把它们错用到不适切的领域抑或问题之上，势必会造成理论与实践相脱节的后果，而这种情况才真的是理论脱离实践[15]。严格意义上讲，教育技术研究对教育技术知识的贡献主要体现为描述、解释、预测和反思等4个方面的功能。这4项功能是教育技术研究对教育技术实践、教育技术理念和教育技术政策等在知识积累过程中逐步达成的有效回应。教育技术知识是适时与适切地作用于教育技术实践的。因而，教育技术研究与教育技术实践之间的适切性问题不是一个简单的理论知识运用问题，而是一个关乎教育技术实践者自身素质的升华问题，即是一个包括教育技术实践者的理解能力不断提升、知识储备不断积累、创新能力不断提高的综合性问题。

四、教育技术研究哲学之构建

诚如桑新民等所言：技术哲学的"缺席"造成了教育技术哲学研究的"理论缺失"。教育技术最深层次的基础理论应是技术哲学和教育哲学，因为它们决定了教育技术理论与教育技术实践工作者的技术观和教育观，并由此决定了他们的教育技术观[16]。基于上述分析，我们有必要建构一种教育技术研究的实践哲学，以便换一种研究视角来重新深思教育技术研究活动的本质。教育技术研究作为一种专业性的教育实践活动，依赖的是依循一定的理解、规则和技术思维等参与相关的教育实践活动，并在实践中不断反思那些被忽视的教育实践规则，以及先前研究对教育活动本质的理解，以寻求获得一种实践智慧。在实践哲学思维框架的关照下，构建一种全新的教育技术研究哲学，使得教育技术研究成为一种不断创生和成长的特别之反思，这是实

践哲学赋予教育技术研究的新的哲学使命，即在深思过程中，有能力对以往的教育实践规则进行调整、改造，进而能够不断面对全新的自然挑战，操纵各种未曾预见的教育活动情境。

（一）教育技术研究哲学"应聚焦的问题"之反思

站在超越时空限制的立场，可以发现，我们的教育技术研究有着许多共同的问题与主题，对它们进行特别之深思，组成了教育技术研究哲学的基本问题域，以构建教育技术研究哲学。教育技术研究哲学对于教育技术研究工作最大的理论价值，便是需要在这些基本问题域的基础之上，对这些知识进行不断的重构与整合，使这些相对独立和片段的教育技术问题有机融入到教育技术知识系统中，从而对教育技术研究本身进行系统的检视与反思，同时，这也可作为教育技术实践改革的突破口。

1）从认识论角度，聚焦教育技术研究的研究主体和研究对象。一方面，关怀教育技术研究者自身的学术生活和生存状态等，以及他们如何获取教育技术知识与知识何以可能等一系列问题；另一方面，走进教育技术实践，探究教育技术知识和教育技术实践之间得以连接的可行路径，以此为基础性前提，勾画出教育技术研究认识论的思维愿景。基于此，我们认为，教育技术研究认识论的一项重要任务便是将教育技术知识和教育行动连通，促使教育技术知识在学科界与产业界的沟通、形成和转化，让教育技术知识在更多领域发挥作用，避免认识仅仅流于形式，探讨面向教育实践的认识论法则，从而走进教育技术研究认识论的深层次问题。

2）从本体论角度，瞄准教育技术研究的本质问题。对准教育技术研究的依附性、技术性和实践性等教育技术的特殊性之维，探讨教育技术的学科走向和得以生存的学科背景等问题。深思教育技术研究的实践性、技术性、依附性，以及性质、概念、分类、逻辑起点和立场等，从而潜入教育技术研究内部，对其特殊性因素进行系统探究。重视教育技术的顶层设计，确立教育技术学科体系框架及其学科知识范畴，回答有关教育技术研究本身的问题（如教育技术学学科的逻辑起点、价值和作用、研

究方法等问题，具体包括技术哲学、实践哲学、教育哲学、教育技术学元研究等），回答有关教育技术研究能够产生何种"独特理论"的问题（如现代教学媒体理论、教学设计理论和信息化教学理论等），回答怎么用教育技术学独有的理论解决实际问题（如现代媒体应用于教学的方法、教学设计的方法、信息技术与课程融合的方法等），以加强学科核心理论体系建设。探究教育技术的"在"，理解教育技术作为一项特殊活动的深刻内涵，可以为教育技术实践提供一种精准的行动理念。

3）从价值论角度，检视教育技术研究的价值取向。它包括重构教育技术研究的价值观念，探究教育技术研究的主体与客体之间的价值关系，化解教育技术研究中的价值矛盾，实现教育技术实践的价值诉求。其总体理路为：在价值哲学框架的关照下，澄明各种教育技术研究的价值争论，从而寻求从形而上学转向生活实践世界的教育技术研究的价值路径。因此，我们认为，从学科的立场看，教育技术研究的价值论的新使命是：对当前教育技术研究中存有的诸如教育技术研究维系研究者的价值偏好（价值性）和价值中立（科学性）之间的关系、中外教育技术学的"引进"和"创生"之间的关系，以及教育技术学学科和其他学科知识架构之间的关系等较为突出的价值谬论，作出合理的、正确的价值判断。以此为前提，探寻以何种价值立场，进行有足够话语权的教育技术研究，创建具有原创性意义的中国特色教育技术学，是这一新时期教育技术研究的价值取向。

4）从方法论角度，重构教育技术研究的方法论，构建教育技术研究的方法论体系。目前，教育技术研究哲学必须聚焦的基本问题是探寻教育技术理论和教育技术实践之间的切实问题。我国教育技术研究的方法论体系薄弱，甚至整体性缺失，致使教育技术理论和教育技术实践之间相分离，教育技术的研究范式长期存在对立现象。再加上在进行研究方法和理论体系的重构过程中，教育技术研究无论在空间维度还是在时间维度，其影响力都较弱，其节奏均显得极其缓慢。对微观教育问题和宏观教育问题的改造力度极其有限，尤其是思维

导向和顶层设计的缺失，导致教育技术研究的技术化与工具化倾向极其明显，研究价值被明显"异化"。教育技术研究的方法技术问题逐渐成了教育技术研究过程中的绝对价值。面对不断变革的教育技术实践活动，应力求教育技术研究既要坚持沿着从具体到抽象的研究路线，又要结合实际发展情况，顶层设计从上到下、从抽象到具体的总体构想，积极推进教育技术的研究方法论体系的建构。

（二）教育技术研究所面对的新的哲学使命之深思

从某种程度上讲，教育技术研究不仅仅是一项技术性工程，而且是一项哲学性工程。历史经验证明，任何一门学科要想获得持续性的长足发展，唯有经历了哲学深思之后，才能打破原有的理论体系框架产生根本性的"蜕变"，才能对原有的教育实践进行适切的调整与改变，进而才能支配各种未曾预见的教育活动情境，这也是实践哲学赋予教育技术研究的新的哲学使命。所以，教育技术研究的发展迫切需要构建一种作为教育技术研究的基础存在，且对教育技术研究自身进行反思的实践哲学，即建构一种新的基于实践哲学的教育技术研究哲学。但这项哲学性工程又是十分艰巨的，它需要不断地对不同的概念及相应的概念体系进行澄清。譬如，对教育技术概念的澄清，牵涉一组不同的概念体系，需要对它们进行反复推敲之后，加以区分，或许这种有必要的反复的区分，会致使教育技术研究者甚至教育技术实践者多少感到有些厌倦。然而，对一门学科的哲学体系构建来讲，这种推敲是极其必要的。因为倘若看不到这些基础概念之间的区别，就无法建构稳固的、经得起实践检验的教育技术研究的理论基石，更无法真正走进教育技术实践。企图把教育技术研究引向程序化、简单化的所谓的那种"科学方式"，基于此，尽管可以用来探究很多东西，但绝不可能真正走进教育中的"人"，这就是教育技术研究"特殊性"的实践性之维的集中体现。

从宏观角度出发，中国的教育技术研究要坚持一种"吸收借鉴、平等对话、共同发展"的原则，来学习西方发达国家有关的教育技术理论和实践

经验，警惕教育技术学科发展中的"盲从心理"和"依附心态"，要基于中国的教育实践和本土文化重构具有中国特色的教育技术理论体系[17]，敢于形成"中国模式"的中国教育技术学派。同时，从事教育技术的学术研究，必须有严谨的学术作风、宁静致远的心境和严肃认真的科学态度。从微观角度而言，当代中国的教育技术研究沿两条路径展开：一条是置身真实的教育情境叙述真实的教育生活；另一条是沿着形而上学的路径登上教育技术研究的理想巅峰。沿此两条路径形成了两类截然不同的教育技术专家：一类为教育技术家；另一类为教育技术学家。但是，在真实的教育生活世界中，他们却常常把我们引向了事物的"两种极端"。在实践的一种极端，聚焦于教育技术"烹调术"的探究，希望为一线教师提供一套供其照搬操作和程序化的"规范化的操作指南"，进而导致那些面向实践的教育探究显得极其繁琐、冗长而充满"教条主义"；在理论的一种极端，由于出于对理论的盲目信奉和崇拜，他们所提供的教育技术理论研究往往又显得曲高和寡，致使理论研究时常处于远离真实的教育存在和生命教育实践的"阳春白雪"之中，进而使其自身又陷入了无限的挣扎和矛盾之中。对此，我们认为，当代中国的教育技术研究恰好需要培养和产生兼有高雅理论气质的教育技术家这样一批"大家"。因为基于实践哲学的教育技术研究哲学的基本立场要求，教育技术研究应始终定位于服务教育技术实践、献身形而下的形而上思考之中。教育技术研究哲学构建的起点和归宿都应该指向教育技术实践，然而，行走在路上的却是符合科学的研究规则的教育技术研究哲学与其所构建的教育技术理论体系。所以，教育技术研究哲学的重大使命便是，期许我们在克制以往教育技术研究中人为地形成的否定一端、成就另外一端的非此即彼的思维方式之中，能够提倡一种并驾齐驱、齐头并进、多元并存、即此即彼、求同存异的和谐方法论。

参考文献

[1] 陈明选，俞文韬. 走在十字路口的教育技术研究——教育技术研究的反思与转型[J]. 电化教育研究，2017（2）：5-12.

[2] 杨开城. 中国教育技术学的尴尬[J]. 中国电化教育，2005（12）：11-15.

[3] 孙立会. 关于教育技术研究中几个基本问题的探讨[J]. 电化教育研究，2013（6）：18-23.

[4] 李艺，安涛. 谈教育技术研究中文化传承、理论溯源和学派精神的缺失[J]. 电化教育研究，2012（4）：15-20.

[5] 李康. 使命、角色和方式：我国教育技术发展面临的转变[J]. 中国电化教育，2012（7）：1-4.

[6] 孙立会，李芒. 中国教育技术学科问题再审视[J]. 中国电化教育，2014（11）：10-16.

[7] 马启龙. 也论教育技术学的研究对象[J]. 开放教育研究，2014（3）：18-26.

[8] 刘美凤. 关于教育技术及其学科的研究方法的几点认识[J]. 电化教育研究，2008（12）：93-96.

[9] 李子运. 论教育技术实践的内在结构与外在形态[J]. 电化教育研究，2013（6）：11-17.

[10] 理查德·普林. 教育研究的哲学[M]. 李伟，译. 北京：北京师范大学出版社，2008：5.

[11] James W. Talks to Teachers on Psychology: And to Students on Some of Life's Ideals[M]. Createspace Independent Pub，2014.

[12] 蔡建东. 论教育技术学的知识旨趣[J]. 开放教育研究，2010（2）：47-51.

[13] 郑确辉. 论教育技术理论与教育技术实践联系的问题[J]. 电化教育研究，2013（3）：28-32.

[14] 刘燕楠. 矛盾与困惑：当前教育研究问题的哲学反思[J]. 教育研究，2016（9）：11-18.

[15] 徐晓雄，桑新民. 教育技术学视野中的加涅思想研究[J]. 电化教育研究，2003（10）：11-16.

[16] 桑新民，李曙华. 教育技术学范畴体系建模研究及其方法论——与美国"94定义"研究群体的对话（上）[J]. 中国电化教育，2007（11）：1-8.

[17] 陈明选，梁林梅. 新时期教育技术发展前沿问题研究与反思——由南国农教授报告引发的思考[J]. 现代远程教育研究，2010（1）：10-13.

教育技术学专业本科生就业意向调查与职业能力发展研究

黄威荣　杨　娇　刘　军　李高祥

（贵州师范大学教育科学学院，贵州　贵阳　550025）

摘　要：为了顺应当前社会的就业背景和学校教育的要求，本文从教育技术学专业本科学生就业意向入手，通过面对面的数据采集并分析结果，研究 G 大学教育技术学专业本科学生在就业意向方面的情况，分析影响就业意向的因素。结果显示，学生就业意向在性别上无显著差异，在年级上无显著差异，薪资要求在性别上有显著差异，在年级上有显著差异。同时，本文从学校对学生职业能力的培养及学生自我发展等两个方面进一步讨论，为学生的职业规划提供参考，让他们在学习过程中有意识地优化就业意向，为毕业后找到满意的工作提供一些帮助。

关键词：教育技术学专业　本科生　就业意向

就业意向就是个体在职业选择中表现出来的初步的、浅层的就业需要，它有一定的模糊性和不稳定性，有可能发展成为实际的就业选择行为，也可能消退而不能发展成为实际的就业选择行为。但学生的就业意向在一定程度上还是影响了院校人才培养质量和专业办学水平。为了顺应当前社会的就业背景和对教育技术学本科专业的培养要求，进一步促进教育技术学本科专业培养课程体系改革，有效提高教育技术学专业本科生培养质量，满足学生就业需求，笔者面向 G 大学教育技术学专业全体在校本科学生进行了就业意向调查。

一、调查设计与实施

（一）调查内容

调查内容包括基本情况、预期去向、影响就业意向的因素 3 个部分。基本情况部分包括年级、性别、报考教育技术学专业的原因等方面。预期去向为多选，包括深造和就业两方面，深造方面包括考研、出国留学，就业方面主要是对意向就业行业和薪资要求的调查，意向就业行业为多选，设计了政府机关、教育部门、教育部门以外的事业单位、传媒领域、各类企业、自主创业等方向，薪资要求为单选。影响就业意向的因素为多选，包括未来发展空间、专业是否对口、工作单位所在地、工作稳定

性、家庭因素和薪资要求等内容。

（二）调查方法与过程

目前，G 大学教育技术学专业在校本科生有 2016 级（大一）、2015 级（大二）、2014 级（大三）、2013 级（大四）共 4 个年级。调查过程中，在每个年级分别指定男、女学生担任信息采集员，采用面对面的方式对全班学生进行就业意向信息采集，采集过程中有部分学生担心个人隐私被泄漏或其他原因未提供数据，具体如表 1 所示。对获取的数据进行处理后，为了获取更进一步的信息，又以面对面的方式与部分学生进行了交流。

表 1　接受就业意向信息采集人数表　单位：人

年级	学生总人数			接受调查人数		
	男生	女生	合计	男生	女生	合计
2016 级（大一）	16	44	60	14	38	52
2015 级（大二）	21	63	84	21	58	79
2014 级（大三）	18	40	58	18	34	52
2013 级（大四）	14	44	58	7	31	38
合计	69	191	260	60	161	221

二、调查结果与分析

（一）报考教育技术学专业的原因

报考原因是影响培养质量的核心因素，也是直接影响就业意向选择的主要因素之一。在采集到的数据中，按自己意愿报考教育技术学专业的学生占38.5%，服从调剂的学生占37.1%，相对于其他大多数师范专业比例要高得多（表2）。

表2 报考或就读本专业的原因　　单位：人

原因	2016级（大一）		2015级（大二）		2014级（大三）		2013级（大四）		合计
	男生	女生	男生	女生	男生	女生	男生	女生	
自己意愿	10	32	8	17	4	7	2	5	85
父母指定	0	1	1	7	1	1	1	3	15
老师推荐	0	1	1	9	0	2	0	1	14
服从调剂	0	2	11	23	12	14	2	18	82
其他因素	4	2	0	2	1	10	2	4	25
合计	14	38	21	58	18	34	7	31	221

（二）预期去向

预期去向的数据如表3所示，接受调查的221名教育技术学专业本科生中，有71名学生选择报考国内研究生或出国留学深造，占接受调查总人数的近1/3。对于选择报考国内研究生或出国留学深造的学生，在交流中获知，学生选择报考研究生，一方面是想继续深造获取更高的文凭，另一方面是因为就业带来较大的压力，是为找到更为理想的单位作出的选择。可见严峻的就业形势和社会对人才选拔中的学历的要求不断提高，使深造已成为教育技术学专业本科生规避就业风险、实现自我理想、提高就业竞争力的重要选项。接受信息采集的学生

中有84.2%来自农村家庭，或许是受经济方面的影响，选择出国留学的人数很少。

表3 预期去向调查结果　　单位：人

预期去向（多选）		2016级（大一）		2015级（大二）		2014级（大三）		2013级（大四）		合计
		男生	女生	男生	女生	男生	女生	男生	女生	
选择深造	考国内研究生	4	10	3	16	5	19	1	8	66
	出国留学	0	1	3	0	0	1	0	0	5
选择就业	政府机关（公务员）	8	12	12	23	16	16	2	14	103
	教育部门	13	32	15	43	15	32	6	30	186
	教育部门以外的事业单位	3	9	10	29	10	20	1	19	101
	企业	3	13	9	17	7	8	0	1	58
	影视传媒领域	6	17	6	23	7	6	5	5	75
	自主创业	4	6	8	14	6	6	3	6	52

选择就业的学生中，按意向就业行业类型从高到低排列，排在前3位的依次是教育部门、政府机关（公务员）、教育部门以外的事业单位，总体上看，仍趋向于传统就业部门。G大学的教育技术学专业属于师范类专业，主要面向中小学培养教育信息化行业技能型专业人才，将教育部门作为意向就业行业选择无可厚非，但选择报考公务员进政府机关的学生占比也很大。在与学生面对面进行交流时获知，选择报考公务员的学生多数只是尝试，通过考试增加自己的知识和阅历，并非一定要进入公务员队伍，考不上再选择其他行业，具体情况如图1所示。

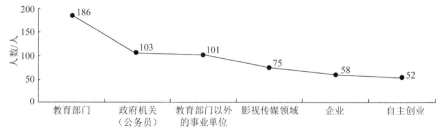

图1 就业预期去向排序

自主创业不但可以缓解就业压力，也是更高的一种自我挑战和追求，但是在接受调查的学生中，仅有 23.5%的学生有创业的意愿，各年级之间选择创业的学生占比较为接近。

（三）几种关系

1. 就业意向与性别的关系

就业意向与性别的数据如表 4 所示。男生选择继续深造占接受信息采集男生总数的比例为 26.7%，女生选择继续深造占接受信息采集女生总数的比例为 34.2%，女生比例高于男生；选择教育部门及教育部门以外的事业单位的女生的比例均高于男生；选择政府机关（公务员）、企业、影视传媒领域及自主创业的男生的比例高于女生，其中选择政府机关（公务员）的男生比女生高出约 20%，可见男生更趋向于到事业单位以外的部门发展。

对就业意向与性别的关系进行分析后发现，女生在"深造"方面比男生更为积极，男生更倾向于"自主创业"或到"影视传媒领域"及"企业"工作，出现这样的情况，原因应当是男生比女生更愿意选择挑战性大的职业。

将就业意向与性别作交叉列联表分析，$\chi^2=4.46$，$p>0.05$，表明学生的就业意向在性别上无显著性差异。

2. 就业意向与年级的关系

统计数据表明，随着年级的升高，选择进一步深造的人数总体上呈现出先递增后递减的趋势。除个别情况以外，随着年级的升高，在就业意向方面选择教育部门的学生总体上呈现出先递减后递增的趋势，选择教育部门以外的行业总体上呈现出先递增后递减的趋势。4 个年级中就业意向为教育部门的最高，其次是教育部门以外的事业单位，然后是政府机关（公务员）（图2）。

表 4　就业意向与性别数据表

意向就业行业（多选）		男		女	
		人次/人	占接受信息采集男生总数百分比/%	人次/人	占接受信息采集女生总数百分比/%
选择深造	考国内研究生	13	21.7	53	32.9
	出国留学	3	5.0	2	1.3
选择就业	政府机关（公务员）	38	63.3	65	40.4
	教育部门	49	81.7	137	85.1
	教育部门以外的事业单位	24	40.0	77	47.8
	企业	19	31.7	39	24.2
	影视传媒领域	24	40.0	51	31.7
	自主创业	21	35.0	31	19.3

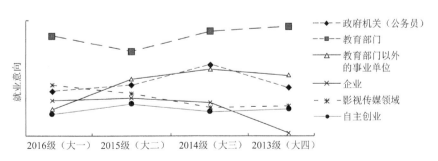

图 2　就业意向与年级的关系

将就业意向与年级做交叉列联表分析，$\chi^2=12.2$，$p>0.05$，表明学生的就业意向在年级上的差异不显著。

3. 薪资要求与性别的关系

采集信息时，薪资要求设计为单选，其与性别的关系如表 5 所示。对薪资要求与性别进行比较分析，男生的薪资要求普遍比较高，期望薪资为5000 元以上的有 34 人，占接受信息采集男生总数的 56.7%；女生对薪资的要求较为理性，大多数

表5　薪资要求与性别关系　　单位：人

项目	5000 元以上	4000 ~ 5000 元	3000 ~ 4000 元	3000 元以下	合计
男生	34	10	14	2	60
女生	30	76	53	2	161
合计	64	86	67	4	221

在 3000～5000 元，期望薪资为 5000 元以上的有 30人，占接受信息采集女生总数的 18.6%。

将薪资要求与性别做交叉列联表分析，$\chi^2=25.27$，$p<0.05$，表明学生的薪资要求在性别上的差异高度显著。

4. 薪资要求与年级的关系

图 3 为薪资要求选择与接受信息采集人数占比关系图，薪资要求为 5000 元以上占比表现为从 2016级至 2015 级飙升，2014 级回落，2013 级保持相对平稳；薪资要求为 5000 元以下占比基本都是从 2016级至 2015 级下降，2014 级回升，并与 2013 级保持相对平稳。

将薪资要求与年级做交叉列联表分析，$\chi^2=20.14$，$p<0.05$，表明学生的薪资要求在年级上有显著差异。

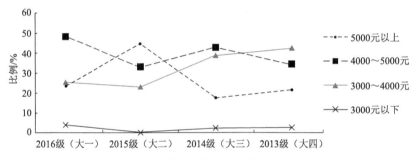

图3　薪资要求与年级的关系

从图 3 可看出，绝大多数学生的薪资要求在3000 元以上，基本符合社会发展水平状况，但一部分学生的薪资要求意向偏高，可能不利于学生的顺利就业。

（四）影响就业意向的因素

总体上而言，学生选择工作时最看重的因素是"工作稳定性"（占 65.6%），其次是"未来发展空间"（占 56.1%），再次是"工作单位所在地"（占52.9%），"家庭因素"和"薪资待遇"并列第四（占 43.0%），最后是"专业是否对口"（占 34.8%）。

在性别上，影响男生就业意向的因素从高到低依次是"未来发展空间"（占 66.7%）、"工作稳定性"（占 60.0%）、"工作单位所在地"（占 51.7%）、"家庭因素"（占 46.7%）、"薪资待遇"（占 40.0%）、

"专业是否对口"（占 23.3%）；影响女生就业意向的因素从高到低依次是"工作稳定性"（占 67.7%）、"工作单位所在地"（占 53.4%）、"未来发展空间"（占 52.2%）、"薪资待遇"（占 44.1%）、"家庭因素"（占 41.6%）、"专业是否对口"（占% 39.1%）。

在年级上，2016 级与 2013 级最看重"工作稳定性"，2015 级最看重"未来发展空间"，2014级最看重"工作单位所在地"（图 4）。

数据表明，随着社会竞争的激烈及生存危机的凸显，学生已经意识到就业危机，"专业是否对口"和"家庭因素"在影响就业意向的因素中已经不再那么重要，学生不再简单盲目地追求物质利益，个人价值能否得到实现对就业选择的影响越来越大。

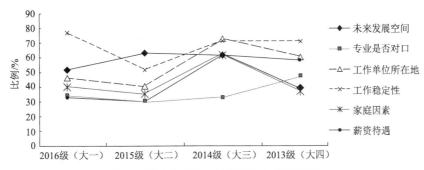

图4　影响就业意向的因素与年级的关系

三、职业能力培养与学生自我发展

学生就业与专业培养密不可分，学生自我发展是建立在学校对学生进行的职业能力培养的基础之上的。因此，可从学校对学生职业能力与素质的培养及自我规划与发展两个方面进行进一步讨论。

（一）职业能力与素质培养

1. 改革课程体系，突出专业培养特色

教育信息化蓬勃发展，而技术在教育变革中却步履蹒跚，信息化环境下学校教师的角色发生了较大的转变，需要具备较强的现代教育信息技术应用能力等专业技能来提高竞争力，而当前高等师范院校培养出来的学生已经开始渐渐不适应基础教育的实际需要。课程体系对学生培养质量至关重要，对于教育技术学专业学生，不同工作岗位都有特定的知识与技能要求，应根据对应岗位的工作过程和能力需求分析，建立工作任务与知识、技能的对应关系，根据学生认知及职业成长规律对工作过程涉及的知识和技能进行整合、重组和简化，构建出新的课程体系，从而突出专业培养特色。

2. 注重专业引导，增强学生专业认同

专业认同是学生对自身专业身份的接受与认可，是愿意以积极态度和主动行为对专业进行学习与探究的奠基石。专业引导是增强学生专业认同意识的重要环节，对学生进行正确的专业引导，为专业发展提供了有利的空间和条件，只有有效地激发他们的专业认同意识，才能促使他们尽快认同自身的专业身份，激发其内心意愿，自觉自愿地全身心地投身于课程学习中，体现出自身最大的能动性。

3. 加强就业研究，全面提供数据参考

在就业形势越来越严峻的今天，几乎每一位大学生都切身地感受到了现实的就业恐慌，有的学生对当前的就业形势不够了解，不能根据自己的实际情况定位，对自己的就业期望高于现实社会，一旦不能顺利就业，就感到失望、悲观。为了让学生不被就业恐慌情绪压倒，盲目地胡乱选择并不适合自己的职业，学校进行就业研究并为全体学生全面提供数据，变得非常重要。一方面，就业研究可为培养单位提供人才培养策略，让学生更清楚地了解当前的就业形势，形成正确的择业观，合理地定位方向和进行职业规划；另一方面，可为在校学生针对年级、性别、不同岗位类别的择业、就业及进一步明确职业规划的方向和目标提供准确、全面的参考数据支撑。

4. 搭建供需平台，改革就业服务机制

"无业可就""有业难就"是求职者面临的"两大难题"，这种情况多为信息不对称和就业能力不足造成的。因此，培养单位应改革就业机制，增强服务职能，充分学习其他行业就业和人才服务的有效做法，各培养部门应成立就业服务机构，在培养单位的指导下开展服务，结合职业发展目标、专业发展目标、个性特点和学习基础，针对不同性别、不同年级开展有针对性的入职教育和差异性指导。对于"无业可就"者，应搭建供需平台，提供岗位信息，进行就业创业帮扶，对于"有业难就"者，就业服务机构应帮助其全面分析原因，提供政策指引、就业培训和维权援助等方面的支持，帮助他们实现顺利就业。

（二）自我规划与发展建议

1. 厘清自我定位，做好职业生涯规划

求职意向定位准确的前提是做好职业生涯规

划。就业后频繁跳槽的罪魁祸首就是没有准确的目标定位，大学生应该学会进行社会大环境分析，厘清自我定位，全面剖析自己，提高对自身的认识和了解，清楚自己适合做什么、应该做什么、能够做什么、选择做什么、怎么样去做等问题，找准就业方向，找出奋斗点，找出自身的优势和不足，提前做好充分准备。

2.注重基本能力，全面提高综合素质

基本能力是从事工作的基础，综合素质是出色完成工作的保障。近年来，很多用人单位反映新招聘的员工与期望存在较大的差距，普遍反映基本功不扎实，现代社会生产体系中，普遍要求员工具备扎实的专业基本技能和基础知识，具备独立的学习能力、思考能力、创新能力，要想提高个人竞争力，就必须积极发展自我，全面提高综合素质，主要体现为以下三方面。

1）专业素质。毫无疑问，专业素质是竞争的基础，每一个岗位都有其本职工作，不具备一定的专业素质难以做好本职工作。

2）职业素质。职业素质体现在很多方面，如人际交往能力、组织协调能力、团队合作能力、创新能力等，在提高职业素质时，要学会倾听、理解及思考。

3）健康素质。健康素质包括身体健康及心理健康，身体健康是成就事业的保障。同时，心理健康也极为重要，面对生活压力、工作压力，要学会自我调节，保持乐观向上的心态，才能够有效处理生活及工作中的困难。

3.正确看待就业，积极接受就业指导

著名的就业指导专家李震东教授曾经说过，就业形势无非就是两种：就业难和就业不难。如果要找到一份符合自己要求的工作，这是就业难；而要找到一份能够生存的工作，这是就业不难。就业难不难，主要取决于求职者的心态和观念，不是每一位求职者都能如愿，应学会摆正心态，客观地认识自己，正确看待就业问题，积极接受就业指导，将就业难转化为就业不难，是大学生应该具备的基本能力。

4.找准就业方向，加强求职技能训练

求职技能训练不同于专业能力培训，是提高就业创业素质和能力的重要环节。在大学教育中，知识教育仍然占据非常大的比例，很多学生功课学得很扎实但没有课余爱好和社交能力，缺乏实践经验，不懂人际关系处理和情绪控制，求职能力极为薄弱，一些学生由于不能达到用人标准被拒之门外，也有一些学生为生存而选择一份并不理想的工作。因此，大学生应该加强对自己理想岗位的认识，努力提高自己以达到用人单位的要求，加强求职技能训练，掌握一定的求职技巧，这样在毕业之后才能找到适合自己的就业岗位。

参考文献

[1] 沈茜.高职毕业生就业意向的调查研究[J].高教发展与评估，2005（5）：55-57.

[2] 白杨.普通高师院校师范生就业意向调查研究[D].呼和浩特：内蒙古师范大学，2011.

[3] 曹璐.基于大学生就业意向和就业选择调查的高校就业指导工作研究[D].长沙：湖南大学，2015.

[4] 卢倩一.教育技术学专业研究生就业意向调查研究——以河北大学为例[J].软件导刊（教育技术），2016（2）：27-29.

我国教育技术学在教育学科中的影响力讨论

——以《教育研究》刊发的教育技术论文为样本的分析

李婷婷　钟柏昌

（南京师范大学教育科学学院，江苏　南京　210097）

摘　要： 随着教育信息化的推进，教育技术学科在推动教育事业发展方面发挥着越来越重要的作用，但教育技术学在中国教育学领域的影响力究竟如何，尚缺少客观和量化的分析。本文通过对《教育研究》创刊后刊发的教育技术论文展开文献计量学研究，从教育技术栏目设置状况、教育技术论文年刊文量及占比、教育技术研究主题及其变迁过程、教育技术学术会议报道和书评数量、主要研究人群及研究机构等方面进行定量分析，发现了教育技术学在教育学科中的影响力偏低，教育技术研究存在着盲目跟风、基础理论研究缺乏和研究者跨机构合作较少等问题。为此，教育技术学界应该正视差距，不断提升自身的理论修养和研究水平，使教育技术学科产生更大的影响力。

关键词： 教育技术学　教育学科　学术影响力　《教育研究》

一、问题的提出

教育技术学是教育学一级学科门类下的二级学科，是教育学的一个分支。改革开放以来，我国教育技术学（电化教育学）在学科建设、指导实践、与其他学科对话方面均取得了长足的进步，在推动教育改革的过程中发挥着越来越重要的作用[1]。多媒体计算机网络技术进入教育领域，促进了教育现代化的进程。随着"信息技术教育"的开展、"校校通工程""现代远程教育工程"的实施，以及"新课改""教育信息化"的推进，教育技术被提到教育改革的"突破口"和"制高点"的地位，受到了前所未有的重视[2]。与此同时，回顾教育技术学的发展，教育技术学（电化教育学）作为一个独立的本科专业，是 1983 年确立的，作为教育学领域一个独立的二级学科则是 1993 年才确立的，因此还是一个非常年轻的交叉学科。由于缺乏历史积淀和技术发展太快，本专业的理论基础与课程体系至今还不够完善，教育技术研究的学术品质和理论建设至今还不尽如人意[3]。

那么，在我国教育改革和教育信息化推进的过程中，教育技术学科在我国教育研究领域中的影响力究竟如何？为回答这一问题，本文选择《教育研究》中刊发的教育技术学术论文进行文献计量分析。之所以选择《教育研究》刊物作为衡量我国教育技术学科影响力的分析样本，有三个原因：一是《教育研究》是国家级科研单位——中国教育科学研究院主办的教育类学术期刊，在国内教育类期刊中处于"独占鳌头"的地位[4]，是中国教育领域中公认的最具影响力的学术期刊；二是它创刊于 1979 年，在时间段上恰好与我国 1978 年后的改革开放接近，也完整覆盖了教育技术学（电化教育学）的发展阶段；三是期刊文章反映了刊物主编、论文审查专家的视野、兴趣及客观性，呈现出该领域的核心价值、信念，并体现出当代社会文化的现状与研究趋势[5]。因此，分析权威学术期刊上所刊相关专业领域的学术论文，可以了解学术共同体对相关专业领域的核心价值取向及对该专业水准的认同程度，亦可运用这方面的研究结果来评估该专业领域的发展和学术影响力，以及相关学者和研究机构主动参与高水平研究的情形。尽管从《教育研究》一本刊物去评价教育技术学科的影响力有失偏颇，但考虑到该刊物在教育学领域的绝对权威地位，以及以往关于教育技术学科影响力研究中缺乏对其发文状况的研究，因此以此为研究样本就有了特定的价值。综上，我们认为，相对于重点学科数量、国家级课题数量、招生规模等政府主导的评价指标而言，《教育研究》创刊后发表的教育技术学术论文，更能体现教育学界对教育技术学的认知与认同程度，可以从一个独特的视角反映出我国改革开放后教育技术学学科影响力的变化情况。

二、统计指标与研究方法

教育技术学术论文是教育技术研究共同体就某一问题或现象的深入思考及进行实验之后呈现出的研究成果，能够集中反映教育技术学学科的学术水准和破解问题的能力。在《教育研究》中，教育技术论文的年发文量、在该刊年发文总量中的占比、年度教育技术学栏目设置状况、教育技术学术会议报道、教育技术书评的年度刊文量、教育技术研究热点及其演变过程，这些信息都能够反映出教育学人对教育技术学问题及其实践的关注与重视程度；教育技术论文的作者及其所属机构则在一定程度上反映出教育技术学科的知识基础及背景，同时也能看出不同地区、机构和个人对教育技术学科影响力的贡献程度。综合使用以上统计指标，可以较好地反映以《教育研究》为代表的我国教育界对教育技术学科的态度及关注程度，间接反映出了教育技术学科在教育领域中的地位和学术影响力。

为全面分析上述指标，本文采用文献计量学研究方法开展研究。在文献样本的获取方面，我们采用 CNKI 数据库和学校图书馆的纸质期刊相结合的方式，获取了在《教育研究》上刊发的所有教育技术类论文，跨度为 1979 年创刊至 2015 年共 37 年，并对所获教育技术类论文进行分类整理和编码。所谓教育技术论文，主要参考如下范围进行遴选：一是事实研究论文，即对"教育技术和教育技术学是什么"进行研究的论文；二是价值研究论文，即对教育与技术的价值、教育技术与人的发展的价值等问题进行研究的论文；三是技术研究论文，即对教育中技术的应用和由此引起的特定教育现象进行

研究的论文[1, 6]。在获取文献样本时，我们首先获取《教育研究》的年度目录（缺少年度目录的年份则查阅该年度每一期的目录），确认已归类为教育技术栏目的论文，其余非教育技术栏目的论文，则根据判断标准逐一浏览总目（或每期目录）中论文的标题并查阅论文内容进行确认。为确保文献数据的准确性，本文两位作者采用背靠背方式进行了文献的采集和编码工作，对不一致的文献采集和编码进行了讨论、确认，消除了在部分文章的学科归属上的分歧，以及在关键词的提取、合并、归类上的差异，最终获得有效文献数量为 138 篇（占该刊发文总量的 1.6%）。在文献数据的统计分析工具和方法上，除基本的数量统计外，笔者还使用社会网络分析软件 CiteSpaceⅢ对所获文献做了主题和作者共现图谱分析。CiteSpace 是美国费城的德雷赛尔大学副教授、大连理工大学的陈超美博士开发的信息可视化软件，具有作者分析、关键词共词分析、机构合作分析、作者共被引分析、文献共被引分析等功能[7]。本文在分析文献数据时，先利用软件的数据处理功能对文献数据进行了格式转换，作为 CiteSpace 可读的来源文献数据。

三、《教育研究》刊发教育技术类论文的计量分析

（一）教育技术相关栏目设置的年代变化

期刊的栏目设置从某种意义上反映出了一本期刊的办刊思路、学术水平和整体价值取向，不同内容或形式的文章通过编辑的精心策划和筛选，被归类到各个栏目中，以此形成不同板块，再由各个板块组成一本完整的期刊[8]。《教育研究》刊发的学术论文当中，1979—1995 年、1998 年、2000 年、2002 年、2003 年、2005 年、2007 年、2009—2012 年、2015 年均没有设置"教育技术"（含电化教育、教育信息技术等，下同）相关栏目。在 1996 年、1997 年、1999 年、2001 年、2004 年、2006 年、2008 年、2013 年和 2014 年《教育研究》的总目录中，设置了"教育技术"相关栏目，如表 1 所示。换言之，1979—1995 年，整整 17 年都没有"教育技术"栏目，自 1996 年起，才开始设置"教育技术"栏目，而自开始设立栏目以来直至 2015 年的 20 年中，

《教育研究》总共设置"教育技术"栏目的次数也　仅为 9 次，几乎都是隔几年设置一次。

表 1　1979—2015 年《教育研究》所刊教育技术论文所在栏目统计表

年份	教育技术论文篇数	归属的学科栏目	年份	教育技术论文篇数	归属的学科栏目
1981	2	"高等教育"栏目 1 篇；"成人教育"栏目 1 篇	1999	4	"教育技术"栏目 4 篇
1982	1	"成人教育"栏目 1 篇	2000	3	"教育基本理论"栏目 1 篇；"教师工作"栏目 1 篇；"校长论坛"栏目 1 篇
1983	2	《教育研究》未设置栏目分类	2001	9	"教育信息技术"栏目 6 篇；"'九五'规划重点课题成果简介"栏目 1 篇；"加强和改进教育工作大家谈"栏目 1 篇；"教师工作"栏目 1 篇
1984	8	《教育研究》未设置栏目分类	2002	8	"课程与教学"栏目 8 篇
1985	1	"国外教育研究"栏目 1 篇	2003	1	"课程与教学"栏目 1 篇
1986	2	"问题讨论"栏目 2 篇	2004	6	"教育信息技术"栏目 4 篇；"课程与教学"栏目 1 篇；"地方科研园地"栏目 1 篇
1987	2	"高等教育"栏目 1 篇；"中小学教育"栏目 1 篇	2005	1	"课程与教学"栏目 1 篇
1988	1	"成人教育"栏目 1 篇	2006	7	"教育技术学"栏目 4 篇；"教育经济学"栏目 1 篇；"国外教育科学"栏目 1 篇；"基础教育"栏目 1 篇
1989	2	"高等教育"栏目 2 篇	2007	2	"德育"栏目 1 篇；"地方科研园地"栏目 1 篇
1990	1	"中小学教育"栏目 1 篇	2008	7	"教育技术"栏目 4 篇；"德育"栏目 1 篇；"课程与教学"栏目 1 篇；"地方科研园地"栏目 1 篇
1991	2	"思想政治教育"栏目 1 篇；"访谈录"栏目 1 篇	2009	5	"纪念改革开放 30 周年"栏目 1 篇；"教育基本理论"栏目 1 篇；"课程与教学"栏目 1 篇；"地方科研园地"栏目 1 篇；"比较教育"栏目 1 篇
1992	3	"教学论和各科教学"栏目 2 篇；"高等教育"栏目 1 篇	2010	2	"农村教育"栏目 1 篇；"国际与比较教育"栏目 1 篇
1993	3	"计算机教育"栏目 2 篇；"高等教育"栏目 1 篇	2011	3	"课程与教学"栏目 1 篇；"教育评价"栏目 1 篇；"高等教育"栏目 1 篇
1994	1	"访谈录"栏目 1 篇	2012	8	"课程与教学"栏目 2 篇；"教育经济与管理"栏目 1 篇；"基础教育"栏目 1 篇；"高等教育"栏目 2 篇；"教师教育"栏目 1 篇；"农村教育"栏目 1 篇
1995	1	"比较教育"栏目 1 篇	2013	6	"教育信息化"栏目 2 篇；"教育基本理论"栏目 1 篇；"课程与教学"栏目 3 篇
1996	3	"教育技术"栏目 3 篇	2014	11	"教育信息化"栏目 3 篇；"教育评价"栏目 1 篇；"课程与教学"栏目 6 篇；"教育基本理论"栏目 1 篇
1997	6	"教育技术"栏目 5 篇；"教师工作"栏目 1 篇	2015	11	"教育基本理论" 1 篇；"热点聚焦" 1 篇；"高等教育" 1 篇；"课程与教学" 7 篇；"教育心理" 1 篇
1998	3	"教育哲学"栏目 1 篇；"教学论与各科教学"栏目 2 篇			

值得注意的是，无论是否设置有教育技术相关栏目，我们总能发现一些散落在其他栏目中的教育技术类论文。在《教育研究》刊发的总计138篇教育技术相关论文中，仅仅只有35篇归类在"教育技术"相关栏目下，30多篇归类在"课程与教学"栏目下，10篇归类在"高等教育"栏目下，其余论文则归类在"成人教育""教育评价""基础教育""教育基本理论"等栏目下。这种归类上的错位，说明教育技术相关研究确有其价值，但教育学界对其学科属性和学科地位的认知尚不清晰，不足以让编辑作出必要且正确的栏目归类，这是一件非常遗憾的事情。

（二）教育技术论文的年发文量和年刊发比例

在《教育研究》所刊发的论文中，教育技术类论文所占比例极低，如表2和图1所示。虽然2001年是刊发比例最高的一年，其比例也仅为4.4%。在很多年度，如1979—1983年、1985—1991年、1994年、1995年、2003年、2005年、2007年、2010年等18年中，《教育研究》刊发的教育技术论文比例均不足1%，而在1979年和1980年中，教育技术论文比例为0。教育技术作为教育学的10个二级学科之一，其理论上的年度刊发比例应该高于上述数据。采用历时段分析，结合图1与图2可见，尽管在1996年后，教育技术论文年刊发比例有所上升，但整体比例仍无太大起色，且有较大起伏，未呈现持续上升的趋势。这里有一个问题需要说明，即并非说每一个二级学科在《教育研究》的发文量达到1/10才算有影响力，一方面，有一些论文属于教育学一级学科论文（不宜归入特定的二级学科）；另一方面，每个二级学科的体量和研究力量有较大差距，发表论文的数量必然有多寡之分。那么对于教育技术学科而言，在《教育研究》上发表多少论文才算有影响力？我们很难给出一个直接的量化标准，只能从其他间接指标作出大致的判断。例如，以CSSCI（2014—2015年）收录的教育学学术刊物为例，教育技术类刊物共有7本，占19.4%；又以2014年教育学CSSCI发文量为例，教育技术类刊物发文1019篇，占16.1%。因此，相比而言，在《教育研究》中刊发的教育技术论文明显过少。

表2　1979—2015年《教育研究》年刊发教育技术论文数量及比例（按比例排序）

年份	教育技术论文数/篇	期刊年发论文总数/篇	教育技术论文占比/%
2001	9	206	4.4
2014	11	267	4.1
2015	11	272	4.0
1984	8	226	3.5
2002	8	242	3.3
1997	6	197	3.0
2006	7	235	3.0
2008	7	260	2.7
2004	6	238	2.5
2012	8	325	2.5
1999	4	178	2.2
2013	6	278	2.2
2009	5	247	2.0
1998	3	178	1.7
2000	3	194	1.5
1992	3	199	1.5
1996	3	204	1.5
1993	3	205	1.5
2011	3	264	1.1
2007	2	226	0.9

年份	教育技术论文数/篇	期刊年发论文总数/篇	教育技术论文占比/%
1991	2	228	0.9
1983	2	230	0.9
2010	2	236	0.8
1989	2	252	0.8
1987	2	273	0.7
1986	2	274	0.7
1981	2	386	0.5
1995	1	205	0.5
1985	1	209	0.5
2003	1	226	0.4
2005	1	227	0.4
1990	1	232	0.4
1994	1	239	0.4
1988	1	264	0.4
1982	1	334	0.3
1979	0	129	0.0
1980	0	181	0.0

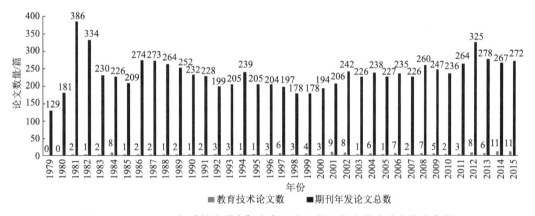

图1　1979—2015年《教育研究》各年发文总数和教育技术论文数直方图

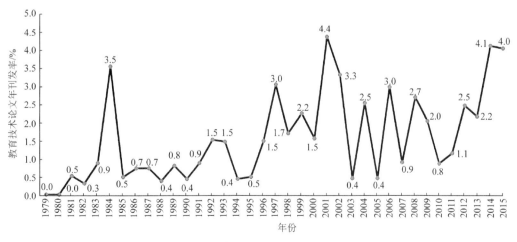

图2　1979—2015年《教育研究》年刊发教育技术论文数量占论文总数比例图

（三）教育技术学术会议报道、书评数量

《教育研究》所刊教育技术学学术会议报道和教育技术类书评数量是观察教育技术学科影响力的另一个视角。如表3所示，自《教育研究》创刊以来，刊登的教育技术学学术会议报道总数为10篇。近年来，我国教育技术圈每年均有大量国际国内学术会议举办，如教育技术国际论坛，技术促进教育变革国际会议，全球华人计算机教育应用大会，教育技术国际学术会议暨院长、系主任联席会，中国国际远程教育大会，中国教育技术协会信息技术教育专业委员会学术年会等，均有相当的规模和影响力，遗憾的是均未找到关于《教育研究》的报道。最早的关于教育技术相关的学术会议报道是1988年《计算机在我国中小学教育中的应用和软件开发情况综述》，该文指出，应用计算机辅助教育（computer-based education，CBE）是当代世界教育改革的一个重要方面，我国也在积极开展CBE工作，但在实践中遇到了许多理论性问题和实际困难[9]。这在一定程度上表明，我国教育界对教育技术学科的正式关注始于计算机辅助教学（表3）。值得注意的是，《教育研究》所刊登的10篇文章中有6篇是关于学习科学领域的，反映出教育界对"人是如何学习的"这一话题有较高的关注度，尤其是技术支持的学习，如社会性学习技术的研究、利用技术手段获取和分享数据、用技术手段支持教师合作和专业发展等[10]。此外，1979—2015年，《教育研究》刊登的教育技术学书评文章为0篇，学术会议

表3 1979—2015年《教育研究》所刊教育技术学术会议报道统计表

年份	学术会议报道
1988	计算机在我国中小学教育中的应用和软件开发情况综述
1989	全国大学学习科学研究会学术讨论会综述
1990	《教育、科技与人》学术研讨会综述
1992	全国学习科学第三届学术研讨会综述
1994	全国第二届大学学习科学学术研讨会综述
1995	全国第四届学习科学学术研讨会在京召开
2000	全国大学学习科学研究会第五届研讨会综述
2005	"九五"以来我国教育现代化研究综述
2009	"学习社区与技术：未来十年展望"学术研讨会纪要
2014	学习科学与教育变革

报道和书评数量从一定程度上反映出了教育技术学在整个教育学学科中的影响力较低。

（四）教育技术论文的主题分布

利用CiteSpace对《教育研究》所刊发的教育技术类论文进行网络分析，采用关键词共现的方法进行主题聚类，可以了解教育技术类论文主题分布的特征。关键词是学术论文的一个重要组成部分，虽然往往只是几个词，在论文中所占篇幅比较少，但却是论文的精髓，不仅可以利用关键词检索到文献，还可以通过关键词了解到文献涉及的领域和内容[11]。需要说明的是，由于2001年以前刊发的论文通常缺少关键词的罗列，为此笔者采用背靠背的方式对缺少关键词的文献进行了人工增补。

在进行初步分析时，我们发现获得的关键词共现图谱中有许多类似的关键词，通过专家辨识，我们将相似的关键词进行了合并，主要合并的有"现代信息技术""当代信息技术""信息技术"合并为"信息技术"；"远距离教育""现代远程教育""远程教育"等合并为"远程教育"；"计算机辅助教学""计算机辅助教育"合并为"计算机辅助教学"；"信息技术课""信息技术课程""信息技术学科""计算机课""计算机课程"等合并为"信息技术课程"；"网络环境""计算机网络环境""互联网络环境"等合并为"网络环境"；"教育技术""现代教育技术""电化教育"等合并为"教育技术"。最终形成如图3所示的关键词共现图谱。

从图3中可以看出，1979—2015年《教育研究》所刊教育技术类论文的研究热点有信息技术、教育技术、信息技术课程、教育信息化、计算机辅助教学、远程教育、教育技术学、计算机、教育改革、高等教育、教育科学等。其中，共现频次超过10次的关键词有信息技术（26次）、教育技术（17次）、信息技术课程（14次）、教育信息化（12次）与计算机辅助教学（10次）。共现频次越高，表明这些研究主题越受关注，是教育技术学研究过程中出现过的研究热点。《教育研究》刊发的教育技术论文的研究热点与其他研究者得出的观点基本一致[12, 13]，涵盖了教育技术的基本理论研究、信息化学习环境与教学资源建设研究、网络学习与远程教育研究等各个方面。

中介中心性是测量节点在网络中重要性的一个指标，CiteSpace 中用此指标衡量和发现文献的重要性，并用不同颜色对该类关键词进行重点标注[14]。

结合图 3 与表 4，我们发现中心性高的关键词与共现频次高的关键词基本一致。

图 3　1979—2015 年《教育研究》所刊教育技术论文关键词共现图谱

突现词是指在某一时期该研究出现过巨大的变化（突然增多或急剧减少），对该研究领域产生过重要影响。我们利用 CiteSpace 软件的突现词检测功能，发现突现关键词为"教育信息化"，如表 4 所示。2006 年"教育信息化"第一次出现在《教育研究》刊载的教育技术论文中，引用这一概念的研究者有熊才平和王珠珠等。2006—2014 年，"教育信息化"这一关键词的引用频次总共为 12 次，2012 年之后共 9 次，这反映出自 2012 年后"教育信息化"开始受到广泛关注，相关的研究成果也不断增加。通过检视这 12 篇与教育信息化相关论文的内容，可知其主要研究内容涉及教育信息化城乡均衡发展、教育信息化战略、教育信息化发展现状、信息化环境与资源建设等方面。

对 CiteSpace 生成的图谱进行调整，可以获得关键词图谱的时间线视图，如图 4 所示。从该视图中可以清晰地看出 1979—2015 年《教育研究》刊发的教育技术论文研究热点的转变历程。教育界对"信息技术课程""信息技术""教育技术""计算机辅助教学"等研究主题一直保持较高的关注度，这些热点也一直持续至现在（参见图 4 中各关键词的时间线的起止位置）；"远程教育""多媒体教育""教育信息资源""教育信息化"等研究主题依次成为后来的研究热点。尤其值得注意的是，

表 4　1979—2015 年《教育研究》所刊教育技术论文关键词共现频次、中心性及突现值

共现频次	突现值	中心性	关键词	首次引用年份
26		0.45	信息技术	1986
17		0.26	教育技术	1983
14		0.23	信息技术课程	1981
12	4.4	0.09	教育信息化	2006
10		0.17	计算机辅助教学	1991
7		0.03	远程教育	1989
5		0.03	教育技术学	1999
5		0.15	计算机	1982
5		0.04	教育改革	1993
5		0.02	高等教育	1992
5		0.06	教育科学	1984
4		0	技术革命	1984
4		0.02	基础教育	2006
4		0	网络教学	1998
4		0.02	教育信息资源	2001
4		0.06	多媒体教育	1997

注：本表仅呈现了共现频次在 4 次以上的关键词

中小学信息技术课程（计算机课程）是最早被关注且被持续关注的研究领域，这一状况与教育技术学界内部对待信息技术课程研究的态度形成了鲜明的反差。《教育研究》中教育技术研究热点的转变也与我国教育技术发展历程密切相关，自改革开放

至 20 世纪 90 年代前期，新的技术媒体进入教学领域，如幻灯、电视录像、广播、计算机辅助教学系统等，计算机和现代媒体在教学中的应用研究占据了主流[15]，人们关注的热点主要是开设计算机课程、远程教学、计算机辅助教学等；20 世纪 90 年代至 21 世纪初，多媒体计算机、因特网和校园网等新媒体被引入教学领域，计算机教育应用进入综合化、网络化、智能化的发展阶段[16]，这一时期网络教育兴起，与信息技术和课程整合一起成为当时的研究热点。21 世纪以来，随着教育信息化的推进，教育信息化环境迅速改善，教育资源极大丰富，教育信息化成为这一时期的研究热点。从研究热点的演进历程上来看，体现出了我国教育界对教育技术不同发展时期关注点的变化。

图 4　1979—2015 年《教育研究》所刊教育技术论文关键词共现时间线视图

（五）教育技术论文作者与机构分布

CiteSpace 提供的 11 种功能选择中，通过作者共现图谱可以发现某个研究领域学者国家或研究机构之间的社会关系，为评价科研人员、国家或机构的学术影响力提供一个新的视角，有利于我们发现那些值得注意的科研人员、国家或机构[17]。对《教育研究》刊登的 127 篇教育技术论文进行作者共现分析，可得到其网络结构等情况如图 5 所示。以第一作者统计，发表教育技术论文数较多的研究者有熊才平、李艺、安宝生、李芒、汪基德、刘世清、陈琳等，具体信息如表 5 所示。结合这些主要研究者的研究背景，可以发现他们均是来自专业教育机构的研究人员。值得注意的是，除了一批教育技术学者外，还有一些非教育技术学者的论文发表，典型的如查有梁、宗秋荣、陈时见等，体现了教育技术学交叉学科的特性。若去除这些非教育技术学科队伍的论文，只算教育技术学科圈内的研究者，那么发表在《教育研究》上的教育技术论文数量不会超过 80 篇（因年代问题，部分作者的学科归属不好判断，只能做粗略估计），不及《教育研究》刊文总量的 1%。

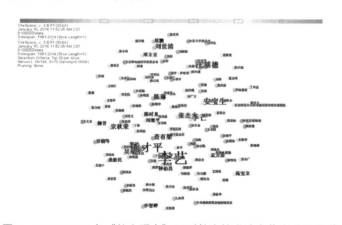

图 5　1979—2015 年《教育研究》所刊教育技术论文作者共现图谱

表5 1979—2015年《教育研究》所刊教育技术论文作者统计表

发文数量/篇	作者	首次发文年份
7	熊才平	2004
5	李艺	1999
4	安宝生	1990
4	李芒	1998
4	汪基德	2006
4	刘世清	2011
4	陈琳	2012
3	查有梁	1984
3	张杰夫	1988
3	宗秋荣	1996
3	李智晔	2013
2	高宝立	1991
2	柳芳	1997
2	桑新民	1997
2	邓立言	1998
2	张义兵	2000
2	陈时见	2001
2	何克抗	2002
2	钟柏昌	2006

注：发文数量仅统计第一作者或独立作者发表的论文数量；本表仅呈现了发文数量达到2篇及以上的个人

从发文机构看（表6），1979—2015年，《教育研究》所刊教育技术学术论文最多的是中国教育科学研究院（前身为中央教育科学研究所）和北京师范大学，总数均为14篇，其次是南京师范大学，总数为12篇。其余发文较多的机构分别是东北师范大学、华南师范大学等。从机构的分布来看，教育技术论文的主要研究力量除中国教育科学研究院外，其余大多集中在师范大学，如北京师范大学、南京师范大学、华南师范大学、东北师范大学等，这些院校都是较早设立教育技术学博士学位点的高校，也是引领全国教育技术学科发展的第一梯队。

表6 1979—2015年《教育研究》所刊教育技术论文机构及发文数量统计表

发文机构	发文数量/篇
中国教育科学研究院	14
北京师范大学	14
南京师范大学	12
东北师范大学	5
华南师范大学	5
河南大学	5
江苏师范大学	5
湖州师范学院	5

续表

发文机构	发文数量/篇
浙江师范大学	4
华中师范大学	4
宁波大学	3
中央广播电视大学	3
四川省社会科学院	3
浙江大学	3
广西师范大学	2
首都师范大学	2
曲阜师范大学	2
中国教育电视台	2
教育部国家教育发展研究中心	2
教育部全国中小学计算机教育研究中心	2

注：本表仅呈现了发文数量达到 2 篇及以上的机构

四、反思与启示

（一）正视教育技术学科在教育学科中影响力低的事实

就教育技术学科而言，其在《教育研究》中的学科影响力低，不仅体现在《教育研究》中刊发的教育技术学术论文占总量的比例较低，教育技术相关的学术会议报道和书评数量极少，还体现在《教育研究》把"教育技术"栏目设为偶设栏目，由此反映出自学科创建以来，在我国以《教育研究》为代表的教育领域中，教育技术学科的整体学术影响力偏低。这一结论与一些研究者的研究结果相左。有研究者认为，从教育技术在省级和国家级重点学科所占份额、国家级项目研究数量、学科所获国家级奖项、研究生教育发展、教育技术学期刊在 CSSCI 源期刊中的数量等角度看，教育技术研究成果的影响巨大，教育技术学的学科地位在 21 世纪得到了巨大提升[18]。既然如此，为何教育技术的学科地位获得巨大提升，而教育技术学在教育学科中的学术影响力却较低呢？我们认为其中一个主要原因是该研究所采用的指标均为教育行政部门主导下生成的指标，教育行政部门对重点学科、重要课题、招生指标等的分配通常按学科专业类别进行相对"均匀"的安排，因此这些指标并不能很好地体现教育学界对教育技术学科的实际认知和认同程度。当然，也可以揣测《教育研究》的编辑及审稿者对

教育技术学科存在个人偏见。但事实上，表 5 所列《教育研究》主编高宝立、副主编邓立言、责任编辑宗秋荣等发表的教育技术类论文均有相当的数量，说明主编和编辑对教育技术学科有较为充分的了解，甚至可以说有某种偏好。因此，怀疑期刊有偏见是非常主观的论断。我们认为，需要正视教育技术学影响力和教育技术类论文学术水平不够高的现实，教育技术论文因理论水平不够而较难获得在《教育研究》上发表的机会，教育技术学界需要为此反思并不断提高自身的理论修养和学术水平。

（二）关于提高教育技术学术研究水平和学术影响力的几点思考

在以信息化带动教育现代化的理念下，信息技术被认为将对教育产生革命性的影响，教育技术在推动教育改革和教育信息化的进程中，以其独特的优势，发挥着越来越重要的作用，因此逐步受到广泛关注。在这样的背景下，对于发展教育技术研究，增强教育技术学术影响力来说，本是很好的机遇。但是，本文通过对《教育研究》创刊以来刊发的教育技术论文的分析，发现教育技术研究存在一些显著的问题，这些问题不仅会阻碍教育技术学术影响力的提高，也会制约教育技术学科自身的发展。这些问题包括：一是跟风现象明显，对新技术过分吹捧，对新概念盲目追逐，而真正具有启发性的优质研究成果不多，很多研究主题没有深入跟踪，没有

连续性的研究成果出现；二是教育技术研究重应用实践，关于基本理论的研究匮乏，在100多篇文章中，仅有少数几篇论文对教育技术基础理论体系架构进行了探讨；三是研究者（或研究机构）之间的合作较少，"单打独斗"的现象普遍存在。在图5的作者共现图谱中，作者之间的交叉较少，表明作者之间的合作不多，而一些联系稍紧密的作者，从他们所属机构来看，也几乎都是来自同一院校的研究者，鲜有跨机构的合作研究。

新时期教育的发展对教育技术提出了更高的要求，社会也对教育技术抱有更高的期望，但如前文所述，教育技术在教育学科中的学术影响力不高，与时代的发展需要还有一定距离，是不可否认的现实。作为教育技术学人，在明确导致这一现象的客观原因的基础上，还应更多地审视教育技术研究自身的不足，以期提高教育技术学术研究的品质，切合时代的需要。针对本文中发现的问题，笔者提出几点建议供同行参考：其一，研究内容应关注国内实际教育问题，在长期深入研究的基础上，考虑自身的社会文化因素，为本国的教育实践提供有效的指导。不能简单地一味追逐新技术、新概念，在一知半解的基础上自说自话，这样的研究无法为教育实践提供实际参考。其二，教育技术要加强对专业基础理论的深入研究，促进学科专业理论体系的完善，以增强学科的认同感。由于涉及学科基础理论研究，一般会触及哲学问题，这或许会让一些研究者产生"不知深浅，切勿下水"的顾虑，因此望而却步，但学科基础理论的研究是不可忽视的，需要教育技术学研究者共同努力。其三，研究者之间和研究机构之间应加强合作。教育技术研究存在着"打游击"的现象，并且有着许多"散兵"，国内教育技术研究的专业队伍也集中在少数一些机构中。因此，各个研究者与机构之间应加强合作，交流思想，协同创新，为学术共同体的建构和学术发展繁荣尽一份力。

参考文献

［1］李艺，安涛.谈教育技术研究中文化传承、理论溯源和学派精神的缺失［J］.电化教育研究，2012（4）：15-20.

［2］李龙.教育技术学科的定位——二论教育技术学科的理论与实践［J］.电化教育研究，2003（11）：18-22.

［3］桑新民.现代教育技术学基础理论创新研究.中国电化教育协会2002年年会论文集［C］.昆明，2002：26-36.

［4］戚万学.《教育研究》之于学者与学术［J］.教育研究，2014（4）：19-22.

［5］叶宝玲，陈秉华，陈盈君，等.《教育心理学报》四十年（1967—2007）之内容分析［J］.教育心理学报，2010，41（41：3）：685-702.

［6］周浩波.教育哲学［M］.北京：人民教育出版社，2000：275.

［7］Chen C. CiteSpace Ⅱ：Detecting and visualizing emerging trends and transient patterns in scientific literature［J］. Journal of the China Society for Scientific & Technical Information，2006，57（3）：359-377.

［8］李卓青.科技期刊栏目设置的思考［J］.中国科技期刊研究，2006，17（3）：465-467.

［9］张杰夫.计算机在我国中小学教育中的应用和软件开发情况综述［J］.教育研究，1988（8）：62-63.

［10］郑太年，赵健，王美，等.学习科学与教育变革——2014年学习科学国际大会评析与展望［J］.教育研究，2014（9）：150-159.

［11］潘黎，王素.近十年来教育研究的热点领域和前沿主题——基于八种教育学期刊2000—2009年刊载文献关键词共现知识图谱的计量分析［J］.教育研究，2011（2）：47-53.

［12］熊才平，汪学均.教育技术：研究热点及其思考［J］.教育研究，2015（8）：98-108.

［13］万昆，兰国帅，叶冬连.国内教育技术研究领域：现状、问题与前瞻［J］.现代远距离教育，2015（5）：68-75.

［14］陈悦.引文空间分析原理与应用［M］.北京：科学出版社，2014：23，134.

［15］南国农.中国教育技术发展概述［J］.现代远距离教育，2010（5）：17-18.

［16］李龙. 信息化教育：教育技术发展的新阶段（下）——四论教育技术学科的理论与实践［J］.电化教育研究，2004（5）：32-36.

［17］陈琳. 中国教育技术学学科地位的世纪提升［J］.中国电化教育，2007（9）：9-16.

中小学创客教育的内涵、价值特征和空间构建

索 娜 刘 军

（贵州师范大学教育科学学院，贵州 贵阳 550001）

摘 要：创客教育能够推动课程改革和学生综合素养的提升，引起了教育界极大的关注。本文通过阐述创客教育的内涵及价值特征，分析中小学创客教育的发展现状及存在的问题，对中小学创客空间的构建提出相应建议。

关键词：创客教育 内涵 特征 构建

传统的应试教育使得作为社会主义接班人、建设者的中小学生缺乏创新意识和动手创造的能力。处在社会发展转型期的中国，中小学生的创新、实践能力的发展是需要全社会面对的问题。随着李克强总理 2014 年在达沃斯论坛上提出"大众创业、万众创新"，"创客"这个新名词被首次写入政府工作报告中，国内正式拉开了"中国创客教育运动"的帷幕。

创客教育近几年发展得如火如荼，但在中小学却呈现出两头热、中间冷的现象，即国家和教育有关部门高度重视，学生主体很感兴趣，但是在教育教学工作中占主导地位的教师却对其不以为然，大部分教师对创客教育的理解还存在着许多误区，并没有一个清晰的认识，这就导致创客教育在中小学的实践中存在诸多问题和面临诸多挑战，不能行之有效地落实和开展。本文聚焦中小学创客教育的现状及存在的问题，在介绍创客教育相关概念和内涵的基础上，对中小学创客教育的理念和特征进行阐述，并对中小学创客空间的构建模式做了浅层的研讨，旨在对我国中小学创客教育的发展提供参考和借鉴。

一、创客与创客教育

（一）创客

"创客"（Maker）起源于美国，一般认为是指不以赢利为目标，利用 3D 打印技术及各种开源硬件努力把各种创意转变为现实的人。纵观目前国内教育领域的创客研究，对创客这一概念的分析和界定基本来自《创客：新工业革命》《中国创客白皮书》，其中《中国创客白皮书（2013）》将创客的含义分为狭义和广义两个层次：广义的创客是指将自己的创意想法变成现实并乐于分享的人[1]，因为我国教育领域自中华人民共和国成立后就开始探讨培养创新型人才这一概念，所以可以说创客的概念与创新人才有异曲同工之妙，即创造[2]；狭义的创客是指利用开源硬件和软件将创意现实化的人[1]。因此，我们不难看出，创客不仅要有创新意识，还要具备一定的实践能力，以机器人教育、信息技术教育为载体，借助相关设备资源进行创造。

（二）创客教育

"互联网＋教育"催生了全新的教育生态，推动了教育系统的结构性变革。国家竞争力与教育改革的互动催生了创客与教育的结合，创客运动与教育的"碰撞"，正在慢慢改变传统的教育理念、组织、模式与方法，创客教育应运而生。

有学者将相关创客教育的概念阐析分为 3 类：第一类是创客教育课程说；第二类是创客教育过程说；还有一些研究没有明确给出创客教育的定义，可归结为第三类，即创客教育综合说。因此，创客教育是指在实训中培养学生创造力的新路径，创客的共同特质是实践、创新、协作和分享。

二、创客教育的理念和价值特征

（一）创客教育的理念

从上述对创客教育的解读来看，创客教育背后

蕴含着丰富的教育理念，核心在于通过动手实践培养学生的创新意识、创新思维和创新能力，帮助学生解除课堂上带来的约束[3]。创客教育要培养学生对创新的基本认知，这种认知本身就是一种知识结构，强调了学生在解决真实问题中要形成敏锐的观察力和思考力，创客教育的实施对于改变学习方式和优化学科结构具有深远意义。

（二）创客教育的价值特征

1. 专业能力是创客教育的活动基础

能力是人类引以为豪的一种本质力量，任何时代都需要能力。专业能力既包括知识与技能、过程与方法，也包括情感态度与价值观，蕴含着某一领域专业活动的创新性、内发性和能动性[4]。培养学生的专业能力，并将这一能力转化为职业标准和社会需求的关键能力，是创客教育的活动基础。

2. 工匠精神是创客教育的核心精神

工匠精神，是指工匠对自己的产品精雕细琢、精益求精的精神理念，体现了一种专业实践的创新精神，反映了一种职业价值取向和行为表现[5]。创客教育的核心精神就是工匠精神，这种精神在实践中形成，在实践中应用，并持之以恒。

3. "做中学"是创客教育的主要路径

"做中学"（learning by doing）的教育思想是由美国实用主义教育家杜威提出的。"做中学"也就是"从活动中学""从真实体验中学"，将所学知识与生活实践联系起来，知行合一。创客教育中的"做中学"强调自身能力与通识教育和专业教育的融合，在知识的学习过程中注重融合知行合一的教育理念，培养创新意识、创新思想、创新精神和创新能力，将知识技能与生活实践相结合，在学科教学中达到学以致用，实现创造性学习。

4. 全人发展是创客教育的终极目标

培养"个性全面和谐发展"的人，是苏霍姆林斯基的根本教育理念，个性全面和谐发展就是以全面发展为主体，将全面发展、和谐发展与个性发展三者巧妙融合，使之成为一个有机整体。创客教育不仅是教育理念的更新，教育内容和学习方式的革新，而且包括中小学生的批判性思维、专业技能、问题意识、团队协作和组织能力等诸多方面素质的

提升，倡导"知、情、意、行"的教育模式，这与全人发展的教学理念不谋而合。

三、国内中小学创客教育的现状及存在的问题

（一）中小学创客教育的现状

创客教育自产生之日起就得到了世界各国的高度重视，中国也不例外。从2014年开始，网络上有关我国高校及中小学开展创客教育的新闻报道越来越多，说明创客教育在我国已经悄然兴起，并在大踏步地摸索着前进[6]。我国创客教育在中小学的探索实践过程中取得了显著成效，同时也存在诸多问题。

（二）中小学创客教育存在的问题

1. 创客教育缺乏健全的教学设计模式

创客教育融入STEAM教育，以"工程"的思想和模式让学生在"做中学"，其中基于问题或项目的学习在中国的中小学教育中才刚刚起步，教学设计模式并不健全[7]。另外，存在相应的教学活动的设计和实施步骤有待完善，教学资源与教材还不够丰富，以及教学理论和实际案例还比较缺乏等问题。

2. 创客教育师资不足

创客教育不同于传统教育，教师与学生的关系发生了改变，随着人工智能、物联网技术的飞速发展，不但需要教师在教学方法方面加以重新认识和转变，而且要了解更多领域的知识。美国的STEAM师资缺乏，政府则通过加大科研经费投入和教师培训，重视对优秀师资的选拔及未来教师的培养来进行改进，我国也需要重视这些方面的培养[8]。因此，对教师在技术使用上的培训、对创客在教学技能方面的培训，是培养教育创客人才的重要途径。

3. 中小学创客空间建设有待完善

中小学校和社会上的创客空间的根本目的不同，对空间大小、设备、管理机制等的需求存在区别。与国外相比，虽然北京创客空间、上海新车间等社会上的创客空间已有非常好的发展，但是我国中小学校内的创客空间建设机制并不健全。

4. 创客教育与传统课堂教学存在冲突

试想在70多名学生上课的创客课堂上，教师很难对每个学生给予适当的关注和指导，创新活动在一定程度上会因为学生缺乏引导、缺乏自信而受

限，创客教育的最初目标将会难以实现[9]。若要形成十几人的班额规模，需要教师进行分批教学，这样便会引起师资、教学资源的缺乏，需要学校加强对创客教育的资金投入和人才引入。

5.创客资源整合不足

创客空间需要一定的工程素材和加工、活动空间，作为教育用的创客空间还需要一定的教学设施，创客教育的教材和教学资源的开发和购买也需要资金方面的支持，此外，创客空间的运营计划也需要有专门人员负责[10]。可见，要想在创客教育、教育的起跑线上逐步实现从中国制造到中国创造的转型，政府要加大投入。

四、中小学创客空间的构建

创客空间是面向应用的，构建以学习者为中心的，融合从创意、设计到制造的用户创新学习环境，学习者通过提供的技术和服务，进行项目的协作推进及各种学习活动的开展，以促进相互之间知识和资源的互动，创造力的表达与分享[11]。因此，构建教育创客空间的宗旨是有效提升学习者的综合素养，为促进其深层次融合提供支持和条件。

（一）创客空间建设目标

创客空间建设的目标是通过项目学习法获得知识，并且能够运用多学科知识完成自己的设计和制作，成为一个真正的创客。具体来说，中小学的创客空间建设是为了满足学生动手实践的需求，为他们提供"用知识"的机会，努力将他们的奇思妙想变为现实，在用知识的基础上提出自己感兴趣的项目，用项目学习法获得新的知识，这样就达到了从"用知识"向"学知识"的转变，从而促进学生达到学习的目的。

（二）创客空间建设的原则

1）实用性原则。从创客空间建设目标来看，创客空间的主要作用是满足学生的动手需求，给他们提供用知识的机会，这就要求创客实验室不仅仅能满足学习需求还要满足动手操作的需求。

2）安全环保性原则。中小学生的安全意识薄弱，在创客空间材料和设备的选择上，要尽量做到安全环保。

3）可扩展性原则。创客空间应能够灵活地支

持未来的可持续发展，对于现阶段不能实现的相关需求，应该在分阶段实施的过程中灵活变动。

4）美观性原则。创客空间是学生的梦工厂，其在造型设计上就应该尽量体现出其个性化的特色，使其既是一个学习的场所也是一个创造的工厂。

5）创新性原则。创客空间的建设应该依据学校的历史文化和校训等相关背景来建设，使其特色化，消除模仿性。

（三）创客空间建设内容

从目前国内外校园创客空间的建设情况来看，创客空间的建设包括以下几个方面的内容：一是硬件环境的建设；二是软件平台的建设；三是课程体系的建设；四是师资、评价机制和资金保障，具体如表1所示。

表1

建设项目	建设内容
硬件环境	建设与培养目标相适应的硬件环境，为创客教育的运营和发展奠定基础
软件平台	建设与硬件环境相适应的软件平台，以支撑创客教育的开展
课程体系	建设完整的课程体系是创客空间建设目标的具体实施措施，是开展创客教育的过程性材料
师资、评价机制和资金保障	建设完备的师资和更新评价机制及资金支持是顺利开展创客教育的保障

（四）创客空间课程的软硬件平台建设

创客空间硬件和软件平台的建设是顺利开展创客空间课程的基本保障，依据创客教育的四阶段养成法和创客空间不同区域的划分，我们将创课教育软硬件建设分为创客课程基础知识教学软硬件建设、巩固深化创客课程基础知识软硬件建设及研发阶段软硬件建设3个部分，由于这3个部分彼此联系不可分割，所以第三部分的教学也同时融合在了第一、第二阶段，只是在发明创新阶段需要更多的软硬件作为支撑。

1.创客基础知识的教学软硬件建设

创客基础知识的学习包括Scrtch教学、Arduino教学、3D打印教学平台及各种工具教学课程，其涉及的软硬件，如表2所示。

表 2

开设课程	软件	硬件
创新思维及实操	Scrtch+课程资源包	DIY创意演示套装
编程思维训练	Scrtch+课程资源包	台式机
传感器认知	Scrtch+课程资源包	DIY创意演示套装、各类传感器
机器人控制	Scrtch+课程资源包	Arduino桌面机器人
3D打印	Scrtch+课程资源包	3D高速打印机
工具认证	Scrtch+课程资源包	电子工具套装

2.巩固创客知识软硬件建设

通过配套的可编程机器人和对各种传感器的控制来达到巩固创客基础知识的目的,如表3所示。

表 3

开设课程	软件	硬件
Arduino编程与传感器学习	Scrtch	交互式可编程创客初级试验箱
	Scrtch	交互式可编程创客初级试验箱
	Scrtch	可编程创客高级套装

(五)创客空间师资培训及评价机制

1.师资培训

创客空间开展师资培训是开展创客教育的重要组成部分,实施"走出去、请进来"的策略,让创客教师多到高校和企业学习先进的前沿技术,让创客教育先从质量上提升,同时还可以邀请企业和高校的教师到学校进行交流,加强校企合作,让学生的创新想法更加贴近生活。另外,创客师资的培训不仅仅是在培训计算机教师,还要和其他教师相配合,加强学科之间的融合,使得学科课程之间的联系变得更加紧密,创客教育是多学科的融合,只有和其他学科课程整合才能实现互利共赢。

2.评价机制

更新传统教育评价机制,创建与创客教育相适应的评价体系,是创客教育可持续发展的重要保障,传统的评价方式以分数论成败,在创客教育模式下,这种评价方式已经不适合教师和学生的发展了,将评价方式从结果性评价转向过程性评价,将针对个体的评价转变为针对团体的评价,将对课程基础知识的评价转变为对核心素养的评价,才是创客教育的评价方式。

五、结语

目前,创客教育的开展方兴未艾,它不仅仅推动着教育结构和理论的更新,更为重要的是,推动着教育思维方式的转变,进而带来教学方式的转变、课程体系的转变、学习和教学评价方式的转变、文化和政策的转变。创客教育具备很强的优势,也面临很多问题,我们只有不断思考创客教育改进策略,才能防止创客教育流于形式,使其在中小学生的创造性思维和实践能力的培养方面起到积极的促进作用。

参考文献

[1] 郭伟,钱玲,赵明媚.我国教育视域下创客研究述评[J].现代教育技术,2015(8):107-112.

[2] 朱永新,杨树兵.创新教育论纲[J].教育研究,1999(8):8-15.

[3] Beghetto R A,Kaufman J C.培养学生的创造力[M].陈菲,周晔晗,李娴,译.上海:华东师范大学出版社,2013:86,89.

[4] 罗诚,肖安庆.中小学创客教育的发展现状、内涵与构建策略[J].中小学教师培训,2016(11):66-68.

[5] 杨刚.创客教育:我国创新教育发展的新路径[J].中国电化教育,2016(3):8-13,20.

[6] 杨现民,李冀红.创客教育的价值潜能及其争议[J].现代远程教育研究,2015(2):23-34.

[7] 傅骞,王辞晓.当创客遇上STEAM教育[J].现代教育技术,2014(10):37-42.

[8] 正非.STEM中学:孕育美国"科学、技术、工程和数学"创新人才的摇篮[J].中国民族教育,2013(3):43-45.

[9] 高晶晶."创客"在我国中小学教育中的应用探究[J].亚太教育,2015(25):268.

[10] 吴俊杰.创客运动与STEM教育——专访"创客教父"Mitch Altman[J].中小学信息教育,2013(12):39-42.

[11] 贾佳,黄丽洁.创客教育——设计教学培养创新能力的新方法[J].艺术科技,2016(9):78-79.

国内创客教育在基础教育阶段和高等教育阶段发展的比较研究

李 克 刘繁华

（华南师范大学教育信息技术学院，广东 广州 510631）

摘 要： "互联网+教育"背景下，创客教育俨然成为追求创新教育的一种新的教育形式。本文从开始时间、价值取向、实践路径、发展速度、创客空间等5个方面，对基础教育阶段与高等教育阶段的创客教育进行比较研究。研究发现，国内的创客教育在高等教育阶段开展较早，在基础教育阶段开展相对较晚；基础教育阶段主要是培养学生的创新能力，高等教育阶段则日益趋向于创新创业教育；基础教育阶段主要以创客课程为依托，以各级各类创客竞赛活动为辅助开展，高等教育阶段大都依托各类校园或社区创客空间，开展创业活动；基础教育阶段发展迅速，高等教育阶段发展相对较慢；基础教育阶段创客空间具有开放实验室、社团活动室和图书馆等功能，高等教育阶段创客空间由校企联合创办，支持创客教育和创业教育。因而，未来创客教育应该从以下两个方面发展：一是深化不同教育阶段特色，促进创客教育个性化发展；二是打破不同教育阶段的壁垒，形成创新人才培养体系。

关键词： 创客教育 基础教育 高等教育

一、问题的提出

《教育信息化"十三五"规划》[1]在"主要任务"部分中提出，"要积极探索信息技术在'众创空间'、跨学科学习（STEAM教育）、创客教育等新的教育模式中的应用，着力提升学生的信息素养、创新意识和创新能力"。2016年，发布了《中国学生发展核心素养》，"实践创新"位列其中[2]。创客教育的价值取向与创新人才培养不谋而合，政策的引领与创新的追求，促使国内诸多研究者将创客教育视为创新人才培养的新途径。尽管我国创客教育正处于初级阶段，然而创客教育正边缘性地介入教育系统，常态化融合成为趋势。面对不同教育层次的学生，如何有效开展创客教育，即创客教育如何进行个性化融合，成为亟待解决的难题。本文在对基础教育阶段和高等教育阶段的创客教育进行比较研究的基础上，对不同教育阶段的创客教育未来的发展方向提出适合的建议，这对创客教育常态化融合与可持续发展具有重要的意义。

二、创客教育的研究述评

创客教育是一种融合信息技术，秉承"开放创新、探究体验"的教育理念，以"创造中学"为主要学习方式和以培养各类创新型人才为目的的新型教育模式[3]。国内创客教育起步较晚，相关研究文献相对较少。目前，关于创客教育的研究主要集中在理念分析、价值诉求、空间构建、资源开发、教学法与教学活动的设计、创客教育发展等6个方面。有少部分研究者提出了国内不同教育阶段的创客教育在开展速度、开展时间等方面存在差异，然而并未进行系统的对比。

三、创客教育发展概况

（一）基础教育领域创客教育发展概况

国内最早开展中小学创客教育的学校是温州中学。随着创客教育的发展，将创客教育纳入学校发展的学校日益增多。2015年，温州实验中学、深圳市第二高级中学、天津14中学等35所学校联合成立"中国青少年创客教育联盟"[4]。同年，青岛成立"青岛市中小学创客教育联盟"[5]。2016年，河南省教育厅宣布将在郑州市确定50所创客教育试点校，并于未来两年内着重打造100所具有一定规模且特色鲜明的创客教育示范校[6]。

（二）高等教育领域创客教育发展概况

2015年，李克强总理访问深圳柴火空间，呼吁"大众创业、万众创新"。自此，创客教育似喷井式般迅猛发展，高等教育阶段的创客教育也如火如荼地进行。2016年，为推动创新创业教育研究，中国高校创新创业教育研究中心设立了"中国高校创新创业教育研究基金项目"[7]。近年来，北京、深圳、上海等地的高校也相继开设众创空间，以支持大学生创新创业活动的开展。

四、对比分析

尽管国内的创客教育起步较晚，但其在高等教育和基础教育阶段的实践特点已具雏形。不同教育层次的创客教育实践在开始时间、价值取向、实践路径、发展速度、创客空间等方面均存在显著差异，如表1所示。

表1　国内创客教育在基础教育阶段和高等教育阶段实施情况比较

项目		基础教育	高等教育
开始时间		晚	早
价值取向		培养学生的自我认知能力、协作能力、沟通能力和责任感	培养创新创业人才
实践路径		高年级阶段以创客课程和创客竞赛为主	以创客空间为依托开展创客教育，参加创客嘉年华活动
发展速度		较快	较慢
创客空间	创办者	有些为企业帮忙构建，校企间为单向供给关系	多为校企联合创办，双方实现共赢
	功能	具有开放实验室、社团活动室和图书馆等功能	具有人才培养、科技创新和创业功能

（一）开始时间

由于创客活动起源于美国麻省理工学院比特与原子研究中心发起的Fab Lab创新项目[8]，所以早期的创客教育主要是在高等教育阶段展开。国内早期的创客教育活动是由个别教育创客自发组织进行

的，较早的可追溯到2011年的猫友汇活动[9]。由于早期活动大都依托社区创客空间开展，因而国内最早是在高等教育阶段发展创客教育。2015年，李克强总理访问深圳柴火空间，呼吁"大众创业、万众创新"，由此创客教育得到快速发展，并与创新创业教育紧密相连。各大高校陆续建立校园创业基地或校园创客空间，鼓励大学生创业。2016年左右，开始有较多的中小学校搭建校园创客空间。由此可见，国内创客教育最早在高等教育阶段开展，基础教育阶段相对较晚。

（二）价值取向

我国在创客教育实践前期，主要以竞赛、项目为主，后期逐渐侧重于能力的培养，这也是创客教育在我国深入发展的体现。由于受众的教育程度、接触面和发展方向的差异，创客教育在高等教育阶段与基础教育阶段培养的侧重点具有显著差异。

基础教育阶段的学生，主要是在教师的指导下，通过造物培养创意，或借助设备工具将创意转化为实物，在创意物化的过程中进行基于创造的学习，实现"以创造力发展为核心的全人发展"，即知识的积累、基于实践的创新能力的发展、学生自我认知能力的培养、协作能力的发展、沟通能力的提升和责任感的培养[10]。在"大众创业、万众创新"的号召下，创新创业活动风靡全国，具有项目孵化潜能的创客活动瞬间与创业紧密联系，成为新一轮创业风潮。高等教育的创客实践主要侧重于对创新创业人才的培养，聚焦于创业能力的培养。由于没有升学压力，大学生可以参加校园创客空间、社区创客空间和各地举办的创客活动，具有更多与企业接触的机会，为项目孵化提供了必要条件。因而，大学生的创客身份更容易与未来的职业接轨，高等教育创客实践日益趋向于创新创业。

（三）实践路径

价值取向决定了高等教育阶段与基础教育阶段的创客教育实践路径具有不同的倾向。

基础教育阶段，创客教育早期开展的形式以参加创新技能活动竞赛为主，之后，创客教育逐渐由

对传统教育的补充，发展为游离于教育体系边缘，再到与教育体系的融合。如今，基础教育阶段的创客教育主要以创客课程为依托，以各级各类创客竞赛活动为辅助开展。中小学创客课程一般与综合实践课、信息技术课、自然课等和创客教育内容相关联的传统课程相结合，以便降低推广难度。也有一些中小学校基于创客教育理念，结合学校特色，搭建了校园创客实验室，研发了创客教材，开设了校本创客课程。例如，国内较早开展创客教育的温州实验中学采用的是"课程+社团+活动竞赛"的模式，即以基础课程、扩展课程和社团课程为核心，进行创客教育，以创客文化节、创客马拉松、学伴活动、开放夜等活动促进交流展示，孕育校园创客文化，扩大校园影响力[11]。随着创客教育在基础教育领域的推广，有些地区开始颁布相关政策，推动区域创客教育发展。例如，深圳市在 2016 年颁布了《深圳市中小学创客教育课程建设指南》《深圳市中小学创客实践室建设指南（试行）》，以此推动深圳市创客教育的发展。

高等教育阶段的学生大都依托各类校园或社区创客空间开展创业活动。这里的创客空间大都具备项目孵化功能，支持创意产品商业价值的实现。许多高校还会通过校企联合，搭建创业孵化基地，为学生提供更多的项目孵化机会。大学生也会参加创客嘉年华、创业竞赛、创业选拔等活动，为自己争取更多的机会。例如，清华大学通过有效整合平台、课程、学位和活动，着力推动创意、创新、创业的"三创"教育。清华大学先后搭建了 i.Center 创客空间和 X-Lab，使创客教育从线下扩展到线上。i.Center 创客空间为学生提供了创意交流、课程培训、项目孵化、创客导师、产品宣传的场所和机会。X-Lab 则对较为成熟的团队给予创业支持；提供了 TIE 技术创新创业辅修专业和课程，支持颁发证书和学分认证；将每周六设置为"清华创客日"，举办各种创客嘉年华活动，促进创客之间的交流[12]。值得注意的是，大学生通过创客教育与社会、企业、未来职业建立了紧密联系。

（四）发展速度

随着创客教育的推广，越来越多的学者开始注重其在教育体系内的应用，以及变革传统教育的价值潜能。《教育信息化"十三五"规划》更是将创客教育的应用模式提升到教育政策的高度予以重视。近几年，高等教育主要为大学生提供平台和机会，鼓励学生创业，基础教育阶段是在不断探索创客教育应用模式，来培养学生的能力。因而，尽管高等教育阶段较早地开展创客教育，但后期创客教育在基础教育阶段发展得更为迅速。

（五）创客空间

在此起彼伏的创客运动的推动下，创客空间应运而生。创客空间最初以实体化的形式呈现，被美国《创客杂志》界定为"一个真实存在的物理场所"，主要为创客提供 3D 打印机、激光切割机、桌面制造、机械加工等设计制造设备，使创意实物化[13]。日益发展的网络技术和创客空间功能的扩展需求，促使创客空间延伸到虚拟空间，向线上、线下相结合的 O2O 混合创客空间发展。国内基础教育阶段与高等教育阶段的创客空间在创办者和功能两方面存在差异。

从创办者看，很多高校的创客空间由校企联合创办。企业不仅为高校提供创客教育技术与资源的支持，同时融合高校的研发能力推进自身的发展，实现合作共赢[10]。由于以教育功能为核心和中小学校自身科研能力的局限性，尽管许多中小学创客空间是企业构建的，但企业和学校大都仅限于单向供给关系，即企业为学校提供创客设备工具、创客课程等实施创客教育的技术与资源，学校却无法推动企业的发展。

从功能看，在"大众创业、万众创新"时代背景下，高校创业教育作为高等教育新的价值取向，知识转化得以在创客空间内实现，创客空间成为高校创新创业人才培养的重要载体。高校创客空间内开展的创客教育实践囊括创客教育和创业教育两部分，具有人才培养、科技创新和创业功能，例如，清华大学的 X-Lab、香港科技大学的创业中心、上海财经大学的"服务+"创客空间[14]。中小学创客空间主要是为了满足学生"动手实践的需求"，具有开放实验室、社团活动室和图书馆等功能[15]。例如，北京景山学校的景山学校创客空间、浙江省温州中学的 DF 创客空间、北京的清华大学附属中学的清华附中创客空间等。

五、启示

（一）深化不同教育阶段特色，促进创客教育个性化发展

我们应继续深化不同教育阶段创客教育实践特点，探索基础教育阶段与高等教育阶段的个性化创客教育发展路径。基础教育阶段应该以培养学生的创新能力、创新意识为目标，以创客课程与创客竞赛为实施途径，并努力将创客教育理念融入到学科教学中，营造校园创客文化氛围。高等教育阶段应以创业教育为主，依托创业孵化基地和创客嘉年华活动，通过校企联合，提供丰富的创业实践机会，推动兴趣、专业、职业的对接。

（二）消除不同教育阶段壁垒，形成创新人才培养体系

我国研究者大都将创客教育视为在信息时代实现创新教育的途径，培育的是具有创新意识、创新思维和创新能力的创新人才。创客教育在不同教育阶段的表现特点，实质上是创客教育伴随个人发展的进阶状态。创新意识和创新思维作为意识形态，需要长期培养才能形成，是伴随着人的一生形成、发展和完善的。因而，基础教育阶段和高等教育阶段的创客教育均参与了学生创新意识和创新思维的培养与发展。创新能力在基础教育阶段表现为造物、创物的过程，在高等教育阶段除了使创意实物化外，还会推动实现创意制品的商业价值。因而，基础教育阶段的创客教育接近于创新教育，高等教育阶段的创客教育等同于创新创业教育。而高等教育阶段的创新创业教育只有建立在基础教育阶段的创新教育之上，才能保障创业的顺利开展。未来创客教育的发展应该消除不同教育阶段的壁垒，形成创客教育体系，孕育创客教育文化，使创客教育伴随学生的一生，真正实现创新人才培养的终极目标。

参考文献

[1] 中华人民共和国教育部. 教育部关于印发《教育信息化"十三五"规划》的通知[EB/OL]. http://www. moe. edu. cn/srcsite/A16/s3342/201606/t20160622_269367. html[2016-06-07].

[2] 核心素养研究课题组. 中国学生发展核心素养[J]. 中国教育学刊，2016（10）：1-3.

[3] 杨现民，李冀红. 创客教育的价值潜能及其争议[J]. 现代远程教育究，2015（2）：23-33.

[4] 温州创客教育的光荣与梦想[EB/OL]. http://mp. weixin. qq. com/s/5ivIm2cir51hMgRMMJcjrQ[2015-05-27].

[5] 青岛市成立中小学创客教育联盟[EB/OL]. http://www. sdedu. gov. cn/sdjy/_jycz/_sxhc/675045/index. html[2015-06-05].

[6] 2016 年郑州 50 所学校试点创客教育[EB/OL]. http://henan. eol. cn/henan_news/201608/t20160830_1444185. shtml[2016-08-30].

[7] 关于开展2016年度中国高校创新创业教育研究中心基金申报工作的通知[EB/OL]. http://zk. sdibt. edu. cn/info/1027/1524. htm[2016-11-17].

[8] 祝智庭，孙妍妍. 创客教育：信息技术使能的创新教育实践场[J]. 中国电化教育，2015（1）：14-21.

[9] 谢作如：别忘了我们为什么出发. 中小学信息技术教育[EB/OL]. http://mp. weixin. qq. com/s/lNo-Cw1soegtg6nCWr8rhg[2016-10-19].

[10] 郑燕林，李卢一. 技术支持的基于创造的学习——美国中小学创客教育的内涵、特征与实施路径[J]. 开放教育研究，2014（6）：42-49.

[11] 22 张 PPT 读懂温州实验中学创客的实践与探索[EB/OL]. http://mp.weixin.qq.com/s/CdrgKK_5TniEb3IJaI6D8g[2016-09-21].

[12] 清华创客日，有这样的课程你还会翘课吗?[EB/OL]. http://mp. weixin. qq. com/s/RQG1m9YTr1QiNJGLKYegUA[2015-12-04].

[13] 王佑镁，叶爱敏. 从创客空间到众创空间：基于创新 2.0 的功能模型与服务路径[J]. 电化教育研究，2015（11）：5-12.

［14］王佑镁，陈赞安.从创新到创业：美国高校创客空间建设模式及启示［J］.中国电化教育，2016（8）：1-6.

［15］谢作如.如何建设适合中小学的创客空间——以温州中学为例［J］.中国信息技术教育，2014（9）：13-15.

附录 专题报告清单

附表 1 专题 1：学习科学研究与应用

序号	报告人	单位	题目
1	伊亮亮	东北师范大学	CTCL 范式下微视频学习资源开发的实证研究——以初中物理"光现象"学习单元的学习为例
2	边家胜	东北师范大学	日语学习者句型学习中的偏差认知研究
3	胡 航	东北师范大学；天津职业技术师范大学	深度学习内容及其资源表征的实证研究
4	毕景刚	吉林师范大学	促进初中生批判性思维发展的教学实践研究
5	杨 钦	上海师范大学	基于高中信息技术的批判性思维学科化研究
6	韩 颖	上海师范大学	技术促进学业成绩提升研究之学业情绪视角
7	高子男	上海师范大学	三种学习方式对学习者学习情绪影响的教学实验研究

附表 2 专题 2：高阶思维发展的研究

序号	报告人	单位	题目
1	姜玉莲	北京开放大学	技术丰富课堂环境下高阶思维结构发展要素及表征研究
2	王 伟	东北师范大学	高阶思维教学的设计模式与案例研究
3	赵 琳	东北师范大学	个性化学习路径及其设计框架——支持高阶思维发展的视角
4	王 珏	东北师范大学	智慧学习环境下高阶学习起点诊断研究
5	张喜艳	吉林大学	有效促进高阶思维发展的学习环境特征研究——生态学习视角

附表 3 专题 3：信息技术课程发展研究

序号	报告人	单位	题目
1	钱薇旭	东北师范大学	面向信息技术学习过程的评价模式设计研究
2	王小玉	上海师范大学	"信息系统"学生学习之前认知状况的调查
3	郭梦妤	上海师范大学	"远程控制系统"学生实验相关概念的认知状况调研

附表 4 专题 4：信息技术学科核心素养研究

序号	报告人	单位	题目
1	杨 鑫	东北师范大学	高中信息技术学科核心素养体系的结构关系探讨
2	付海东	东北师范大学	信息技术学科核心素养对信息素养的继承、发展与反思
3	于 颖	曲阜师范大学	信息技术学科核心素养如何在教学中落实

附表 5　专题 5：学前教育信息化

序号	报告人	单位	题目
1	张炳林	河南大学	困惑与选择：信息技术支持的幼儿教育活动
2	朱书慧	河南大学	幼儿园教师教育技术能力标准与思考
3	颜荆京	河南大学	幼儿园园长信息化领导力案例分析

附表 6　专题 6：网络时代的科学与文化传播

序号	报告人	单位	题目
1	杨玉辉	浙江大学	新农村数字博物馆建设与教育传承实证研究
2	许　玮	浙江工业大学	科技馆提升公民科学素养的现状述评
3	刘　倩	浙江大学	新疆民俗数字博物馆的原型开发与科普应用
4	胡　玥	浙江大学	文化传承视野下博物馆电子游戏的设计

附表 7　专题 7：教育大数据的应用实践

序号	报告人	单位	题目
1	李　艳	浙江大学	We Chat Use Intensity，Addiction and its Impact on Academic Performance：Evidence from Yemen International Students in China
2	杨进中	青岛大学	"点赞"大数据与学业自我效能感关系之研究
3	夏文菁	浙江大学	开放学习者模型及其应用研究

中国教育技术协会信息技术教育专业委员会
第十届学术年会会议组织情况

主办单位　中国教育技术协会信息技术教育专业委员会

承办单位　河南大学

支持单位　《电化教育研究》杂志社　　　　　《中国电化教育》杂志社

　　　　　　　《开放教育研究》杂志社　　　　　《现代教育技术》杂志社

　　　　　　　《远程教育杂志》杂志社　　　　　《现代远程教育研究》杂志社

　　　　　　　《中国远程教育》杂志社　　　　　《中国信息技术教育》杂志社

　　　　　　　《中小学信息技术教育》杂志社　　《数字教育》杂志社

　　　　　　　科学出版社

会议学术委员会名单

主任委员　张剑平（浙江大学）

委　　员（按姓氏笔画排序）

　　　　　　　王　炜（新疆师范大学）　　　　　王　锋（黄冈师范学院）

　　　　　　　田振清（内蒙古师范大学）　　　　李　艺（南京师范大学）

　　　　　　　李兴保（曲阜师范大学）　　　　　杨改学（西北师范大学）

　　　　　　　汪基德（河南大学）　　　　　　　张义兵（南京师范大学）

　　　　　　　张立新（浙江师范大学）　　　　　陈仕品（西华师范大学）

　　　　　　　孟祥增（山东师范大学）　　　　　赵呈领（华中师范大学）

　　　　　　　胡水星（湖州师范大学）　　　　　钟柏昌（南京师范大学）

　　　　　　　贾积有（北京大学）　　　　　　　顾小清（华东师范大学）

　　　　　　　徐福荫（华南师范大学）　　　　　衷克定（北京师范大学）

　　　　　　　涂　涛（西南大学）　　　　　　　黄宇星（福建师范大学）

　　　　　　　董玉琦（上海师范大学）　　　　　傅钢善（陕西师范大学）

　　　　　　　谢　琪（杭州师范大学）　　　　　解月光（东北师范大学）